Alfred Renz

Algerien

Prestel-Verlag München

Mit 55 Zeichnungen des Verfassers

© Prestel-Verlag München 1986
Passavia Druckerei GmbH Passau
ISBN 3-7913-0768-1

Alfred Renz

ALGERIEN

Römern folgten die Vandaler und Byzantiner, die arabischen Dynastien aus dem Osten, die berberischen aus dem ›Fernen‹ und aus dem ›Nahen Westen‹. Schließlich versuchten die Spanier sich hier festzusetzen. Seit dem 16. Jahrhundert war Algier Sitz einer halb selbständigen osmanischen Provinzialverwaltung, dann kamen die Franzosen.

Die Verträge von Evian schlugen dem unabhängigen Algerien auch weite Gebiete des bisher ›Französische Sahara‹ benannten Wüstenbereiches zu. Ein menschenarmes, aber an unterirdischen Schätzen reiches Gebiet, dessen Besitz Algerien in den exklusiven Zirkel der erdölexportierenden Länder katapultierte. Seitdem ist es – nach dem Sudan der zweitgrößte Staat Afrikas und der zehntgrößte der Erde – nahezu halb so groß wie Europa (ohne die europäischen Gebiete der UdSSR). Die Entfernung von der Hauptstadt bis zum südlichsten Punkt des Landes ist größer als die von ihr nach Hamburg. Seine Mittelmeerküste ist mit etwa 1100 km so lang wie die der beiden maghrebinischen Nachbarländer zusammen.

Der hügelige und bergige, fruchtbar-grüne Gürtel in Meeresnähe ist relativ schmal. Er umfaßt den Tell-Atlas, der parallel zur Küste verläuft. Ihn zergliedern Ebenen wie der Sahel von Algier oder das lange, stellenweise recht breite Tal des Oued Chélif, der in ost-westlicher Richtung zwischen der meernahen Kette der Dahra-Berge und dem Massiv des Mont Ouarsenis (1985 m) im Süden seinen Lauf nimmt. Diese Berge setzen sich nach Osten fort in der des zähen Freiheitswillens ihrer Bewohner wegen berühmten Kabylei: in der Großen Kabylei, die in den Djurdjura-Ketten mit 2308 m kulminiert und – jenseits des Einschnitts, den der Oued Soummam sich gesägt hat – in der Kleinen Kabylei. Beides Bereiche, deren ›unfreundliche‹ Beschaffenheit den französischen Kolonisten keinen Anreiz bot, während sie die niederschlagsreichen Küsten- und Talebenen des Westens schon früh in Besitz nahmen. Die Kabylei mit ihren wenig ergiebigen Böden ist bis heute ein unbeugsames Gebiet unbeugsamer Berbersöhne.

Südlich der Kette des Tell-Atlas erstreckt sich quer durch das Land das Hochplateau der Schotts, eine öde Trocken-

Die Mitte

Maghrib el-Awsat

Als die Krieger des Propheten – Segen und Heil seinem Angedenken! – in den Nordwesten Afrikas zwischen Kleiner Syrte und Atlantik, zwischen Mittelmeer und Atlasketten vorstießen, gaben sie diesem Bereich den Namen ›Land, in dem die Sonne untergeht‹, also ›Abendland‹, Westen oder in ihrer Zunge: Maghrib. Als ›Nahen Westen‹ bezeichneten sie – den römischen Provinznamen Africa zu Ifriqiya verwandelnd – die küstennahen Gebiete des heutigen Libyen und Tunesiens. ›Ferner Westen‹, Maghrib al-Aqsa nennt sich noch heute das Königreich Marokko. Das Bindeglied zwischen diesen beiden Nachbarn, die schon früh zu eigener Staatlichkeit im Zeichen des Islam fanden, bekam den Namen ›Mitte des Maghrib‹, ›Maghrib el-Awsat‹. Ihm mangelte schon seit vorislamischen Zeiten die politisch einigende Schwerkraft, er war auch später nur Objekt in den Machtkämpfen der berberischen Dynastien des Mittelalters, in den Kriegen zwischen Spaniern und Osmanen. Er war von 1830 bis zur Unabhängigkeit 1962 französische Kolonie, wenn auch nicht als solche bezeichnet. Das Jahr der Freiheit hat das neuentstandene Staatsgebilde auf 2 376 000 qkm vergrößert, auf das Dreieinhalbfache dessen, was in der Franzosenzeit ›Algérie‹ hieß und etwa 667 000 qkm umfaßte. Die französische Kolonialdoktrin – heute vom amtlichen Algerien pauschal verurteilt – hatte nicht so ganz unrecht, wenn sie darauf hinwies, daß von einer Staatseinheit der Mitte des Maghrib vor 1830 nicht die Rede sein konnte und schon gar nicht von einer algerischen Nation. Diese hat tatsächlich erst im Widerstand gegen die französische Kolonisation Umriß gewonnen.

Nur der nördliche Rand des Algerien von heute stand stets im Licht der politischen Geschichte, und er war fast immer von Landfremden beherrscht: Den Phönikern und

WAS bleibt der Erinnerung, wenn ein Schiff oder ein riesiger Vogel uns wieder weggeführt hat aus dem Land unserer Reiseneugier? Wohl Bilder aus dem Verkehrsgewimmel von Algier und den anderen Großstädten, die allesamt etwas von Enttäuschung enthielten. Doch ihre landschaftliche Situation hat sich ins Gedächtnis geschrieben. Wenn wir von den Begegnungen mit numidischen, römischen, islamischen und – im tiefen Süden – der Bestürzung durch die vor- und frühgeschichtlichen Zeugnisse absehen, dann ist es die Landschaft in ihrer Vielgestalt von türkisblauen Felsbuchten des erwärmten Meeres über grüne Hügel und weite Weizenebenen bis zu den gelbsandigen Dünenwellen mit messerscharfen Graten, zu den rostroten Bergen, über dem Vlies adliger Palmwipfel, zu den tischflachen Kieselebenen und schwarzen Bizarrerien der Wüste.

Oder sind es nicht eher noch die Menschen, denen man begegnet? Den gutgewachsenen Grenzbeamten in ihren nicht ganz reinlichen Uniformen, dem freundlichen Greis, der im Oasendorf Willkomm bot? Erinnerung an die liebenswerten Lausbuben in den Straßen der Städte und Dörfer, an die verschleierten Führer zu Felsbildern aus uralter Zeit, an die schlanke weißverhüllte Frau, der man nachsieht, wie sie anmutig ihren Weg fand durch Staub und Lärm und zwischen hupenden Autos.

steppe, brettflach oder nur leicht gewellt, in der auch ein paar kümmerliche Höhenzüge dem Auge keinen Halt gewähren. Es ist dies eines der langweilig-trostlosesten Gebiete Algeriens. Einzig die Hodna-Berge bilden einen Riegel vor dem Numidischen Hochland, und das Aurès-Massiv lenkt die Kette der Schotts nach Südosten ab, bis sie durch die Senken des Schott Melrhir und des schon tunesischen Schott el-Djerid den Golf von Gabes, die ›kleine Syrte‹ erreicht. Diese Schotts, die in den Karten meist als Seen eingezeichnet sind, haben keineswegs das ganze Jahr hindurch Wasser. Mögen sie nach Regenfällen knietiefe weite Lachen bilden – die meiste Zeit sind sie trocken, zerrissen in Schollen unter der unbarmherzigen Sonnenglut, mit Salzablagerungen bedeckt. Gar nichts von todesdrohender Karl-May-Romantik. Man bricht hier nicht durch Salzkrusten in lautlos verschlingende Tiefen, sondern bleibt, wenn man sich zu weit vorwagt, ganz banal im zähen Schlamm stecken. Nach Süden zu begrenzt dieses Plateau der Sahara-Atlas als östliche Fortsetzung des vom marokkanischen Westen heranstreichenden Hohen Atlas, der sich auf algerischem Gebiet in gegeneinander verschobene Gebirgsstöcke auffächert. Ihrer jeder hat sein eigenes Gesicht und seinen eigenen Namen. In west-östlicher Richtung gezählt sind das die Monts des Ksour, der Djebel Amour, die Berge der Ouled Naïl und endlich das Aurès-Massiv in dem der Sahara-Atlas, sich mit dem Tell-Atlas vereinigend, mit 2328 m gipfelt, und die Berge der Nementcha, welche wie die Ouled-Naïl-Berge ihren Namen haben nach den seit einigen wenigen Jahrhunderten erst ansässigen arabischen Beduinen, die von hier aus Weidegründe für ihre Herden suchen. Der Sahara-Atlas ist keine Barriere, sondern ist durchlässig. Pässe und Schluchten eröffnen Passagen für die Karawanen, welche einst aus Schwarzafrika kostbare Rohstoffe heranführten, wie für die Herden der Nomaden, welche zur dürren Sommerszeit im kühleren Norden noch Futter fanden.

Weiter südlich gibt es nur noch Menschenfeindliches. Mehr als neun Achtel des algerischen Staatsgebietes sind Wüste, fast menschenleer und doch voller Zeugnisse aus erd- und menschengeschichtlich fernen Vergangenheiten.

Der mediterrane Norden, die ›Agraffe des Maghrib‹, erscheint uns wie ein Waagebalken mit dem Schwer- und Drehpunkt Algier in der Mitte zwischen den beiden Schalen Oran (und Tlemcen) im Westen und Constantine (mit Annaba) im Osten. Die Autobahn, welche diese Städte bereits verbindet oder in absehbarer Zeit verbinden soll, ist zwar die erste ihrer Art im Land, ist aber nicht die Staatsstraße Nr. 1. Diesen Rang besetzt die mehr als 2000 km lange Route von Algier nach Tamanrasset im Herzen der Sahara. Ihre Benennung war für den jungen Staat ein Programm: das einstige Französisch-Algerien und die einstige Französische Sahara sollten zusammengebunden werden. Daß diese Straße aber auf weite Strecken so elend ist, das ist auch wie ein Symbol für die Schwierigkeiten, aus den vielartigen und einander oft feindlichen Bewohnerschaften etwas wie eine Algerische Nation zu schaffen. Der Weg dahin ist noch weit, fast so weit wie der von Algier nach Tamanrasset. An der Front des dortigen Fremdenverkehrsamts verkündet ein Schild, es seien von hier nach Algier 2100 km, zum Tschad-See 2600 km, nach Niamey 2500 km.

In bescheideneren Maßen gezählt: von Tam sind es ›nur‹ noch 400 Pistenkilometer zur Grenze nach Niger. Der allersüdlichste Winkel des algerischen Staatsgebietes schiebt sich noch 60 km über diesen Punkt hinaus ins Territorium von Mali vor. Die Nachbarschaft schwarzafrikanischer Staaten ist für Algerien nicht weniger bedeutend als die der arabisch-maghrebinischen Anrainer und Rivalen.

Der größte Teil des Landes also ist wüst: ein Ozean aus Fels, Schotter, Sand, in den ein paar Inseln eingestreut sind, grüne, weil bewässerte Tupfer im Menschenfeindlich-Dürren. Diese Oasen waren einst abgeschnittener als Inseln in der salzigen Wasserweite des Meeres. Jahrhundertlang konnte nur das Schiff der Wüste, das Kamel, hingelangen. Heute sind die wichtigeren durch die Luft zu erreichen, sind die meisten miteinander durch Teerstraßen verbunden, auf denen das Kamel vom ratternden Benzinvehikel abgelöst wurde, das erheblich schneller ist als die Karawanen von einst, aber weniger bedürfnislos und anfälliger für

Störungen und Pannen. Die Wüste, in welche diese Oasen eingestreut sind, sie ist öde wohl, ist hart, karg, streng und feindselig-gleichgültig, aber nur selten ist sie das, was jemand vermeint, der sie noch nicht erlebt hat: langweilig. Zu vielgestaltig und bizarr sind die Bodenformen in dieser nackten Einsamkeit, zu nuancenreich die Farbtöne vom gleißend hellen Eischalenweiß bis zum tiefen Veilchenlila. Die triumphalen purpurnen Lichtspiele, die das Heraufkommen wie das Sinken des Tagesgestirns begleiten, sie bleiben so unvergeßlich wie die kalten Nächte unter den großen Sternbildern oder unter dem Silberhell des vollen Monds. Die Wüste ist kein Gebiet für gedanken- und sorglose Urlaubstage, sie gönnt dem Menschen, der sich mit ihr einläßt, nicht Ruhe noch Entspannung, sondern fordert ihn ständig. Stets muß er vor ihrer Gewalt auf der Hut sein. Ein Nachlassen der Aufmerksamkeit, eine falsche Reaktion kann tödliche Folgen haben.

Wie die Wüste ist Algerien als ganzes kein Land für einen sorglosen Erholungsurlaub. Alleine schon, weil – anders als die maghrebinischen Nachbarstaaten – es abgelehnt hat, sich dem Massentourismus hinzugeben. Man hält ihn sich eher vom Leibe, weil man seinen Folgen – und mit Recht – mißtraut. Folglich ist die touristische Infrastruktur noch unentwickelt. So schön und großzügig die wenigen Hotels gebaut sind: der verwöhnte Reisende findet an ihnen manches auszusetzen. Den meisten Algeriern gilt die Dienstleistung für Fremde als eine entwürdigende Beschäftigung. Der Gast soll seinen Koffer nur selbst schleppen. Und oft funktioniert in den so erfreulich dem Baustil des Landes angepaßten Herbergen nicht jeder Wasserhahn, nicht jeder Lichtschalter. Wer in Algerien unterwegs ist, muß manche Unbequemlichkeit in Kauf nehmen, doch wenn er dazu bereit ist, wird er reich entschädigt durch die Begegnung mit einem Land außergewöhnlicher Faszination.

Es ist ein hartes Land, spröde und verschlossen – und so sind – vom schmalen Küstenstreifen abgesehen – seine Bewohner. Ihre nicht ›entgegenkommende‹ Haltung als Unfreundlichkeit oder gar Feindseligkeit zu deuten, wäre *das* Mißverständnis, welches den Zugang von Anfang an verbaute. Wie anders als herb sollen die Bewohner eines so herben Landes sein? Dazu darf der Fremde einige sehr herbe Tatsachen aus der jüngeren Vergangenheit nicht vergessen. Zunächst die, daß Algerien aus einem Befreiungskampf hervorgegangen ist, den man vielleicht zutreffender einen Bürgerkrieg nennen sollte. Was 1954 als Aufstand der FLN, der Nationalen Befreiungsfront, begann, entartete zu einem greuelvollen Kampf verschiedenster Gruppierungen gegeneinander, in dem nicht einfach ›Eingeborene‹ gegen ›Kolonialherren‹ standen (die meisten französischen Colons waren schon im Lande geborene Bauern), sondern inner- und außerhalb der FLN verschiedene ethnische und Interessengruppierungen aufeinander schossen, wie auch im französischen Lager endlich Parteiungen blutig zusammenstießen. Die Verträge von Evian (1962) brachten wohl die Unabhängigkeit, aber noch längst nicht den inneren Frieden.

Zweitens muß man sich erinnern, daß die Ereignisse des Jahres 1962 nicht nur die französischen Colons, sondern die gesamte gebildete Schicht – Algero-Franzosen ebenso wie die akademisch gebildeten Moslems – außer Landes trieben, wodurch das junge Algerien mit einem Schlag seine potentiellen Führungskräfte verlor. Es mußte in den letzten 25 Jahren versuchen, aus eigenen Mitteln eine neue Intelligentsia heranzubilden, die mit neuen Problemen fertigzuwerden hat.

Und zum dritten: Noch während der ersten Jahre des Befreiungskrieges waren (1954/55) tief in der Sahara Erdöl- und Erdgas-Vorkommen von großer Ergiebigkeit entdeckt und war mit ihrer Ausbeutung begonnen worden. Die Evian-Verträge machten Algerien zum Eigentümer dieser Schätze. Seither kann das Land sich als ›reich‹ betrachten, was freilich den Armen unter seinen Bewohnern (und die meisten sind arm) nicht über ihre tägliche Bedrängnis trösten, in Zukunft aber ihr Los vielleicht erleichtern kann.

Nach hochgemuten sozialistischen Experimenten, die allesamt recht deprimierend fehlschlugen, hat man unter dem dritten Präsidenten einen sehr pragmatischen Kurs eingeschlagen. So etwa wird einem ein gebildeter Algerier bei einem abendlichen Gespräch erklären: »Wir besitzen Öl und Erdgas in Fülle und sind also ein reiches Land, aber wir brauchen fremde Hilfe, um diese Schätze zu heben – und wir wissen, daß sie eines Tages doch erschöpft sein werden. Bis dahin wollen wir nicht nur eine tragfähige Infrastruktur errichtet, Straßen, Wohnungen gebaut, sondern auch eine Industrie errichtet und durch Aufforstungen und Bewässerungsanlagen unsere Landwirtschaft in die Lage versetzt haben, die Ernährung und Versorgung unserer Bevölkerung mit dem Lebensnotwendigen auch über den Tag hinaus sicherzustellen, an dem wir wieder ›arm‹ sind.« Ein bemerkenswert weitsichtig-vernünftiges Programm, das nur den einen Fehler zu haben scheint, daß es das rapide Bevölkerungswachstum nicht einkalkuliert. Algerien zählt zu den geburtenfreudigsten Ländern dieser Erde.

Ein Staat voller Probleme also, in dem wir uns umschauen wollen; ein Land der Beharrlichkeit, das aus der Zeit der Viehzüchter und Ackerbauern in die der Pipelines und Computer gesprungen ist, das Spannungen jeder Art beinahe zerreißen, und dessen Zukunft davon abhängt, wie es diese Zerreißprobe besteht. Ein Land der Tradition zugleich und des Fortschritts – und eines der Großbaustellen.

Alger la blanche – eine Baustelle

»Eine einzige, ganz kompakte, an den Berg gelehnte Masse ungefähr in der Form eines oben abgebrochenen Zuckerhutes« – so sah Fürst Pückler-Muskau 1835 Algier, das damals einzig aus der ›Kasbah‹ bestand. Der »abgebrochene Zuckerhut«, der einstmals jedem gefangenen Christen Furcht und Zagen einflößte, verliert sich heute für den, der übers Meer herankommt, im Weiß der weißen Stadt, welche die Franzosen seit 1830 um die wohlig gerundete Bucht anlegten und die das Halbrundtheater der Hänge weiß hinaufsteigend die ins Grün gebetteten weißen Paläste und Villen der türkischen Deys und Paschas verschluckt hat. Vielstöckige Mietshäuser im Geschmack des nachnapoleonischen Klassizismus nach dem Vorbild von Marseille, Genua, Neapel oder im Pomp der belle époque, mit weißen Hotels, deren Plüsch heute nostalgisch gepflegt wird, mit pompösem Théâtre, mit der Corniche-Promenade über Hafenanlagen und Bahngeleisen, mit noblen weißen Fronten über den von städtischem Leben erfüllten Arkaden. Schon Fürst Pückler berichtet: »Da nun die Häuser, wie ihre Plattformen alle Jahre zweimal, viele jeden Monat frisch geweißelt werden, so ist kaum hie und da auch nur ein Fleckchen einer anderen Farbe zu erblicken.« Heute wird zwar nicht mehr so oft geweißelt, hat das Weiß einigen Grauschleier angenommen, aber eine weiße Stadt ist Algier noch immer.

Wer nicht übers Meer geschifft kam, sondern durch die Luft – der schnellere und heute beinahe auch der preiswertere Weg –, der erlebt schon auf der Fahrt vom Flughafen, benannt nach dem zweiten Staatspräsidenten Haouari Boumedienne, außer sehr charakteristisch mittelmeerisch-nordafrikanischen Bildern recht drastisch etwas von den Verkehrsproblemen der Stadt, wenn der Weg zu seinem Hotel länger dauert als der Flug von Europa nach Afrika. Und diese Probleme sind ja letztlich nur Symptom für tieferliegende Krankheiten, die sich fast alle aus dem phantastischen Wachstum der Stadt ergeben.

Im Jahre 1871 wurden 230000 Einwohner gezählt, zwanzig Jahre später hatte sich ihre Zahl bereits verdoppelt. Achtzig Jahre danach war die Millionengrenze erreicht. Noch 1978 wurden eindreiviertel Millionen registriert, fünf Jahre später (1983) zweieinhalb Millionen. Wenn das so weitergeht, dann wird Algier 1988 5 Millionen Einwohner zählen und um die nächste Jahrtausendwende so viele Einwohner wie das ganze Land heute.

Zur Stunde verstopfen mehr Automobile die Straßen, als diese verkraften können, und darum steht der Verkehr halbe Tage lang. Allerdings ohne aggressive Ungeduld. Auch wenn die Nerven strapaziert sind, fährt man freundlich in Algier.

Bereits unterwegs zum Hotel fallen uns die vielen Bau-

Inhalt

Die Mitte

Maghrib el-Awsat 9 – Alger la blanche – eine Baustelle 15
Seeräubernest von einst 18 – Großstadt von heute 25
Spaziergänge 27 – Museen als Spiegel des Landes 41
Von Sidi Oqba bis Chaireddin Barbarossa 49

Von Algier nach Westen

Türkisküste 54 – Ein mauretanisches Königsgrab 57
Könige der Numider und Mauri 59 – Tipasa – in Ruinen eine Idylle 67
Cherchell – Attika in Africa 72 – Küstenstraße nach Oran 76
Durch die Chélif-Ebene 79 – Eroberung und Widerstand 82
Kolonialzeit 90 – Unabhängigkeitskrieg – und die Jahre danach 100
Oran 107 – Legio patria nostra 115
Tlemcen und seine Moscheen 120 – Umschau im Umland 134
Zurück nach Oran 142

Ostalgerien

Geradewegs von Algier nach Constantine 147 – Die Kalaa der Beni
Hammad 152 – Die ›Schwarze‹ und die ›Liebliche‹ (Sétif und
Djemila) 159 – Am Meer und durch die Große Kabylei nach
Béjaïa 175 – An der Corniche und durch die Kleine Kabylei 188
Constantine 196 – Zwischen Constantine und Annaba 207
Der Kirchenvater aus Africa 216 – Im Schatten des Augustinus 229
Römisches Nordafrika 236 – Tébessa 241 – Timgad und
Lambèse 249 – Durch den Aurès 264 – Der kurze Weg in die Wüste
(Von Algier über Bou-Saada nach Biskra) 271

Oasen der Sahara

Strecken durch die Wüste 276 – Saharische Vergangenheit 278 – Land der tausend Oasen – Stadt der hundert Kuppeln 284 – Eine Frau im Bann der Wüste 290 – Touggourt 297 – Erdöl in der Sahara 305 Ouargla – Großstadt in der Wüste 307 – Die M'zabiten von Ghardaïa 311 – Der Frauen Schicksal ist beklagenswert 314 – Umschau in der Pentapolis 317 – Saharische Fauna 325 – Unterwegs nach El-Goléa 328 – Der Heilige der Sahara 335 – Am Südrand des Grand Erg Occidental 340 – Timimoun, die rote Oase 344 – Von Timimoun nach Taghit 350 – Felsbilder der Sahara 358 – Kohlenpott und Grenzprobleme 367 – Von Aïn-Sefra nach Tiaret 371

Ins Herz der Wüste

Texas im Östlichen Erg 374 – Kurs nach Djanet mit Umwegen 377 Durchs Fadnoun-Plateau und übers Tassili 382 – Zu den Felsmalereien im Tassili 390 – Von Djanet nach Tamanrasset 399 – Tamanrasset und die Tuareg des Hoggar 402 – Hinauf zum Assekrem 409 Zwischen Tamanrasset und El-Goléa 413 – Rückweg und Rückschau 422

Anhang

Zeittafel 427 – Bibliographische Hinweise 429 – Register 431
Die Farbtafeln nach Seite 32, 84, 136, 220, 292
Ausfaltkarte nach 436

stellen auf. Man ist dabei, Algier umzubauen. Um den Verkehr zum Fließen zu bringen, soll eine Stadtautobahn am Ufer entlanglaufen. Aber da der Uferstreifen dicht bebaut ist, wird die neue Fahrbahn einfach ins Meer hinausgelegt. Die Bagger spanischer Vertragsfirmen sind am Schaufeln und Rollen. Die Wohnungsnot – wen wundert sie bei so stürmischem Wachstum? – zwingt die Regierung, auf Abhilfe zu sinnen. Man hört von einem großen Wohnungsbauprogramm, hinter dem – als ferneres Ziel oder bloße Fata Morgana – Pläne stehen, die hoffnungslos übervölkerte und sanitär veraltete Kasbah zu sanieren. Ihre Bewohner sollen ausgesiedelt werden. Nach Abschluß der Sicherungs- und Restaurierungsarbeiten soll sie als eine Art lebendiges Museum wieder mit Handwerkern und Händlern besetzt werden, allerdings nur einem Zehntel der Bewohnerschaft von heute. Daß die Leute, die dort leben, sich jetzt schon stark machen gegen die geplante Vertreibung aus der ihnen angestammten Umgebung, wen wundert es? Protestparolen bedecken manche Wände in diesem ältesten Teil Algiers. Noch höher im Himmel der Utopie hängt der Vorsatz, auf ähnliche Art auch alle anderen Viertel der Stadt zu ›sanieren‹.

Wer nicht achselzuckend verzagt, eine so monströs wachsende und sich wandelnde Stadt zu schildern, muß seinen Leser um Nachsicht bitten. Was vor zehn, vor fünf, vor zwei Jahren noch galt, das kann heute oder in ein paar Jahren nicht mehr oder nicht mehr *so* gelten wie zur Stunde. Wer nicht nur eben vom heute gewesenen Tage Zeugnis ablegen will, sondern auch und gerade die unabsehbare Tiefe der Vergangenheit im Auge behält – und ohne sie hätte das Heute ja ein ganz anderes Gesicht – der wird nicht resignieren, wenn er einen Freund durch die Hauptstadt des ›Öllandes Algerien‹ zu begleiten hat. Ein paar Nachrichten über neue Straßentrassen, ein paar inzwischen fertiggestellte Hotels, neue Wohnviertel sind schnell überholt. Mag die Stadt ihr Tagesgesicht in rapidem Tempo verjüngen, wie eine Schlange sich häutend wandeln, wie das ganze Land sich wandelt: unter dem Gewand der Gegenwart liegt doch das alte Skelett der Steine und Felsen. Im ausufernden

Brei der modernen Großstadt sind noch immer schichtweise übereinander die Gesichter des Algier von einst zu erkennen.

Seeräubernest von einst

Im Altertum hieß die Siedlung an der Stelle der heutigen Hauptstadt *Icosium,* und die Sage will wissen, sie sei von zwanzig (griech. eikosi) Gefährten des Herakles gegründet worden, die mit dem Heros nach Westen zogen, aber ihn dann verließen. Herakles, das ist überall, wo er uns an den Gestaden des Maghrib begegnet, niemand anders als Melkart, der Stadtgott von Tyros, der siegreiche Sonnenheld der Phöniker und ihrer karthagischen Kolonisten, welche die Römer Punier nannten. Leicht zu verteidigende Halbinseln oder noch besser küstennahe Inselchen, das war genau das, was die phönikischen Seefahrer auf ihren Fahrten westward-ho als Ankerplätze suchten. Kaum ein Zweifel, daß sie auf der ›Möweninsel‹ eine Handelsniederlassung gründeten, die Keimzelle des späteren römischen Icosium, das allerdings im Schatten der damaligen Königsstadt Caesarea (Cherchell) lag.

Die Inselchen sind inzwischen miteinander verschmolzen und landfest geworden, doch immer noch dem Meer verbunden tragen sie Leuchtturm und Admiralität und haben Stadt und Land den Namen gegeben. El-Dschezira ist das arabische Wort für Insel und El-Dschazair, die Inseln, heißt Algier auf arabisch, und von der Stadt nahm das Land seinen Namen. Die Abkürzung DZ ist das internationale Autokennzeichen Algeriens.

Die Geschicke der Möweninsel in den folgenden Jahrhunderten sind in Vergessenheit gesunken. Nur die Nachricht von einem Aufstand gegen die römischen Herren ist aus dem 4. Jahrhundert überliefert. Erst im 10. Jahrhundert christlicher Zeitrechnung – dem vierten nach der Hedschra und der arabischen Eroberung – gründete der Ziride Buluggin ibn Ziri (972-84), der Statthalter der Fatimiden, die ihre Residenz von Tunesien nach Kairo verlegt hatten, an dieser von der Natur begünstigten Stelle eine neue Stadt, die sich

›el-Dschezair Beni Mezranna‹ nannte, die ›Inseln der Beni Mezranna‹, die zur berberischen Stammesgruppe der Sanhadja gehörten. Der Reisende el-Bekri (11. Jahrhundert) nennt sie bereits eine blühende Stadt, bemerkte auch einige antike Ruinen und Mosaike.

Im 13. Jahrhundert war die Siedlung zwischen den Hafsiden von Tunis und den Meriniden von Fes umstritten und wechselte wiederholt den Besitzer. Am Ende des 15. Jahrhunderts bemächtigten sich ihrer die Tsaliba-Araber und am Beginn des folgenden Säkulums besetzten die Spanier, die schon in Béjaïa/Bougie Fuß gefaßt hatten, die Inseln. Auf der größeren entstand 1510 eine von Don Pedro Navarro errichtete Festung (Peñon), die mit ihren Kanonen den Handel der festländischen Siedlung empfindlich zu stören vermochte. Zwar hatten sich die Städter und die Christen im Lauf der Jahre arrangiert, aber manche wären froh gewesen, die fremde Festung loszuwerden. Die Befreier, derer man dann doch so recht froh nicht wurde, nahten in der Gestalt zweier türkischer Korsaren, der Brüder Barbarossa. Auf Lesbos waren sie in den 70er Jahren des 16. Jahrhunderts als Söhne eines ehemaligen Janitscharen (also eines als Christ Geborenen) und der Witwe eines griechischen Popen zur Welt gekommen. Horudsch mit dem roten Bart, der Älteste, ging als Händler und Pirat zur See und nahm seinen jüngsten Bruder Chizr, den man später Chaireddin (Schützer des Glaubens) nannte und der den Rotbart-Beinamen erbte, mit, als er zum ersten Mal bald nach 1500 ins westliche Mittelmeer vorstieß und in Tunis vor Anker ging. Von hier und später von Djerba aus machten die Brüder mit einer Handvoll Verwegener als erfolgreiche Seeräuber die italienischen und spanischen Gewässer unsicher, gewannen Ruhm und Reichtum und verfügten nach wenigen Jahren über eine eigene kleine Flotte. Ihr Versuch, die Spanier aus Bougie zu vertreiben, wo sie sich 1509 festgesetzt hatten, schlug fehl, und Horudsch büßte dabei seinen linken Arm ein. Auch ein zweiter Anlauf brachte nicht den gewünschten Erfolg, doch konnten die Brüder 1514 in Dschidschelli (Jijel) einen ersten Stütz- und Ansatzpunkt zu einer eigenen Herrschaft gewinnen. Im

Todesjahr König Ferdinands von Aragon (1516) wurde Horudsch vom örtlichen Scheikh aufgefordert, Algier von der Bedrohung durch das spanische Fort zu befreien. Die Vertreibung der Spanier gelang nun zwar nicht, aber Horudsch – nachdem er sich zum Herren auch von Cherchell gemacht hatte – schwang sich zum Sultan von Algier auf, beseitigte den frommen Mann, der ihn gerufen hatte, befestigte die Stadt, erstickte eine Verschwörung im Blut, wehrte einen spanischen Angriff ab. Die beiden kühnen Korsaren aus der Ägäis hatten sich zu Herren an den Küsten des Mittleren Maghrib gemacht und den Grund gelegt für ein türkisches Algerien – ja für ein ›Algerien‹ überhaupt als einer eigenen Macht zwischen Tunis und Marokko. Als Horudsch 1518 beim Versuch, auch Tlemcen seinem neuen Reich einzuverleiben, den Tod gefunden hatte, übernahm Chizr/Chaireddin den Oberbefehl, wehrte einen Angriff spanischer Schiffe ab. Als Herr eines Stadtstaates mit großer Zukunft führte Chaireddin jedes Jahr seine Korsarengeschwader gegen die Küsten und Schiffe der Christen und brachte reiche Beute heim und Sklaven auf den Markt. Der ›Barbarossa‹ wurde schnell zum Schrecken des Mittelmeeres. Die kleine spanische Festung auf der Insel vor Algier hatte ihn dabei so wenig geniert, daß er sie erst im Jahr 1529 kassierte. Aus ihren Steinen ließ er einen Damm errichten, der das Inselchen mit dem Festland verband und zugleich den Ankerplatz wesentlich erweiterte. Algier wurde durch ihn zum bedeutendsten Hafen und zum Zentrum eines neuen und trotz aller inneren Spannungen so konsolidierten Staates, daß sein Herr als Kapudan Pascha, als Großadmiral des Sultans, sich in Istanbul dem Aufbau einer osmanischen Flotte widmen konnte. 1534 machte er sich auch zum Herren von Tunis, das er freilich im nächsten Jahr schon an Karl V. verlieren sollte. Des Kaisers Versuch, im Herbst des Jahres 1541 auch Algier einzunehmen, endete in einem gräßlichen Disaster. Christliche Sklaven waren danach auf dem Markt in Algier so billig wie die Zwiebeln.

Auch wenn Chaireddin nach 1535 Nordafrika nicht mehr betreten hat: das türkische Algerien ist und bleibt eine Schöpfung der Barbarossa-Brüder. Sie erst machten

Algier zum Zentrum eines – und des den Europäern schrecklichsten – Barbareskenstaates, einer Seeräuberrepublik, die nominell zwar der Hoheit des osmanischen Padischah unterstand, aber sich in ihre Geschäfte von niemandem dreinreden ließ. Als Großadmiral des großen Süleyman machte Chaireddin die osmanische Flotte zur das Mittelmeer beherrschenden Macht, entriß er Venedig seine ägäischen Inselstützpunkte. 1548 starb der ›König der See‹, der Pascha von Algier in seinem Palast am Bosporus. Sein Mausoleum, ein Werk des großen Baumeisters Sinan, steht hart über dem Wasser, das Europa von Asien trennt.

Algerien, die Schöpfung der Barbarossas, führte auch unter Chaireddins Sohn und dessen Nachfolgern in der Paschawürde Piratenkrieg mit den christlichen Mächten und trachtete zugleich, seinen Landbesitz auf Kosten der Nachbarn zu erweitern. Schon vor dem Ende des 16. Jahrhunderts erstreckte sich Algiers Herrschaft im Westen bis an die Grenzen Marokkos (nur Oran blieb in spanischem Besitz), im Osten seit 1554 bis Béjaïa/Bougie, das 35 Jahre lang in spanischer Hand gewesen war, nach Süden bis an den Rand der Wüste. Wiederholte Versuche der Spanier, den Seeräuberstaat niederzuwerfen, endeten in ebensovielen Niederlagen. Algier wurde reich durch Menschenfang und Menschenhandel. Was Kaperkapitäne wie die Barbarossas, Salah Reis, Dragut (Torgut), Uludsch Ali – christliche Renegaten allesamt – organisiert hatten, davon lebte Algier dreihundert Jahre lang. Seine Korsaren machten das Mittelmeer unsicher. Allein zwischen 1628 und 1634 kaperten sie 80 französische Schiffe mit zusammen 1300 Menschen an Bord.

Das Los solcher Gefangener war beklagenswert. Wen nicht reiche Verwandte oder arme Trinitariermönche als akkreditierte Vermittler des Freikaufgeschäftes auslösten, hatte nur die Wahl zwischen Sklaverei (was im schlimmsten Falle den unerbittlich-mörderischen Ruderdienst auf den Galeeren bedeuten konnte) und dem Übertritt zum Islam, der manchen eine steile Karriere verhieß. Cervantes, selbst 1575 von Korsaren nach Algier verschleppt, nach mehreren vergeblichen Fluchtversuchen 1580 freigekauft, weiß, wovon er redet, wenn er im 39. Kapitel des ersten Teils seines Don Quichote den Sklaven aus Algier erzählen läßt: »So brachte ich meine Tage hin, eingesperrt in ein Gefängnis oder Haus, das die Türken Baño nennen, wo sie die christlichen Sklaven einsperren, sowohl die des Königs und einiger Privatpersonen als auch die des ›Lagerhauses‹, was so viel bedeutet als die Sklaven des Gemeinderats, welche von der Stadt zur Ausführung der öffentlichen Arbeiten und zu anderen Verrichtungen gebraucht werden. Diesen letzteren Sklaven wird es sehr schwer, ihre Freiheit zu erlangen. Denn da sie der Gemeinde angehören und keinen eigenen Herren haben, so ist niemand vorhanden, mit dem man über ihren Loskauf unterhandeln könnte, selbst wenn sie das Geld dazu hätten. In diese Baños ... pflegen einige Privatleute ihre Sklaven zu bringen, besonders solche, die freigekauft werden sollen; denn an diesem Ort sind sie bequem und sicher aufgehoben, bis das Lösegeld eintrifft. Auch die Sklaven des Königs, die freigekauft werden sollen, gehen nicht mit der übrigen Mannschaft zur öffentlichen Arbeit, außer wenn ihr Lösegeld zu lange ausbleibt; denn alsdann läßt man sie, um sie zu nötigen, desto dringender nach dem Gelde zu schreiben, arbeiten und mit den anderen nach Holz gehen, was eine nicht geringe Mühsal ist ... Ich war nun einer von denen ... und obschon wir von Hunger und Blöße häufig, ja fast beständig zu leiden hatten, so litten wir doch am meisten darunter, daß wir jeden Augenblick die nie erhörten Grausamkeiten hören und sehen mußten, die mein Herr gegen die Christen verübte. Er ließ jeden Tag seinen Mann aufknüpfen, ließ den einen pfählen, dem anderen die Ohren abschneiden ...«

Im Jahre 1600 erwirkten die in Algier stationierten Janitscharen vom Sultan das Recht, aus ihrer Mitte einen Dey als ihren Befehlshaber zu wählen, der sich mit dem Pascha fortan in die Macht teilen sollte. Die Folge dieser Gewaltenteilung waren wiederholte innere Kämpfe, in denen schließlich die Deys im frühen 18. Jahrhundert den längeren zogen. Der Dey Baba-Ali schickte den Pascha einfach heim und bewog die Hohe Pforte, auf die Ernennung eines Nachfolgers zu verzichten. Da er auch die Tributzahlungen nach

Konstantinopel einstellte, konnte er sich als faktisch unabhängiges Oberhaupt einer Soldatenrepublik fühlen. Nur de jure gehörte Algier noch zum Osmanischen Reich.

Die türkischen Truppen, die sich aus zweifelhaften Elementen Istanbuls und Smyrnas ergänzten, waren allerdings keine lenksame Herde. Immer wieder kam es zu Unruhen und Palastrevolutionen. Selten starb einer der erwählten Deys eines natürlichen Todes. Blutige Lokalereignisse, düstere Mären, die Algier in den Augen der Europäer noch unheimlicher erscheinen ließen als es durch seine Korsaren sowieso schon war. Vor allem war es ein Stachel im Fleisch der Mittelmeerstaaten und der Handelsmächte, die wiederholt versuchten, das Räubernest auszuheben. So viele Versuche, so viele Fehlschläge. 1561 wurde ein spanisches Expeditionskorps unter dem Conde de Acaudate bei Mostaganem vernichtet, 1655 beschossen englische Schiffe unter Admiral Blake die Stadt, 1669 noch einmal die Engländer, im Jahr darauf die Holländer. Als algerische Korsaren die Küsten der Provence überfielen, beschloß Ludwig XIV. sie zu züchtigen. Am 25. Juli 1682 bombardierte Admiral Duquesne mit 25 Schiffen Algier. Zur Antwort ließ der Dey den französischen Konsul Vacher in eine Kanone stecken und zur feindlichen Flotte hinüberschießen. Ein Bombardement durch 23 Schiffe am 28. Juni 1683 zerstörte Teile der unteren Stadt und führte zur Befreiung christlicher Sklaven, aber machte der Korsarentätigkeit so wenig ein Ende wie die Beschießung vom 26. Juni 1687 unter dem Marschall d'Estrées. Schon 1662 schlossen die Engländer den ersten Vertrag mit dem Dey.

Die Spanier, die 1732 Oran und Mers el-Kebir wiedererobert hatten (und bis 1791 behielten), unternahmen 1775 die letzte große Expedition gegen Algier. Das mit 44 Kriegs- und 340 Transportschiffen und 25 000 Mann Landtruppen gewagte Unternehmen war schlecht vorbereitet und endete blamabel. Erst die Anwesenheit großer europäischer Flotten im Mittelmeer während der Revolutionskriege und der napoleonischen Zeit tat der Seeräuberei der Barbaresken erheblichen Abbruch. Aber als nach Wiederherstellung des europäischen Friedens jene Flotten abgerüstet wurden, nahmen die Räubereien wieder zu, so daß die christlichen Mächte zu Gewaltmaßnahmen schritten. Die USA gingen voran. Am 17. Juni 1815 besiegte Commodore Decatur beim Cabo de Gata die algerische Fregatte Maschuda, zwei Tage später erbeutete er ein zweites algerisches Kriegsschiff, was den Dey zum Friedensvertrag vom 30. Juni bewog, in dem das star-spangled banner als unverletzlich anerkannt wurde. Im nächsten Jahr erzwang der britische Admiral Lord Exmouth von den übrigen Barbareskenstaaten die Einstellung des Sklavenhandels. Nur der Dey Omar von Algier weigerte sich, auf diese Forderung einzugehen. So erschien Exmouth mit 19 britischen Kriegsschiffen und 11 niederländischen Fregatten (unter Admiral van Cappellen) am 27. August 1816 vor Algier. Zehn Stunden lang spieen 2000 Geschütze Verderben gegen die Stadt und ihre Befestigungen. Am 28. August war der Dey bereit, den Vertrag zu unterzeichnen, der den gefangenen Christen unentgeltlich die Freiheit bescherte und vorsah, daß künftig Kriegsgefangene nach europäischem Völkerrecht behandelt werden sollten. Bereits im nächsten Jahr wurde Omar von den Janitscharen ermordet. Seinen Nachfolger Ali raffte schon im Februar 1818 die Pest hinweg. Der nun zum Dey gewählte Hussein betrachtete sich durch Verträge, die seine Vorgänger geschlossen hatten, nicht gebunden und nahm die Piraterie erneut auf. Zugleich verwickelte er sich wegen der Korallenfischerei von La Calle (heute: El-Kala unweit der Ostgrenze gegen Tunesien) und der alten Schuldforderungen zweier algerischer Juden an die französische Regierung in einen Konflikt mit Frankreich, der zum Ende der Seeräuberrepublik führen sollte.

Im April 1827 fand in der Kasbah eine Unterredung zwischen dem Dey Hussein und dem französischen Konsul Deval über diese Probleme statt, die zu einer lautstarken Szene ausartete, in deren Verlauf der Dey dem französischen Vertreter – einer übrigens etwas zwielichtigen Figur – seinen Fliegenwedel ins Gesicht schlug und drohte, ihn einsperren zu lassen. Der läppische Zwischenfall führte zum diplomatischen Bruch, Frankreich verhängte eine Seeblockade über Algier, der Dey antwortete mit der Zerstörung der französischen Kontore in Bone und La Calle und bat die Pforte um Entsendung von Truppen. Die Beschießung eines Parlamentärbootes lieferte dem Kabinett Polignac schließlich den Vorwand, in Algerien militärisch zu intervenieren, um zugleich von innerpolitischen Schwierigkeiten abzulenken. Am 14. Juni des Jahres 1830 landeten 37000 Soldaten in der Bucht von Sidi Ferruch. Am 5. Juli siegelte der Dey den Vertrag, der Algier und seine Kasbah den Franzosen übergab.

Großstadt von heute

Seinen Rang als Hauptstadt des Mittleren Maghrib verdankt Algier zwar den Barbarossa-Brüdern, seine Entwicklung zur ›europäischen‹ Großstadt jedoch begann erst mit der französischen Eroberung von 1830. Damals wurde die Stadt als Zugang von und Tor nach Europa Ausgangspunkt der Kolonisierung und Französierung des Landes. Den Hafen hat man mehrfach erweitert, seine Anlagen dem jeweils neuesten Stand entsprechend ausgebaut, und von Algier gingen seit der Mitte des 19. Jahrhunderts alle Impulse zur Erschließung des Landes durch Eisenbahnen und Straßen aus. Die Stadt war nicht mehr bloß Verbraucherzentrum eines agrarischen Hinterlandes, sondern Sitz der kolonialen wie militärischen Verwaltung. Daß 1848 Oran und Constantine als Departementshauptstädte neben Algier traten, nahm der wachsenden Metropole kaum etwas von ihrer Bedeutung. Ihrer nun einsetzenden stürmischen Entwicklung stellte jedoch das Gelände einige Schwierigkeiten entgegen.

Die Bucht von Algier ist von der Natur her einer der schönsten Golfe des Mittelmeeres – nur: man merkt davon heute genausowenig mehr wie im Fall des Golfes von Neapel. Um sie steigen die letzten Ausläufer des Tell-Atlas steil aus dem Meere auf. Algier konnte sich also nur am Meere entlang oder auf den Hängen ausdehnen, und das tat es. Die koloniale Neustadt, das heutige ›Centre Ville‹ legte sich wie ein Halbmond um die Hafenbai, staffelte sich theatralisch die Hänge hinauf, Vororte streckten sich an

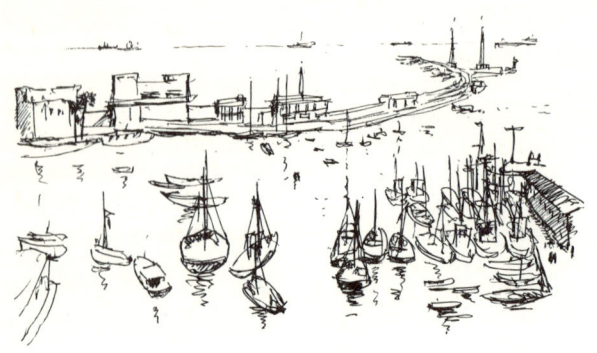

Blick von der Rampe des Pêcheurs in Algier

der Küstenlinie entlang nach Osten und Westen, die Besiedlung ist schließlich über die Hügelhöhen ins Hinterland hinübergeschwappt und hat alte bäuerliche Siedlungskerne zu gesichtslosen Vorstädten gemacht. Eine Entwicklung, die sich ohne jegliche städtebauliche oder gar verkehrspolitische Konzeption vollzog.

Als die Franzosen kamen, hatte Algier gerade 30000 Einwohner, im Jahr 1960, also zwei Jahre vor Beendigung der französischen Herrschaft, schätzte man ihre Zahl auf 870000 (558000 Moslems und 312000 ›Europäer‹). Die meisten von diesen, angeblich 300000, verließen nach der Unabhängigkeit Algeriens Land und Stadt. Ein Exodus, der kaum lösbare Probleme nach sich zog. Die Regierung Ben Bellas träumte im Triumphgefühl der Befreiung von Sozialismus und Arabisierung und setzte einem ungehemmten Zuzug aus dem Lande keine Schranken. Schon 1966 wurden 960000 Einwohner gezählt. Der Aderlaß war also mehr als wettgemacht. Der Quanti- nicht der Qualität nach. Algier, wo sich die Ministerien und Verwaltungsinstanzen, die höheren Bildungsstätten ebenso zusammenballen wie Banken und Kreditanstalten, Handelsorganisationen und Verkehrseinrichtungen und das Im- und Exportgeschäft, schien den zu kurz Gekommenen aus dem ganzen Land irgendeine Hoffnung zu versprechen: einen Posten im Dienstleistungsgewerbe oder einen Arbeitsplatz in einem der heranwachsenden Industriebetriebe. Eine Landflucht setzte ein, die sich in einem Land mit einer der höchsten Bevölkerungszuwachsraten der Erde kaum in den Griff bekommen läßt. Noch immer konzentriert – in einem nach französischem Vorbild zentralistisch ausgerichteten Staat – Algier gut 50 Prozent des Industriepotentials. Und wenn sich auch seit ein paar Jahren die staatliche Investitionspolitik im Großraum Algier bewußt zurückhält: für private Kapitalgeber ist er immer noch interessant. Die Industrie ist vorwiegend im El-Harrach-Viertel zwischen dem östlichen Vorort Hussein und dem Flughafen angesiedelt. Die südfranzösischen Stadthäuser des Centre Ville, deren weiß übertünchte Stuckzierate herabbröckeln, sind längst so übervölkert wie die einst noblen Palazzi Neapels. Nur das behördlich verordnete Weiß verdeckt den Verfall. Draußen, am Rand der gesichtslosen Sub-Zentren, wachsen die scheu verborgenen Bidonvilles aus Abfallholz und geradegeklopftem Blech von Kanistern und Fässern heran, die – periodisch wegbulldozert – charakteristisch sind für die Ballungszentren nicht nur des Mittleren Maghrib. Aber das sind keine Ziele für jemand, der nur ein paar Tage Umschau halten will in Algier.

Spaziergänge

In einem so vielgesichtigen Stadtwesen jemanden auf einen Rundgang und damit auf bestimmte Aspekte zu fixieren, scheint ein unerlaubtes Unternehmen. Jeder Versuch, Wesen und Atmosphäre dieser Stadt auf eine Formel zu bringen, muß mißlingen. Selbst nach Tagen und Wochen bleibt immer nur eine unvollständige Sammlung subjektiver Eindrücke und Erinnerungen. Und solche sammeln wir am besten, wenn wir uns nicht auf starre Routen festlegen, sondern uns von Lust und Neugier leiten lassen. Aber völlig planlos wollen wir auch nicht vorgehen.

Ausgangspunkt für unsere Erkundungen im ›alten‹ Algier, dem arabisch-türkischen, sei die **Place des Martyrs,** die sich nach Norden in der Place de la Régence fortsetzt. Hier treffen Antike, klassischer Islam und profane Neuzeit

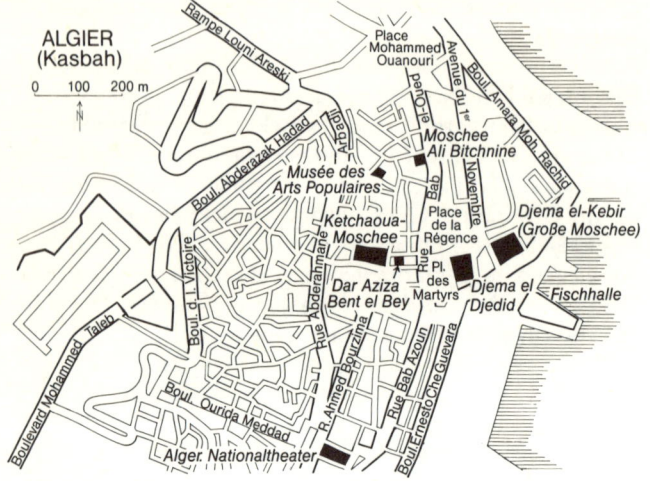

aufeinander. Ein paar Schritte, und wir schauen hinaus über den Bootshafen zu den Icosium-Inselchen der Punier, die Chaireddin Barbarossa mit dem Festland verbinden ließ und die heute, der Touristenneugier verschlossen, Leuchtturm und Admiralität tragen. Über den Treppen, die zu Kais, Bahngeleisen und dem alten Fischmarkt hinabführen, steht an der Ostseite des Märtyrerplatzes, dort, wo der nach Che Guevara benannte Meerboulevard abzweigt, die ›Neue‹ Moschee, die Djema el-Djedid, die man wegen ihrer Nachbarschaft auch die Fischer- oder Fischmarktmoschee nennt. Es ist ein Bau aus der Türkenzeit mit deutlichen Anklängen an die Architektur von Istanbul, aber merkwürdigerweise an die aus der byzantinischen Zeit (Theodorkirche / Djami Kilisse) auf dem Grundriß eines lateinischen Kreuzes mit einer 24 Meter hohen Pendentifkuppel über der Vierung. Sie ist nicht – wie Moscheen zumeist – Stiftung eines einzelnen, sondern eines Kollektivs, nämlich der Soldaten von Algier. Das Vierkantminar trägt eine Uhr wie ein christlicher Kirchturm. Die Kapitelle der Säulen und der Mimber aus weißem Marmor sollen in Italien gearbeitet worden sein, während die Fliesen, welche den unteren Teil der tiefen Mihrab-Nische schmücken, aus Tunis importiert wurden.

Nur ein Baublock, der der Handelskammer, schiebt sich zwischen die ›Neue‹ und die ›**Große**‹ **Moschee**, die Djema el-Kebir, das ältest-ehrwürdigste Bethaus der Stadt, das sich, wie es heißt, an der Stelle der frühchristlichen Basilika von Icosium erhebt. Diese Moschee, erbaut 1096, stammt aus der Zeit der Almoraviden, ist eine Stiftung des Yussuf ibn Taschfin (1061-1106). Das Minarett, gestiftet 1234 von einem Sultan von Tlemcen, und die der straßenseitigen Fassade vorgesetzte Galerie sind jüngeren Datums. Der Hof ist an der Eingangsseite von einem, seitlich von dreischiffigen Portiken umzogen und eingeengt und öffnet sich auf den die ganze Breite des Baues einnehmenden Betsaal mit je fünf Schiffen seitlich des kaum merkbar verbreiterten, senkrecht auf den Mihrab zulaufenden Mittelschiffs. Zwei parallel zur Qiblawand, das heißt der nach Mekka weisenden, durch die Gebetsnische des Mihrab ausgezeichneten Wand, eingestellte Arkaden nehmen dem Raum jede Richtung, machen ihn in spezifisch islamischem Sinne zu einem, in dem der Beter nicht in eine Schreitbahn gelenkt wird, sondern sich an jeder Stelle ›angekommen‹ fühlen darf, um – aufgenommen in die militärisch geordneten Reihen der Beter – sich niederzuwerfen in Anbetung des Einzig Höchsten.

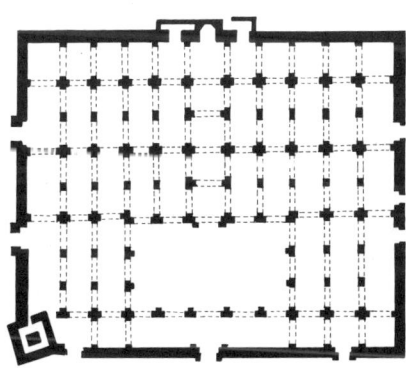

Algier, Große Moschee

Eine ›Moschee‹ – das deutsche Wort leitet sich über Zwischenstufen vom arabischen ›Masdjid‹ (Ort der Niederwerfung) ab – ist keine ›Wohnung‹ Gottes, kein ›Gotteshaus‹, sondern nur die Stätte seiner Verehrung. Als solche genügte ursprünglich ein von Dornen und Disteln gereinigtes Areal, das dann mit einfachen Schattendächern aus Palmwedeln, von Palmstämmen getragen, umzogen wurde. An der nach Mekka weisenden Seite konnten sie tiefere Hallen bilden. Nach Mekka, zur Kaaba, hat sich der Moslem beim Gebet zu wenden und zu neigen. In diese Richtung weist – eigentlich überflüssigerweise, denn der ganze Bau ist ja dahin ausgerichtet – eine Nische, der Mihrab. Vor ihm hat der Imam seinen Platz, der Vorbeter und Leiter des Gemeinschaftsgebetes. Diese Stelle wird gern durch eine Kuppel als Würdezeichen überhöht. Der Mihrab selbst ist in der Regel durch besonderen Schmuck hervorgehoben. Seitlich von ihm – vom Beter aus gesehen rechts – hat in einer Moschee, in der der Freitagsgottesdienst abgehalten wird, der Mimbar seinen Platz, der über eine schmale Treppe erreichbare Predigtstuhl für die Verkündigung der Freitagsbotschaft. Der Mimbar der Großen Moschee stammte noch aus der Erbauungszeit, stellte somit ein rares Exempel eines solchen Möbels aus der Zeit um 1100 dar und ist folglich ins Museum abgewandert. Wer die etwas älteren Moscheen von Córdoba und Kairouan kennt, dem wird auffallen, daß hier in Algier nicht Marmorsäulen, sondern aufgemauerte rechteckige und kreuzförmige Pfeiler die rein gezogenen Hufeisen- und die großformigen Vielpaßbögen tragen. Sie zeugen von der asketischen Strenge der Almoravidenkunst. Die Moschee von Algier ist – neben denen von Tlemcen und Nédroma – das einzige zugängliche Bauzeugnis dieser Periode im ganzen Maghrib. Der Fremde sollte nicht versäumen, einen so archaisch-strengen Raum auf sich wirken zu lassen. Er korrigiert eindrucksvoll zu luxuriöse Erinnerungen an Alhambra-Stuck und Fayencedekor des 18. Jahrhunderts. Nach dem Besuch hier kann man auf den manch anderer Moscheen in der Stadt verzichten.

Es gehört zur Sonderrolle, die Algerien heute inmitten

seiner maghrebinischen Nachbarn spielt, daß der ›Ungläubige‹ hier nicht streng ausgeschlossen bleibt von den Zeugnissen der islamischen Baukunst. Allerdings sind sie ihm nur in den Vormittagsstunden zugänglich, bleiben sie nachmittags den frommen Betern reserviert. Das ist eine Regelung, die im ganzen Lande gilt und die man bei der Planung seiner Reise in Rechnung stellen muß. Freilich kann man auch auf besonders angesehene Heiligtümer stoßen, zu denen den Fremden – gar wenn sie herdenweise auftreten – der Zugang verwehrt bleibt. Dann sollte man nicht auf seinem ›Recht‹ bestehen. Es gibt auch in Algerien islamische Fundamentalisten, die jedes Paktieren mit dem ›Unglauben‹ ablehnen, denen ein christlicher Fuß in einer Moschee ein Ärgernis ist.

An der nordwestlichen Ecke der Place de la Régence (Rue Bab el-Oued) erhebt sich an der Stelle der antiken Thermen die **Moschee Ali Bitchnine** (auch Bitschin oder Bechine geschrieben), eine Stiftung des italienischen Renegaten Piccinini, der es vom Gefangenen zum Galeerenkapitän und Admiral brachte und gewaltigen Reichtum anhäufte. Schon 1623 errichtet – also älter als die Fischereimoschee – greift sie wie diese auf byzantinisch-konstantinopolitanische Überlieferungen zurück mit ihrer oktogonalen Pendentifkuppel über einem zentralen Pfeilerquadrat, das an drei Seiten von mit kleinen Kuppelchen überdeckten Schiffen umzogen ist. Das Untergeschoß der Mihrabseite beherbergt heute noch sieben Ladengeschäfte. Aus ihren Einnahmen sollten nach dem Willen des Stifters die Ausgaben für den Unterhalt der Moschee bestritten werden. Ihnen zur Seite rechts steht ein Straßenbrunnen (sebil) zu Füßen des gedrungenen Vierkantminars. Am 27. März 1842 wurde diese Moschee für den katholischen Gottesdienst beschlagnahmt und wurde erst wieder nach der Unabhängigkeit dem Gebet der Moslems zurückgegeben.

Die **Ketchaoua-Moschee,** kaum 200 m westlich, hangaufwärts der Fischermoschee, wurde 1794 gegründet und schon 1832 für den katholischen Kultus requiriert, stieg zum Rang einer Kathedrale (St. Philipp geweiht), wurde zwischen 1845 und 1860 in einem faszinierend maurisch-gotischen Stilgemisch neu erbaut und erhielt eine bunte zweitürmige Portikusfassade über einer breiten Freitreppe. Zwar zeugen im Inneren noch ein paar Säulenschäfte und Dekorelemente vom alten Bau, aber es lohnt nicht die Mühe, sich deswegen die Schuhe auszuziehen.

Der venezianisch maskierte Bau rechts neben der Fassade beherbergt heute das Ministerium für religiöse Angelegenheiten. Der Palazzo gegenüber der Moschee, **Dar Aziza Bent el Bey** genannt, war einstmals Sitz des Erzbischofs. Hier also residierte Seine Eminenz Charles Lavigerie (1825-1892), ein so glühender Patriot wie eifriger Missionar, der die Erfüllung seines Traumes, Nordafrika fürs Christentum zurückzugewinnen vom politisch-militärischen Engagement eines laizistisch regierten Frankreich erwartete. Nachdem 1881 Tunesien französisches Protektorat geworden war, beanspruchte der Erzbischof von Algier – inzwischen von Leo XIII. mit dem Kardinalshut begabt – als Patriarch von Karthago den Ehrenvorrang dieses ehrwürdigen Sitzes. Der Orden der Weißen Väter, den Lavigerie ins Leben rief, hat in Nordafrika ausgespielt; der Leichnam des Kardinals wurde aus seiner heute profanierten Kathedrale auf dem Burghügel Karthagos in den Vatikan überführt – die Fäden, die er in den widersprüchlich-bunten Schicksalsteppich des Maghrib einwob, auch sie münden in den blutroten Geschehnisstrang, den man mit gleichem Recht den Freiheits- oder den großen Bürgerkrieg nennen kann. Die Fäden wieder aufzudröseln, das lassen wir bleiben auf einem Rundgang durch Algier. Da machen wir lieber die Augen recht weit auf. Später, bei der Fahrt durchs Land, werden wir

Zu den Farbtafeln:

1 *Djemila*

2 *Algier, Ketchaoua-Moschee, Inneres*

3 *An der Corniche Kabyle*

uns an ein paar Etappen in diesem Kampf aller gegen alle zu erinnern haben. Aber auch beim Gang durch die **Kasbah** von Algier, die »ganz kompakte Masse ungefähr in der Form eines oben abgebrochenen Zuckerhutes« sitzt die Erinnerung an die Greuel dieses Krieges dem schuldlosen Spaziergänger von heute im Nacken.

Beginnen wir einen zaghaft-ersten Weg durch dieses Viertel! Wer im Rahmen einer von ONAT organisierten Stadtrundfahrt durch die Kasbah geführt wird – etwa von der Moschee droben zu Füßen des einstigen Herrschaftsschlosses abwärts durch die engen Gassen bis zur Rückseite der Ketschaoua-Moschee –, der wird aufgefordert, seine Papiere sorgsam im Brustbeutel zu verwahren und seine Fotosachen nicht sorglos herumhängen zu lassen. Gutgemeinte Ratschläge, die dem Touristen in Neapel oder Palermo dienlicher wären als hier, wo er recht unbesorgt sein kann. Aber er muß, wenn er sich nicht mit einem schnellen einmaligen Durchgang zufriedengeben will, einige Kondition haben. Die Treppenstufen sind unzählbar.

Wir überlassen uns dem Zufall oder wie man sichs in arabischen Altstädten zur Regel macht: dem Strom der Bewohner, die ihre Wege kennen. Abweichungen von den durch gar nichts als solche gekennzeichneten Arterien führen in enge und dunkle Sackgassen und vor stumme Türen, auf die noch nie ein Strahl Sonne fiel, wo es auch im Sommer dumpf riecht und nach billiger Seife.

Wir steigen über steile Treppen und hohe Stufen, durch Tunnels hindurch und zwischen Häusern, wo jedes Geschoß auf schrägen Balkenstützen über das darunterliegende vorspringt, bis sie sich nur noch auf Armlänge gegenüberstehen. Es geht über taschentuchgroße Plätze hinan, an verschlossenen Eingängen vorbei und schimmeligen Mauern, von denen der Verputz bröckelt und an denen die Stromkabel bündelweise hängen. Mehrere Stockwerke hoch stehen die Häuser sich gegenüber, drohend zugleich und verrottet, niemandem Einblick gewährend hinter die dicken nagelbeschlagenen Türen. Man tastet sich durch dieses europäisch überhöhte arabische Stadtlabyrinth hinauf und wieder abwärts, durch enge, von Schwibbogen überfangene Gassenschluchten, aus denen sich plötzlich ein Blick auftun kann aufs Blau des Meeres.

Es gibt eine harmlos-heitere Postkartenserie als Souvenir an die Kasbah zu kaufen, aber sie verscheucht nicht die Erinnerung an jene Bürgerkriegsjahre, in denen die französischen Paras, die Fallschirmjäger, die Kasbah als Zentrum des antifranzösischen Terrors im Kampf von Haus zu Haus durchkämmten, Männer, Frauen, Knaben, Mädchen festnahmen, um sie in ihrem schwer gesicherten Befehlszentrum zu verhören: alle, die irgendwie in den Verdacht geraten waren, Mitarbeiter der FLN zu sein – und in der Kasbah war jeder verdächtig. Hanns H. Reinhardt spricht im Zusammenhang mit diesen Verhören vom »äußersten an Brutalität, was sich menschliche Gehirne ausdenken konnten«. Das wenige, was damals durchsickerte, hat die Weltöffentlichkeit gegen die ›Paras‹ aufgebracht, aber sie hat ihre Empörung schnell wieder vergessen. In der Kasbah jedoch ist die Erinnerung an jene Jahre der Freiheitskriege nicht erloschen – was nicht heißt, daß der harmlose Tourist irgendwelche Feindseligkeiten befürchten müßte. Was die Kasbah-Bewohner heute beschäftigt, das sind die Sanierungspläne der Regierung, weil sie befürchten, dadurch aus ihrem angestammten Lebensraum vertrieben zu werden. Da viele Kasbahbewohner Kuluglis sind, also Nachkommen von Türken aus deren Verbindung mit einheimischen Frauen, zeihen sie die Regierung des ›Rassismus‹. Es bleibt abzuwarten, wieweit sich deren Pläne realisieren werden. Daß die übervölkerte Kasbah einer Rettung und Sicherung bedarf, das aber steht außer Frage. Trotzdem oder eben deswegen ist sie das pittoreskeste und darum eigentlich interessanteste Viertel der ganzen Riesenstadt, in dem man – immer auf- und absteigend – Stunden verbringen könnte.

Weniger strapaziös für die Beinmuskeln als für die asphaltmüden Füße ist eine Umschau im kolonialen ›Centre Ville‹. An eine südfranzösische Hafenstadt erinnert die Architektur entlang des Meerboulevards, der alle paar Jahre und mehrfach in seinem Verlauf seinen Namen ändert. Aber Namen sind Schall und Rauch und Straßenschilder im ganzen Land eher die Ausnahme als die Regel. Diese

Algier, In der Kasbah

Corniche läuft oberhalb des Hafengeländes mit seinen Kais, Lagerhäusern, den Bahngleisen für den Güterverkehr und – beinahe unscheinbar – dem Hauptbahnhof entlang. Diese geschäftige und nicht eben anziehende Plattform bildet vom Meer her gesehen den Vordergrund für die darüber sich repräsentativ entfaltenden mehrstöckigen Bauten aus der zweiten Hälfte des vergangenen Jahrhunderts, unter deren Arkaden die Büros der internationalen Fluggesellschaften, Banken, die elegantesten Geschäfte und die pariserischsten Cafés zu finden sind oder waren. Hier im Angesicht der Meeresbläue gibt sich Alger la Blanche ganz als Mittelmeergroßstadt und riecht doch mehr nach Benzin als nach Meer. In einer der landeinwärts entlangziehenden Parallelstraßen, der Rue Bab Azoun zum Beispiel – auch noch mit Geschäftsarkaden und teuren Etablissements – wirkt alles schon ein wenig maghrebinischer. Die palmenbestandene Place Mohammed Tour (Square Port Said) bildet einen Haltepunkt und den Vorplatz für die Opéra, jetzt *Algerisches Nationaltheater* genannt. Ein Bau, der in Paris stehen könnte, sich aber hier algier-weiß gekleidet hat. Kein Plakat, kein Schaukasten verrät, was die algerische Nation an theatralischen Darbietungen zu erwarten hat. Hinter dem Theater führt, von der Ketschaoua-Moschee eine Straße (heißt sie noch nach Ahmed Bourzima?) parallel zum Meerboulevard (hier Boulevard Zighout Yussef geheißen) bis zum breiten, bergan führenden Boulevard Mohammed Khemiste und umgreift damit das eigentliche Stadtzentrum mit Eisenbahn- und Schiffsbahnhof drunten auf Meeresniveau, mit Justizpalast, Parlament, Rathaus, Provinzialverwaltung droben. Dort, wo der kreiselnde Verkehr sich verknotet, steht die Hauptpost – **La Grande Poste**. Dieses den Alhambrastil historisierend ad absurdum führende Gebäu kennt jeder in Algier. Der Fremde, der sich auf seinen ersten Gängen verläuft, braucht nur nach der Grande Poste zu fragen – irgendein Beförderungsmittel zu seiner Unterkunft wird er dort immer auftreiben. Der berganführende ›Boulevard‹ – eher eine autoumsauste Parkanlage – setzt sich hangauf in einer breiten Freitreppe fort, die zum *Palais du Gouvernement* hinaufführt. Eine Hangstufe höher liegt auf der gleichen Achse die Nationalbibliothek. Die Serpentine, die uns an ihr vorüberführt, endet vor dem Hotel Aurassi, wo freilich nicht unsereiner, der nicht auf dem Goldesel reitet, sondern nur ein Ölscheich, ein Staatsgast oder das Mitglied einer Delegation aus dem befreundeten sozialistischen Ausland Unterkunft finden kann. Aber manchmal eröffnet einem die kecke hochstaplerische Behauptung, man gehöre ›zur Delegation‹ seltsame Beziehungen und Schleichwege.

Auch südlich der Hauptpost haben Ministerien, Gesandtschaften, Banken ihren Sitz – aber was gehen sie uns an. Das sind Viertel, die man nicht zu Fuß durchstreifen mag, sondern nur mit dem Auto, mit dem man dann allerdings seine liebe Not hat, denn wenn man es einmal verlassen möchte, weiß man nicht, wo es lassen. Den überfüllten Straßen entspricht die absurde Parkplatznot. Aber wer wird sichs denn in den Sinn kommen lassen, alle öffentlichen Bauten, die ein Stadtplan oder ein Algier-Guide aufführen, zu besehen? Ein solches nervtötendes Unternehmen vermittelte ihm nur weitere Aspekte der architektonischen Anarchie, welche das Algier von heute kennzeichnet. Von ihr wie vom ebenso anarchischen Verkehr erholt man sich im **Jardin d'Essai,** dem botanischen Garten mit Wasserpflanzenbecken, Blumenrabatten, hohen Palmen und baumschattigen Gängen mittelmeerischer und subtropischer Großgewächse, in denen sich Bambus und Feigen, Kryptomerien und Granatbäume mit Fächerpalmen und anderen lederblättrigen Pflanzen vereinen.

Auf der Hanghöhe über dieser meerluftdurchhauchten grünen Oase erhebt sich seit ein paar Jahren das *Befreiungsdenkmal,* ein aus hyperbolischen Rohbetonschalen zusammengesetztes turmartiges Gebilde, das sich ein kanadischer Architekt hat einfallen lassen. Martialische Garden stehen da Wache bei dem ewigen Feuer, von dem Polizei jeden profanen Fuß fernhält – oder vielleicht erwartet man wieder eine Delegation aus dem Ausland zur obligaten Kranzniederlegung. Ein internationales Begegnungszentrum soll hier oben entstehen. Aber was uns heraufgelockt hat, das ist der Blick auf Alger la Blanche von einem ungewohnten Punkt aus.

Museen als Spiegel des Landes

Gegenüber dem Haupteingang zum Jardin d'Essai hat seit 1930, seit es auch die Sammlungen des Stadtmuseums aufnahm, das **Musée National des Beaux-Arts** seinen Sitz, die bedeutendste Sammlung europäischer und einheimischer Malerei und Skulptur nicht nur in Algerien, sondern in ganz Nordafrika. Wenn sie auch kein überragendes und weltbekanntes Werk enthält, so bietet sie doch – nach Schulen geordnet – die beste auf afrikanischem Boden mögliche Übersicht über die europäische Kunstgeschichte der letzten 500 Jahre. Am besten vertreten sind naturgemäß die französischen Meister vom 17. Jahrhundert bis zu den Nabis des 20. Jahrhunderts. Da wir im Lande sind, aus dem sie sich ihre Sujets holen, interessieren uns besonders die romantischen ›Orientalisten‹, unter denen freilich der bedeutendste, Delacroix, so gut wie fehlt (›Les Femmes d'Alger‹ nur in Kopie). Einige Säle sind – bei uns unbekannte Namen – französischen, in Algerien geborenen Malern gewidmet und andere solchen einheimisch-arabischer Herkunft. Wer sich Zeit nimmt, aufmerksam zu schauen, wie Moslems sich mit der europäischen Tradition und der Moderne auseinandersetzen, wird wünschen, eine Erinnerung an das eine oder andere Werk in Form einer Postkarte mitnehmen zu können, aber leider schaut es damit schlecht aus.

Wer für Algier nur zwei oder drei Tage eingeplant hat, wird wohl auf einen Besuch des eben genannten Museums verzichten und zwei anderen Sammlungen den Vorzug geben, die für Vergangenheit wie Gegenwart, Kunst und Volkskultur gleichermaßen aufschlußreich sind: das **Prähistorisch-ethnographische Museum** und das Musée National des Antiquités classiques et musulmanes, einst nach Stéphane Gsell benannt, dem großen Archäologen und Verfasser bis heute grundlegender Werke über Nordafrika.

Der Besuch hier dient sowohl als Einstimmung für eine Reise durch das Land wie – am Ende eines solchen Unternehmens – der Rückschau auf Erlebnisse, Gedanken und Erfahrungen. Wo die Rue Didouche Mourad – sie beginnt bei der Hauptpost als Rue Mourad el-Kettabi und verläuft dann, belebt und bevölkert, zunächst gerade südwestlich hügelan – eine scharfe Kehre macht, öffnet sich links die schattige Einfahrt zur Bardo-Villa, einem der reizendsten Beispiele der seit dem 18. Jahrhundert so zahlreichen grünumgürteten Landsitze, die einst die Hänge sprenkelten, in denen reiche Kaufleute und hohe Beamte luxuriöse Ruhe und Meerblick außerhalb der dichtbelegten Kasbah suchten. Es gibt gerade in dieser Gegend noch mehrere Beispiele, die, zum Teil sorgsam restauriert, heute staatlichen Stellen dienen, sich hinter dichtem Grün neugierigen Besucheraugen verbergen. Wir nehmen diesen Landsitz, den sich im 19. Jahrhundert der Befehlshaber von Biskra erbauen ließ, trotz einiger Veränderungen durch den französischen Nachbesitzer als den uns zugänglichen Repräsentanten dieser Villenarchitektur. Vom französischen Staat erworben, nahm er 1926 das Museum für Vorgeschichte und afrikanische Völkerkunde auf, das 1962 in den Besitz der Algerischen Republik überging.

Die heutige Forschung betrachtet Afrika als die Wiege der Menschheit. Im Osten des Kontinents sind Zeugnisse (Skelette und Werkzeuge) zutage gekommen, denen man ein Alter von zwei Millionen Jahren zuspricht. Was von der Anwesenheit des ›Atlanthropus‹ – wie man ihn notdürftig getauft hat – im Maghrib zeugt, ist nur halb so alt, etwa eine Million Jahre jünger und doch noch tausend Jahrtausende alt. In Aïn Hanech bei Sétif südöstlich von Algier fand man neben Resten längst ausgestorbener Tiere grob zugeschlagene Geröllwerkzeuge, sogenannte ›Pebble tools‹. Sie mögen ungefähr zu Beginn der ersten der europäischen Eiszeiten, der Günz-Eiszeit, entstanden sein. Etwa 500 Jahrtausende später – um den Beginn der Mindel-Eiszeit – bringt die Stufe des Acheuléen die ersten Faustkeile hervor und die für Nordafrika charakteristischen ›Spalter‹ (hachereau) mit einer beilartigen Schneide. Reste des damaligen Homo erectus – Atlanthropus mauritanicus, eines Bruders des Homo heidelbergensis – haben die Steinbrüche von Sidi Abderrahman bei Casablanca in Marokko freigegeben. Diese Fundstücke stammen freilich ›erst‹ aus der Interglacialzeit zwischen Mindel- und Riß-Eiszeit, rund 400 000-200 000 v. Chr.

Um 80 000 v. Chr. setzt man den Beginn des Mittelpaläolithikums an, des Moustérien, die Zeit des Neandertalers. Deutlich verfeinert sich die Technik der Steinbearbeitung.

Diese Kulturstufe ist in Nordafrika nur spärlich vertreten. Die Kulturstufe des Atérien, dem Moustérien folgend und sich teilweise mit ihm überschneidend, ist benannt nach Bir El-Ater südöstlich von Constantine, wo gestielte Schaber und Pfeilspitzen charakteristische Schöpfungen einer Spätphase darstellen, welche nach den bisher vorliegenden C 14-Daten in die Zeit zwischen 40 000 und 25 000 angesetzt wird. Über die Menschen der Atérien-Kultur liegen keine Hinweise vor. Nur daß sie Jäger waren, ist sicher, und ihr Jagdwild ist durch Knochenreste belegt: Antilopen, Gazellen, aber auch das Nashorn, das während der Zwischeneiszeiten auch in Europa auftrat.

Mit dem 13. Jahrtausend v. Chr. setzen die Spuren einer intensiven ›epipaläolithischen‹ Kultur ein, gekennzeichnet durch das Auftreten von kleinen Steinwerkzeugen für Jagd und häusliches Tun, sogenannte Mikrolithen. Es lassen sich zwei Kulturgruppen unterscheiden: das Ibéromarusien, das sich auf die nördliche Küstenregion des Maghrib beschränkt, und das Capsien, benannt nach der Stadt Gafsa in Tunesien. Von jenem zeugen langgestreckte Abfallhaufen aus Werkzeugen, Asche, Knochen, Schnecken- und Muschelschalen, aber auch Gräber mit Beigaben, die gestatten, die Menschen des Ibéromarusien dem Cro-Magnon-Typ zuzuordnen. Das Capsien, in zwei Gruppen, das ›Capsien typique‹ und das ›Capsien supérieur‹, unterschieden, dauert etwa von der Mitte des 8. bis zum Ende des 4. Jahrtausends v. Chr. Das Capsien typique entfaltete sich im algerisch-tunesischen Grenzgebiet etwa vom Nordrand der Schotts bis nach Tebessa. Träger dieser Kultur war ein »völlig neuer, protomediterraner Typus mit leicht negroidem Einschlag« (R. Kuper – B. Gabriel). Daß diese Menschen als Jäger und Sammler relativ ortsgebunden lebten, davon zeugen die mächtigen Abfallhaufen, die sich häufig an Plätzen mit weiter Aussicht finden. In den Aschenschichten – ganze Wälder müssen verbrannt worden sein – fanden sich unzählige Schneckengehäuse, dazu Knochen von Büffeln, Gazellen, Antilopen (häufig die ausgestorbene Büffelantilope Alcelaphus boselaphus), Mähnenschafen, Wildschweinen, Hasen und Raubkatzen wie Löwe und Panther,

Gepard und Luchs. Auch Schakale und Füchse wurden verzehrt und alle Vögel, deren man habhaft wurde.

Kunst und Kult erlebten im Capsien typique eine erste Blüte. Die Toten wurden oft mit Ocker oder Rötel bestreut, aus Tierzähnen oder -gehäusen verfertigte man Schmuckanhänger, Steine wurden menschen- oder tiergestaltig zugeformt, Schalen von Straußeneiern verziert, wie auch die tönernen Gefäße durch Winkelreihen, Zickzacklinien, Vierecke und Punktlinien geschmückt wurden. Und es finden sich auch die ersten Schlifflinien in den Wänden der Fels-Abris. Hier liegen die Wurzeln der im Neolithikum dann zu so hoher Vollendung kommenden Felsbildkunst Nordafrikas.

Das Capsien supérieur – man hielt es einst für jünger als das ›typique‹ – wird heute von vielen diesem etwa zeitgleich angesehen. Es ist von Libyen bis Marokko und tief in die Sahara hinein bezeugt. Seine Träger waren offensichtlich beweglicher, denn von ihnen zeugen keine Abfallhalden, dafür Mikrolithen aus meisterlich bearbeitetem Feuerstein und Werkzeuge wie Nadeln, Ahlen, Pfrieme, Spatel aus Knochen. Wo die Capsien-Kultur herankam, darüber diskutiert man noch. In ihren Trägern wollen manche Fachleute die Vorfahren der heutigen Berber sehen.

Der Übergang zum Neolithikum vollzog sich im Maghrib im 6. und 5. Jahrtausend v. Chr. anscheinend bruchlos. Man hat früher im Fruchtbaren Halbmond des Vorderen Orients die Wiege der ›Neolithischen Revolution‹ sehen wollen. Inzwischen aber setzt sich die weniger darwinistische Auffassung durch, daß der Schritt eben ›an der Zeit‹ war und an verschiedenen Stellen erfolgte. ›Revolution‹ ist freilich ein irreführender Ausdruck, ging es doch nicht mit Gewalt, sondern eher friedlich zu, als Sammler und Jäger begannen, zur Produktion überzugehen, das heißt Wildtiere zu zähmen und zu züchten, Nahrungspflanzen anzubauen, Vorratswirtschaft zu betreiben. Geschliffene Steinbeile, Feuerstein-Pfeilspitzen und Töpfereischerben sind ›Leitfossilien‹ und finden sich in großer Dichte in der Sahara: Zeugnisse einer frühen Keramik einer negroiden Fischer-Jäger-Bevölkerung.

Aus der neolithischen Zeit (etwa 6000-1000 v. Chr.) stammen die meisten oder wenigstens die bedeutendsten Felsbilder der Sahara, die uns Heutigen sowohl als Zeugnisse der Prähistorie wie als Ausdruck einer verblüffenden künstlerischen Kraft erscheinen. Aber den Menschen ging es nicht darum, ein Zeugnis zu hinterlassen, noch darum ›Kunst‹ zu machen. Aus welchen Antrieben aber die Felsgraveure und -maler schufen, das wird sich nie völlig enträtseln lassen.

Aus allen Perioden der Vorgeschichte sehen wir in den sieben Sälen des Erdgeschosses charakteristische Fundstücke, die durch Kopien vorzeitlicher Schädelfunde und aufschlußreicher Artefakte aus anderen Sammlungen, durch Fotos und Kopien von Felsbildern ergänzt werden. Einen Höhepunkt stellt die Grabausstattung der Königin Tin Hinan dar, die zusammen mit dem Skelett dieser legendären ersten Königin der Sahara in ihrem Tumulus bei Abalessa (Hoggar) gefunden wurde. Zu ihr gehörten eine römische Lampe des 3. Jahrhunderts und ein paar Münzen konstantinischer Zeit, die eine Datierung der Grabanlage ins 4. Jahrhundert n. Chr. gestatten und belegen, daß damals Beziehungen bestanden zwischen der zentralen Sahara und der römischen Welt.

In den Loggien und Nebenräumen des marmorgepflasterten Brunnenhofes sind Zeugnisse des städtischen Lebens aus den letzten Jahrhunderten ausgestellt: Waffen, Werkzeuge der Handwerker, Keramik, Musikinstrumente, Möbel (oft europäischer Provenienz), die gesamte Einrichtung einer Kaffeeküche. Seitlich vom überkuppelten Patio des Obergeschosses ist mit Originalstücken ein ganzes Frauengemach aus der Zeit um 1800 eingerichtet, angelehnt an Delacroix' ›Femmes d' Alger‹. Ein anderer Raum ist dem bäuerlichen Hinterland gewidmet. Neben Trachten aus verschiedenen Teilen Nordalgeriens finden wir formschöne ländliche Keramik, eindrucksvollen Berberschmuck aus der Kabylei. Und dann gibt es noch eine Sammlung saharischer Volkskunst, der Tuareg des Hoggar: Leder, Waffen, Textilien, Matten, Trachten, Holzgegenstände, geometrisch dekorierte Keramik. Ähnliche Dinge werden wir in den kleinen Museen der zentralen Sahara zu sehen bekommen, werden die Dinge dort auch noch in lebendigem Gebrauch vorfinden. Zwei Vitrinen dehnen den Horizont auf den ganzen afrikanischen Kontinent aus.

Beim Verlassen des Bardo-Museums nehmen wir noch einmal Zeugnisse aus der fernen Vergangenheit wahr: die Rekonstruktion zweier Dolmen im Vorhof.

Das **Nationalmuseum klassischer und muselmanischer Altertümer**, dessen Bestände die ›Brücke‹ zwischen den beiden Abteilungen des Bardo-Museums bilden, liegt nur ein paar hundert Meter von diesem entfernt am ›Freiheitspark‹ und soll nach und nach modernisiert werden. In der ›klassischen‹, d. h. den römischen Jahrhunderten gewidmeten Sektion findet sich eine größere Zahl von römischen Fußbodenmosaiken mit den in der afrikanischen Provinz beliebten Motiven: den vier Jahreszeiten, mit Jagddarstellungen, mit maritimen und Götter-Szenen. Einige besonders schöne Torsen (›Venus‹ vom Typus der Venus capitolina, ›Demeter‹-Kopie nach einem Original aus dem Umkreis des Phidias) stammen aus den Kunstsammlungen des Numiderkönigs Juba II., die in seiner Hauptstadt Cherchell wiedergefunden wurden. Reliefs, Götterfiguren und Kaiserbüsten zeugen von dem starken Einfluß römischer künstlerischer und religiöser Vorstellungen im kaiserzeitlichen Nordafrika, doch die neopunischen, die libysch-berberischen Stelen (eine Fülle von ihnen ist an der Außenseite des Museums aufgestellt) reden auch davon, wie zäh – besonders in abgelegenen Berggegenden – sich vorhistorisch-einheimische Überlieferungen erhalten haben und welche dominante Rolle punische Gottheiten wie Tanit und Bel-Hammon, den die Römer mit ihrem Saturn gleichsetzten, noch lange gespielt haben. Mit anderen Worten: wie nachhaltig doch Karthago, dem man so gern kulturelle Schöpferkraft abspricht, das antike Nordafrika mitgeprägt hat. Neben den marmornen Leibern finden wir auch hier römische Kleinbronzen und das Alltagsgerät vom Waagengewicht bis zum Chirurgenbesteck, vom gläsernen Parfümfläschchen zum keramischen Küchengeschirr, wie man es in so vielen Römermuseen rings ums Mittelmeer zu sehen bekommt. So besehenswert-erfreulich die Dinge sind: noch eindrucksvoller sind sie uns als augenfällige Zeugnisse für die übergreifende, eine ganze Welt kulturell prägende Zivilisationskraft der römischen Kaiserzeit. Man weiß ja davon, aber jede Begegnung führt einem die Tatsache erneut vor die Sinne. Die Münzen, die hier gesammelt sind, hatten einst rings ums Mittelmeer und in weiten Bereichen Europas ihre Geltung.

Ein Saal ist Fundgegenständen aus der Zeit des frühen Christentums in Nordafrika gewidmet, aus einer Region, die eine beachtliche Rolle in der Entwicklung der neuen Weltreligion zu spielen bestimmt war. Wir werden bei unseren Fahrten mehr davon erfahren und vielleicht bei einem zweiten Besuch nachher mehr mit den Sarkophagen, Mosaiken, Inschriften verbinden als jetzt, wo wir von neuen Eindrücken überfordert und schon schaumüde sind. Historisch recht interessant als Zeugnisse der Vandalerzeit in Nordafrika sind die aus Tebessa stammenden griechisch-lateinischen Inschrifttäfelchen. Auf besonderes Verlangen wird dem Besucher auch die Schatzvitrine gezeigt, die Kostbarkeiten enthält, die in Ténès, Djemila, Béjaïa in unruhigen Zeiten vergraben und verborgen wurden, dazu schönen Goldschmuck von den römischen bis in die türkischen Jahrhunderte.

Ein Glanzstück der islamischen Abteilung ist der Mimber, die Gebetskanzel der Großen Moschee von Algier aus dem Jahre 1097 (A.H. 420): das älteste Moscheemöbel Algeriens mit einer streng-großartigen Ornamentik. Daneben sehen wir Teile des etwa gleichzeitigen Mimbers aus der Moschee von Nédroma, Stuckfragmente und Stelen aus Sedrata, der ersten Stadt der Ibaditen in der Nähe des heutigen Ouargla (10. u. 11. Jh.), Keramiken aus der Kalaa der Beni Hammad (11. Jh.), Fayencemosaiken, Waffen, Schmuck, Metallarbeiten, Teppiche und Textilien aus Algerien und den maghrebinischen Nachbarländern, mit deren Geschicken die unseres Reiselandes stets aufs engste verzahnt waren. Dazu finden wir einige Beispiele des Kunsthandwerks auch aus anderen Bereichen der islamischen Welt.

Algier verfügt auch über ein ausschließlich der Volkskunst gewidmetes Museum, das **Musée des Arts Populaires,** unweit von Großer und Fischer-Moschee beim Aufgang zur Kasbah (9, Rue Mohammed Akli Malik). Hier sollte sich jeder Algerien-Besucher umsehen, vor allem, wenn er sich nicht die Zeit gönnt, die vielen Lokalmuseen im Lande zu besuchen. Was diese Sammlung an Sehenswertem darbietet, läßt sich nicht in ein paar Zeilen schildern, läßt sich nur in Stichworten andeuten: Teppiche, Textilien, Flechtwerke, rustikale Werkzeuge aus Holz, Keramiken, Leder- und Metallarbeiten als Zubehör zur Tracht, Kamelsättel und Waffen und vor allem großen und großartigen Silberschmuck der Berberfrauen, den einst jüdische Schmiede schufen. Die Umschau hier sollte sich jeder verordnen, bevor er seiner Kauflust nachgibt und schäbigen Tand viel zu teuer erhandelt. Aber nicht zuletzt macht das die Fahrten durch Algerien (im Gegensatz zu denen in den Nachbarländern) so erholsam, daß hier eben nicht Souvenirhändler sich auf Schritt und Tritt anbiedern, um dem fremden ›Freund‹ etwas anzudrehen.

Die Museen der Hauptstadt sind Schatzhäuser von Dingen, die jeden offenen Sinn unmittelbar zu fesseln vermögen. Doch vermutlich wird der Beschauer noch mehr – weil verständnisvollere – Freude gewinnen, wenn er die ihm doch nicht so vertrauten Dinge in einen größeren Zusammenhang einordnen kann, in den der mittelalterlich-islamischen Vergangenheit des Landes.

Von Sidi Oqba bis Chaireddin Barbarossa

Mit der arabischen Eroberung im Zeichen des Islam begann für Nordafrika eine neue Epoche, eine, die den Habitus des Landes tiefreichend und bis heute geprägt hat, viel stärker als es französische Fremdherrschaft zu tun imstande war. Während die Krieger des Propheten jedoch weite Teile des byzantinischen Vorderen Orients, Ägypten, das Perserreich im ersten Anlauf unterwarfen, hatten sie mit den hartnäckigen Berbern des Westens ihre Schwierigkeiten. Obwohl der erste Vorstoß 447/48 durch Amr ibn al-Az, den Eroberer

Ägyptens, den damals noch byzantinischen Westen in einer Krisensituation antraf, blieb er ohne Folgen. 665 stießen die Araber erneut bis ins heutige Tunesien vor, die Gründung ihres ersten festen Stützpunktes dort, des ›Waffenplatzes‹ Kairouan, aber erfolgte erst durch den Apostel Nordafrikas, den als Truppenführer erfahrenen Oqba ibn Nafi, der 670 zum Gouverneur von Ifriqiya (Tunesien) bestimmt wurde. Seiner sturen Brutalität wegen abberufen, kehrte er 681 auf seinen Posten zurück und brach noch im selben Jahr zur Unterwerfung des afrikanischen Nordwestens bis zum Ozean hin auf. Auf dem Rückweg nach Kairouan fiel er bei Biskra der Rache der von ihm drangsalierten Berber zum Opfer. Die Araber überwanden zwar binnen kurzem diese erste berberische ›Rebellion‹, aber der in seinen Details legendäre Aufstand der Kahina, der berberischen Prophetin, warf die Krieger Allahs noch einmal zurück. Mit dem Tod der Kahina erst (700) schien der Widerstand gebrochen. Nur fünf Jahre später wurde Nordafrika eine eigene Provinz des Kalifenreiches. Aber die Berber beugten sich nicht so willig der Herrschaft und Steuerpolitik der Omayyaden von Damaskus. Im Jahr 740 stellte ein neuer Aufstand deren Herrschaft in Frage. Er war bestimmt bereits vom puritanisch-demokratischen Gedankengut der Kharidschiten, der ersten ›Häresie‹ innerhalb des Islam, die noch heute im M'zab weiterlebt. Als im Osten die omayyadischen von den abbasidischen Kalifen abgelöst wurden (750), entstanden im islamischen Westen selbständige Herrschaftsgebiete: in Córdoba das Emirat der Omayyaden, gegründet von einem Sproß der bisherigen Dynastie, der als einziger dem Massaker durch die neuen Herren entronnen war, im marokkanischen Tafilalet das der Beni Midrar mit dem Zentrum Sidjilmassa. Volubilis bildete gegen 800 den Kernpunkt eines alidischen Reiches unter Idris I., einem leiblichen Nachkommen des Propheten – einem Scherifen also –, dem ersten Gründer von Fes. Von Kairouan aus entfalteten die Aghlabiden als nominelle Statthalter der Kalifen von Bagdad eine in Wirklichkeit beinahe selbständige, wohltätig-ausgreifende Herrschaft. Es bietet sich ein bezeichnendes Bild: der östliche Maghrib

(Ifriqiya-Tunesien) ein geschlossenes Herrschaftsgebiet, der äußerste Westen (Marokko) schwach und unter rivalisierende Mächte zersplittert, die Mitte ein Machtvakuum. Hier hatten sich seit 761 um den Stützpunkt Tahert (bei Tiaret) die jeder Herrschaft feindlichen kharidschitischen Ibaditen in einem Gebiet geschart, das sie bis ins 10. Jahrhundert bewohnten. Es fiel, wie das Reich der tunesischen Aghlabiden, 909/10 den schiitischen Fatimiden zum Opfer, Nachkommen des vierten Kalifen Ali und seiner Gattin Fatima, der Tochter des Propheten. Von der kleinen Kabylei aus, wo ein Sendbote des fatimidischen Mahdi Obeid Allah Anhänger gewonnen hatte, nahmen sie Kairouan, igelten sich im tunesischen Mahdia ein, aber verließen den Maghrib, nachdem es ihnen gelungen war, Kairo, den Angelpunkt der islamischen Welt, zu erobern. Im Jahr 972 verlegte der Fatimide al-Muizz seine Residenz dorthin und vertraute die Stellvertreterschaft im Westen dem Sanhadj-Berber Buluggin ibn-Ziri (972/84) an. Diesem gelang es, seinen Herrschaftsbereich nach Westen, über den Mittleren Maghrib bis Tiaret und Tlemcen auszudehnen. Wieder sehen wir den Mittleren Maghrib in einer rein passiven Rolle. Auf gut berberisch ging die Einheit der ziridischen Herrschaft bald in die Brüche. Eine jüngere Linie gründete kurz nach 1000 eine neue Herrschaft und eine neue Hauptstadt: die Kalaa der Hammaditen in den Hodna-Bergen. Sie war keineswegs politischer Mittelpunkt des ganzen Mittleren Maghrib.

Dieser Bereich fiel zunächst arabischen Beduinen anheim. Als der Ziride al-Muizz die im Volk verhaßte Oberhoheit des schiitischen Kalifen abwarf, hetzte dieser – ihnen märchenhafte Beute verheißend – Beduinenstämme, die Beni Hillal und andere weniger bedeutende wie die Beni Solaim und die Chaamba, um sie vom Nilland abzulenken, als Werkzeuge seiner Rache nach dem Westen. »Wie die Heuschrecken«, so Ibn Khaldun, suchten sie seit 1152 den Maghrib heim, bis in den Südosten des heutigen Marokko. Sie verkehrten Ackerland wieder zu Weide, machten also gewissermaßen den Entwicklungsgang vom Hirten zum Bauern rückgängig, während sie gleichzeitig die berberischen durch arabische Dialekte ersetzten. Die Nomadisierung und zugleich Arabisierung des Maghrib ist wesentlich Werk dieser Beduinen.

In diesen auf einen vorgeschichtlich-anarchischen Status reduzierten Raum stießen – diesmal vom Westen her – die Almoraviden hinein, die Ritter der Ribats, der Glaubensburgen, Lemtuna-Krieger, verschleiert wie die ihnen verwandten Tuareg noch heute, von einem aus dem südwestmarokkanischen Sous stammenden Missionar Abdallah ben Yasin zu einer asketischen Elite zusammengeschweißt, von dessen Nachfolgern auf die Bahn der Eroberung verwiesen. Ihr Emir Yussuf ibn Taschfin (1061-1106), der 1062 Marrakesch gründete, war nicht nur Sieger über die spanischen Ritter (bei Badajoz 1085) und neuer Herr des maurischen Spanien, er gewann auch Tlemcen, Oran, Ténès, Algier. Wohl währte die almoravidische Herrschaft nur bis in die Mitte des 12. Jahrhunderts, aber sie setzte im ganzen ›Mittleren Westen‹ – bis auf die M'zab-Region – die Sunna malekitischer Rechtsauffassung durch und hat dem Maghrib für alle Zukunft so etwas wie eine gemeinsame Basis geschaffen. Ihre Denkmäler sind die Hauptmoscheen von Tlemcen und Algier.

Auch unter der berberschen Dynastie der Almohaden, welche – religiös motiviert – die Almoraviden ablösten, war die maghrebinische Mitte wieder nur Objekt. Man müßte die Dinge gewaltsam zurechtbiegen, wollte man aus der Tatsache, daß der Mahdi Ibn Tumart in dem aus der Gegend von Tlemcen stammenden Abd al-Mumen seinen ersten Jünger und späteren Nachfolger – seinen ›Kalifen‹ – fand, auf politische Aktivität des mittleren Westens schließen. Er war passiver Teil des ersten und einzigen Großreiches, das Berber schufen, das sich – seit Abu Yaqubs Sieg bei Alarcos (1195) bis ins von der normannischen Gefahr befreite Tunis erstreckte. Es war ein Großreich von kurzer Dauer, dessen kulturelle Leistung im mittleren Maghrib wenig Echo fand. Gleichwohl profitierten die ›algerischen‹ Häfen, deren einige vorübergehend von den Normannen Siziliens besetzt gewesen waren, vom sich übers Mittelmeer erstreckenden Handel.

ENDE ARABISCHER HERRSCHAFT

Die maghrebinische Mitte war auch passiv, als das Almohadenreich – seit dem endenden 12. Jahrhundert nur noch auf tönernen Füßen stehend – im 3. Viertel des 13. Jahrhunderts verschwand, war auch nur leidender Schauplatz, als von Tunis aus die Hafsiden ihre Macht über Constantine, Bougie, Algier dehnten und vom marokkanischen Westen die Meriniden von Fes aus nach Osten stießen und 1229 vorübergehend sogar Tunis unter ihr Zepter beugten. Die spätmittelalterlich-kleinteiligen Ereignisse des sich im 14. und 15. Jahrhunderts auflösenden Maghrib lassen sich nicht auf ein paar Seiten nachzeichnen. Wozu auch? Die Vorgänge standen in seltsam genauer Entsprechung zu dem, was sich in Italien, im Heiligen Römischen Reich, in den westeuropäischen Königreichen tat. Um die Mitte des 15. Jahrhunderts aber – 1453 eroberte Mehmet II. Konstantinopel – konsolidierte sich das italienische Staatensystem wie das französische Königstum. Seine zweite Hälfte sah den glücklichen Aufstieg des Hauses Österreich zur Herrschaft über ein Imperium, in dem die Sonne nicht unterging. Und zugleich begann das Duell zwischen dem katholischen Spanien, das 1492 das letzte moslemische Reich auf iberischem Boden eroberte und den ersten Schritt in ein Überseereich getan hatte, und dem sich als Erbe des byzantinischen Reiches – und bald auch des Kalifats – fühlenden Sultanat der Osmanen.

Die Spanier faßten nicht nur im fernen Amerika Fuß, sondern auch an den Mittelmeerküsten vor ihrer Tür: in Oran, in Béjaïa, in Algier, was konsequent die Gegenaktion auf den Plan rufen mußte. Deren Protagonisten waren die Barbarossa-Brüder, von denen wir schon gehört haben.

Wenn wir die Rolle betrachten, welche der Mittlere Maghrib seit Numider- und Römertagen mehr erlitt als spielte – nie zusammenfassende Mitte, sondern immer nur Objekt (wenn man den Korsarenmarkt Algier ausnimmt) – kann man den französischen Besatzern von 1830 es nicht übelnehmen, wenn sie erklärten, hier weder ein Volk noch einen Staat vorgefunden zu haben.

Von Algier nach Westen

Türkisküste

Nach Oran, in die zweitgrößte Stadt des Landes, führen von Algier aus mehrere Wegvarianten. Für den Touristen kommen eigentlich nur zwei Hauptstrecken in Frage, zwischen denen es die mannigfaltigsten Verbindungen und Kombinationsmöglichkeiten gibt. Die eine ist die küstennahe N 11, die über Cherchell, Ténès und Mostaganem nach Oran führt (etwa 450 km) und sie ist auf weite Strecken wunderschön: mediterran, meerblau und -silbern, allerdings weithin so kurvig, daß der Fahrer wenig Genuß hat. Dafür bietet sie Abstecher zu Badegelegenheiten und zu einigen bedeutenden Zeugnissen aus der Vergangenheit des Landes.

Die andere, nur unwesentliche 20 km kürzere Strecke – über Blida, Khemis-Miliana, El-Asnam und Relizane (womöglich mit dem 40-Kilometer-Umweg über Mascara) – gewährt geradere Fahrt. Sie verläuft zu einem guten Drittel im Tal des Oued Chélif, verzaubert daher nicht mit Meerblicken, stimmt jedoch recht informativ in die gar nicht nur mediterrane Wirklichkeit des Landes ein.

Wir wollen zunächst die Küstenstrecke wählen, die meernahe Straße, die vor jenem schmalen begrünten Höhenzug entlangführt, der westlich von Algier den Meeressaum von der Mitidja-Ebene scheidet und gerade 400 Meter erreicht. An ihr reihen sich die bekanntesten Seebäder Algeriens und clevere Manager haben sich den Namen ›Türkisküste‹ einfallen lassen. Die Namen der Badeorte hier haben für Algero-Franzosen einen ähnlich vollen Klang wie Cannes, Nizza, St-Tropez: Moretti Plage, Sidi Fredj (vormals Sidi Ferruch) und Zéralda. Hier hat der Architekt Pouillon – inzwischen algerischer Staatsbürger – Hotelanlagen geschaffen, die nordafrikanische Traditionen mit Methoden und Erfordernissen der Moderne aufs glücklichste verbindet, sich ohne Stilmimikry dem Stil des Landes anpassen.

Wir werden auf Fahrten durchs Land noch mehrfach Schöpfungen des Architekturbüros Pouillon begegnen und uns an deren wie selbstverständlicher Übereinstimmung von Herkommen und Heute erfreuen können. Es sind Komplexe, die den Vergleich mit Touristenherbergen anderswo in Nordafrika nicht zu scheuen brauchen. Aber sie haben – bei aller Erfreulichkeit – auch ihre Schattenseiten. Da sie nicht in privater Hand sind, fühlt sich niemand so recht verantwortlich, Reparaturen unterbleiben, da funktioniert ein Schalter nicht, dort ein Wasserhahn, ist eine Jalousie nicht zu bewegen – und niemand schafft Abhilfe. Die Algerier sind stolz und halten ihre Hände nicht auf, um ein Bakschisch zu kassieren. Dafür denkt auch in einem Hotel keine Menschenseele daran, dem Gast etwa den Weg zu seinem Zimmer zu zeigen – und schon gar nicht, ihm das Gepäck schleppen zu helfen auf den manchmal langen Korridorwegen. Jeder Dienstleistung – selbst dem Servieren beim Abendessen – haftet etwas von unwilliger Herablassung an.

Da spiegelt sich die Einstellung des Landes zum Tourismus. Einesteils möchte man ihn fördern, schon weil man stolz ist auf das Land, seine Schönheit, seine reiche Vergangenheit und ihre eindrucksvollen Zeugnisse und beweisen möchte, daß es auch am Know-how keineswegs fehlt und man sich nicht zu verstecken braucht. Andererseits ist man nicht erpicht auf einen Massentourismus, dessen fatale Folgen sich ja in den Nachbarländern beobachten lassen. So drosselt man von Staats wegen durch Visumzwang, Einreise- und Devisenbestimmungen und nicht zuletzt durch hohe Preise den Strom der Touristen. ONAT, das Office National Algérien de Tourisme, das in allen größeren Städten des Nordens wie in den bedeutendsten Oasen der Sahara Agenturen unterhält, vermittelt die Hotels, die Flughafentransfers, veranstaltet Rundfahrten von 6 bis 13 Tagen, stellt Leihwagen mit oder ohne Fahrer. Individualisten können auch ohne diese Hilfe manches vom Lande sehen, aber auch sie kommen kaum um diese ungreifbare Organisation herum, das Regulativ, das den Fremdenverkehr fördern will und ihn zugleich beschränken soll. Es gibt meines

Wissens nur zwei ausschließlich dem Ferientourismus gewidmete Komplexe an der Küste: den von Les Andalouses bei Oran und das Bungalowdorf bei Tipasa.

Es braucht Geduld, vom Flughafen in die Stadt Algier hineinzukommen, es braucht Geduld, sich aus dem Zentrum Algiers durch Vorstädte und Vor-vorstädte wieder herauszufinden. Noch nach beinahe 20 km hat man nicht das Gefühl, ›draußen‹ zu sein. Hinter *Aïn Benian,* in dessen Nähe einst die Phöniker eine Faktorei unterhielten, verliert man das Meer zunächst aus dem Blickfeld. Ein Wegweiser nur zeigt nach Moretti Plage und **Sidi Fredj**. Diese Halbinsel in der Nähe von Algier hat sich zweimal als militärische Schwachstelle erwiesen. Einmal als die Truppen Karls X. von Frankreich unter dem Befehl des Generals de Bourmont hier landeten und von hier aus ihren Marsch auf Algier antraten, der schließlich zur Eroberung des ganzen Landes führte, und wiederum in der Nacht des 8. November 1942, als hier amerikanische Einheiten an Land gingen, um Nordafrika von Hitlers Truppen zu befreien.

Zéralda – etwa 30 km von Alger-Centre – hat seinen ›Goldstrand‹ genützt und sich zwei moderne Hotelkomplexe hinsetzen lassen. Wir sind dankbar dafür, denn hier finden wir einen Stützpunkt, von dem aus wir – trotz der strapaziösen Hin- und Herfahrt – Algier erkunden können. In der Stadt selbst bietet sich nur sündhaft teure Unterkunft (im El-Djezair, dem Renommierhotel kostet das Zimmer laut Prospekt zwischen 600 und 750 Dinar pro Nacht, also etwa 400 bis 500 DM) oder rechte Schlupfbuden. Und wo läßt man sein Auto schlafen? Zéralda oder ein anderes Quartier an der Türkisküste kann auch als Ausgangspunkt für die Beschau der weiter westlich gelegenen Bereiche dienen.

Durch bescheidene Dorfschaften zwischem grünen Gehügel linker und dem spiegelnd blauen Meer rechter Hand geht es weiter in dieser Richtung. Beinahe hätten wir – 10 km sind es noch bis Tipasa – den nach links weisenden Wegzeichenarm übersehen: zum ›Tombeau de Cléopâtre Selène‹.

Ein mauretanisches Königsgrab

In Kurven windet sich die Straße hinauf auf die Anhöhe, auf der – etwa 200 m über dem Meeresspiegel – sich weithin sichtbar ein Bauwerk erhebt, das sich an Massigkeit beinahe mit einer ägyptischen Pyramide vergleichen könnte. Aber es ist nicht ein kantenklares Gebilde wie diese, sondern zeigt sich als ein stumpfer Kegel über einem niedrigen zylindrischen Sockel. ›Kbor er-Roumia‹, ›Grab der Christin‹ hat der Volksmund den rätselvollen Bau genannt, heute nennt man ihn – aufgrund mit detektivischem Scharfsinn geführter Forschungen – **Grab der Kleopatra Selene** der letzten Ptolemäerin. Man tut gut daran, unterwegs einmal anzuhalten, wenn man den Bau als Ganzes und in seiner Lage in der Landschaft betrachten und auf den Film bannen möchte. Droben stehen die parkenden Touristenvehikel im Wege und im Vordergrund. In dem – bis 18 Uhr geöffneten – archäologischen Bereich ist man immer zu nah dran, hat man nie den nötigen Abstand. Dafür kann man genauere Einzelheiten wahrnehmen. Auf einem quadratischen vierstufigen Stylobat von 63,40 m Seitenlänge erhebt sich ein niedriger Zylinder, den 60 Halbsäulen ionischer Ordnung von je 5,20 m Höhe gliedernd umstehen (Durchmesser fast 61 m, Umgang 185,50 m). Über einem schlicht profilierten Gebälk treppen sich 33 aus großen, sorgsam behauenen Blöcken geschichtete Rundstufen zu einem massiven Kegel auf, der einstmal etwa 33 m hoch war und den vermutlich eine Statuengruppe krönte.

Den Namen ›Grab der Christin‹ bekam der Bau wohl deshalb, weil zwischen die Halbsäulen des zylindrischen Sockels vier genau in die Windrichtungen schauende Scheintüren eingefügt sind, die in flachem Relief ein kreuzartiges Muster zeigen. Steinerne Türen, durch die niemand eindringen konnte, denn hinter ihnen gab es keine Gänge, sondern einzig massives Mauerwerk. Aber ein solcher Bau mußte doch Schätze bergen? Immer wieder haben Magier und Nekromanten versucht, sie zu heben. Ein Dey von Algier versuchte es mit Gewalt und ließ den Konus von Artillerie beschießen. Das brachte ihm zwar keine Beute, hat aber die unschöne Lücke ins Steinwerk gerissen. Erst 1866 wurde der einstige Eingang wiedergefunden: eine Falletwas vor und unterhalb der östlichen Scheintür. Durch sie betritt man einen Vorraum, von dem aus sieben Stufen hinabführen in einen gwölbten Gang von mehr als 150 m Länge, der sich zunächst kreisförmig hinzieht, dann, bevor er beinahe wieder den ›Vorraum‹ erreicht (aber das merkt man nicht, wenn man sich gebückt in dem Gang voranbewegt, sondern nur beim Blick auf den Plan) nach Westen abbiegt zu zwei Grabräumen. Der erste, kreuzförmig, etwa 4 x 1,5 m (genau 3,96 x 1,44 m) messende wird das ›Löwenzimmer‹ genannt, weil sein skulptierter Türsturz ein Löwenpaar zeigt. Der zweite, wohl der eigentliche Grabraum (4 x 3 m etwa, mit Wandnischen), war zur Enttäuschung der Entdecker gleichfalls leer. Allen Vorsichtsmaßnahmen zum Trotz müssen bald nach der Beisetzung Diebe und Räuber ihren Weg ins Herz des Mausoleums gefunden haben, aller massiven Monumentalität ein Schnippchen schlagend.

Es ging der Grablege der letzten Pharaonenerbin nicht anders als den Pyramiden der Herrscher des Alten und den Felsgräbern derer des Neuen Reichs im Tal der Könige.

Auch wenn der Besucher heute bis ins Innerste dieses Steinberges vordringen kann: innerlich findet er keinen Zugang. Wenn das wirklich das Grabmal für Kleopatra Selene war: was kann ihren hellenistisch gebildeten Gatten bewogen haben, ihr ein so aufwendiges Monument zu errichten, das – berberisch-numidische Überlieferungen aufgreifend – zugleich mit Scheintüren, ägyptischer Hohlkehle im Gesims und mit seiner pyramidengleichen Massivität deutlich auf Ägyptisches anspielt? War es nur stolzes Repräsentationsverlangen – oder lebte in dem Königspaar unter allem augusteischen Bildungsfirnis noch der starke Glaube der Ägypter? Kopfschüttelnd umwandert man wieder und wieder diesen Steinberg, der sein Geheimnis nicht preisgibt.

Könige der Numider und Mauri

Kein Numider hat uns die Geschichte seines Volkes und seiner Könige überliefert. Die uneinheitlich-vielfältigen Linien des historischen Verlaufes werden uns nur punktuell faßbar. Und diese sparsamen Nachrichten kommen uns nur durch Gegner oder zumindest Außenstehende zu, die – oft im Nachhinein – lediglich das berichten, was sie besonders interessierte. Jeder Versuch, die Geschicke des Maghrib in vorrömischer Zeit darzustellen, muß deshalb fragmentarisch bleiben.

Voraussetzen darf man, daß die Stämme schon damals kaum anders strukturiert waren als vor hundert, vor 50 Jahren, als sie es fallweise noch heute sind: als patriarchalische Familien nämlich, zu Sippen und – als Seßhafte – zu Dorfgemeinschaften zusammengeschlossen, zu ›Dorfrepubliken‹, von einem Ältestenrat, einem ›Senat‹ geleitet. Wenn ein Krieg drohte, wählten die autonomen Familiengruppen einen gemeinsamen Anführer, einen ›König‹, der unter seiner Autorität zeitweilig mehrere Stämme – und mithin weite Gebiete – vereinigen konnte. Mochte er versuchen, diese Macht auszubauen und vererbbar zu gestalten, ihre Basis blieb stets schmal und schwankend. Als ›unsicheres‹ Element also mußten auswärtige Mächte diese ausgezeichneten Reiter und treffsicheren Bogenschützen empfinden, wenn sie sich ihrer als Verbündeten bedienen wollten.

Noch vor dem 4. Jahrhundert v. Chr. scheint sich im Norden des heutigen Marokko die Stammesföderation der

Mauri gebildet zu haben, die sich gegen die südlich von ihnen schweifenden Gaetuli abgrenzten wie gegen die weiter östlich, also auf heute algerischem Boden lebenden Masaesyli und Massyli, die, zum Teil als Nomaden lebend, von den römischen Quellen (den einzigen, die aus dem 3. und 2. Jahrhundert v. Chr. berichten) Numidae, also Numider genannt werden. Damals waren diese berberischen Stämme für Rom in seinem weltgeschichtlichen Ringen mit Karthago interessant. Die Historiker nennen als ersten ›König der Numider‹ den Syphax, Anführer des Stammesverbandes der Masaesyler, der sich vermutlich während des ersten Punischen Krieges (264-241 v. Chr.) gebildet hatte. Sein Herrschaftsbereich erstreckte sich nach Westen bis zum Oued Moulouya, jenseits dessen die ›Mauri‹ lebten. Den Masaesylern wandten die Römer ihre Aufmerksamkeit in jenen Jahren zu, da Hannibal die Urbs selbst bedrohte, die Scipionen dagegen in Spanien operierten und 214 Sagunt eroberten. Eine Abordnung des Senats reiste zu Syphax und gewann ihn für die römische Sache. Der König ließ alle seine in Karthagos Sold stehenden Untertanen zurückbeordern und nahm dankbar römische ›Militärberater‹ an. Das zwang Karthago, sich gleichfalls nach einem Verbündeten umzusehen und es fand ihn in Gaia, dem Scheikh der ostnumidischen Massyler. Dessen Sohn Masinissa, in Karthago erzogen, zwang an der Spitze seiner Krieger die Leute des Syphax zum Rückzug in den westlichen Maghrib. Der Tod des Gaia brachte eine Wende, sein Nachfolger Masinissa mußte schwere Rückschläge hinnehmen, verlor Cirta, das heutige Constantine, die Königsstadt, an Syphax, der hier eine zweite Münzstätte einrichtete. Aber auf dem Höhepunkt seiner Macht erwies sich Syphax als unsicherer Bundesgenosse der Römer. Er trat in Verbindung mit dem karthagischen Feldherrn Hasdrubal und vermählte sich mit dessen reizender und kluger Tochter Sophonisba, der es gelang, ihn ganz auf karthagische Seite hinüberzuziehen.

Entsprechend warf sich nun Masinissa im Kampf ums Vatererbe ganz auf die römische Seite, leistete Scipio bei Zama 202 wertvolle Hilfe und erreichte sein erstes Ziel:

die sichere Herrschaft über Ostnumidien und die Föderation der Massyler. Als er Cirta einnahm, fielen ihm Syphax in die Hand und Sophonisba, die Punierin aus allerbester Familie, ihm selbst angeblich einst verlobt. Livius schildert, wie sie den Sieger für sich gewann. Den Römern erschien sie als ein Sicherheitsrisiko. Durch ihren Freitod entzog sie sich dem Los, mit Syphax zusammen in Alba Fucens bei Rom auf den Tag warten zu müssen, an dem sie in Scipios Triumphzug dem römischen Stadtpöbel zur Schau gestellt werden sollte. Dichter seit der Renaissance haben – in ihren heute meist vergessenen Werken – sie zur großen tragischen Heldin stilisiert.

Vermina, des Syphax Sohn, entkam aus Cirta und konnte sich vermutlich noch etliche Jahre über die Endphase des Zweiten Punischen Krieges hinaus in einem Restgebiet des Massaesylerreiches halten. Der Sieger der innerberberischen Machtkämpfe war Masinissa (203-148 v. Chr.), ein Realpolitiker, ein Mann von Fortune. So lautet der Nachruf des Polybios: »Er regierte mehr als sechzig Jahre, erfreute sich die ganze Zeit über der besten Gesundheit und erreichte das hohe Alter von neunzig Jahren. Niemand unter seinen Zeitgenossen kam ihm an körperlicher Leistungsfähigkeit gleich. Wenn er stehen mußte, stand er den ganzen Tag auf demselben Fleck; wenn er saß, rührte er sich nicht von seinem Platz; die Anstrengung, einen ganzen Tag und eine Nacht hindurch zu reiten, ging spurlos an ihm vorüber.« Mit 85 Jahren noch zeugte er einen Sohn. »Seine größte, beinahe göttliche Leistung aber war dies: Während ganz Numidien bis dahin Ödland gewesen war und durch Klima und Boden für untauglich galt, Feld- und Baumfrüchte hervorzubringen, hat er zuerst und allein den Beweis geliefert, daß sein Land diese Fähigkeit nicht weniger besitzt als irgendein anderes.« Mit anderen Worten: er begann das Nomadengebiet in einen Agrarstaat zu verwandeln, legte damit den Grund für die kaiserzeitliche Kulturblüte Nordafrikas. Getreide wurde ein wichtiger Exportartikel. Der Außenhandel ins östliche Mittelmeer organisierte sich. Mit den wichtigen Handelsplätzen Athen, Delos, Rhodos bestanden enge Beziehungen. Masinissa öffnete sein

Reich der hellenistischen Kultur, sah sich selbst in der Tradition der hellenistischen Herrscher, umgab sich mit hellenistischer Hofhaltung und hellenistischem Hofzeremoniell, ließ sich auf seinen Münzen mit dem hellenistischen Königsdiadem darstellen. Als wichtigster Helfer der Römer bekam er von diesen grünes Licht für räuberische ›Réunionen‹.

Zu den dem besiegten Karthago 202 auferlegten harten Bedingungen gehörte das Verbot, ohne Genehmigung des Senats zu den Waffen zu greifen. Masinissa nützte das, um sein Reich zu erweitern. Zwar versuchte der römische Senat, ihn am langen Zügel zu lenken, fand aber immer wieder juristische Vorwände, Karthagos Beschwerden abzutun. So erzählt Polybios, der Parteigänger der Scipionen: »Beide (d.i. Karthago und Masinissa) appellierten wegen ihres Streites an den Senat, und mehrmals kamen deswegen Gesandte von ihnen nach Rom. Dabei wurde Masinissa von den Römern stets begünstigt, nicht, weil er im Recht gewesen wäre, sondern weil den Schiedsrichtern dies in ihrem Interesse zu liegen schien.« Als Masinissa ins Fruchtland von Thugga ausgriff, da konnten die Karthager nicht länger zusehen. Sie wehrten sich, verstießen damit gegen den Friedensvertrag und lieferten den ›Falken‹ im Senat (Cato: »Ceterum censeo Carthaginem esse delendam«) die juristische Grundlage für den Vernichtungskrieg gegen den entwaffneten ›Erbfeind‹. Zugleich konnte Rom durch diesen Krieg dem Streben Numidiens, sich des karthagischen Erbes zu bemächtigen – und vielleicht einmal in dessen Rolle als Konkurrent im Mittelmeer einzutreten – einen Riegel vorschieben. Als Karthago 146 v.Chr. heldenhaft und tragisch unterging, war Masinissa, der zähe und kräftige und von allen Geistern des Glücks Begünstigte schon tot. Der »ausgezeichnete und glückliche Mann« hatte Glück noch nach seinem Ende. Das schnell zusammengeraffte Reich – es umfaßte das Gebiet der beiden großen Stammesföderationen der Massylier und Masaesylier und seine Westgrenze bildete der Moulouya-Fluß – fiel nicht auseinander. Nachfolger waren – die Herrschergewalt, nicht aber das Territorium untereinander teilend – seine drei Söhne Micispa, Gulussa und Mastanabal. Die jüngeren Brüder starben, und in seinem 10. Regierungsjahr war Micispa Alleinherrscher. Er hat die Entwicklungen, die in der 1. Hälfte des 2. Jahrhunderts v. Chr. begonnen hatten, weitergeführt. Was Masinissa gründete, konnte wachsen und reifen. Die Hauptstadt Cirta wurde interessant für italische Kaufleute, der Hof entwickelte sich zu einer Pflegestätte von Kunst und Wissenschaft und – nicht zuletzt durch punische Flüchtlinge, die man ihrer handwerklichen und landwirtschaftlichen Fähigkeiten wegen gerne aufnahm – der Wandel zum Agrarstaat, vor allem in den Gebieten Ostnumidiens, machte weitere Fortschritte.

Nach 30 Jahren friedlicher Regierung starb Micispa im Jahre 118 v. Chr. Was dann folgte, ist durch Sallusts, des ersten Statthalters, eines römischen Numidien, ›Bellum Jugurthinum‹ bekannt. Durch ihn wurde Jugurtha (160-104) wohl die bekannteste Gestalt der numidischen Geschichte. Diesen illegitimen Enkel Masinissas ließ der Oheim Micispa zusammen mit den eigenen Söhnen im Waffenhandwerk und hellenistischer Gelehrsamkeit erziehen. Die wachsende Beliebtheit des anziehenden jungen Mannes war vielleicht der Grund, daß der Onkel ihn als Führer der numidischen Hilfstruppen ins Römerlager vor Numantia schickte. Hier knüpfte er wertvolle Beziehungen zu jungen vornehmen Römern und lernte zugleich römische Korruption kennen. Dem Feldherren Scipio Aemilianus fiel er durch seine Gaben auf, und vielleicht bewog dessen Rat den Micispa, Jugurtha zu adoptieren und zum Miterben seiner Söhne Hiempsal und Adherbal einzusetzen. Bald nach Micispas Tod kam es zum Bruch zwischen den Erben. Jugurtha ließ Hiempsal ermorden und besiegte den Adherbal, der in Rom Hilfe suchte. Dorthin schickte auch Jugurtha seine Gesandten, die mit freundlichen Worten und viel Geld ihrem Herren eine ›Lobby‹ schufen. Der Senat entsandte auf Adherbals Bitte eine Schlichtungskommission, deren bestochene Mitglieder dem Jugurtha den wertvolleren Teil des Erbes zusprachen. Bald brach der Bruderkrieg erneut aus. Jugurtha schloß 112 v. Chr. seinen Rivalen in Cirta ein. Bei der Eroberung der ausgehungerten Stadt fand nicht nur Adherbal, fanden auch italische Kaufleute, die an dessen Seite gekämpft hatten, den Tod.

Dem Senat blieb keine Wahl, er mußte Jugurtha den Krieg erklären, diesem gelang es jedoch, einen günstigen Frieden zu erkaufen. Unter Zusicherung freien Geleites nach Rom vorgeladen, ließ er dort wieder Geld und Beziehungen spielen, amüsierte sich und ließ frech einen feindlichen Vetter (Massiva, den Sohn des Gulussa) durch Meuchelmörder beseitigen. Er wurde der Stadt verwiesen. Seit 110 führte Rom Krieg gegen ihn, ohne Erfolg gegen des Numiders Kleinkriegstaktik: eine Schande für Roms herrschende Schicht. Marius, gegen seinen Willen zum Befehlshaber in Africa bestimmt, erkannte, daß dieser Krieg nicht durch Schlachten zu gewinnen war, sondern nur, wenn man des Jugurtha selbst habhaft wurde. So begann er – unbestochen und unbestechlich – die atemlose Jagd auf den Gegner, bis diesem keine andere Wahl mehr blieb als die Zuflucht beim Schwiegervater Bocchus I., dem König der Mauri oder Mauretanier. Durch zwei Niederlagen weich gemacht und durch freundliche Versprechungen verlockt, ließ dieser sich in Verhandlungen ein. Des Marius Unterfeldherr und späterer Gegner Cornelius Sulla bewies in den entscheidenden Gesprächen mit dem zweizüngig-schwankenden Bocchus diplomatische Kaltblütigkeit und gewann. Jugurtha, von Bocchus in einen Hinterhalt gelockt, wurde von den Römern gefangengenommen und mit zweien seiner Söhne nach Rom überstellt. Am 1. Januar 104 v. Chr. wurde er im Triumphzug des Marius zur Schau mitgeführt und danach – mißhandelt und halb verhungert – im Tullianum erdrosselt.

Westnumidien, des Jugurtha Erbteil, erhielt nun Bocchus als Judaslohn, Ostnumidien bekam Gauda zugesprochen, ein Enkel Masinissas. Dieser erwies sich als treuherziger Vasall, sandte dem Senat im Bundesgenossenkrieg 91-89 ein Hilfskontingent. Doch unter seinem Sohn Hiempsal II. geriet Numidien in den Strudel der römischen Bürgerkriege. Der König mußte nach dem Sieg der Marianer dem Hiarbas weichen, wurde durch Sullas Endsieg auf den Thron zurückgeführt und konnte mit römischer Hilfe seine

Herrschaft auch über das Gebiet der Gaetuler ausdehnen. Etliche der in punischer Sprache abgefaßten Schriften des hochgebildeten Königs hat sich Sallust übersetzen lassen und als Quellen für seine Kapitel über die Sagenfrühe Africas genützt.

Gegen Ende seiner Regierungszeit scheint es innerpolitische Schwierigkeiten gegeben zu haben. Ein vornehmer junger Maure namens Masintha wollte dem König den Tribut verweigern. Diese Rebellion wurde vor einem römischen Gericht beigelegt. Advokat des Masintha war der junge Gajus Julius Caesar, der sich für seinen Klienten so temperamentvoll einsetzte, daß er während seines Plädoyers den Königssohn Juba, der die Gegenpartei vertrat, an seinem üppigen (von Cicero bespöttelten) Bart gezupft haben soll – für den Afrikaner eine tödliche Beleidigung. Von jener Stunde datierte wohl des Juba Feindschaft gegen Caesar. In den Jahren 61-52 v. Chr. war er als Juba I. König der Numider und schlug sich, als der Konflikt zwischen Caesar und Pompeius aufbrach, ohne Zögern auf dessen Seite, erhielt dafür den Titel Rex und wurde von den Caesarianern als Staatsfeind geächtet. Dieser schwierig-stolze Bundesgenosse der letzten römischen Republikaner gab sich nach Caesars Sieg bei Thapsus (46 v. Chr.) selbst den Tod. Sein ostnumidisches Reich wurde als Africa Nova römische Provinz. Ihr erster Gouverneur war der Autor des ›Bellum Jugurthinum‹.

Westnumidien, dem servilen Bocchus anheimgefallen, war den Römern weniger wichtig. Was sich damals dort tat, davon ist uns nichts überliefert. Nur Namen treiben trübe an der Oberfläche. Zwei Söhne eines Sosus werden genannt, Bocchus II. (gest. 33 v. Chr.) und Bogud. Beide gaben der Partei Caesars Rückendeckung und ernteten dafür ihren Lohn. Doch nach Caesars Ermordung trennten sich die Wege der Brüder. Bogud ergriff Partei für Marcus Antonius, Bocchus II. die des Octavian. Er scheint ohne Erben verstorben zu sein und hat vielleicht sein Land dem Octavian vermacht oder dem römischen Volk. Nach einigen Jahren eines rechtlichen Schwebezustandes traf der Augustus Octavianus eine Entscheidung. Im Jahre

15 v. Chr. setzte er des ersten Juba Sohn als Juba II. zum Rex Mauretaniae ein.

Dieser war als Kind nach der Niederlage seines Vaters im Triumphzug Caesars zur Schau gestellt und dann – als C. Iulius Iuba römischer Bürger – im Kreis der römischen Aristokratie erzogen worden, unterwiesen in den Künsten des Krieges wie des Friedens. Dem intimen Kreis des Octavianus zugezählt, der ihn sehr geschätzt haben soll, begleitete er den späteren Augustus auf dem siegreichen Feldzug gegen Marcus Antonius und Ägyptens schöne Königin. Diese ließ sich lieber von einer Viper in den Busen beißen, als vor dem Triumphwagen des Siegers durch Rom zu ziehen, vom Pöbel begafft, bepfuit und bespieen. Ihrer und des Antonius Tochter Kleopatra Selene blieb das nicht erspart (29 v. Chr.), aber dann wurde das Kind zusammen mit dem Zwillingsbruder Alexander Helios der edel-hochherzigen Octavia anvertraut, des Octavian Schwester und Witwe des Antonius. Auf deren Bitte wurde das Mädchen mit dem Prinzen Juba vermählt, der bald darauf zum Herrscher Mauretaniens eingesetzt wurde.

Ein berberisch-makedonisch-ägyptischer Ehebund also als Klammer quer durch Libyen. Man muß sich vor Augen halten, daß der beiden Partner Stammbaum sich in mythischem Dunkel verlor. Als des Gatten Stammherr galt der Zeussohn Herakles, die Königin führte über den ersten Ptolemaios ihre Ahnenreihe gleichfalls auf den Götterkönig zurück. Man übertraf an Ahnenstolz die römischen Adoptivnachkommen der Venus. Das erlauchte Paar pflegte die Künste und schönen Wissenschaften. Die letzte Ptolemäerin auf einem Königsthron machte Iol/Caesarea/Cherchell zu einem Klein-Alexandrien mit Bibliothek, Kunstsammlungen und literarischem Leben, zu einem hellenistischen Musenhof. Der König selbst war Autor etlicher Bücher über africanische und vorderöstliche Länder, über römische Geschichte und Fragen zu Dramaturgie und Theaterpraxis, die leider allesamt verloren gingen. Aber er war auch für praktisch-wirtschaftliche Fragen aufgeschlossen – und ein kluger Diplomat dazu. Als Witwer ehelichte er die verwitwete Schwiegertochter Herodes d. Gr., ohne sich jedoch in die damals wie heute verwickelten Fragen des syrisch-palästinensischen Orients verwickeln zu lassen.

Sein und der Ptolemäerin Sohn wurde schon von der Wiege an für den Thron erzogen. Der Name Ptolemäus war bereits ein Programm. Schon als Kind wurde er auf Münzen dargestellt, seit 21 n. Chr. war er ›Mitregent‹, zwei Jahre später Alleinherrscher.

Die Aufgabe, den als Kleinkrieg geführten Aufstand des Tacfarinas gegen Rom niederzuschlagen, löste der junge König so zufriedenstellend, daß der Senat ihm die Triumphinsignien (Zepter, Kranz und Purpurmantel) und die Ehrentitel ›König, Freund und Bundesgenosse‹ zuerkannte. Aber bei einem Besuch am Kaiserhof im Jahr 40 ließ Caligula den Gast festnehmen und hinrichten. Sueton meint, weil des Numiders prachtvoller Purpurmantel die Eifersucht des halbwahnsinnigen Kaisers erregt hatte. Damit endet die Geschichte der numidisch-mauretanischen Könige. Mit der Errichtung der beiden Provinzen Mauretania Caesariensis und Mauretania Tingitana beginnt auch im westlichen Maghrib die Geschichte römischer Herrschaft.

Tipasa – in Ruinen eine Idylle

Ein grünendes Hinterland, zwei ins Meerblau vorgreifende Halbinseln, dazwischen eine sanfte Bucht: eine solche Situation mußte die phönikischen Seeleute einladen, eine ihrer Faktoreien anzulegen, und sie sind dieser Einladung gefolgt. Nach den Puniern kamen die Römer. Im 1. Jahrhundert lag hier schon ein colonia latinischen, im folgenden eine des römisches Rechts und begann, über den Gürtel der alten punischen Friedhöfe westwärts hinauszuwachsen. Später wurde sie landseitig durch eine mehr als 2 km lange Mauer geschützt. Der größte Teil des alten Stadtareals, das sie umschloß, ist ergraben und freigelegt und als archäologischer Park zugänglich. Wer sich exakte archäologische Präparate erwartet, mag sich beim Wort ›Park‹ schaudernd abwenden – und Pflanzenfreunde wird vielleicht das Beiwort ›archäologisch‹ schrecken. Beide werden angenehm enttäuscht. Der Ruinenfreund kommt durchaus auf seine

Tipasa

Kosten. Wenn ihn auch nicht das komplette Skelett der Straßenzüge und Grundmauern erwartet: die bedeutendsten Bauwerke sind in ihren Hauptzügen sichtbar (und damit klärt sich auch viel von der Entwicklungsgeschichte der römischen Stadt), zugleich aber findet er sich wie in einem natürlichen Garten, immer wieder im Angesicht des seidigblauen Meeres und der – wenn die Sonne sich für einen Augenblick verbirgt – beinahe dunkeldrohenden Küstenberge. Kann wohl sein, daß Blumenfreund und Ruinensucher am Ende übereinkommen und diese Stätte an der Küste als eine der bezauberndsten Stätten aus der Römerzeit im Gedächtnis bewahren. Und das, obwohl die Flora nichts Außergewöhnliches beschert – Eukalyptus und Tamarisken, Kiefern und karge Oliven, Steineichen, Agaven und Mastixsträucher und was im Dünengelände so fortkommt: Mittagsblumen, Opuntien, Gräser und würzige Kräuter – und auch die Baureste der Antike keine Sensationen verheißen. Im ganzen Römerreich waren die gleichen Bauaufgaben mit gleichen Typen gleichförmig zu lösen. – Aber das Ganze strahlt in der fast romantischen Verbindung von Ruinen und Natur einen unvergleichlichen Zauber aus.

TIPASA

»Auf dieser Hochzeit der Ruinen und des Frühlings sind die Ruinen wieder Steine geworden, haben die ihnen von Menschen aufgezwungene Glätte verloren und sind wieder eingegangen in die Natur. Und die Natur hat verschwenderisch Blumen gestreut, die Rückkehr dieser verlorenen Kinder zu feiern. Zwischen den Fliesen des Forums erheben Heliotrope ihre weißen runden Köpfe, und über die Trümmer – einst Häuser, Tempel und öffentliche Plätze – strömt das Blut der roten Geranien.« (A. Camus)

Ein paar Schritte westlich des Eingangs zum ›Parc‹ stehen jenseits des Zaunes ein paar Reste der ›Großen Thermen‹ noch bis zu beachtlicher Höhe. Gleich hinter der Kasse trifft man auf das Amphitheater und die Grundmauern zweier Tempel, die sich einander gegenüber auf säulenumstandenen Podien erhoben. Welchen Göttern sie geweiht waren? Den ›Neuen Tempel‹ im Norden jedenfalls haben später die Christen sich angeeignet und überbaut. Tipasa muß ein rabiates Zentrum der neuen Religion gewesen sein.

Zwischen den beiden Tempeln verlief der Decumanus, gleichzeitig Hauptachse der Stadt und Teil der Straßenverbindung von Caesarea (Cherchell) nach Icosium (Algier), im rechten Winkel geschnitten vom Cardo, einer einstigen Ladenstraße, die oberirdisch von Säulen- und Pfeilerstümpfen, unterirdisch zum Meer hin von der Cloaca begleitet wird. Ein paar Stufen und ein Schlängelweg führen aufwärts zum Pflaster des alten Forums, das von Curia (Rathaus), Capitolium und Gerichtsbasilica umgeben war. Hier finden wir uns im ältesten Siedlungsbereich. Im Inneren der Bucht lagen beiderseits des Cardo Villen der Reichen mit privaten Bädern und öffentliche Thermen mit schönen Mosaikböden. Wer dem Decumanus westwärts folgt, kommt an einem halbrunden Nymphäum vorbei, der romantisch beschatteten Ruine eines Brunnen-Wasserspiels, das man sich so, wie es heute aussieht, auch im Park von Schönbrunn vorstellen könnte, und gelangt zum Theater, das noch den Pfeilerunterbau seines Bühnenkellers zeigt. Gleich dahinter findet man das Westtor der Stadt und ein paar Schritte weiter westlich – aber schon außerhalb des

Zaunes – hat man einen punischen Friedhof aufgespürt. Ein Pfad zwischen Bäumen und Gesträuch schlängelt sich zur Großen christlichen Basilika auf der Höhe des Ras-Knaisse-Hügels. Das war einst eine neunschiffige, 52 m lange und 42 m breite Anlage, die heute nur noch durch ihre Bodenfläche, ein paar Arkaden und die kühn aufgemauerte Apsis redet. Nördlich schloß das Baptisterium an mit vertieftem Taufbecken und einer kleinen Badeanlage. Dann führt uns der Weg an den Grundmauern eines kreisrunden Mausoleums vorbei in die westliche Nekropole mit ihren zum Teil in den Boden gehöhlten Grabanlagen und einer dreischiffigen Kapelle, die anfangs des 5. Jahrhunderts ein Bischof Alexander für die ›anteriores iusti‹ – also wohl für seine Amtsvorgänger – errichten ließ. Gräber der Märtyrer hat man hier verehrt, wie eine Inschrift in der ›Krypta‹ belegt. Zwischen all den namenlosen Gräbern erinnert eine Stele an Albert Camus, dem Algerien Heimat war.

Die Eintrittkarte ins – bis 18 Uhr geöffnete – Ruinengelände gilt auch für den Besuch des kleinen archäologischen Museums unweit der Thermen. Man hat es schnell gesehen mit den Grabstelen aus punischer Zeit mit den Symbolen der Tanit: der stilisierten Orantengestalt mit Sonnenscheibe und Mondsichel oder der heiligen Hand (die jetzt die ›Hand der Fatima‹ heißt), mit römisch-heidnischen und christlichen Grabschriften, Mosaiken, Alltagsgerät und Keramik und ein paar schönen Sarkophagen aus dem 2. und 3. Jahrhundert. Der nach Pelops Benannte gilt als einer der schönsten, die im römischen Africa gefunden wurden; mit Nereiden und Meerkentauren geschmückt erinnert er uns daran, daß die Stadt ihren Reichtum weitgehend dem Meer verdankte und dem Handel über See: nach Sizilien, Gallien, Spanien. Man hat die Lage des alten Hafens – etwas östlich des heutigen – feststellen können, in seiner Nähe auch ein punisches Gräberfeld entdeckt. Kein Zufall, denn eigentlich waren es ja die Punier, die Tipasa gründeten. Nur eben fällt die Hinterlassenschaft aus römischer Zeit stärker ins Auge.

Wer es ganz genau nimmt, der wird auf den kleinen Spaziergang zur Ostnekropole (auf den **Sainte-Salsa-Hügel**,

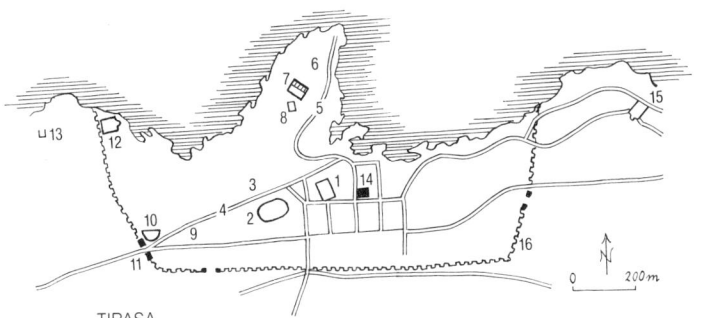

TIPASA

1. Große Thermen
2. Amphitheater
3. Tempel
4. Decumanus
5. Cardo
6. Forum
7. Capitolium
8. Gerichtsbasilika
9. Nymphäum
10. Theater
11. Westtor
12. Große Basilika
13. Alexanderkirche
14. Museum
15. Sainte-Salsa
16. Römische Stadtmauer

in Richtung Algier) nicht verzichten. Ein großer christlicher Friedhof, vergleichbar dem, den wir am westlichen Ende des ›parc archéologique‹ besucht haben, umgibt, was von der aus einer Memorialkapelle zur Stattlichkeit einer 30 Meter langen Basilika herangewachsenen Grabkirche der heiligen Salsa geblieben ist, einer dreischiffigen Pfeilerbasilika mit Emporen. Unter dem Altar war der Leichnam der Märtyrerin bestattet. Eine spätere Zeit hat ihn in einen heidnischen Sarkophag mit Diana und Endymion gebettet, eine noch spätere dann das heidnische Bildwerk in Stücke geschlagen.

Albert Camus schreibt: »Auf dem Hügel von Sainte-Salsa, im Osten von Tipasa, ist der Abend belebt. Noch ist es hell, doch eine unsichtbare Schwäche des Lichtes kündet das Ende des Tages. Ein Windhauch erhebt sich, leicht wie die Nacht, und das wellenlose Meer beginnt in eine Richtung zu fließen wie ein großer, unfruchtbarer Strom von einem Ende des Horizontes zum anderen.« Und Camus an anderer Stelle: »Sainte-Salsa ist eine christliche Basilika; blickt man aber durch irgendeine Öffnung ins Freie, so dringt alsbald das Lied der Welt herein: die Hügel mit ihren Zypressen und Kiefern, oder das Meer, das seine weißen Hunde kaum zwanzig Meter von hier den Strand hinaufhetzt. Der Hügel, auf dem Sainte-Salsa steht, ist oben flach, so daß der Wind kräftiger durch ihre Säulengänge weht. Unter der Morgensonne wiegt sich ein großes Glück im Raume ...

Seit jeher habe ich gewußt, daß die Ruinen von Tipasa jünger sind als unsere Baustellen und unsere Schutthaufen. Die Welt erneuert sich hier täglich in einem immer neuen Licht ...«

Cherchell: Attika in Africa

Ein Inselchen hart vor der Küste war den Phönikern und ihren karthagischen Enkeln aufs höchste erwünscht, um zu landen und eine Niederlassung zu entwickeln. Man bräuchte gar nicht im Geschichtsbuch nachzublättern, ein erster Blick schon zeigt, daß die Gründung von Iol auf diese Seefahrer zurückgehen muß. Ihren Glanz und Ruhm allerdings verdankt die Stadt König Juba II. Dieser in Rom erzogene Nachkomme des Masinissa nannte die Stadt zu Ehren seines Gönners, des Caesar Augustus ›Caesarea‹ und erhob sie zum glanzvollen Zentrum einer letzten hellenistischen Hofhaltung. Durch seine Gattin Erbe alexandrinisch-ägyptischer Traditionen, durch seine Erziehung im Kreis des Augustus mit griechischer Kunst und ihrer römischen Interpretation vertraut, sammelte der König Werke der berühmtesten Bildhauer von Hellas – in Kopien zumindest, da die Originale unerreichbar und unerschwinglich waren.

Seitdem Mauretanien nach dem tragischen Ende des letzten Ptolemaios dem römischen Reich als Provinz einverleibt wurde, war Caesarea nur noch eine Provinzstadt. Die Heimat des Macrinus, der für wenige Monate dem schrecklichen Caracalla auf dem Thron folgte, geriet in den Sog des unruhig endenden 4. Jahrhunderts: 372 verwüstet, ging es jedoch nicht unter. St. Augustinus hielt hier 418 eine seiner glänzenden Predigten. Der im frühen 6. Jahrhundert in Konstantinopel lehrende lateinische Grammatiker Priscian, der mit seiner ›Institutio grammatica‹ ein im ganzen Mittelalter mehr bei Lehrern als bei Schülern beliebtes Lehrbuch des trockenen Stoffes schuf, war ein Sohn dieser

Cherchell, Hauptplatz mit der Moschee

Stadt. Auch unter arabischer Herrschaft war Cherchell nie öde. Die Reste aus der Antike müssen noch imposant gewesen sein, denn Ibn Khaldun zählt, neben den Moscheen von Damaskus und Córdoba, der dortigen Römerbrücke, dem Aquaedukt von Carthago und den Pyramiden Ägyptens die Monumente von Cherchell zu den bedeutendsten Bauzeugnissen aus vergangener Zeit. Im 14. Jahrhundert vorübergehend unter dem Zepter der Meriniden von Fes, bot die Stadt den durch die Katholischen Könige aus dem Königreich Granada vertriebenen ›Mauren‹ Zuflucht. 1518 wurde sie von Chaireddin Barbarossa besetzt, von den Truppen Karls V. vergeblich angegriffen. Erst seit dem 17. Jahrhundert wurde es still. Die Einwohner lebten von dürftiger Seeräuberei. Einer ihrer Übergriffe – eine schäbige Bagatelle – lieferte 1840 den Vorwand für die französische Besetzung. Und damit begann die Auferstehung des alten Caesarea.

Es ist immer noch nicht völlig freigelegt. Der etwa 480 m lange römische Circus schläft noch unter Schutt und Unkraut, aber das einst kostbar ausgestattete Theater ist ausgegraben, von den sogenannten West-Thermen sind beachtliche Reste sichtbar. Die einstige Große Moschee (aus dem 16. Jahrhundert), auch Moschee der 100 Pfeiler genannt, versteckt unter weißer Tünche den kostbaren grünen Marmor ihrer Säulen, die wohl aus den Thermen hergeholt wurden. Es gibt einen ›Park der Mosaiken‹, in seiner Nähe die Reste eines Stadions und der Ost-Thermen, eines Isistempels, eines Amphitheaters und römischer Straßenpflasterung. Das alles ist so einmalig nicht und kann eigentlich nur Leute fesseln, die Zeit genug und Lust haben, jeden Ziegelstein aufzusuchen, wenn er nur aus Römerzeiten stammt. Auch wer über weniger Geduld verfügt, der sollte – sei seine Zeit auch noch so beschränkt – jedoch dem Museum einen nicht zu flüchtigen Besuch abstatten. Es liegt an der **Place des Martyres,** dem Zentrum der Stadt.

In fast allen französischen Neustadtgründungen Algeriens bildet la Place, baumumstanden, an der sich wie in Provinznestern des Mutterlandes Kirche und Bürgermeisterei gegenüberstehen, den baulichen und sozialen Mittelpunkt. In Cherchell, das jemand als einen nach Africa übertragenen Winkel Griechenlands bezeichnet hat – und die Landschaft ringsum ist damit einverstanden – sollte der antiken Würde Rechnung getragen werden. Église und Musée wurden als klassische Säulenbauten errichtet. Aber sie beschwören weniger den Geist von Hellas als den der Place de la Concorde – in bescheidenem Maße. In der Mitte des mit einer Seite zum Meer und der Phönikerinsel offenen Platzes erhebt sich ein Brunnen, ein Pasticcio aus antiken Resten und Repliken von Werken, die das Museum beherbergt. Die einstige Kirche, inzwischen zum islamischen Bethaus umfunktioniert, dürfte das einzige Beispiel einer Moschee im griechisch-jonischen Stil darstellen.

Im **Museum** – einem Vierflügelbau mit vier Eckpavillons um einen Peristylhof – drängt sich eine Fülle von an sich und darüber hinaus für die Entwicklungsgeschichte der griechischen Kunst bedeutsamer Kopien griechischer Meisterwerke. Einige stammen vielleicht aus römischen Ateliers, viele jedoch – der verwendete Marmor aus östlich-hellenistischen Brüchen verrät es – aus griechischen Werkstätten. Kaum irgendwo sonst – wenn man von der jüngeren Villa Kaiser Hadrians bei Tivoli absieht – kamen Nachbildungen von griechischen und hellenistischen Werken in so dichter Fülle zutage wie hier in Cherchell. Erst wenn man einrechnet, daß ja wohl mehr verloren gegangen ist als erhalten blieb, wird die mediceische Sammel- und Kunstfreude der mauretanischen Majestät in vollem Umfang klar.

Die Kunst der archaischen Zeit freilich fehlt in dieser Kollektion, galt sie doch nicht erst der augusteischen Epoche als ›primitiv‹ und ›steif‹. Aber eines der bemerkenswertesten Bildwerke steht ihr noch nahe: ein Apoll, der gleich beim Eintritt das Auge fesselt. Als die Figur 1910 ans Licht kam, wollte ihr Entdecker in ihr die Replik eines Jugendwerks des großen Phidias sehen, einen älteren Bruder des Tiber-Apoll. ›Frühklassisch‹ ist auch ein Herakles (nach einer Bronze des Myron?). Das Original einer schon hochklassischen Athena soll – ebenso wie die Statue einer unbestimmten weiblichen Gottheit (Demeter?) aus der Werkstatt oder der Schule des Phidias stammen. Sie sind – wie die dem Umkreis des Praxiteles zugewiesene Venus – in der Südgalerie untergebracht. Die Reihe der Repliken klassischer und hellenistischer Bildwerke, von deren Existenz wir sonst kein Zeugnis besäßen, umfaßt auch überlebensgroße Götter und Halbgottheiten: Demeter, Dionysos, Artemis, Asklepios, Eros, Herakles und Ganymed, Satyrn, Porträtbüsten von vergöttlichten Königen und Kaisern. Einige Funde von Cherchell sind ins Nationalmuseum von Algier, auch in den Louvre gelangt. Gipsabformungen dieser Werke gaben in der Ostgalerie einst eine gedrängte Übersicht von dem, was fehlt. Heute ist die Überfülle etwas gelichtet. Trotzdem schenkt man der Kleinkunst und dem Alltagsgerät in den Vitrinen kaum einen Blick. Auch die vorzüglich gearbeiteten Mosaiken machen einem nicht so recht warm. Der Gedanke, jemand könnte sich für sein Geld die Gioconda, die Schule von Athen oder die Nachtwache als Bodenschmuck ins Haus legen lassen, ist unbehaglich. Die Antike war da weniger zimperlich.

In der Ostgalerie – sie wurde vor kurzem umgestaltet – sind nun die Bildnisse der numidischen Königsfamilie versammelt. Während wir noch dem Torso eines Augustus in beinahe barock getriebenen Panzer unsere kritische Reverenz erweisen, gestehen wir uns hinter vorgehaltener Hand, daß ein Fragment – ein sehr altes allerdings – uns als edelstes Werk hier gefesselt hat: die Beine nur einer Figur des Pharao Thutmosis I. (1506-1494 v. Chr.), eines der ersten Herrscher der glorreichen XVIII. Dynastie, aus hartem schwarzem Basalt gemeißelt, einem ewigen Kanon unterworfen und doch aufs lebendigste nuanciert. Es gehört wie andere ägyptische Werke zum pharaonischen Erbe der Königin Kleopatra Selene. Was sind neben solchem Schritt die gefälligen Posen der griechischen und römischen Marmorgötter! Wie läßt Platon den ägyptischen Priester sagen? »Ach Solon, ihr Hellenen bleibt doch immer Kinder...« Aber auch Kinderspiele können bezaubern.

Küstenstraße nach Oran

Die Küstenstraße, bis Ténès ›Corniche des Dahra‹ genannt, darf sich über diesen Ort hinaus mit allen Sternen schmücken, die Reiseführer zu vergeben haben. So mögen einst, bevor ihr touristischer Ruhm und spekulative Profitgier sie ruinierten, die gepriesensten Küsten des Mittelmeeres ausgesehen haben: die italienischen und französischen Rivieren, die Costa Brava oder del Sol oder der geschändete Golf von Neapel. Kurvenreich führt die Trasse auf halber Höhe der Küstenberge entlang, zwischen Kiefernforsten und duftender Macchia.

Ténès, von einem Felsplateau die Mündung des ganz bescheidenen Oued Alallah beherrschend, war schon den Phönikern ein erwünschter Halteplatz, war Versorgungsstation für die Westfahrten der Karthager, später römische Veteranenkolonie, im Mittelalter Stützpunkt der Almoraviden. Im 15. Jahrhundert steuerte es dem Don Pedro de Navarro Tribut, dann faßte Horudsch Barbarossa hier Fuß. Im 19. Jahrhundert gehörte es zum Machtbereich des Emirs Abd el-Kader. Das etwas gesichtslose Ténès von heute ist Ausgangspunkt einer schon von General Bugeaud angelegten Straße hinüber ins Tal des Oued Chélif, die geflissentlich das alte Ténès innerhalb seiner Lehmmauern links liegen läßt, mit Stadttor, alter Brücke, einer Moschee, die

Die Küste bei Ténès

Bauglieder aus vor- und frühislamischer Zeit bewahrt, und mit einer warmen Mineralquelle. Auch westlich von Neu-Ténès geht es entlang der an Vorgebirgen und Buchten reichen Küste dahin, bis sich das Meer hinter Dünen verbirgt, sich die kurvige schmale Straße von ihm absetzt. Ortschaften sind selten und bleiben nicht im Gedächtnis. **Sidi Lakhdar,** wo wir Rast einlegen, liegt etliche Kilometer landeinwärts. Meeresbläue kommt erst wieder bei Abdelmalek Ramdan in den Blickbereich, dem alten Ouilis, wo das Wasser einer Quelle in Kaskaden durchs Grün der sich am steilen Hang anklammernden Macchiavegetation stürzt.

Der Leuchtturm von Cap Ivi bleibt rechts liegen, während wir die Mündung des Oued Chélif überqueren, des längsten und wasserreichsten Stromes Algeriens, dem man allerdings auf seinem Wege so viel von seinem Naß abgemolken hat, damit es Felder und Haine bewässere, daß sich gar kein eindrucksvolles Bild mehr ergibt. Beinahe hätten wir die Stelle unversehens passiert.

Mostaganem, Verwaltungszentrum einer Provinz, ausgedehnt und unübersichtlich, weil auf hügeligem Gelände aus verschiedenen Zeiten entstammenden Quartieren etwas notdürftig zusammengewachsen, bewahrt im alten Türkenviertel noch ein paar bauliche Zeugen einer bewegten Vergangenheit: Mauern, Häuser, eine in der Kolonialzeit entstellte merinidische Medrese, eine Zawiya (Kloster), etliche Marabuts (Heiligengräber). Wir nehmen uns nicht die Zeit, diesen Denkmälern nachzugehen, genießen rastend vielmehr den etwas altmodisch-wuseligen Charme, den nur wenige Städte Algeriens noch aufweisen, erfrischen uns im Kaffeehaus am Hauptplatz, nehmen die durchlöcherte Christenkirche wahr und erinnern uns nur wie nebenbei daran, daß der Hafenplatz unter dem Namen Moristaga schon den Puniern diente. Die von den Römern hier gegründete Stadt blieb auch in Spätantike und Mittelalter bewohnt. Der Almoravide Yussuf ben Taschfin (1061-1106) soll die Zitadelle angelegt haben. Später gehörte sie den Ziyaniden von Tlemcen, dann den Herrschern des marokkanischen Fes. Einer von ihnen, der Merinide Abu el-Hassan ließ 1340 die Große Moschee errichten, die heute allerdings kaum mehr etwas von ihrer ursprünglichen Gestalt zeigt. Der Druck, den die wachsende Macht der Spanier auf die Hafenstadt ausübte, führte zum Hilfsgesuch der Einwohner an Chaireddin Barbarossa, mit dessen Hilfe sie den Christen eine Niederlage beibringen konnten. Der Helfer wurde Herr der Stadt, ließ sie vergrößern und befestigen. Mostaganem war seitdem bis zur Besetzung durch die Franzosen türkisch und der wichtigste Ort des algerischen Westens, hat dann allerdings diese Rolle an Oran abgeben müssen.

Wieder eine Bucht mit weiten Blicken aufs Meeresblau. **Stidia** inmitten frühlingsgrüner Weinfelder ist auf den ersten Blick nicht weiter bemerkenswert, aber verdient ein paar Nachdenk-Minuten. Es ist nämlich eine Gründung preußischer Auswanderer, die – etwa 400 Familien – ursprünglich nach Brasilien gewollt hatten, aber dann den von heut auf morgen spekulativ in die Höhe getriebenen Preis für die Überfahrt nicht zahlen konnten. Die kaiserlich französische Regierung gestattete ihnen die Ansiedlung in Algerien. Nach der Landung in Oran, wo sie nicht Fuß fassen konnten, ließen sie sich hier nieder. Sie haben sich – zumal nach dem preußisch-französischen Krieg 1870/71 weiterer deutscher Zuzug unterblieb – sehr schnell französiert, aber das Dorf soll – wie es auch jeweils die Siedlungen der Italiener, Malteser, Spanier, Normannen und Bretonen taten – noch lange Züge aufgewiesen haben, die an die Herkunft der Bewohner erinnerten. Heute merkt man hier nichts mehr von preußischer Vergangenheit und norddeutschen Baugewohnheiten.

Ein Dünenrücken, Kiefernwäldchen schieben sich vor das Meer, linker Hand breitet sich einstiges Domänenland mit Wein und Weizen. Ein Warnschild am Straßenrand und noch eines. Im rotgeränderten Dreieck steht das Schattenbild einer Wildsau. Wir müssen also wohl glauben, daß hier Schwarzwild wechselt. Und wenn der Meeresstrand dann wieder in Sicht kommt, ist er auf Kilometer hinaus mit Industrieanlagen besetzt, gespenstischen Komplexen zur Meerwasserentsalzung, zur Gewinnung von Stickstoff-Dünger, Ammoniak, Methanol, Kunstharzen ...

Arzew, dessen Abfackelungen fern voraus qualmen, ist Endpunkt langer Pipelines für Erdöl und Erdgas. Das Öl wird hier raffiniert, das Gas – es wird über mehr als 500 km herangeleitet – seit 1964 bei einer Temperatur von minus 161 Grad Celsius verflüssigt: der Welt größte derartige Anlage. 1976 waren es bereits 1,2 Milliarden Kubikmeter, die verflüssigt in die USA, nach Frankreich, Italien exportiert wurden. 1977 wurde ein weiteres Werk in Betrieb genommen. Statistische Zahlen- und Mengenangaben veralten in einem Land wie Algerien von heute auf morgen. (Und wer kann sich auch schon etwas Konkretes darunter vorstellen?) Nachdrücklicher als sie belehrt uns der Augenschein und das mißtrauische Fotoverbot, daß Arzew – einst ein Fischerdorf und trotz allen Fortschritts immer noch mit einem recht ländlichen Markt – in seinem durch zwei lange Molen geschützten Hafen Umschlagplatz für den Energie-Export ist und auf gutem Wege, selbst Oran zu überflügeln.

Durch die Chélif-Ebene

An der Küste des Landes reihen sich von Hippo Regius (Annaba/Bône), über Rusicadae (Skikda), Chullu (Collo), Igilgit (Jijel), Cissi-Rusucurru (Dellys), Icosium (Algier), Rusgarniae (Tipasa), Iol-Caesarea (Cherchell), Cartenna

Im Chélif-Tal

(Ténès) bis Siga einstige Ankerplätze, Versorgungsbasen, Faktoreien der Phöniker und viele von ihnen haben sich – auf Grund ihrer Lage alle Fährnisse überdauernd – zu noch heute lebendigen Städten entwickelt. Einige haben wir schon gesehen, andere werden wir wohl noch besuchen, denn sie sind Reiseziele. Küstenstädte haben es immer leichter, sich ins Blickfeld zu rücken, als die im Hinterland.

Das Tal des Oued Chélif, das hinter den die Küste begleitenden Dahra-Bergen in etwa 40 km Luftlinienabstand der Küste parallel läuft, kann weder mit Zeugen der Vergangenheit noch mit meerblauen Blicken aufwarten. Dafür beschert diese andere – um nicht zu sagen: alternative – Route nach Oran dem nachdenklichen Betrachter manche Einsichten in Eigenarten der Landesnatur und in seit der Kolonialzeit bestehende agronomische Probleme. Sie ist etwas kürzer als die Küstenstraße, auf weite Strecken gerader und also ›schneller‹, oder wäre es, wenn sie nicht die Hauptverbindung zwischen den beiden größten Handels- und Industriestädten des Landes darstellte und also von schweren Fahrzeugen befahren wäre.

Von Alger-Centre folgen wir der N 1 durchs Hinterland der Großstadt, deren Dominanz und Problematik auch im ganzen Sahel von Algier greifbar sind. Einige Kilometer hinter Blida, einem Straßenknoten, der als Ort nicht zur Umschau verlocken kann, lassen wir die N 1 nach links abzweigen. Die folgenden etwa 60 km sind dann recht erfreulich, führen durch ein abwechslungsreiches und grünes Gebirge, grün durch den Baumbewuchs, grün im frühen Jahr auch auf den Weidematten, in die geschlossene Flächen von hellroten, gelben, blauen Blumen, von Nelken, Raps und Lavendel, gebreitet sind. Nach einer knappen Stunde liegt diese Schwelle hinter uns, ist in **Khemis-Miliana**, wo jeden fünften Wochentag, am Donnerstag also, Markt gehalten wird, das Tal des Chélif-Flusses erreicht. Es buchtet sich hier breit nach Westen aus, verengt sich aber dann zwischen nahen Bergzügen, zwischen denen die Straße sich hindurchfindet. Wer sie befährt, verliert zunächst die blaugrünen baumlosen Höhen beiderseits nicht aus dem Blickfeld. In der Nähe der Straße prangen Weizenfelder, Weingärten, zypressengesäumte Orangenhaine, Ölbäume, Platanenalleen ... eine fruchtbare Fülle, die ohne den neuen Stausee, der die Wasserführung des Flusses reguliert, so wenig denkbar wäre wie ohne die älteren, in der Franzosenzeit angelegten Dämme weiter droben in den Bergtälern.

Weder Aïn Defla noch eine andere Siedlung schreibt sich ins Gedächtnis, aber **El-Asnam** – das einst nach dem Bürgerkönig Louis Philippe Philippeville hieß –, die einzige größere Stadt an dieser Strecke, ist immer noch gezeichnet durch die Erdbebenkatastrophe, die in der Mittagsstunde des 10.10.1980, eines Freitags, über 6000 Menschenleben forderte und Schäden bis in die Gegend von Cherchell anrichtete. Man hat die Überlebenden in schnell gefertigten Barackenlagern untergebracht, hat Trümmerschutt weggeräumt und applaniert. Die Stelle, wo ein ganzes 300-Betten-Hotel in einem Erdspalt versank, schaut heute ganz harmlos aus, wenn auch kahl. Aber noch immer stehen mehrstöckige Betonklötze schief als wären sie achtlos in die Erde getreten, haben weder Wand noch Stand, sind aufgeschlitzt, blecken grausig leere Fensterhöhlen oder bröckeln vor sich hin. Das waren die ›erdbebensicheren‹ Hochhäuser.

In der Chélif-Ebene stehen schon im April die Felder weiß zur Ernte. Es ist hier die Kornkammer Algeriens, in der man sich erinnert, wie Goethe die fruchtbare Einförmigkeit des sizilischen Getreidelandes schildert. »Durchgängig mit Weizen und Gerste bestellt, die eine ununterbrochene Masse von Fruchtbarkeit dem Auge darbieten. Der diesen Pflanzen geeignete Boden wird so genützt und so geschont, daß man nirgends einen Baum sieht.« Die Ortschaften, die wir auf den etwa 230 km bis Oran – über Relizane, Mohammadia, Sig – passieren, sind zwar von arabisch-maghrebinischem Volk erfüllt, aber verraten im Grund- wie Aufriß das Muster französischer Provinzstädte mit Église und Mairie am Hauptplatz, mit einer Hauptstraße und von ihr rechtwinkelig abzweigenden Nebenstraßen, zeigen sich alle als Gründungen aus der Kolonialzeit.

Es sind Fahrtstunden, die dem Auge nicht viel bieten – dafür Muße lassen fürs Zurückdenken in die anderthalb Jahrhunderte französischer Kolonisation, welche den Norden des Landes so spürbar geprägt haben.

Eroberung und Widerstand

Mehrfach hatten seit dem 16. Jahrhundert die christlichen Mittelmeeranrainer den Plan erwogen, die Gefahr, welche die algerischen Korsaren für den Schiffsverkehr darstellten, durch eine gewaltsame Aktion zu beseitigen. Doch alle Unternehmungen, wenn sie überhaupt nicht bloße Pläne blieben, schlugen fehl. Es ist fast wie ein Witz der Geschichte, daß ausgerechnet eine Expedition, die in erster Linie bestimmt war, die Franzosen von innerpolitischen Problemen abzulenken, Erfolg hatte. Des lächerlich-schäbigen Anlasses, des ›Schlags mit dem Fliegenwedel‹ im April 1827 haben wir uns schon in Algier erinnert. Nach mancherlei Hin und Her wurde ein Expeditionskorps übers Meer geschickt. Am 14. Juni 1830 landeten 3700 französische Soldaten in der Bucht von Sidi-Ferruch, knapp 20 km westlich der Hauptstadt. Am 19. Juni traten die türkischen Truppen unter Ibrahim Agha, dem Schwiegersohn des Dey, verstärkt durch kabylische und arabische Kontingente, zum Gegenangriff an, wurden jedoch zurückgeschlagen. Zehn Tage später nahmen die Franzosen das später sogenannte ›Fort Empereur‹, am 4. Juli begann die Beschießung Algiers von der Land- wie der Seeseite her und damit war das Schicksal der ›wohlbehüteten Stadt‹ entschieden. Am nächsten Tag schon, dem 5. Juli, drückte der Dey sein Siegel unter das Abkommen, das Algier und seine Kasbah den Franzosen auslieferte. Diese garantierten darin der Bevölkerung aller Schichten Achtung ihres Besitzes, ihrer Religion, ihres Handels, ihrer Frauen, gewährten dem Dey und seinen Janitscharen freien Abzug. Der Staatsschatz fiel dem Sieger anheim.

Inzwischen hatte die Revolution in Paris den längst überständigen Karl X. weggefegt und seinen Vetter Orléans als Louis-Philippe auf den Bürgerthron erhoben. Dessen Regierung sah von Anfang an in Algerien nur eine von der Restauration vererbte Bürde. Wohl verkündete im Juni 1831 das Ministerium Casimir Périer, das gesamte Gebiet der ›Régence d'Alger‹ solle französisch werden, aber erst drei Jahre später wurde ein Generalgouverneur für die Städte Algier, Oran, Bougie (Béjaïa) und Bône (Annaba) und ihr unmittelbares Hinterland ernannt. Unentschiedenheit kennzeichnete die Pariser Politik. Die unterworfenen Moslems nannten nachträglich diese Jahre, in denen das Geschick des Landes von der Willkür als Gouverneure eingesetzter Generäle abhing, die ›Zeit der Anarchie‹. Moslemische Häupter und Notabeln suchten nach einem Führer aus diesem von Fremden verursachten Chaos. Er fand sich in der Person eines jungen Scherifen, das heißt eines Nachkommen des Propheten, der zugleich der einflußreichen Qadiriya-Bruderschaft angehörte: in Sidi el-Hadj Abd al-Qadir ibn Mûhyl' Din Ouled Mahiddin, kurz **Abd el-Kader** genannt. Unter diesem Namen sollte er in die Geschichte eingehen.

Als Sproß einer angesehenen Familie kam er 1807 in der Gegend von Mascara auf die Welt. In der von seinem frommen und gelehrten Vater geleiteten Schule herangebildet, gewann er seiner Gelehrtheit und kriegerischen Tüchtigkeit wegen einen so hohen Ruf, daß er den Argwohn des Dey erregte und vor dessen Nachstellungen nach Ägypten fliehen mußte. Im Kairo Mehemet Alis kam er erstmals in Kontakt mit der europäischen Zivilisation des 19. Jahrhunderts, von hier aus absolvierte er die Wallfahrt nach Mekka und kehrte mit dem Pilgertitel geschmückt, über Bagdad in die inzwischen von den Franzosen eroberte Heimat zurück. Hier erwählten ihn die aufruhrbereiten arabischen Stämme zu ihrem Glaubensführer und Vorkämpfer. Er schwor, sich in allen seinen Taten an die Lehren des Propheten zu halten und hat diesen Eid nie gebrochen. Im Mai 1832 begann sein hartnäckiger und heldenhafter Kampf gegen die Franzosen. Nach der Vorschrift des Koran zog er Steuern von seinen Mitmoslems ein, um damit das ›Land des Islam‹ zu verteidigen. Von den Geldern kaufte er Waffen. Gleichzeitig organisierte und einigte er dieses islamische Land. Stämme, die sich dem Kampf nicht anschließen wollten, wurden strenge bestraft.

Erst die Präsenz der Franzosen machte Abd el-Kaders Einigungswerk möglich. Und je mehr Algerier sich seiner Führung unterstellten, um so heftiger reagierten die Eroberer und um so enger wiederum schlossen sich die Algerier um den Emir zusammen. Mit seinen 37000 Reitern beherrschte er zwei Drittel des algerischen Territoriums, und die Franzosen mußten sich 1834 und 1837 bequemen, seine Souveränität über den Westen des Landes anzuerkennen. Aber in Paris sah man die Erfolge des Emirs als einen Flecken auf der französischen Gloire an. Kaum fühlten sich die Besatzer wieder stark genug, brachen sie alle Verträge, konfiszierten sie arabische Ländereien, beseitigten deren Eigentümer. Briefe, in denen Abd el-Kader vom König Louis-Philippe Vertragstreue forderte, blieben unbeantwortet. Marschall Clauzel – kein neuer Scipio Africanus – offenbarte durch seine Mißerfolge nur den Widerspruch zwischen dem ›système guerroyant‹ und der ›beschränkten Opposition‹. Man konnte nicht mit einem Fuß in Algerien stehend, dort Besitzungen anstreben, ohne auch die Folgen

Zu den Farbtafeln:

4 *Tipasa, Chor der Basilika*

5 *Aurès-Gebirge, Abiod-Cañon*

6 *In der Großen Kabylei*

in Kauf zu nehmen, nämlich den Krieg. In tragischer Verstrickung zwangen die Gegner einander zur wechselweisen Klärung ihrer Rollen. Als es zum Waffengang kommen mußte, ließ Abd el-Kader in ritterlichem Großmut den französischen Kommandierenden wissen: »An dem unvermeidlichen Bruch ist Ihre Seite schuld. Damit Sie mich aber nicht des Verrats bezichtigen, warne ich Sie. Ich werde den Krieg wieder beginnen. Bereiten Sie sich vor, warnen Sie Reisende und einsam Wohnende, treffen Sie alle Maßnahmen, die Sie für richtig halten.« Zwei Wochen später brachen seine Krieger ins französische Siedlungsgebiet ein. Bisher hatte der Emir für jeden unversehrt ergriffenen Franzosen eine Prämie ausgesetzt. Die Franzosen aber zahlten Preise für abgeschlagene Köpfe und abgeschnittene Ohrenpaare. So gab es auch für sie nun keinen Pardon mehr. Der Krieg entartete zum Gemetzel, zum blutigen Vorspiel dessen, was sich 120 Jahre später abspielen sollte. Seit 1841 galt in Paris die Parole ›Unterwerfung Algeriens um jeden Preis‹. Immer mehr Truppen wurden entsandt, schließlich standen über 100000 Mann, gut ein Drittel des französischen Heeres, unter General Bugeaud auf algerischem Boden und verheerten das Land. Der General selbst war entsetzt. »Was wir in Afrika betreiben, ist nicht Krieg, sondern Menschenjagd.« Vor der Übermacht der Eroberer mußte sich der Emir am 22. Dezember 1847 dem General Lamoricière und dem Herzog von Aumale ergeben. Freies Geleit nach Alexandria war ihm zugesichert, doch wurde er zunächst mit seiner Familie in Frankreich interniert. Aus der Haft befreite ihn erst Napoleon III., der ihn gegen das Versprechen, nie mehr Frankreichs Interessen in Algerien zu stören, eine Jahrespension von 150000 Francs aussetzte. Abd el-Kader hielt sein Wort. Seit dem Dezember 1852 lebte er in Bursa, später in Damaskus, wo er sich 1860 großmütig und nobel verfolgter Christen annahm, als die von den Briten aufgestachelten Drusen Jagd auf diese machten. Tausende hat er gerettet, bedankt durch das rote Band der Ehrenlegion. Selten noch unterbrachen Reisen sein beschaulich frommes Dasein: eine zweite Pilgerfahrt nach Mekka, der Besuch der Weltausstellung in Paris 1867.

Im November 1869 war er Ehrengast bei der Eröffnung des Suezkanals, am 26. Mai 1883 starb er in Damaskus. Dort ruhten seine Gebeine, bis Houari Boumedienne sie am 4. Juli 1966 nach Algier heimholen ließ. Die junge Republik hatte Abd el-Kader, den frommen Moslem, den edlen Kämpfer für Algeriens Einheit und Freiheit, zum Leitbild, zur Vatergestalt und Denkmalsfigur erkoren. Als das Flugzeug mit seinen sterblichen Resten auf dem Airport von Algier landete, leiteten heulende Sirenen und schrille Trillerpfeifen fünf stille Gedenkminuten im ganzen Lande ein. Mit allen militärischen Ehren wurden die Reliquien auf dem el-Alla-Friedhof zwischen zwei prominenten Opfern des algerischen Freiheitskrieges beigesetzt. Vielleicht würde der Gefeierte selbst das als ein Mißverständnis empfunden haben, für einen jungen Staat aber ist eine so tapfere, faire und integre Vorbildgestalt ein großes Glück.

Kolonialzeit

Die Kapitulation Adb el-Kaders bedeutete keineswegs das Ende der Kämpfe. Erst 1857 war die Kabylei ›befriedet‹. Der Unterwerfungskrieg demoralisierte beide Seiten: die letztlich Siegreichen, welche die Reihen ihrer rücksichtslos geopferten Soldaten durch die Desperados der Fremdenlegion auffüllten, ebenso wie die besiegten Moslems in ihrem von Krieg und Razzien zerstörten Land, in dem die Bäume niedergehackt, die Kornvorräte geplündert, die Herden geschlachtet waren.

Alexis de Tocqueville schrieb in seinem berühmten Bericht von 1847: »Überall haben wir die Hand auf die Einkünfte (aus den frommen Stiftungen zu wohltätigen Zwecken) gelegt und sie teilweise ihrem alten Zweck entzogen. Wir haben den Wohlfahrtseinrichtungen ihre Mittel genommen, die Schulen verfallen lassen, die geistlichen Seminare aufgelöst. Wo wir hinkamen, gingen die Lichter aus, gibt es keinen Nachwuchs mehr an Lehrern der Religion und des Rechtes. Das heißt, wir haben die muselmanische Gesellschaft viel elender, ungeordneter, unwissender und barbarischer gemacht, als sie war, bevor sie uns kennenlernte.« Im gleichen Bericht heißt es: »Von der Art, wie wir die Einheimischen behandeln, hängt die Zukunft unserer Herrschaft in Afrika ab. Man darf sie nicht als Unterworfene betrachten, sondern muß ihren Bedürfnissen und Rechten Rechnung tragen.«

Wie den Bedürfnissen der ›Eingeborenen‹ Rechnung zu tragen sei, das war Thema manch rein akademischer Erörterungen, während die Praxis sich nach den Gegebenheiten richtete, wie sie sich in den Augen der einander ablösenden Gouverneure darstellten. Eine Politik, die schillernd zwischen blanker Unterwerfung, ›Schutzherrschaft‹ und ›Assimilisation‹ schwankte, einmal auf die Mitarbeit der Araber, dann wieder auf die Stärke des Militärs setzte. Folgenreich wurde der Entschluß, Algerien fortan als einen Teil Frankreichs anzusehen. Ein erster Schritt in dieser Richtung war die Durchsetzung eines nach dem Code Napoléon gestalteten Rechtswesens (1841/42), wodurch die französische Justiz für alle Einwohner Algeriens verbindlich wurde. Das islamische Recht trat außer Kraft und die Ländereien der religiösen Stiftungen (Habous), die in keinem ›Grundbuch‹ eingetragen waren (derartiges kennt das islamische Recht nicht), wurden verstaatlicht und bildeten nun eine der Basen für die europäische Kolonisation, die gleich nach der Eroberung von Algier eingesetzt hatte. Ein ungeordneter Strom von Glücksrittern, Romantikern, Bodenspekulanten, Schacherern, von Gescheiten und Gescheiterten ergoß sich ins Land, um das von Flüchtlingen verlassene türkische Gutsland um Algier in ihr Eigentum überführen. Aus Spanien und Italien, von den Balearen und aus Malta strömten Landhungrige herbei. Pariser Arbeiter, deutsche und schweizerische Siedlungswillige erhielten offizielle Hilfe. Nach zehn Jahren lebten schon 25 000 Europäer im Lande (davon nur etwa 11 000 Franzosen). Ihre wirtschaftlichen Leistungen waren unerheblich, und doch formierten sich diese ›Colons‹ sehr bald zu einer Lobby, mit welcher die Politiker rechnen mußten. Die ›Bureaux des affaires arabes‹, welche als Mittler zwischen der direkten französischen Verwaltung und den einheimischen Chefs wirken und eine gewisse Garantie-Instanz für die Einheimischen darstellen sollten, waren diesen europäischen Kolonisten stets ein Dorn im Auge. Die koloniale Idee der ›Assimilation‹, die vorgab, der ›Entwicklung‹ der Berber und Araber zu dienen, hatte einzig das Wohl der ›Citoyens‹ im Auge. Sie sollten, obwohl der Zahl nach eine kleine Minorität, die einheimischen ›Sujets‹ majorisieren.

Die arabischen und berberischen Bauern wurden behindert, ihre Erträgnisse schrumpften, ihr Land ging in fremde Hände über. Ein Beispiel: von 200 000 Hektar in der Provinz Algier wurden 168 000 Hektar amtlich ›erfaßt‹, 95 000 fielen an den französischen Staat, 37 000 an europäische Siedler, bloße 11 500 blieben in moslemischer Hand: Bodenraub auf dem Verordnungswege. Hatten die Militärs noch versucht, Schlimmstes zu verhüten, so wurden nach der Februarrevolution von 1848 die drei Departements Algier, Constantine und Oran unter Zivilverwaltung gestellt, welche die Kolonisation ankurbelte. Staatliche Mittel wurden ausgeworfen; 50 Millionen Francs allein, um aufmüpfige Elemente aus Paris wegzulocken. 20 000 Auswanderer (drei Viertel davon aus Paris) richteten sich in 42 neuen Dörfern ein: Großstadtpflanzen, die von Landwirtschaft keine Ahnung hatten. Immerhin waren Ende 1851 von den 131 000 in Algerien ansässigen Europäern – 66 000 Franzosen, 65 000 ›Ausländer‹ – 33 000 Neubauern. Ihre Stimmen halfen mit, Louis-Napoléon in den Sattel zu heben. Beim Plebiszit vom November 1852 zählte man in Algerien 89% Ja-Stimmen. Für die Moslems waren diese Jahre solche des Elends. Trockenheit, Mißernten, Heuschrecken bereiteten den Boden für Seuchen und Epidemien. Nachdem die Cholera durch das Land gerast war, betrug die Zahl der ›Eingeborenen‹ nur noch etwa 2,5 Millionen. In den folgenden Jahren stieg die europäische Landnahme weiter, gefördert durch den Staat und private Kapitalgesellschaften. In zehn Jahren gingen 50 000 Hektar an 51 Gesellschaften und 250 000 Hektar wurden Kleinsiedlern überlassen.

Die Offiziere der ›Arabischen Büros‹ bemühten sich, die Moslems an der ökonomischen Entwicklung dieser Jahre zu beteiligen – aber die Wirtschaftskrise 1867/68 machte alle Fortschritte zunichte. Die Folgen waren für die islamische Gesellschaft so verheerend, daß Napoleon III. nach einer Inspektionsreise durch Algerien zur bitteren Enttäuschung der Colons das Steuer herumwarf. Algerien durfte seiner Ansicht nach nicht ihrer Besitzgier überantwortet werden. »Frankreichs vornehmste Aufgabe ist es, sich des Wohlergehens der Berber und Araber anzunehmen.«

Die selbstsüchtige Verblendung der europäischen Siedler aber machte nun selbst für Naturkatastrophen wie Trokkenheit, Heuschreckenplage oder Pflanzenkrankheiten die zu araberfreundliche Politik Napoleons III. verantwortlich. Der Sturz des Kaiserreichs 1871 riß alle Dämme nieder. Verschanzt hinter demokratischen und republikanischen Parolen versuchten die Radikalen unter den profitgierigen Colons, die Macht zu erobern. Ein Aufstand der Einheimischen – hoffnungslos, weil ohne klare Zielsetzung, ohne einheitliche Führung, ohne genügende Bewaffnung unternommen – lieferte den Anlaß, den besiegten Stämmen ruinöse Bußen aufzuerlegen und diente den Siegern als Vorwand, alles Land, das für die ›Kolonisation‹ dienlich schien, einfach zu beschlagnahmen. Das war der Sieg der Colons und das Ende jeder Hoffnung, den Einheimischen Rechte und Entwicklungschancen zu sichern. Algerien wurde eine ›kleine französische Republik‹, in der allein das Interesse der Algerienfranzosen galt. Der Wahlschein wurde zum Adelsbrief dieser neuen bürgerlichen Feudalgesellschaft. Ein Gouverneur, der sich nicht von ihnen leiten ließ, mußte weichen. Im Zeichen der ›Assimilation‹ ließen sich die Colons alle demokratischen Rechte und die französische Rechtsprechung gefallen, bestanden aber auf ihren Privilegien wie der Befreiung von direkten Steuern oder der vollen Militärdienstpflicht. Über die Verwendung der von den Moslems erhobenen Steuern bestimmten Gremien, in denen die Eingeborenen nichts zu sagen hatten. Selbst die rein dekorative Anwesenheit von ›Arabern‹ in solchen Körperschaften war den Verfechtern der ›Assimilation‹ ein Dorn im Auge.

Kurzum und ohne juristische Details: die arabisch-moslemischen Algerier wurden praktisch rechtlos, das in

Frankreich integrierte Algerien, obwohl von Paris aus regiert, war fest in den Händen der ›Kolonisatoren‹.

Im Jahrzehnt bis 1882 brachte ein staatliches Programm neue 4000 Ansiedlerfamilien ins Land, etwa 350 000 Hektar wurden an sie verteilt, fast 200 neue Dörfer entstanden. 1881 sollten weitere 50 Millionen Francs für ein neues Siedlungsprogramm ausgeworfen werden, mit dem Ziel, 195 neue Dörfer auf 380 000 Hektar enteigneten Bodens zu gründen. Die Liberalen in der Nationalversammlung wiedersetzten sich, so daß dieses Projekt nur zur Hälfte verwirklicht werden konnte, aber bis 1900 waren 700 qkm des Fruchtlandes der Nutzung durch die Einheimischen entzogen worden, ohne daß der europäische Anteil an der ländlichen Bevölkerung entsprechend wuchs. Das heißt, der Boden Algeriens war zum Spekulationsobjekt geworden.

Der Ölfleck der Kolonisation breitete sich in den goldenen Jahren vor 1914 immer weiter aus. Ein staatliches Programm verteilte neuerdings 200 000 Hektar, privates Kapital erschloß bis 1917 fast eine halbe Million Hektar. Schließlich waren 22 500 qkm, also gut ein Zehntel des Algerien von damals den Arabern und Berbern weggenommen, ein Gebiet etwa der Größe von zwei Drittel der Niederlande. Wem das wenig erscheint, muß sich erinnern, daß es sich dabei um die ertragsreichsten und am besten bewässerten Landstriche in einem Lande handelte, in dem die Natur dem Anbau Grenzen setzt. Gebirgsregionen wie die Monts des Ksour, die Kabylei, der Aurès, die Wüstensteppen des Schott-Hochlandes, die blieben von der Landnahme verschont und den ›Eingeborenen‹ überlassen.

Das Land der Kolonisten produzierte nicht für die Bedürfnisse des Landes, sondern für den profitablen Export. Bis 1880 etwa war Getreideanbau der Trumpf gewesen. Nach dem Fallen der Weizenpreise und nachdem weite Weinbaugebiete Frankreichs und dann auch des übrigen Europa der Phylloxera zum Opfer gefallen waren, setzte man in Algerien auf den Weinbau. 1890 bedeckten Reben schon 100 000 Hektar, im Jahr 1903 bereits 167 000. Die unabhängige Republik ist dabei, die Dinge wieder zu korrigieren. Bei jeder Fahrt durchs Land merkt man, wie die Anbauflächen für Wein – das für Moslems verbotene und auf dem Welt- wie EG-Markt schwer absetzbare Getränk – schrumpfen. Der Weinfreund mag's bedauern, denn die algerischen Weine lassen sich trinken, aber Getreide, Obst, Gemüse sind wichtiger für die Ernährung der Bevölkerung.

1872 bereits waren 60% der Algero-Europäer Städter (1926: 71,4%). Obwohl man in Wahlreden die Gefahr einer Überfremdung an die Wand malte (1901 standen 364 000 französischen 189 000 Kolonialbürger aus anderen Ländern gegenüber), verschmolzen die der Herkunft nach verschiedenen Gruppen rasch und fühlten sich gemeinsam als ›Algerier‹ und den ›schmutzigen Arabern‹ überlegen. Schon seit 1896 überwog die Zahl der im Lande geborenen ›Weißen‹ die der Einwanderer. Ein neues Volk entstand und fand die Stunde reif für die Forderung nach einem ›freien Algerien‹. Ein Gesetz vom 29.12.1900 anerkannte Algerien als Gebilde eigenen Charakters und mit eigenem Budgetrecht. Daß am 26.4.1901 aufgebrachte Moslems ein Kolonistendorf blutig überfielen, machte nur wenigen deutlich, daß es zweierlei Algerier gab. Sie im bezeichnenden Wort zu unterscheiden, ist nicht leicht. Es ist nicht der Gegensatz von Algérois und Algériens (den machten die französischen Hauptstadtbewohner), sondern der von seit langem ansässigen moslemischen Berbern und Arabern – um die Dinge nicht mehr als nötig zu komplizieren, wollen wir diese künftig einfach Arabo-Algerier oder ›Moslems‹ nennen – und den Algeriern europäischer Abkunft, die wir pauschal Algero-Franzosen nennen wollen, obwohl die meisten von ihnen schon in der zweiten oder dritten Generation im Lande ansässig waren und sich als ›eingeboren‹ fühlten. In purer Verblendung sahen diese in den anderen, den arabischen Algeriern nicht die entrechteten Opfer des Kolonialsystems, sondern nur eine Gefahr für die (koloniale) ›Ordnung‹.

Die traditionelle moslemische Gesellschaft wurde durch die französische Herrschaft aufgelöst: weniger durch blanke Gewalt als auf dem Verordnungswege. Die alten führenden Familien kamen herunter, die ›Aristokratie‹ verschwand bis auf wenige Marabut-Sippen, die dünne Schicht des gehobenen Stadtbürgertums – Gelehrte und Handelsherren – zerbrach unterm Schock der Kolonisation – und entstand erst wieder nach 1900, dann aber mit einem neuen Gesicht –, das Handwerk, das mit den Erzeugnissen der europäischen Industrie nicht konkurrieren konnte, überlebte nur in der Form einiger Familienbetriebe in den konservativen Städten wie Tlemcen und Constantine. Am spürbarsten war die breite Masse des Landvolks betroffen, die so viel Land abgeben mußte und es dabei so bitter nötig hatte.

Gegen 1930 hatte sich in einem Zeitraum von 70 Jahren die Bevölkerungszahl etwa verdoppelt, aber die klimaabhängige extensive berberische Landwirtschaft – mit zweijähriger Brache – geriet gegenüber der kolonialen immer mehr ins Hintertreffen. 1860 erzeugte sie noch 80%, 1900 noch 72%, 1938 nur noch 44% des algerischen Getreides. Zugleich gingen die Pro-Hektar-Erträge zurück, eine Folge der durch die koloniale Besitzergreifung erzwungenen Verlagerung des Getreidebaues aus den bewässerten Talebenen in die benachteiligten Regionen, und schrumpfte der Pro-Kopf-Bestand an Vieh. Von den 8 Millionen Schafen des Jahres 1868 waren um 1900 nur noch 6,3 Millionen übrig. Oder in die einer leichten Komik nicht entbehrende Sprache der Statistik übersetzt: 1887 besaß jeder Eingeborene drei, 1900 nur noch eineinhalb Stück Kleinvieh; 1967 jeder fünfte ein Rind, 1900 nur noch jeder zehnte.

Die Entwicklung läßt sich nicht Schritt für Schritt belegen, aber manche Zahlen werfen doch ein Schlaglicht auf die Besitzverhältnisse. Im Departement Constantine besaßen 55% der ›arabischen‹ Bauern weniger als 10 Hektar, 20% bis 20 Hektar, 11,4% bis 30 Hektar, nur 0,8% mehr als 100 Hektar. Für 1930 liegen für das ganze Land Zahlenangaben vor: 1,13% der Einwohner mit Landeigentum von durchschnittlich je 198 Hektar besaßen zusammen 21% der Ackerfläche, 6% mit etwa je 43 Hektar weitere 21%, und in die restlichen 35% des Ackerbodens mußten sich 70% der Bevölkerung teilen: 434 537 Familien, denen durchschnittlich nur 4 Hektar zur Verfügung standen.

Die wenigen Wohlhabenden unter den Arabern waren willig zur Zusammenarbeit mit den Kolonialherren und hatten ihre Vorteile davon. Die breite Masse derer, die – gegen die koloniale Konkurrenz hilflos – ohne Kredite oder andere stützende Maßnahmen in den Klauen von Wucherern verschuldeten, sie suchte in den Städten Zuflucht. (Die Massenflucht aus dem ›übervölkerten‹ Land setzte allerdings erst voll nach dem Ersten Weltkrieg ein.) Zugleich sahen sich Tausende von Algeriern gezwungen, ihren Lebensunterhalt außerhalb ihres Heimatlandes zu suchen.

Obwohl Algerien als Teil Frankreichs – und nicht als Kolonie – galt, dachte niemand daran, die moslemischen Einheimischen als ›Franzosen‹ zu betrachten. Sie blieben weiterhin ›Untertanen‹ und nicht ›Bürger‹ der Französischen Republik. Für sie galten nicht die Schlagworte Liberté, Egalité, Fraternité, sondern besondere Gesetze und ein ›Eingeborenenstatut‹, das für eine Reihe ›für Eingeborene charakteristischer Vergehen‹ drakonische Strafen vorsah wie zum Beispiel Zwangsinternierung, Polizeiüberwachung, Beschlagnahme von Gemeinschafts- und Privateigentum. Die Bewegungsfreiheit der Algerier in ihrem eigenen Land unterlag Beschränkungen. Zwar ging man nicht so weit, christliche Missionsbestrebungen zu unterstützen, aber auch die religiöse Praxis der Moslems unterlag Einschränkungen. Die Pilgerfahrt nach Mekka, eine der ›Fünf Säulen des Islam‹, wurde zeitweise fast unmöglich gemacht.

Dazu kam der Versuch, einen Keil zwischen Araber und Berber zu treiben. Die berberischen Bewohner der Kabylei wurden als nur oberflächlich islamisierte Erbfeinde der Araber betrachtet, man wollte in ihnen Nachkommen der Gallier, der Römer, der Vandaler oder der christianisierten Berber sehen. Monsignore Lavigerie, Kardinal-Erzbischof von Algier und Karthago, ging seit 1863 daran, ihnen »ihren alten christlichen Glauben zurückzubringen«. Bemühungen, die zum Scheitern verurteilt waren, wie die halb aus anti-islamischen Ressentiments gespeiste, halb folkloristische Bestrebung, das berberische Element der Kabylen im Gebrauch der eigenen Sprache und in seinen eigenen Traditionen zu bestärken, soweit sie vom islamischen Herkommen abwichen. Diese unehrliche Politik führte dazu, daß die Kabylei so islamisch wurde wie nie zuvor.

Als echteste ›Assimilisation‹ eines eroberten Landes hatte Frankreich schon seit dem klassischen Jahrhundert die Durchdringung mit französischer Sprache und Kultur betrachtet. Die Dritte Republik blieb diesem Erbe treu. Neben den arabisch-islamischen Algerien sollte ein arabisch-französisches entstehen. Schon 1870 wurden in 36 arabo-französischen Grundschulen 1300 moslemische Knaben unterrichtet, 1883 wurde die neue französische Schulgesetzgebung auch auf Algerien ausgedehnt. Die französischen Colons stemmten sich dagegen, wollten nichts wissen von Schulen und Schulhausbauten für »diese Masse fauler Bettler«. Die französischen Gemeinden verweigerten jeden Zuschuß. Dahinter brütete dumpf die Ahnung: wenn man die algerischen Araber lesen und schreiben lehrte, dann würden sie bald die ihnen zustehenden Rechte und endlich ein algerisches Algerien fordern. Nur analphabetische Massen ließen sich auf die Dauer beherrschen. Und so war es nur eine kleine Gruppe laizistisch und französisch erzogener Araber, die als ›Jung-Algerier‹ – angefeindet von den moslemischen Traditionalisten (den ›Alten Turbanen‹) wie von der Kolonialverwaltung – ihre Stimme erheben konnte. Ihr Fernziel: die politische Gleichberechtigung des arabisch-berberischen Bevölkerungteils. Von ›Unabhängigkeit‹ war nirgendwo die Rede.

Daß sich in der Zeit des Ersten Weltkrieges die Moslems loyal verhielten, war für Frankreich eine Überraschung. 173000 algerische Soldaten standen im Feld, 25000 von ihnen fielen; 200000 Männer aus Algerien arbeiteten für die französische Kriegswirtschaft, im ganzen stand 1918 mehr als ein Drittel der einheimischen männlichen Bevölkerung im Dienst der französischen Kriegsführung. Einzig im Aurès war es 1916 zu Widerstand gegen die Rekrutierungen gekommen.

Clémenceau fand es nicht mehr als billig, Algerien durch politische Zugeständnisse zu belohnen. Aber solchen Plänen setzten die Algero-Franzosen hartnäckigen Widerstand entgegen. Die ›Reformen‹, die endlich herauskamen, waren dann auch weniger als halbherzig. Im September 1924 wurde in Paris das einflußreichste Organ der Jungalgerier gegründet: ›L'Etoile nord-africaine‹ (Messali Hadj, Ferhat Abbas, Ben Djelloul). Wofür man eintrat: Gleichstellung der ›sujets‹ mit den ›citoyens‹. Aber von einem Entgegenkommen in dieser Richtung wollten die französischen Algerier ganz und gar nichts wissen. Sie forderten, daß Algerien nicht länger von Paris aus, sondern allein durch sie verwaltet und gestaltet würde. Dieses Ziel erreichten sie zwar nicht, aber den Löwenanteil der 1600-Millionen-Anleihe zum Ausbau des Landes lenkten sie ihren Interessen gemäß: Bewässerungsanlagen für ihre Ländereien wurden erstellt, die Bahnlinien ihren Wünschen entsprechend ausgebaut. Sie versuchten sogar, die Abwanderung von algerischen Arbeitskräften nach Frankreich zu hindern, weil ein karges Angebot auf dem Arbeitsmarkt die Löhne hätte in die Höhe treiben können. Was die Colons betrieben, war blanke Ausbeutung. Und je mehr die Regierung in Paris ihrem Druck nachgab, um so unglaubwürdiger wurde sie in den Augen der algerischen Moslems. Marschall Lyautey nannte das 1923 »eine wahrhaft verbrecherische Politik«.

Dieser Meinung war auch Gouverneur Viollette. Aber als er davon sprach, auch nur einer dünnen Schicht von Einheimischen das volle französische Bürger- und Wahlrecht zu gewähren, wurde er auf Betreiben der Algero-Franzosen sofort abberufen (9. November 1927). Vier Jahre später veröffentlichte er sein Buch ›L'Algérie vivra-t-elle?‹. Darin stehen – bezogen auf die Jung-Algerier – die prophetischen Worte: »Wenn Frankreich den unverzeihlichen Fehler macht, ihre Stimme zu überhören, dann werden sie – wie in Indochina – auf die Bahn eines verzweifelten Nationalismus getrieben werden.«

Man hat die Stimmen der Arabo-Algerier überhört – und kein Vierteljahrhundert später war es soweit, dann trieben die Ereignisse rapide auf einen Bruch zu.

Unabhängigkeitskrieg – und die Jahre danach

Nach dem Zusammenbruch Frankreichs im Jahre 1940 wurde Algerien zunächst von Vichy aus regiert. Obwohl sich nichts geändert zu haben schien, hatte die Niederlage doch das französische Prestige zerstört, ihre wirtschaftlichen Folgen trafen das ganze Land, vor allem aber seine ärmsten Schichten. Während die Schwarzmarktpreise in Phantasiehöhen kletterten, radikalisierte sich die Masse der Entrechteten. Gleichzeitig begannen verschiedene Interessengruppen um Einfluß zu rangeln.

Am 8. Mai 1945, dem Tag des Sieges der Alliierten, kam es in Sétif zu einer blutigen Orgie des Partei- und Rassenhasses, die etwas von einem schaurigen Naturereignis an sich hatte. Im Umland von Constantine wurden über hundert Europäer ermordet, zur Vergeltung fanden 1500 Algerier den Tod (nach algerischer Schätzung und nach der des US-Konsuls etwa dreimal so viele). Messali Hadj (1898-1974, Arbeiter aus Tlemcen, Gründer und Chef des ›Etoile nord-africaine‹ (= ENA), ein Politiker, der nie die Gelegenheit bekam, in seiner Heimat für längere Zeit zu wirken, wurde in den Kongo verbannt. Auch sein nur ein Jahr jüngerer Gegenspieler Ferhat Abbas, Wortführer jener Kreise des algerischen Bürgertums, die ehrlich auf französische Assimilisaltionsversprechen bauten, loyal zugleich der islamischen Heimat und dem Vaterland Frankreich, wurde verhaftet. Erst allmählich trat wieder ›Ruhe‹ ein. Ein am 20. September proklamiertes Algerien-Statut machte scheinbare Zugeständnisse, ließ aber die Interessen der bornierten Algero-Franzosen unangetastet. Unter der Oberfläche scheinbarer Ruhe staute sich ein Überdruck, der am 1. November 1954 explodierte. An diesem Tag begann der Aufstand und der Krieg in Algerien, in dem die Fronten nicht einfach zwischen Arabern und Franzosen verliefen. In diesen Jahren haben Moslems moslemische Glaubensbrüder gemordet, Franzosen auf Franzosen geschossen. Das Land drohte in einem blutigen Strudel zu versinken. Es waren Jahre, die einen schauerlichen Blutzoll gefordert haben: schätzungsweise 1,6 von 14 Millionen Einwohnern – also mehr als 10 Prozent. Ereignisse, auf die genauer einzugehen sich in unserem Zusammenhang verbietet – aus vielen Gründen.« Wenn jemals die Geschichte des Aufstandes objektiv und aus intimer Kenntnis geschrieben werden sollte, so würden sich Abgründe des Grauens neu auftun, über die sich heute bereits das Vergessen gesenkt hat.« (Hanns H. Reinhardt)

Wir wollen hier nicht fremde Vergangenheit bewältigen und alte Wunden aufreißen, nur – lückenhaft und dürr chronikalisch – an einige Namen, Daten, Ereignisse erinnern, die im Lande selbst ja nie vergessen wurden.

Frankreich – auch in Hinterindien in Schwierigkeiten – dachte nicht daran, Algerien aufzugeben, konzentrierte dort vielmehr Truppen und hoffte, den Aufstand mit Gewalt niederzuschlagen. Auf der Gegenseite formierte sich – von Kairo aus gegründet – die Nationale Befreiungsfront (Front de la Libération Nationale = FLN) und wurde immer deutlicher zur Repräsentantin des Volkswillens.

1956: Am 2. Februar Protestdemonstration der Algero-Franzosen gegen die Politik des Ministerpräsidenten Guy Mollet, dessen Regierung im März die Nachbarländer, die seit 1881 bzw. 1912 unter französischem Protektorat gestanden hatten, in die Unabhängigkeit entließ: Marokko am 2., Tunesien am 20. 3. 1956. Wenige Wochen später floh Ferhat Abbas nach Kairo und schloß sich der FLN an, die im August einen Kongreß in der Kabylei abhielt. Die auf 400 000 Mann verstärkten französischen Truppen errichteten an der Grenze gegen Tunesien feste Linien. Die Suezkrise und die Entführung einer marokkanischen Verkehrsmaschine mit einigen Häuptern des algerischen Widerstandes – Ahmet Ben Bella, Abu Diaf – an Bord vertiefte den Riß. Insgeheim angeknüpfte Verhandlungen scheiterten. Die Ultras unter den verblendeten Algero-Franzosen riefen zur ›action directe‹ auf und schufen damit ein Klima revolutionärer Gehässigkeit. Ihr Terror rief den Gegenterror der FLN hervor. Algier wurde Schauplatz blindwütiger Mordanschläge.

1957: Im Januar beauftragte der Generalgouverneur Lacoste Fallschirmjägereinheiten »mit allen Mitteln« die alge-

rischen Kommandos unschädlich zu machen. Diese
›Schlacht um Algier‹, die sich bis in den Herbst hineinzog,
endete zwar mit der Zerschlagung der FLN-Gruppen, aber
war moralisch und psychologisch ein Pyrrhussieg. Als das
französische Mutterland und die Weltöffentlichkeit mit
Grausen und Abscheu von den Methoden der ›paras‹ erfuhren, da hatten schon alle algerischen Moslems die Franzosen hassen gelernt. Und diese haßten zurück.

1958: Am 26. April gingen die Algero-Franzosen zum
ersten Mal auf die Straße, am 13. Mai löste der ›Putsch der
Obersten‹ unter dem Schlagwort ›Algérie française‹ das
Ende der Vierten Republik aus. General de Gaulle, vom
Staatspräsidenten Coty zum Ministerpräsidenten mit besonderen Vollmachten ernannt, übernahm die Aufgabe,
den Algerienkrieg zu beenden. In einer großen Rede in
Constantine (Oktober) versprach er Entwicklungsinvestitionen für Algerien. Zwei Wochen vorher war Ferhat Abbas
an die Spitze einer ›Provisorischen Regierung der Algerischen Republik‹ (= GPRA) getreten.

1959: Obwohl die im Februar gestarteten Operationen
gegen die FLN einige Erfolge zu bringen schienen, war de
Gaulle entschlossen, den Krieg zu liquidieren und bot in
einem seiner couragierten Auftritte in der Höhle des Löwen
Algerien die Selbstbestimmung an. Die Antwort war der
sog. ›Barrikadenputsch‹ der Obersten im Januar 1960.

1960: Im März enthob de Gaulle den General Challe
seines Kommandos. Der Versuch, Volk und Guerillos voneinander zu trennen, indem mehr als eineinhalb Millionen
Algerier in 2000 neuen Dörfern angesiedelt wurden – in
den Augen nicht nur der FLN waren das nichts anderes
als Konzentrationslager – endete mit einer moralischen
Niederlage. Noch im Juni dieses Jahres kam es zu ersten
Verhandlungen in Melun, die durch die algerische Forderung auf den Besitz der 1956 entdeckten Ölquellen in der
bisher französischen Sahara ins Stocken gerieten.

1961: Der Sommer dieses Jahres sollte einer der heißesten werden. Im April unternahmen die altgedienten Generale Challe, Salan und andere einen Putschversuch. Gleichzeitig starteten rechtsradikale algero-französische Heißsporne der ›Organisation Armée secrète‹ (= OAS) einen terroristischen Amoklauf, der alle Aussichten auf Verhandlungen zu zerschlagen schien. Hinzu kam der Druck der Straße – und zweifellos hat er den Gang der Dinge beschleunigt –, der bewirkte, daß am Ende einer dritten Verhandlungsrunde

1962 (7.-18. März) in Evian am Genfer See jene Verträge unterzeichnet werden konnten, welche die einstige Kolonie in die Freiheit entließen. Durch Volksentscheid wurden sie am 8. April in Frankreich, am 3. Juli in Algerien gebilligt und am gleichen Tag die Unabhängigkeit Algeriens erklärt.

Aber damit fiel kein Vorhang nach einer blutigen Tragödie – er blieb offen für weitere Akte von Blut und Leid. Die FLN, die trotz aller innerer Widersprüche den Kampf um die algerische Selbständigkeit relativ geschlossen geführt hatte, brach auseinander und damit stürzte – nach der Entlassung Ben Bellas und seiner Genossen aus der französischen Haft – das kaum befreite Algerien in die blutigste Krise. Ahmet Ben Bella (geb. 1916), ein Mann der ersten Stunde, griff entschlossen nach der Macht. Gegen Ben Khedda, den Ministerpräsidenten der GPRA vertrat er das im Juni 1962 in Tripolis beschlossene Programm der ›volksdemokratischen Revolution‹. Daß die GPRA den Obersten Boumedienne, den Stabschef der ›Westarmee‹, von seinem Posten abberief, trieb diesen ins Bündnis mit Ben Bella. Vereint siegten sie im August über die GPRA. Anarchische Monate, die alten Feinden Gelegenheit boten, verjährte Rechnungen zu begleichen. Algero-Europäer wurden entführt – eine Stelle gab offiziell die Zahl der ›Verschwundenen‹ mit 1800 an – und nicht zuletzt das löste eine Rückwanderungswelle aus, welche das wirtschaftliche Leben so lahmlegte wie die Verwaltung des jungen Staates. Alle Algero-Franzosen, soweit sie das Land nicht schon verlassen hatten, flohen nun. Wie viele französisch gebildete Algerier mit ihnen das Land verließen, läßt sich nur schätzen, wie viele profranzösische Moslems – von den einstigen Herren herablassend ›Beni Oui-Oui‹ genannt – abgeschlachtet wurden, wird niemand ermitteln.

Die Flüchtlinge, die ›Pieds-noirs‹, waren jahrelang ein

Problem nicht nur des französischen Südens. Daß die Truppen Boumediennes am 10. September ins vereinbarungsgemäß entmilitarisierte Algier einrückten, brachte Ben Bella den Sieg. Am 25. September proklamierte die legislative Nationalversammlung mit 159 Stimmen (es gab nur eine einzige Nein-Stimme) die ›Demokratische Volksrepublik Algerien‹. »Die FLN ist die einzige Partei der Avantgarde.« Die kommunistische Partei war zwar verboten, doch lebte die Doktrin der ›Algerischen Revolution‹ – von Ideen Nassers inspiriert – eher von marxistischem als demokratischem Gedankengut.

1963: Der Rücktritt aller jener, die im Parlament ein Instrument zur Kontrolle der Regierung sehen wollten, war die Folge. Am 8.9.1963 nahm ein Volksentscheid mit 5 166 185 Ja- gegen 105 047 Nein-Stimmen die neue Verfassung an. Ahmet Ben Bella wurde zum ersten Präsidenten der Republik gewählt. Er wollte den algerischen Sozialismus in einer Revolution der Landwirtschaft verwirklichen. Dabei übersah der gebürtige Bauernsohn die Forderungen der Arbeiter und der Stadtbevölkerung. Alle von ihren Besitzern verlassenen Güter wurden ebenso zum ›Volkseigentum‹ erklärt wie die ›vakanten‹ Handels- und Industriebetriebe.

Diese durch den Massenexodus geförderte überstürzte Sozialisierung trieb das Land in eine wirtschaftliche Katastrophe (mehr als zwei Millionen Arbeitslose, defizitäre Ergebnisse selbst in der Landwirtschaft), so daß sich die Regierung Ben Bella halbherzig zu einer Zusammenarbeit mit Frankreich entschloß, wo viele Steuerzahler die Milliardenkredite als hinausgeworfenes Geld betrachteten. In ihrem blinden Elan vermeinte die algerische Revolutionsregierung, den Sozialismus nicht ohne Arabisierung verwirklichen zu können. Algerien, wo das Arabische einmal gar zur Fremdsprache erklärt worden war, sollte das Französische vergessen und ein arabisch redendes Land werden. Fragte sich nur, was für ein Arabisch. Das koranisch-archaische wie das literarische wie die auf dem ägyptischen Dialekt beruhende ›Umgangssprache‹ waren den Berbern und Dorf-Arabern fremde Dialekte – und lesen konnte sie kaum jemand. Ben Bellas Ruf »Wir sind Araber, Araber!« und seine enge Bindung an die damals führende arabische Macht Ägypten führte zu ersten Konflikten mit den maghrebinischen Nachbarn (Grenzstreit mit Marokko), zu denen inner-algerische Gegensätze kamen.

1964 brachen im Oktober auf dem Kongreß der FLN – der einzigen zugelassenen Partei – die Gegensätze auf. Obwohl Ben Bella zwischen den feindlichen Kräften lavierte, Armee und Marxisten gleichermaßen Versprechungen gab, wuchs die Opposition. Sie warf der Regierung vor, sie opfere die algerischen Interessen ihrer revolutionären Strategie und führe das Land durch einen praktisch ineffektiven Sozialismus in den wirtschaftlichen Ruin. Die Armee schritt unter ihrem Stabschef Boumedienne zur Tat.

1965: Am 19. Juni, am Vorabend der afro-asiatischen Konferenz von Algier, auf der er als Held der Dritten Welt aufzutreten gedachte, wurde Ben Bella zusammen mit seinen politischen Freunden verhaftet. Einige von ihnen, vor allem der gestürzte Präsident selbst, blieben in Arrest, aber 1500 inhaftierte Gegner seines Regimes kamen dafür frei. Die Regierung Boumediennes verzichtete auf alle Revolutionsromantik und begann, im Lande Ordnung zu schaffen und eine moderne Wirtschaft aufzubauen. Man darf feststellen, daß sich die neue Mannschaft als realistisch und tüchtig bewährt hat. Mehrere interne Krisen auf dem Weg zum Einheitsstaat konnten überwunden werden. Die Reform der Gemeinden und der Provinzen (Wilaya) – beide 1969 – gaben dem Land wirksame Verwaltungsinstanzen. 1976 wurde durch Volksentscheid die Charte Nationale gebilligt, welche die Grundzüge und Ziele des sozialistischen Staates festlegte.

Industrialisierung sollte zum Motor der Entwicklung werden. Ein ziemlich ausgeglichenes Budget ermöglichte die Finanzierung eines Teiles der nötigen Investitionen, der Rest wurde durch Auslandsanleihen gedeckt. Das Pfund, mit dem man wuchern konnte, waren die Erdöl- und Erdgasvorkommen, die erschlossen wurden. In Skikda, Annaba, Arzew entstanden riesige moderne Industriekomplexe: Raffinerien, Anlagen zur Verflüssigung von Erdgas.

Das Stahlwerk von El Hadjar verarbeitete bereits 1977 1 600 000 Tonnen Erz. Auch im Erziehungswesen wurden gewaltige Schritte nach vorn getan. Innerhalb von 10 Jahren stieg die Zahl der Grundschüler von 830 000 auf 2 800 000 an, die der Hauptschüler hat sich mehr als verzehnfacht. Gab es 1963 erst 2800 Oberschüler, so waren es 1975 bereits 25 000. Die weltweite Rezession hat verhindert, daß alle wirtschaftlichen Ziele des zweiten Vierjahresplanes (1974-77) erreicht wurden, aber immerhin hat gut die Hälfte aller Erwachsenen in den Dörfern und ländlichen Kleinstädten einen ständigen Arbeitsplatz. Aber in den durch Klima und Bodenbeschaffenheit benachteiligten Gebieten droht Arbeitslosigkeit in wachsendem Maße und veranlaßt die Abwanderung der Jüngeren. Die besonnene Agrarreform und der Aufbau landwirtschaftlicher Genossenschaften (weniger nach Kolchos- als nach Kibbuz-Vorbild) stieß weder auf Widerstand noch auf besondere Gegenliebe. Millionen von Bauern und Landarbeitern aber für ein von obrigkeitlicher Autorität gesteuertes Projekt zu gewinnen, das immer noch dem Ziel der Industrialisierung nachgeordnet bleibt, erfordert jahrelange geduldige Arbeit.

Am 26. Dezember 1978 starb Houari Boumedienne im Alter von nur 51 Jahren. Zu seinem Nachfolger im Präsidentenamt wurde am 7. Februar 1979 Chadli Boujedid gewählt. Obwohl seine Regierung von einer gesicherten Basis ausgehen kann, sieht sie sich vor einer Reihe ernster Probleme. Das bedrohlichste ist das explosive Wachstum der Bevölkerung. Seit das Land die Unabhängigkeit erlangte, hat sie sich mehr als verdoppelt. Bei einer jährlichen Zuwachsrate von 3,2% fürchtet man für das Jahr 2000 eine Einwohnerzahl von fast 40 Millionen und für 100 Jahre danach eine von 120 Millionen – eine Schreckensvision.

Die Landflucht, das hemmungslose Wachstum der Städte – auch eine Folge der Industrialisierung – hat in den Zentren, deren Wasserversorgung unzureichend, in denen die Wohnungsnot katastrophal ist, zu ernsten Spannungen geführt. Innerhalb eines Jahrzehnts müßte eine Million Wohnungen gebaut werden, nur um den Stand von 1979 zu halten. Inner- wie außerhalb der Staatspartei FLN sind die

Gegensätze spürbar zwischen Liberalen, Sozialisten, Reformisten, Konservativen. In der jungen Generation stehen die frankophonen Studenten jenen gegenüber, die als Anhänger eines islamischen Fundamentalismus die Uhren zurückdrehen möchten. Nicht nur Abgründe, sondern Welten trennen die Industrie- von den Landarbeitern und mehr als tausend Kilometer die Leute in den Ortschaften am fruchtbaren Küstenstreifen von den Bewohnern des harten, heißen und armen Südens, dessen Boden doch die bedeutendsten Schätze des Landes birgt.

Oran

»Auf den ersten Blick ist Oran ... eine ganz gewöhnliche Stadt, nichts mehr und nichts weniger als eine französische Präfektur an der algerischen Küste. –

Zugegeben, die Stadt selbst ist häßlich. Sie sieht so gesetzt aus, daß man einige Zeit braucht, bis man merkt, was sie von so vielen anderen Handelsstädten auf dem ganzen Erdball unterscheidet. Wie soll man auch eine Stadt anschaulich beschreiben, die keine Tauben, keine Bäume und keine Gärten besitzt, in der weder Flügelschlag noch Blätterrauschen zu hören ist? Ein farblos-nüchterner Ort! Einzig am Himmel ist der Wechsel der Jahreszeiten abzulesen.«

So lesen wir auf der ersten Seite eines der fragend-erregendsten Romane aus der Mitte unseres Jahrhunderts, der nichts von seiner allegorischen Aktualität eingebüßt hat, ›La Peste‹ (Die Pest) von Albert Camus. Oran ist der Schauplatz der Ereignisse, die Steine und der Staub, die Gassen und die wechselnde Witterung Orans bilden den Hintergrund. »Diese reiz-, pflanzen- und seelenlose Stadt wirkt mit der Zeit ausruhend, und zuletzt schläft man ein. Immerhin muß gesagt werden, daß sie sich in eine unvergleichliche Landschaft eingenistet hat: inmitten einer nackten Hochebene, umgeben von leuchtenden Hügeln, an einer Bucht von vollkommener Harmonie. Man kann nur bedauern, daß sie mit dem Rücken gegen diese Bucht gebaut wurde; man muß das Meer suchen, wenn man es sehen will.«

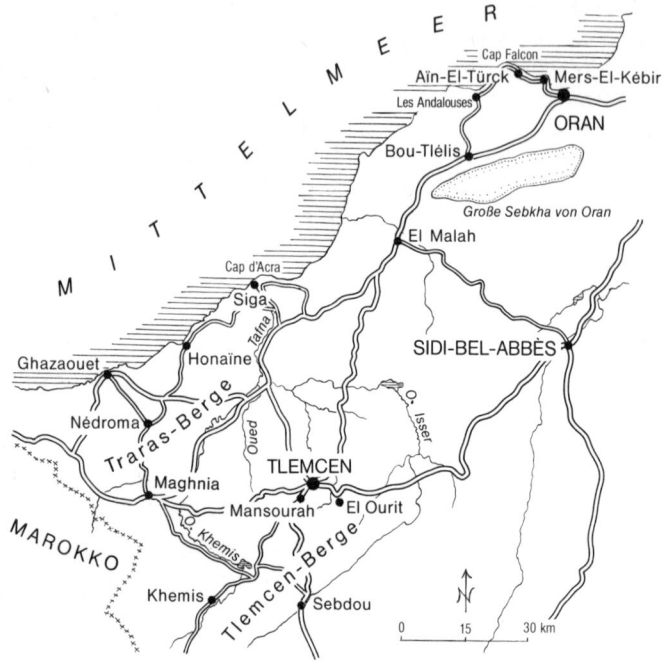

Schon 1939 hatte Camus in seinem erst 1946 veröffentlichten Essay ›Le Minotaure ou la Halte d'Oran‹ geschrieben: »Gezwungen, mit einer der wundervollsten Landschaften vor Augen zu leben, haben die Bewohner von Oran diese schwierige Prüfung bestanden, indem sie sich mit häßlichen Bauten umgaben. Man erwartet eine Stadt, die gegen das Meer hin offen ist, gebadet und erfrischt vom Abendwind. Und man findet eine Stadt, die mit Ausnahme des Quartier Espagnol und des neuen Boulevard Front-de-Mer dem Meer den Rücken kehrt, die sich in sich selber windet wie die Spirale einer Schnecke.« Camus hat Oran, wo er, nachdem er als Schauspieler und Journalist gearbeitet hatte, seit 1941 als Lehrer tätig war, wo er sich 1942 der

Résistance anschloß, 1943 die illegale Zeitung ›Combat‹ mitbegründete (seit 1944 Chefredakteur), nicht geliebt und hat mit seinen Zeilen den leidenschaftlichen Protest der Oraner provoziert. Und doch wurde durch ihn diese »ganz gewöhnliche Stadt« zu einer Chiffre. So wie Prag, das ungeliebte Mütterchen, im Werk Kafkas stets präsent ist, so ist es Oran, »diese reiz-, pflanzen- und seelenlose Stadt« im Frühwerk des algero-französischen Nobelpreisträgers.

»Die Straßen Orans sind dem Staube geweiht, den Steinen und der Hitze. Regen erzeugt eine wahre Sintflut und Meere von Schlamm. Doch bei Regen oder Sonne haben Auslagen und Läden das gleiche extravagante und absurde Aussehen. Der ganze schlechte Geschmack Europas und des Orients treffen hier zusammen ...«

»Unsere Mitbürger arbeiten viel, aber nur, um reich zu werden. Sie befassen sich hauptsächlich mit Handel und mit dem, was sie ›Geschäfte machen‹ nennen. Natürlich gewinnen sie auch den einfachen Freuden wie Frauen, Kino und Meerbädern Geschmack ab. Aber sie sparen das Vergnügen sehr vernünftig für den Samstagabend und für den Sonntag auf und versuchen, während der übrigen Woche viel Geld zu verdienen. – Wenn sie am Abend aus ihrem Geschäft kommen, versammeln sie sich zu bestimmten Stunden im Café, spazieren auf demselben Boulevard oder setzen sich auf ihren Balkon.« Aber Oran hatte auch den Ruf von leichtfertiger Lebenslust, war eine Stadt der Restaurants und Bistros, in der sich's leben ließ – kaum anders als in Marseille drüben, am Nordrand der Méditerranée.

Mochte Massilia auch auf eine schon griechische Vergangenheit zurückschauen und Oran nur ein Neukömmling sein: immerhin konnte es seine Anfänge bis ins 10. Jahrhundert zurückführen, als andalusische Seeleute sich hier ansiedelten. Allerdings war die Ortschaft das ganze Mittelalter hindurch ein unbedeutendes Nest. Erst die Spanier haben Oran aus seiner stumpfen Ruhe gerissen. Anno Domini 1509 eroberte Don Pedro de Navarro im Auftrag des Kardinals Ximenes dieses Küstendorf. Versuche der Spanier, das Hinterland zu erobern, blieben erfolglos, aber den Hafen hielten sie bis ins Jahr 1708, bis Mustapha Ben Yussef, der ›Vater des Bartes‹, ihnen den Ort abjagte. Nur ein Vierteljahrhundert herrschten hier die Türken, dann kamen die Spanier wieder und hielten ihre Stellung bis 1792. Zwei Jahre vorher hatte ein Erdbeben der Siedlung arg zugesetzt. Nur vorübergehend verlegten die Beys ihre Residenz aus Mascara hierher, wichen endlich den Franzosen, die 1831 hier einrückten. Ein Jahr später wurde eine Volkszählung durchgeführt (um mit Erfolg zu verwalten, braucht man verläßliche Unterlagen). Die Zahlen, die herauskamen, sind erstaunlich: gerade 3800 Seelen lebten in dem Flecken, 2800 davon Juden, 250 Moslems und 750 Europäer.

Erinnerungen an diese idyllische Zeit bewahrt die **Altstadt** mit ihren spanischen Fassaden, spanischen Ziegeldächern und spanischen Straßennamen, an deren Plaza auch die erste Residenz des französischen Konsuls lag. Das stille Nest zu Füßen der kühnen Silhouette des Monte Cristo – mit dem ursprünglich spanischen Fort auf seinem Gipfel und der Kirche Santa Cruz ein wenig unterhalb –, die noch heute merkbarer als das Meer das Landschaftsbild Orans bestimmt, entwickelte sich erst unter französischer Herrschaft zum zweiten Hafenort Algeriens. Die spanische Altstadt fiel in den Windschatten. Östlich von ihr, hinter einem Höhenrücken, auf dem sich Militär festsetzte, wuchs eine ganz und gar französische Stadt heran, mit einem Hauptplatz, Place d'Armes genannt, mit einem säulchen- und kuppelgezierten Theater für opéra-tragédie-comédie, mit einem präpotenten Rathaus mit pompösem Wappen, wo freilich weniger beraten als dekretiert wurde. Immer noch gibt es die beiden Löwen. »Seit 1888 thronen sie zu beiden Seiten der Rathaustreppe. Ihr Schöpfer nannte sie Cain. Sie haben Würde und einen gedrungenen Leib. Man erzählt, daß sie nachts von ihren Sockeln steigen und schweigend um den dunklen Platz kreisen.« (A. Camus) In der Mitte dieses zentralen Platzes – heute Place du 1er Novembre genannt und damit an den Tag erinnernd, an dem der algerische Aufstand begann – erhebt sich, von einer halbnackten Nike gekrönt, der Denkmalsobelisk für die islamische Vaterfigur des Landes, den Emir Abd el-

Oran, An der Place d'Armes

Kader, der ja aus dem Oranais stammte. Ob er ein solches Monument gutheißen würde?

Noch immer strahlen von hier breite Straßen aus mit üppig verzierten vierstöckigen Häuserfronten – heute etwas schäbig-weiß –, Zeugnisse aus einer Zeit spektakulären Wachstums. Einer Zeit, in der Moslems in diesem Klein-Marseille nichts zu suchen hatten. Ein von Kasernen besetzter Höhenrücken trennte das pompöse und bequeme Centre Ville der Franzosen, der Herren, von den Quartieren der ›sujets‹, die nicht einmal in der spanischen Altstadt geduldet waren – bestenfalls als billige Dienstboten. Die Bauten sind geblieben, noch immer wendet Oran dem Meer den Rücken zu, »windet sich in sich selber wie die Spirale einer Schnecke«. Und doch ist das Oran, das Camus im Auge hatte – der Dichter starb am 4. Januar 1960 den sinnlos-zeitgemäßen Verkehrstod – beinahe so vergangen wie nur irgendeine Stadt der Vergangenheit.

Nach dem Ende des Befreiungskrieges und unter dem Regime Ben Bellas haben 300 000 Algero-Europäer die Stadt verlassen. Für ein paar Wochen lag Oran tot da mit leeren Fensterhöhlen, dann rückten in die aufgegebenen Stadthäuser Familien aus den schäbigen Moslem-Ghettos und aus dem Umland ein. Sie haben das Zentrum zum Platzen gefüllt, manche der einst noblen Quartiere zu innerstädtischen Slums übervölkert, in denen jugendliche Halb-Kinder ihrer Langeweile oder ihrem ›Erwerb‹ nachgehen. Oran hat sich so verändert, daß Camus die Lebensluft nicht mehr wiedererkennen würde. Es ist keine französische Präfektur mehr, sondern eine arabische Stadt, aber auch 50 Jahre nach ›La Peste‹ eine Stadt von Geschäftigkeit und Sorglosigkeit, in der man vor Schaufenstern bummelt. Noch oder wieder haben Auslagen und Läden das gleiche extravagante und absurde Aussehen. »Der ganze schlechte Geschmack Europas und des Orients treffen hier zusammen.« Es gibt wie einst die »Cafés, deren Theken vor Fett und Schmutz glänzen, übersät mit Fliegenbeinen und Insektenflügeln, mit einem Patron, der trotz des stets leeren Saals immer lächelt«, es gibt laute Restaurants, in denen man – freundlich bedient – recht derb essen und trinken kann, aber es ist keine Stadt, die man irgendwelcher ›Sehenswürdigkeiten‹ wegen aufsucht. Die **Große Moschee** nur ein paar Minuten vom Hauptplatz entfernt (auch als Pascha-Moschee bekannt) stammt aus dem 18. Jahrhundert und ist trotz des hübschen Minaretts und des reizvollen halbrunden Arkadenhofes so wenig Besichtigungsziel wie die Kirchen von einst, die sowieso meist verschlossen bleiben.

Einzig das **Städtische Museum** – ein weißer Bau mit Säulenfront und Jugendstilmosaiken von 1930 – lohnt eine Umschau. Man findet hier un peu de tout: eine ganz ausgezeichnete und instruktive prähistorische Abteilung mit Fundstücken vor allem aus dem Oranais, also dem Nordwesten Algeriens, die geeignet ist, die Kenntnisse, die wir im Museum von Algier gewonnen haben, ergänzend zu vertiefen. Es gibt eine archäologische Sektion mit punischen und römischen Inschriften, mit Mosaiken, architektonischen Fragmenten, Statuen und einer Kollektion römischer Alltagserzeugnisse aus Metall, Glas und Ton, dazu punische und iberische Keramik. Auch die islamische Vergangenheit ist mit kunstvollen Inschriften und Ornamentmotiven vertreten. Die Gemäldegalerie beginnt mit Werken des französischen 17. Jahrhunderts, die bekannteren Namen reichen von Courbet über die ›Orientalisten‹ und ›Realisten‹ bis Rouault und van Dongen. Eine ethnographische Abteilung zeigt Erzeugnisse der arabischen Stämme, der Kabylen, der Tuareg, Dinge auch aus Marokko, Schwarzafrika, sogar aus Neukaledonien und dem Fernen Osten; interessant aber ist sie vor allem durch den dem alten Oran gewidmeten Saal mit Fotos und Erinnerungsstücken aus der spanischen Besatzungszeit und den frühen Jahren der französischen Herrschaft. Die Münzensammlung zu besehen fehlt uns die Zeit. Lieber werfen wir noch einen Blick auf die präparierten Vertreter der nordafrikanischen Tierwelt in der irgendwie besonders ›verstaubt‹ wirkenden Naturhistorischen Abteilung, die auch über die Flora des Oranais belehrt, mit Fossilien und Mineralien aufwartet. Eigentlich sollte man den Besuch hier mit der Geologie beginnen, um dann durch die Reiche der belebten Natur heraufzuwandern durch die Geschichte bis in die jüngste Gegenwart – aber das ist in der Praxis mit einigen Umwegen verbunden. Der Besuch gibt uns eine vortreffliche Überschau – und wenn wir sie nur recht pauschal würdigen, so nur, weil sie nach dem Besuch der Museen von Algier eigentlich nichts grundsätzlich Neues, sondern nur neues Anschauungsmaterial liefert.

Wer in Oran dem täglichen Leben der Leute nachschauen will, der findet bunten Stoff genug, denn wo man das Leben packt, ist es interessant. Aber wird man sich an der Front der einstigen Kathedrale weiden wollen, der des Postamts, wird man das Velodrom oder die längst verödete Plaza de Toros besehen wollen? Lieber quälen wir unser Fahrzeug hinauf auf den mächtig schattenden Berg, der das heute als militärisches Objekt klassifizierte **Kastell Santa Cruz** trägt. Die Wallfahrtskirche gleichen Namens ein wenig unterhalb protzt so deprimierend mit ihrer künstlerischen Dürftigkeit, daß man sich für die Christenheit schämen möchte. Aber die Fahrt lohnt mit großen Eindrücken. »Steigt man auf einer der Straßen auf die Bergflanke von Santa-Cruz, so werden zuerst die verstreuten und bemalten Würfel von Oran sichtbar. Ein wenig höher, und schon ducken sich die ausgefransten Felsriffe, welche die Hochebene umringen, ins Meer wie rote Tiere. Noch höher, und große Wirbel aus Sonnenlicht und Wind überfluten, durchwehen und beschämen die lockere Stadt, die wahllos über die Felsen verstreut daliegt. Hier bekämpfen sich die herrliche Anarchie des Menschen und die beständige Dauer des immer gleichen Meeres. Und daraus steigt über die Hügelwellen ein erschütternder Atem von Leben.« (Camus)

Hinter den ersten Hügeln dehnt sich heute die Stadt, durchsetzt von Betonkuben, weit hinaus. Wir erkennen die Hauptmoschee, das Theater am Hauptplatz, jenseits des kolonialen Stadtzentrums die Enge der Wohnquartiere, die alle sich vom Handelshafen mit seinen Molen und Bahngleisen abzuwenden scheinen. Ein paar Schritte nach der anderen Seite, nach Westen zu, und ein unerlaubter Blick geht hinunter auf den Kriegshafen von **Mers el-Kebir.** Diese zunächst durch die Natur und später auch durch Molen geschützte Bucht war ein ›großer Hafen‹ schon, bevor Oran sich herausmauserte. Ein Hafen für Seeräuber einst, der seit dem 19. Jahrhundert mit Toulon und Bizerte (Tunesien) die wichtigste Flottenbasis Frankreichs im Mittelmeer war. Nach der Niederlage Frankreichs im Jahr 1940 suchte ein Teil der französischen Kriegsflotte in Mers el-Kebir Schutz. Ein britisches Geschwader jedoch griff sie an, forderte die französischen Schiffe auf, einen britischen Hafen anzulaufen oder sich selbst zu versenken, damit sie nicht in die Hände der Gegner fallen könnten. Als die Franzosen sich weigerten, wurden sie unter Beschuß genommen und versenkt, wobei über 1300 französische Matrosen ums Leben kamen. Diese brutale Aktion hat auch vichy-feindliche Franzosen aufs höchste erbittert, zu Feinden der eigentlich verbündeten Engländer gemacht.

Die Verträge von Evian haben Frankreich die Benützung des mit allen modernen Mitteln ausgebauten Stützpunktes auf weitere 15 Jahre zugesichert, aber er wurde schon 1968 geräumt und dient jetzt der algerischen Kriegsmarine.

Wer unterwegs ein paar Ruhetage einlegen möchte, tut

das nicht in Oran. Dazu bietet sich weiter westlich Gelegenheit, im Centre Touristique Les Andalouses, einem Hotel- und Bungalow-Komplex mit 1500 Betten (und weitere 2000 sollen dazukommen), der alle Ferienbequemlichkeit verspricht. Dahin fahren wir entlang der vor jedem unbefugten Augen durch Mauern geschützten Hafens von Mers el-Kebir. Ein bißchen komisch ist sie schon, diese militärische Ängstlichkeit. Die Kriegsflotte der algerischen Republik zählt wohl kaum zu den bedeutenden auf den Meeren, und wenn sich ein Gegner für sie interessieren sollte, dann hätte der sicher schon alle ihm wichtigen Daten im eigenen Panzerschrank. Wir passieren den Ort Mers el-Kebir, schauen dann auf Felsküste und Meeresblau hinaus. Aïn-el-Türck, das als Landestelle in den Kämpfen um Oran im frühen 18. Jahrhundert wiederholt eine Rolle gespielt hat, verfügt schon über einen recht schönen Sandstrand. Der gerühmte Blick vom Leuchtturm des Cap Falcon unterwegs wird uns nicht vergönnt. Das Gelände ist militärisches Sperrgebiet.

Legio patria nostra

Schon zu früher Stunde sind wir aufgebrochen, um auf einer Tour, für die wir etwa drei Tage veranschlagen, etwas vom Nordwesten unseres Reiselandes zu erfahren. Daß Oran lebendig ist und wie alles Lebendige interessant, das haben wir erlebt, auch, daß es einem kaum durch architektonische Schönheit den Kopf verdreht. Es ist einzig die landschaftliche Lage, die das könnte, aber ihr Zauber ist verbaut, zerstört, geschändet.

Von **Sidi Bel-Abbès** gut 80 km südlich von Oran, versprechen wir uns nicht einmal landschaftlichen Reiz – und auch keine architektonischen Freuden. Aber die Wirklichkeit ist dann eher noch enttäuschender: eine auf Schachbrettplan angelegte französische Provinzstadt, mit Boulevards und rechteckigen Plätzen von verkommenem Charme, die Mauern und Tore eingebüßt hat, die neuzugewachsene Industriesiedlungen ins Vorfeld schickt, die weniger stolz ist auf ihr geweißeltes Stadttheater als auf das neue Fußballstadion (1972), das 30000 Zuschauern Platz gewährt.

Warum denn sind wir überhaupt hierhergefahren? Schlicht: des Namens wegen, an dem so viel historische Erinnerung hängt – obwohl man ihm auch anderswo nachsinnen könnte. Doch wenn man schon im Lande unterwegs ist und über seine Zeit frei verfügt, dann gönnt man sich den Luxus, vage Vorstellungen, die man von Kindertagen gehabt hatte, zu verifizieren oder zu korrigieren.

Sidi Bel-Abbès, das war doch einst das Hauptquartier der Légion étrangère, die Algerien ›befriedete‹. Als Kind hatte man sich diesen Ort als einen einsamen Posten in der Wüste vorgestellt, nicht als ein biederes Provinzstädtchen, das 1847 gegründet wurde.

Seit 1962 hat die Legion diese Garnison verlassen, ihre Archive und Trophäen mitgenommen nach Aubagne in der Provence. In ihren einstigen Kasernen wohnen jetzt algerische Soldaten und Gendarmen und der ganze Komplex ist ein militärisches Objekt, vor dem man besser Kamera und Zeichenstift in der Tasche läßt. Die Fremdenlegion, diese berühmteste Söldnertruppe der Neuzeit, wurde am 15. Januar 1832 vom Bürgerkönig Louis-Philippe ins Leben gerufen, um in dem unpopulären Krieg in Algerien das Blut wehrpflichtiger Franzosen zu sparen. Söldnerarmeen hatten die Könige Frankreichs nicht erst seit Franz I. beschäftigt, aber diese Einheit mit dem Motto ›Legio patria nostra‹ war etwas Besonderes. Sie sollte nie auf dem Boden Frankreichs stationiert werden – eine Bedingung, auf die man nach der Auflösung des französischen Kolonialreiches verzichten mußte – und wer sich zum Dienst verpflichtete, durfte nicht jünger als 18, nicht älter als 40 Jahre sein, kein französischer Staatsbürger – aber er brauchte weder Identität noch Herkunft zu offenbaren, wenn er sich für eine Dienstzeit von 5 Jahren und dann für weitere fünf-Jahre-Perioden verpflichtete. Bereits nach den ersten 5 Jahren konnte er einen nach seinen Wunsch-Angaben ausgestellten französischen Paß und eine monatliche Rente bekommen.

Die Bataillone der Légion – je etwa 4000 Mann – waren zunächst nach Nationen sortiert. Doch die Spanier, Italiener, Polen und Deutschen, die vor der Polizeireaktion Metternichs und des Zaren in die Legion geflohen waren, wurden später gemischt. Die Legion war das frankophone Vaterland, die übernationale Heimat.

Sie wurde von der Regierung Frankreichs mehrfach skrupellos verkauft: an die Königinwitwe Maria Cristina von Spanien, wurde eingesetzt gegen den Emir Abd el-Kader und in Napoleons III. mexikanischem Abenteuer, das dem habsburgischen ›Kaiser von Mexiko‹ das Leben kostete. Das Andenken an den heroischen Widerstand, den im April 1867 67 Legionäre gegen etwa 5000 Mexikaner bei Camerone leisteten, feiert die Truppe noch heute durch jährliche Paraden, Theaterdarbietungen, Festessen.

Die Forts der algerischen Sahara reden noch immer von der Rolle, welche die Legion bei der ›Befriedung‹ des Maghrib spielte. Aber sie wurde auch in Westafrika, in Hinterindien eingesetzt zu Kampf, Wacht und Arbeit (Straßenbau der RN 4 in Vietnam!) und als Eliteverband auf den europäischen Kriegsschauplätzen. Die Legion war ein spartanisches Ersatz-Vaterland, das seine Söhne nicht schonte, sie mit heute unglaublicher Härte zu Elitekriegern erzog, die überall dort eingesetzt wurden, wo es im französischen Kolonialgebiet einen aufflackernden Brandherd zu löschen galt. Von den unbarmherzigen Bedingungen, unter denen die Legionäre lebten, ihren Wacht- und Straßenbaudienst versahen, redet jede Meile unseres Reiselandes. Härte war das Prinzip und ein mehr als nur sturpreußischer Drill. Sadistische Schinderei der ›Neuen‹ durch erfahrene Ausbilder mag mehr Regel als Ausnahme gewesen sein – und ein Zuckerlecken war der Dienst in der Legion nie. Aber sie war auch nie Sammelstelle nur brutaler Berufsverbrecher, die nichts Besseres verdienten als harte Strafen, sondern von Anfang an schon ein Asyl für Verfolgte. Nicht nur für jene, welche ein ›Fehltritt‹ abseits des Gesetzes geführt hatte, sondern für viele, denen für ihre Herkunft, politische Überzeugung und Aktivität Gefängnis und Tod drohten. Waren es nach 1830 neben stolzen Polen – an ihrer Spitze der Napoleon-Sohn Alexander Walewski – spanische Carlisten und italienische Patrioten, so fanden hundert Jahre später – nach 1933 – viele vor Hitlers Terror gegen Sozialisten und Juden geflohene Deutsche und Österreicher, nach dem Sieg Francos viele Spanier Asyl in der Legion. (Wer als deutschstämmiger Legionär Hitlers Truppen in die Hände fiel, wurde ohne Federlesen erschossen). Auch die Soldaten der Armee des Generals Wlassow, die auf Hitlers Seite gegen Stalin gekämpft hatten, schützte der Eintritt in die Legion vor der Rache des schnauzbärtigen Diktators. Als dessen Abgesandte in Straßburg die Auslieferung der ›Verräter‹ forderten, zuckte der französische Verhandlungspartner nur bedauernd die Schulter und gab zu wissen, daß hier nirgendwo russische Truppen stünden, sondern einzig Soldaten der Légion. Da half kein Toben der Russen.

Die Menschen, denen die Politik zum Schicksal geworden war, die unglücklichen dänischen oder armenischen Prinzen, die Jugendlichen voll romantischen Erlebnishungers, sie machten nur einen Teil der Rekruten aus. Mochten in der Legion auch SS-Schergen wie der berüchtigte Söldner Rolf Steiner Unterschlupf finden – erfolgreiche Verbrecher großen Stils gab es in ihr nicht, sondern in der Mehrzahl kleine Gauner, Ausgeflippte aus allen Nationen, vor allem aber »Männer, die nicht imstande waren, aus Trunksucht oder Faulheit einen bürgerlichen Beruf auszuüben.«

»Aber um die Legion, deren einziger Zweck gewesen ist, die Araber und Annamiten für das französische Empire zu erobern und diese Eroberung zu verewigen, ist eine Humbuglegende aufgebaut worden, mit der sich keine andere Armee messen kann. Der Humbug fängt an mit dem stolzen Motto: ›Honneur et Fidelité‹ ..., das auf jeder Kneipe der Legion von Fez bis Saigon steht, an Wände aller möglichen und unmöglichen Orte geschmiert und in den Stein gemeißelt ist, wo sie gekämpft hat, über jedem Tunnel, den sie gebaut hat, und wird von jedem Legionsoffizier bei jeder festlichen Gelegenheit nachgekaut. ›Honneur et Fidelité‹: Ehre und Treue.

Ehre: Dennoch ist der moralische Standard des Durchschnittslegionäres weit unter dem des Soldaten jeder Armee ... Und das nicht nur wegen des menschlichen Materials, sondern auch wegen des Systems. So wird in der

Legion zum Beispiel der Diebstahl prämiert. Das Ideal eines ›guten Legionärs‹ ist ein Mann, der Dinge ›organisiert‹, was bedeutet: sie klaut. Und ›Fidelité‹, der zweite Teil des Mottos? Schon der Gedanke einer Loyalität zur Legion wird durch die Anzahl der Deserteure ad absurdum geführt, die viel höher ist als bei anderen Armeen; und das trotz der Tatsache, daß die Chancen für eine erfolgreiche Desertion sehr gering sind.«

Und doch hat Philip Rosenthal, der diese Zeilen schrieb, auch bekannt: »Ich bin nicht sicher, ob ich nicht in der Legion mehr gelernt habe als in Oxford.«

Die Legion existiert immer noch und verfügt – in Korsika stationiert – über einen Geheimdienst, der aus den Bewerbern (zehnmal mehr angeblich, als angenommen werden können) die schwarzen Schafe und die getarnten Spione aussondert. Wer sich – aus der ›Honneur et Fidelité-Sicht‹ der Legion allerdings – ein historisches Bild von dieser elitären Söldnertruppe Frankreichs verschaffen möchte, der darf nicht das (selbstverständlich unzugängliche) Rekrutenausbildungscamp auf Napoleons Geburtsinsel, sondern mag das Traditionsmuseum in Aubagne besuchen.

In Sidi Bel-Abbès, dem einstigen Hauptquartier, das – wenn man auf die Karte schaut – wie eine Spinne im Zentrum eines Straßennetzes hockt, blieb kaum mehr eine lebendige Erinnerung an die Legion. Wir halten uns nicht lang auf und scheiden nicht einmal enttäuscht. Die Stadt war uns ja kein Reiseziel, nur gerade eine Station auf dem Weg nach Tlemcen. Die knapp 100 km bis dorthin führen zunächst durch eine Ebene ohne optische Sensationen. Erst wenn wir uns dem Ziel halbwegs genähert haben, gewinnt die Landschaft Kontur und Interesse. Wir wechseln in eine andere Welt hinüber: in die des maurischen Spanien oder des königlichen Marokko.

Tlemcen und seine Moscheen

Tlemcen, im nordwestlichsten Winkel Algeriens in relativer Grenznähe zu Marokko gelegen, genießt seit alters hohes künstlerisches und historisches Prestige und spielt im geistigen und politischen Leben des Landes eine bedeutende Rolle. Schon Ibn Khaldun nannte die Stadt das Zentrum des Mittleren Maghrib, und Touristikmanager haben ihr den Beinamen ›Granada Algeriens‹ angehängt, was so albern und irreführend ist wie ›Spree-Athen‹ für Berlin oder ›Venedig des Nordens‹ für Stockholm, weil es von vornherein falsche Erwartungen weckt, denen unausbleiblich Enttäuschungen folgen.

Tlemcen ist – trotz seiner prächtigen Lage – kein Granada (schon, weil es hier keine Alhambra gibt), seine Altstadt kann sich weder mit der von Granada und schon gar nicht mit der von Fes, Marrakesch oder Tunis auch nur im entferntesten messen. Wie überall in Algeriens Städten hat die französische Herrschaft der Siedlung ihre ›raison‹ aufgeprägt, hat ins alte Gefüge ein schachbrettartiges Straßenraster eingebrochen, an dem Platz bei der Hauptmoschee die Mairie errichtet und ihn zum rechteckigen platanengesäumten Centre Ville erhoben. Trotz einiger reizender Winkel und Gassen in der östlichen Hälfte des Altstadtbereichs, in denen sich Tlemcen noch ganz als arabische Stadt darstellt, ist es nicht in erster Linie das Stadtbild, das hier bezaubert. Eher ist es die landschaftliche Situation. Vor allem aber ist Tlemcen die einzige Stadt Algeriens, in der sich Baudenkmäler aus den großen und geistig wie künstlerisch produktivsten Epochen des islamischen Westens erhalten haben. Sie können sich an Rang und Bedeutung mit denen Andalusiens und Marokkos messen, mit denen Marokkos vor allem, wo die altehrwürdigen Bethäuser dem Fuß des Nichtmoslem leider verschlossen bleiben. Daß der Fremde derartige Bauten nicht nur von außen besehen, sondern ihr Inneres besuchen kann, das macht Tlemcen in Nordafrika einzigartig.

Mit Marokko ist die Stadt durch enge historische Bande verknüpft, haben doch dessen Herrscher mehrfach versucht, Tlemcen unter ihr Zepter zu zwingen – zum Ausgleich mußten sie auch jahrelange Abwehrkämpfe gegen die Machtgelüste der Herren von Tlemcen führen.

Auf einer Hangstufe liegt die alte Stadt unterhalb eines grünbewaldeten Bergzuges und steiler rötlicher Klippen über einer weit sich breitenden grünen Ebene. Die landschaftliche Situation hat mit der Granadas eine entfernte Ähnlichkeit, läßt sich noch eher mit der des türkischen Bursa vergleichen, aber im Grunde sagen solche Vergleiche ja nicht viel. Man hat aber stets das Gefühl, Ähnliches schon anderswo gesehen zu haben, nur wo denn hat man so intensiv gefühlt, daß die umgebende Landschaft selbst beim Gang durch die Gassen mitspricht: die Bergkulisse im Süden, die helle Ebene im Norden, die dem Fremden die Orientierung freundlichst erleichtern?

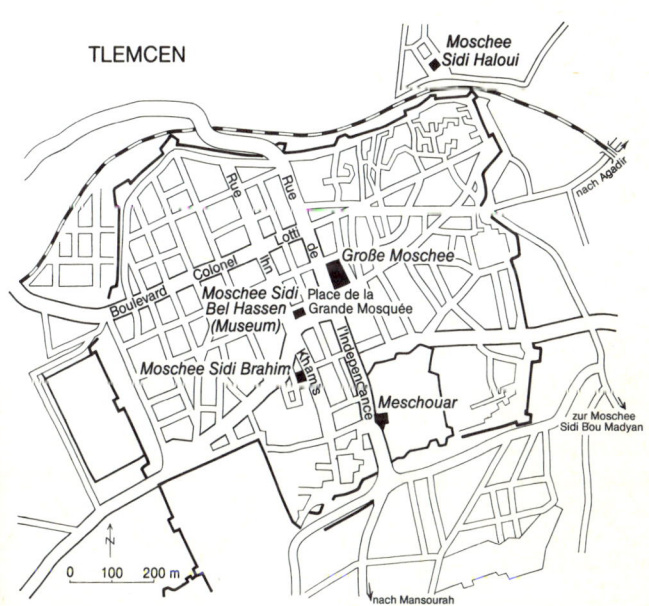

Unser Jahrhundert hat getan, was es vermochte, um die Umgebung der Altstadt und das Panorama, das man von ihren ›Remparts‹ erleben kann, durch eintönige Wohnblocks und gedehnte Industrieanlagen so recht herzhaft zu verschandeln. Das mögen wohl Notwendigkeiten sein, auf die beruft man sich ja überall. Aber auch die Stadt innerhalb der ›Remparts‹ hat schwere Wunden davongetragen. Das, was sie heute umzieht, folgt nur ungefähr dem Verlauf der einstigen Stadtmauer, und durch das Gewirr der ›arabischen‹ Gassen wurden Schneisen geschlagen, vor allem in der Stadthälfte westlich der Süd-Nord-Achse, die vom heute militärisch besetzten und daher unzugänglichen Meschouar, der alten Zitadelle, ausgeht – hinter ihren grünbewachsenen Mauern nimmt man nur ein sie überragendes, mit Fayenceeinlagen geschmücktes Ziegelminarett wahr – und zum Nordtor führt. Dabei teilt sie den Hauptplatz in zwei Hälften. Mögen die sich nun im westlichen Teil Place d'Alger oder Place Khemisti, im östlichen Place de la Mairie oder Place Abd el-Kader nennen – dem Fremden, der einfach nach der Grande Place oder **Place de la Grande Mosquée** fragt, wird jedermann gefällig Auskunft geben können. Mit großschattenden Platanen bestanden, mit Cafés besetzt, könnte das auch der städtische Treffpunkt einer Stadt irgendwo im französischen Süden sein. Doch viele der Passanten tragen das traditionelle Gewand der Araber und die wenigen Frauen, die das von der Männerwelt beherrschte Geviert überqueren, verhüllen sich schamhaft ins weiße Umhangtuch und schlagen die Lider nieder.

Die Mairie, dem Rathaus, mußte seinerzeit ein unersetzliches Zeugnis aus der großen Zeit Tlemcens weichen, die Medersa Taschfiniya, eine Stiftung Taschfins I. (1318-37), des langlebigsten Herrschers und größten Bauherren unter den ziyanidischen Königen von Tlemcen. Gegenüber leuchten die weißen Mauern und die blaßrosa Walmdächer der Großen Moschee, einer Gründung der Almoraviden, die allerdings erst 1132 ihre heutige Gestalt gewann.

Wer die einzigartigen Moscheebauten von Tlemcen – also das, was die Stadt im ganzen Maghrib so besuchenswert macht – erleben will, muß sich an die geltenden Regelungen halten. Hier wie überall im Lande sind die Moscheen außer an Freitagen dem fremden Besucher nur am Vormittag zwischen 9 und 11 Uhr zugänglich. Das ist eine eiserne Regel und sie gilt überall im Lande. Unnötig anzumerken, daß schwatzende, halbbekleidete und zudringlich filmende Gruppen nirgendwo sehr willkommen sind.

Wir müssen also unser Programm entsprechend einrichten. Die Herfahrt von Oran hat den Vormittag gekostet. Den Nachmittag wollen wir daher zunächst dem Museum in der 1296/97 erbauten, bei der Straßenbegradigung leider verstümmelten **Moschee Sidi Bel Hassen** (an der Nordwestecke des Hauptplatzes) widmen. Es belehrt uns – in etwas staubiger Enge – auf Text- und Schautafeln und durch die Anschaulichkeit der Exponate über die Vergangenheit von Tlemcen.

Angesichts der Lage nimmt es nicht wunder, daß die Stätte schon seit vorgeschichtlicher Zeit besiedelt war. In den Kalkhöhlen des quellenreichen Djebel Lalla Seti fand man Spuren steinzeitlicher Menschen. Die erste historisch greifbare Niederlassung im heutigen Stadtbereich befand sich an der Stelle des der heutigen Altstadt nordöstlich vorgelagerten **Agadir**. Hier lag, wie Baureste bezeugen, ein römisches Militärlager namens Pomaria, in dessen Schatten sich bald eine kleine Zivilsiedlung entwickelte. An dieser inzwischen wohl verlassenen Stätte gründete im ausgehenden 8. Jahrhundert Idris I. eine erste moslemische Stadt. Dieser Idris ibn Abdallah war ein Abkömmling von Mohammeds Enkel Hassan, mithin ein Scherif, ein leiblicher Nachkomme des Propheten und für die Partei Alis, die Schiiten also, ein Prätendent auf das Amt des Kalifen, des weltlich-geistlichen Stellvertreters des Gesandten Gottes. Aber nach den Omayyaden hatten sich die Abbasiden dieser Würdenstellung bemächtigt und Idris fand es geraten, sich in den Maghrib abzusetzen. Er wurde von den Berberstämmen in der Umgebung des heutigen Meknes (Marokko) als geistlicher und weltlicher Führer anerkannt, hat vermutlich die erste Ansiedlung an der Stelle des heutigen Fes gegründet, aber er wurde – so heißt es – 791 durch einen

Sendboten des abbasidischen Kalifen Harun ar-Raschid vergiftet. In Mulay Idriss (Marokko), in Sichtweite des einst römischen Volubilis ist er, einer der großen Heiligen des Maghrib, bestattet. Sein nachgeborener Sohn Idris II., der Gründer-Schutzheilige von Fes etablierte im – modern gesprochen – nordöstlichen Marokko ein Königtum, dem ›Agadir‹ bis zum Fall dieser Dynastie im 10. Jahrhundert angehörte. Seit damals bestehen die keineswegs immer friedlichen Bindungen Tlemcens zum ›Fernen Maghrib‹ und zum Herrschaftsbereich der Emire und Sultane von Fes.

Wer geschichtsbeflissen den Spaziergang nach ›Agadir‹ unternimmt, findet allerdings so gut wie keine Erinnerungen an jene frühen Tage. Er erfreut sich einzig an dem Minarett des 13. Jahrhunderts, das nun einsam steht, weil das letzte Jahrhundert die Moschee, zu der es gehörte, abgerissen hat.

In Agadir setzten sich nach dem Sturz der Idrisiden berberische Stammeschefs als Vasallen der spanischen Omayyaden fest. In Konkurrenz zu ihnen hat der große Führer der Almoraviden Yussuf ibn Taschfin (1061-1106) am Ende des 11. Jahrhunderts das spätere Tlemcen gegründet und nannte es ›Tagrart‹. Bald verschlang diese Stadt das römisch-idrisidische Agadir. Yussuf war auch der Bauherr der Großen Moschee, die sein Sohn Ali später erweiterte. Die Almohaden umgaben die Gründung ihrer verhaßten Vorgängerdynastie mit einer Stadtmauer. Damals galt Tlemcen/Tagrart als Hauptort des ›Mittleren‹ Maghrib. Ihre Blütezeit sollte die Stadt allerdings erst im 13. Jahrhundert erleben, unter der berberischen Dynastie der Ziyaniden oder Abd el-Wadiden. Seit damals war sie Kreuzungspunkt von Handelsrouten aus allen Himmelsrichtungen, geriet dadurch aber in einen verhängnisvollen Gegensatz zu den gleichfalls berberischen Meriniden, die seit etwa 1260 von Fes aus den ›Fernen Westen‹ beherrschten. Abu Yaqub Yussuf (1286-1307) wollte diese selbständige Zentrale seinem Reich einverleiben und begann einen Feldzug. Sein Belagerungslager erhielt den glückverheißenden Namen al-Mansourah, ›die Siegreiche‹, wurde eine Gegenfestung mit Mauern und weiter Lagermoschee und einem Palast, in dem der Belagerer am Vorabend seines erhofften Sieges ermordet wurde. Die Truppen der Meriniden zogen sich zurück. Aber nach einem knappen Menschenalter erschienen sie wieder. Der Sultan Abu el-Hassan (1331-51) ließ die verfallene ›Siegesstadt‹ seines Oheims wiederherstellen, residierte hier und bestimmte sie nach der Einnahme Tlemcens zum Verwaltungszentrum seiner östlichen Provinzen. Der merinidischen Kunst sind bedeutend-sehenswerte Bauten verpflichtet – das lehrt ja bereits der Betsaal des Museums, in dem wir uns umschauen. Im ausgehenden 14. Jahrhundert konnten die Ziyaniden die Meriniden wieder vertreiben und damals wurde al-Mansourah programmatisch und mit Fleiß zerstört.

Die Geschichte des spätmittelalterlichen Maghrib ist nicht minder kleinteilig-hektisch und verworren als die spätmittelalterliche Territorialpolitik Europas. Von den hilflosen letzten Meriniden von Fes und den in Tunis residierenden Hafsiden war Tlemcen umkämpft, bis sich Nachkommen der Ziyaniden wieder durchsetzen konnten, nur um sich 1511 den Spaniern zu unterwerfen, die sich in Oran festgesetzt hatten. Die Einwohner riefen Horudsch Barbarossa zu Hilfe, und die Turken haben 1555 die letzten Ziyaniden beseitigt. Aber Ruhe gewann Tlemcen noch lange nicht. Die Kuluglis – die Nachkommen türkischer Soldaten und einheimischer Frauen – standen nach 1830 auf der Seite der Franzosen, die ›Mauren‹ auf der des Emirs Abd el-Kader, der nach schwankendem Hin und Her hier eine wichtige Operationsbasis fand. Seit 1842 aber waren die Franzosen doch Herren von Tlemcen, haben die ›maurische‹ Stadt in ihrem Sinne umgestaltend erweitert, ihr traurigerweise den Stempel französischer Provinzialität aufgeprägt.

Im Befreiungskrieg hat Tlemcen eine nicht unbedeutende Rolle gespielt. Das ›Politische Büro‹, das Ahmet Ben Bella hier im Juni 1962 einrichtete, sicherte ihm den Aufstieg zur Macht. Aber ihn hat ein Rivale entmachtet und in Hausarrest geschickt, der sich nach dem verehrtesten Marabut von Tlemcen nannte, nach Sidi Bou Medine oder Boumedienne.

Das **Museum** erzählt davon, daß in Siga, das einst eine Königsstadt der Numider war, archäologische Grabungen im Gange sind, bewahrt Fundstücke aus Honain, dem mittelalterlichen Hafenort Tlemcens und zeigt Münzen, Keramikfragmente mit Lüsterglasur, Grabsteine, Holzarbeiten, Fayencemosaiks und Stuckfragmente aus einem Jahrtausend. Wunderschöne Dinge sind darunter, aber sie kommen nicht auf gegen das, was der Hauptraum des Museums zu bieten hat. Er ist – profaniert zwar und verkürzt – der Betsaal der aus dem späten 13. Jahrhundert stammenden Moschee Sidi Bel Hassen und bewahrt noch viel von dem reichen und disziplinierten Stuckdekor. Ein Meisterwerk westislamischer Kunst ist der Mihrab, der maghrebinischer Tradition entsprechend nicht nur eine flache Nische bildet, sondern hinter dem sicher gezogenen Hufeisenbogen einen fast runden Raum mit prächtiger Stalaktitkuppel. Vor solchen serenen Gebilden versinken die musealen Schaustücke zu bloßen Antiquitäten. Wir erleben ihn als Vorgeschmack dessen, was die Moscheen von Tlemcen bereithalten und haben hinterher gar keine Lust mehr, die geologischen und prähistorischen Sammlungen im Obergeschoß genauer zu besehen.

Den späteren Nachmittag (denn dann ist das Licht dort meist am fotofreundlichsten) widmen wir den Resten von **al-Mansourah,** der ›Siegreichen‹ – etwa 3 km hangaufwärts gelegen, wenn man Tlemcen durch die Porte de Fes verläßt. Daß das eine ausgedehnte Stadt war, davon reden noch heute anschaulich die – lückenhaften – Reste der einstigen turmbewehrten Lehmziegelmauer. Ölkulturen haben von dem alten Stadtbereich Besitz ergriffen, Straßen zerschneiden ihn. Gerade die Lage des Palastes ist gesichert, den sich der allzu zuversichtliche Belagerer von Tlemcen errichten ließ, in dem er ein gewaltsames Ende fand.

Was von der Moschee blieb, sind die zerrissenen Umfassungsmauern aus Stampflehm und das steile Fragment des Minars – eines allerdings etwas jüngeren Geschwisters der unvergleichlichen Almohadenminaretts des islamischen Westens: der Kutubiya von Marrakesch, der Giralda von Sevilla, des Hassanturms von Rabat. In die ›Sebkha‹-Ge-

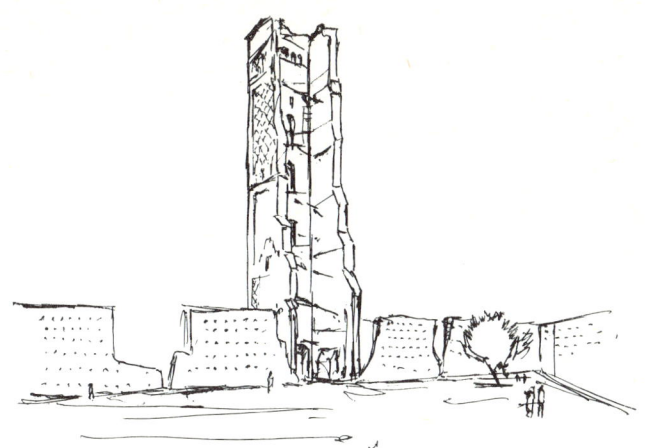

Das Minarett der Moschee in Mansourah bei Tlemcen

flechte der Seitenflächen sind, nein: waren blauschimmernde Fayencen eingelassen. Diese Reste zeigen uns, daß die so strengen Bauten des Mittelalters so wenig ›steinsichtig‹ waren wie ihre christlich-abendländischen Zeitgenossen. Daß ein Erdbeben den stolzen Turm vertikal halbiert hat, schreibt der Volksmund der Tatsache zu, daß hier jüdische und christliche Arbeiter am Werk waren. Er ist heute ein durch Stützpfeiler und schwere Eisenschienen in seinem Bestand gesichertes Längsschnittpräparat, in dem noch die Ansätze für die einst – wie in den Geschwisterbauten – zur Höhe führenden Spiralrampe sichtbar sind. Ein paar kostbare Säulenschäfte – achtlos beiseitegerollt –, sonst blieb nichts von der einstigen Gestalt dieser Moschee. Das Tor im Erdgeschoß des Minars – verwandt den mit reicher Strenge gezierten Toren von Marrakesch und Rabat – ist ein edles Werk und auf jedem zweiten Plakat der algerischen Touristenwerbung abgebildet. Dahinter eine spurlos-kahle Fläche, auf der einst dreischiffige Hallen zu je sieben Jochen einen Hof begrenzten, der einem sechs Joche tiefen, 13schiffigen Betsaal vorgelagert war. Schwerer mag dieser Raum einst gewirkt haben als die hellen Säulenarkaden von Córdoba. Wir müssen unsere Phantasie gewaltig anstrengen, um den nicht von Geister-, sondern von Menschenhand ins Nichts aufgelösten Betsaal der Sieges-Moschee vors innere Auge zurückzurufen.

Wir kehren in die Stadt von heute zurück, bummeln durch ein paar der gewundenen Gäßchen, umrunden noch einmal die **Große Moschee** und versuchen, die ganz mittelalterlich-›andalusische‹ Gasse, die an ihrer Nordostseite unter Bögen weinlaubbeschattet entlangläuft, im Bild festzuhalten.

Am nächsten Morgen, wenn sie fremdem Fuß offensteht, finden wir uns – geziemlich bekleidet – wieder hier ein, um das Innere der ehrwürdigen Moschee zu besuchen. Die Bethäuser verhalten sich nicht anders als die arabischen Wohnhäuser, die sich nach außen kahl und abweisend geben und ihren Reichtum nach innen kehren. Die weißen Außenmauern der Moschee haben uns gerade etwas von den Dimensionen verraten, die mit grünen Ziegeln gedeckten abgewalmten Satteldächer etwas von der Disposition der Schiffe des Betsaales, aber nichts von seinem würdig-sparsamen Formenschatz.

Die Große Moschee von Tlemcen ist – wie die von Algier, die wir bereits kennen, und wie die von Nédroma, die wir vielleicht noch besuchen können – eine Gründung des Almoraviden Yussuf ibn Taschfin (1061-1106) etwa aus dem Jahre 1082, wurde unter seinem Sohn Ali ben Yussuf (1107-43) erweitert und verschönert – eine Inschrift am Mihrab nennt das Hedschradatum 530 (= A.D. 1135/36). Ein Jahrhundert später wurde auf Initiative des langlebigen ersten Herrschers der Zyanidendynastie, Yahmoracen (1236-83) der quadratische, wegen der einstigen Nachbarschaft des ›alten Schlosses‹ aus der Achse gerückte Arkadenhof angelegt – heute leider mit modernem Pflaster statt der ursprünglichen Onyxplatten – und mit einem hübschen Reinigungsbrunnen versehen. Gleichzeitig entstand das an spanisch-marokkanische Vorbilder anknüpfende 35 m hohe Minarett, das sich freilich kaum mit dem Minar von al-Mansourah messen darf.

Eine Moschee ist nicht Stätte von Liturgie und Kultritual, sondern nur Ort des Gebetes, der Koranlektüre, der Medi-

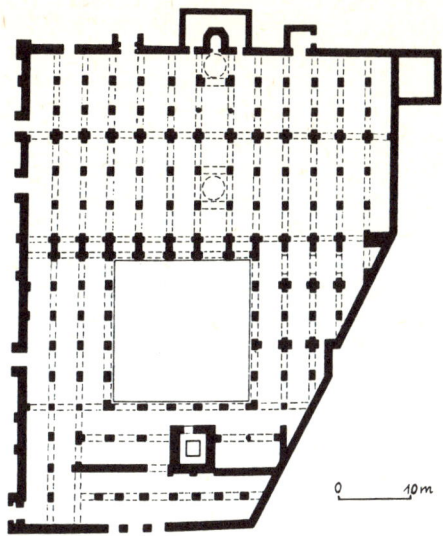

Tlemcen, Große Moschee

tation, dient als ›Ort der Niederwerfung‹ für die versammelte Gemeinde der Gläubigen, ordnet die Beter in militärische Reihen, richtet ihr Gebet nach Mekka. Baulich entwickelt sie sich folglich in der Fläche und kann eines architektonischen ›sursum corda‹ entraten. Ein Blick auf den Plan zeigt uns, daß der Betsaal durch zwölf senkrecht zur Qibla-, das heißt der nach Mekka zu liegenden Wand geführte Arkaden unterteilt wird, die etwa in halber Tiefe durch eine Transversalarkade gekreuzt werden. Hufeisen-, Spitz- und Zackenbögen sitzen (wie in der Großen Moschee von Algier) auf gemauerten Pfeilern, während die bedeutendsten frühen Moscheen des Westens – die Omayyadenmoschee von Córdoba und die im tunesischen Kairouan – Säulen (zum überwiegenden Teil solche antiker Herkunft) als Träger verwenden. Wie in Algier entsteht ein ›endloser‹ Raumeindruck von strengem, fast asketischem Gleichmaß, wie er der strengen Doktrin der ›Männer des Ribat‹ angemessen war, die einst, bevor sie zu Herrschern des Maghrib aufstiegen, ihre Zeit zwischen Gebet und kriegerischen Übungen geteilt hatten. Altem Brauch folgend ist das mittlere Schiff, das auf den Mihrab, die nach Mekka weisende Nische zuläuft, ein wenig verbreitert. Zwei seiner Joche sind wie in der Moschee von Córdoba durch Kuppeln als Hoheitszeichen hervorgehoben. Am Mihrab und dem ihm vorgelegten Joch steigert sich, durch ein die nüchternen Pfeiler ersetzendes Säulenpaar angekündigt, der strenge Linienduktus zu einer Symphonie des Ornaments. Man muß dem Auge die Zeit gönnen, die melodische Fülle dieser gefrorenen Musik zu genießen, vegetabile Formen, geometrische Muster und blühende Kufischrift aufzunehmen wie den Wechsel von Tonarten, Themen und ihre variierende Durchführung. Mit musikalischem Getön wissen die Ohren der meisten Fremden etwas anzufangen, ihre Augen aber sind verklebt für den geräuschlosen Zauber solcher ›nur‹ dekorativen Bildungen, in die sich – dem Wissenden lesbar – im Schriftfries auch die Stimme des preisenden Wortes mischt. Die Front des, wie im Westen üblich, nicht nur als Nische, sondern als kleiner Rundraum gestalteten Mihrabs erinnert ans omayyadische Córdoba: den Hufeisenbogen mit fingiertem Wechsel von – hier glatten und verzierten – Steinlagen, umrahmt ein Band aus blühendem Kufi – dem frühesten Beispiel für diese Schriftform im Maghrib. Aber was in Córdoba noch Marmor und Mosaik war, das besteht in dem späteren Werk hier aus feingeschnittenem und farbig gefaßtem Stuck. Schriftliche Quellen bezeugen, daß der Bauherr Ali ben Yussuf, in Spanien geboren, Künstler von dort in seinen Dienste zog. Wo sich in Córdoba ein Fries mosaikgefüllter Dreipaßbögen reiht, öffnet der Baumeister von Tlemcen diese Reihe für den Einfall des durch geometrische Gitter gefilterten Sonnenlichts. Die Kalotte der Kuppel vor dem Mihrab – dem Heranschreitenden zunächst verborgen durch einen Vielpaß, dem ein phantastischer Zackenbogen wie ein Relief aufgesetzt ist – gestaltet er zum fragil-schwerelosen Gitter. Aus der mosaikgeschmückten Kuppel, die in Córdoba das Kuppeljoch vor dem Mihrab überfing, wird ein zwölfstrahliges Gebilde, auf Stalaktit-Trompen dem Viereck aufgesetzt, durchbrochen wie Gitterfenster, durch die das Licht einsickern kann, der Raum wird durch die Wölbung hindurch ins nicht mehr Faßbare erweitert. In diesem Werk der Almoravidenzeit keimt bereits die mächtige, zugleich asketische und formenfreudige Kunst der Almohaden. Sie war noch ein Leitbild für die Meriniden und ihre Zeitgenossen.

Wir haben nur einen Vormittag für den Besuch der Moscheen und verschieben den Besuch der weniger bedeutenden kleinen Bethäuser der Altstadt (mancher wird auf sie verzichten) auf die Zeit, die uns noch bleibt, nachdem wir die wichtigeren Bauten besehen haben. Immerhin können wir uns den kurzen Besuch der **Sidi-Brahim-Moschee** aus der 2. Hälfte des 14. Jahrhunderts gleich im Anschluß an die Große Moschee gönnen. Zusammen mit der Kuppel eines Grabmals ist der Betsaal der einzige Rest einer größeren Stiftungsanlage des Emirs Abu Hammu Musa II., die auch eine Medersa und ein Fürstenmausoleum umfaßte. In der Nachbarschaft liegt das brutal-modernistische ›Kulturhaus‹ von 1973.

Später, falls uns noch die Zeit bleibt, werden wir wenigstens noch die nur auf Umwegen erreichbare, weil von der Altstadt durch die Bahnlinie abgeschnittene **Moschee des Sidi Haloui** besuchen, benannt nach einem ehemaligen Kadi von Sevilla, Abd Abdallah esch-Schudi, der seinen Lebensabend in Tlemcen verbrachte, wo er 1337 starb. Seinen Unterhalt erwarb er durch den Verkauf von Zuckerwerk (Halwat) auf dem Markt, das er manchmal auch verschenkte. Davon erhielt er seinen Beinamen, den die Moschee heute noch trägt. Das Grabmal des frommen Mannes ist unzugänglich. Die Fassade der Moschee (restauriert) weist über dem Portal die Stiftungsinschrift des Merinidensultans Abu Inan Faris (1353) auf. Im Betsaal tragen Onyx-Säulen, die vermutlich aus al-Mansourah stammen, besonders charakteristisch-maghrebinische Kapitelle. Das Minarett wie die ganze Moschee ähnelt einer anderen, nach deren Vorbild sie entstand: der des Sidi Bou Madyan im hangaufwärts gelegenen idyllischen Dorf **El-Eubbad**. Der Weg da hinauf führt vorbei an Friedhöfen, deren Grabsteine weniger berberisch als türkisch anmuten.

Chohaib ibn Hussein al-Andalusi mit Beinamen Abu Madien (Madyan, Bou Medine oder Bou Médienne – wie immer man den Namen umschreiben will) kam um 1126 in Sevilla zur Welt, erwarb seine Bildung dort und in Fes, pilgerte nach Mekka, lehrte in Béjaïa und Tlemcen, wo er sich niederließ. Der Almohade Yaqub al-Mansur (1184-99) rief ihn nach Marrakesch, damit er sich gegen Anschuldigungen seiner Neider verantworte, doch starb der Mystiker unterwegs (1197/98) und wurde in El-Eubbad bestattet, wo vor ihm schon andere Fromme zur letzten Ruhe gebettet worden waren. Aber er war der angesehenste und zu seinem Andenken wurde 1339 die Moschee errichtet, seinetwegen wurde das Dorf zum besuchten Pilgerort. Leo Africanus hat es als kleines, nicht zuletzt durch die Färberkunst seiner Einwohner blühendes Städtchen in Erinnerung. Auch heute noch hat dieser inzwischen eingemeindete Vorort den Charme eines mittelalterlich-andalusischen Dorfes. Das Auto muß am Rande der Ortschaft stehenbleiben. Wer zur Moschee hinaufsteigt geht trotz Beton und Asphalt auf einem durch viele fromme Waller geweihten Boden. Wenn er die grüngedeckte Pforte durchschritten hat, findet er sich in einem spitzwinkelig-dreieckigen Hof. Linker Hand sieht er – kachelbelegt und mit einer schön bemalten Tür – das Grabmal des frommen Marabut und eines seiner Schüler.

Sidi Boumedienne ist auch im modernen Staat keine nur ›historische‹ oder folkloristische Größe, sondern auch in der Geschichte des sozialistischen Algerien durchaus präsent. Der 1925 in Guelma – also im Osten des Landes geborene – Mohammed Boucharrouba wählte den Heiligen von El-Eubbad zu seinem Namenspatron. Als Houari Boumedienne spielte er fortab eine entscheidende Rolle im Unabhängigkeitskrieg, wurde 1960 Generalstabschef der FLN, führte 1965 den Staatsstreich gegen den ersten Präsidenten Ben Bella, war seither Vorsitzender des Revolutionsrates und starb am 27.12.1978 als zweiter Präsident der Algerischen Republik.

Der Kubba, dem Grabmal, gegenüber steigt eine fayencebelegte Treppe unter einem fayencebelegten Hufeisenbogen

Tlemcen – El-Eubbad

hinauf zu einem überkuppelten Torbau, den meisterlich geschnittener Stuck auszeichnet, der sich – wie die Stalaktitkuppel – durchaus mit dem messen darf, was ungezählte Touristen in der Alhambra von Granada bewundern, falls man ihnen Zeit dazu läßt. Wir wissen ja, daß das algerische Tlemcen historisch eng mit dem merinidischen Fes verbunden ist, und dessen Medresen bilden das geistliche Gegenstück zu den Sälen der nasridischen Alhambra. Und der fromme Mystiker, zu dessen Gedenken diese Moschee entstand, stammte ja selbst aus dem maurischen Spanien. Die enge kulturelle Verflechtung der westislamischen Welt wird hier augenfällig.

In den Angeln drehen sich die gewaltigen und detailfeinen ehernen Türflügel (Bronzeplatten auf Zedernholzkern), welche, wie eine fromme Legende wahrhaben will, als Lösegeld für einen Sklaven in Spanien gefertigt, auf wundersame Weise übers Meer heranschwammen. Zu Anfang unseres Jahrhunderts sorgsam restauriert, gehören sie zu den kostbarsten Beispielen mittelalterlicher Bronzetüren.

Ein Hof liegt vor dem 5-schiffigen Betsaal. Dieser ist mit reichem Stuckwerk ausgestattet. Der Mihrab und das ihm vorgesetzte Joch erinnern an das, was wir in der Großen Moschee bewundert haben. Hier zeigt sich der Formenschatz auf einer jüngeren Entwicklungsstufe, ist zierlicher bereichert, lebhafter im Rhythmus, verhält sich zu jenem etwa wie reife Gotik zu hoher Romanik. Zu dem Komplex gehört auch eine 1347 gestiftete Medrese mit dem für solche Institute üblichen Plan. Vorübergehend hat der große Historiker Ibn Khaldun hier als Lehrer gewirkt.

Umschau im Umland

Wir könnten, wenn wir es gar so eilig hätten, gleich am Mittag, nachdem die Moscheen für den Ungläubigen sich verschlossen haben, die Rückfahrt nach Oran antreten, aber wir wollen mehr von Land und Landschaft um Tlemcen erleben und gönnen uns wengistens einen Halbtagsausflug in die ob ihrer Anmut und Vielgestalt gerühmte Gegend. Mittagsrast machen wir im nur 7 km östlich der Stadt gelegenen ›Abgrund‹ von **El-Ourit,** wo gut 200 Meter hohe rote Felswände aus Grünem von verschiedenster Tönung aufsteigen. Im Bett der jetzt trockenen ›Cascade‹ drängen sich feiste Feigen, Kirsch- und Granatbäume, von Weinreben übersponnen, Äpfel-, Mandel-, Aprikosenbäume und breitblättrige Mispeln, hellstämmige Platanen. Höher droben, wo Straßen- und Eisenbahnbrücke die Kluft überspannen, stehen die Zedern dunkel, suchen sich breitkronige Kiefern prekären Halt, branden Mastix und Myrten wie grüner Schaum an den Fuß der Felsen. Die ›Grottes‹, Durchgänge im Fels und einige Höhlen, mit braven Betonwegen versehen, hat man bald ›erledigt‹. In der Nähe der Brücke lockt ein gutes Halbdutzend kleiner Wirtschaften den Sonntagsausflügler zu schattiger Rast, bietet aber auch schon am Werktagmittag Bier, Wein, frische Salate und Fische und langentbehrten Joghurt.

Wem mittelmeernahe Gebirgswelt zur Alltagskost gehört, der findet die Stätte vielleicht nur ›recht nett‹, wer Tlemcen aus der Sahara kommend zum ersten Mal erlebt hat, der vergißt nie, wie über-gierig seine Augen den grünen Trost tranken.

Tlemcen könnte ganz gut als Ausgang für eine Tour durch die Sahara-Oasen dienen. Wer mittags hier sein Fahrzeug besteigt, kann ihm noch vor Einbruch der Dunkelheit – nach wenig mehr als 300 Fahrtkilometern – vor dem hübschen Hotel von Aïn-Sefra zu Füßen einer hohen rötlichgelben Sanddüne entklettern. Die Fahrt dahin aber – wenn man erst einmal die Kette der Tlemcen-Berge überwunden hat – gehört (auf schnurgeraden Asphaltbahnen über die Hauts Plateaux führend) zu den betrüblich eintönigsten Strecken, mit denen Algerien aufzuwarten hat. Lassen wir Aïn-Sefra, wir werden es später auf unserer Rundfahrt durch die Oasen der nördlichen Sahara noch sehen.

Brechen wir also auf, nicht zu spät womöglich. Über al-Mansourah schnürt die Straße in die Höhe, schöne Blicke auf Tlemcen und seine Ebene darbietend. Dann wechselt zähgrüne mittelmeerische Pflanzenwelt mit mittelmeerischer Kargheit. Welche Strecke wir auch wählen, ob die bei der Straßengabel nach links zweigende bis Sebdou und dann von dort das kurvige Sträßlein nach Maghnia oder hinter al Mansourah rechts abzweigend gleich die nach Khemis ausgeschilderte, um nach etwa 8 km die W 46 nach Maghnia einzuschlagen, immer wieder beschert die Grenznähe zu Marokko dem harmlosen Fremden – und nicht nur in Zeiten besonderer Spannung – Kontrollen durch fleißige Gendarmerie oder das Militär. Um keinen Verdacht zu erregen, läßt man am besten seinen Fotoapparat im Hotel in Tlemcen und macht dafür die Augen weit auf.

Maghnia (gesprochen wie Marnia mit einem ganz gutturalen r) inmitten seiner weiten bewässerten Ebene ist eine französische Gründung. Die heutige Namenspatronin ist eine fromme Frau, deren aus dem 18. Jahrhundert stammendes Marabut ein islamischer Friedhof umgibt. Maghnia ist der Geburtsort von Mohammed Ben Bella, des ersten Präsidenten der Algerischen Republik, unter dem sie sich ganz groß ›volksdemokratisch‹ schrieb. Heute wird wieder ›Republique Algérienne‹ größer geschrieben.

Von hier aus setzen wir die Fahrt in nördlicher Richtung fort und erreichen nach 30 km **Nédroma** mitten in den Traras-Bergen. Diese Kleinstadt, obwohl nur etwa 20 km von der Küste entfernt, liegt 420 m über dem Meer und betrachtet sich als die kleinere Schwester von Tlemcen und Wiege der Almohadendynastie. Abd el-Mumen, der Jünger und Nachfolger des Mahdi Ibn Tumart wurde in dieser Gegend geboren, der Stamm, dem er angehörte, war hier daheim. Wann Nédroma gegründet wurde – als Nachfolgerin einer älteren berberischen Niederlassung? – ist unklar. Im 11. Jahrhundert jedenfalls wird die Stadt zum ersten Mal erwähnt und sie hat dann ähnliche Schicksale durchlebt wie Tlemcen. Aus dem Ende des 11. Jahrhunderts, also aus der Zeit der Almoraviden, stammt auch hier die Große Moschee mit einem kleinen Innenhof und einem Betsaal, dessen wohlig gerundete Hufeisenbogen auf niedrigen Viereckpfeilern zu ernster Sammlung einladen. Sie dient in erster Linie dem Gebet und ist daher am Nachmittag, wenn der Moslem das Geschäft des Vormittags absolviert hat und sich Zeit nimmt für seine religiösen Pflichten, dem neugierigen Fremden verschlossen: Ein reiner ›Raum der Niederwerfung‹, der nichts mehr von seiner einst reichen Ausstattung bewahrt (Teile des alten Mimbars findet man im Museum von Algier). Das Minarett von klassischen Proportionen – Breite zu Höhe verhalten sich wie 1 : 4 – ist eine Stiftung der Abd el-Wadiden von Tlemcen aus dem Jahr 1348.

Zu den Farbtafeln:

7 *Tuareg-Familie beim Ritt durch die Wüste*

8 *Sanddünen im Großen Erg*

9 *Abfackelungen bei Hassi-Messaoud*

Innerhalb des alten Mauerkranzes, von dem da und dort noch Reste geblieben sind, besitzt Nédroma noch mehrere andere Moscheen, aber wer wird sie alle aufsuchen? Der zuständige Imam vergönnt uns aber doch – auch am Nachmittag – einen kurzen Blick in den Betsaal der schlichten Moschee des Sidi Bou Ali, die sich eines noch ehrwürdigeren Alters rühmt als die Hauptmoschee.

Dann schlagen wir östliche Richtung ein, um nach Tlemcen zurückzukehren. Wir verzichten auf einen Abstecher ans Meer nach Ghazaouet, dem kleinen Hafen an der Mündung des Oued Marsa, wo einst marokkanische Produkte ausgeführt wurden und der nun nach krisenhaften Jahren industriellen Aufschwung nehmen soll. Auch die Stätte von Honaine, des mittelalterlichen Hafens von Tlemcen, lassen wir unbesucht. Fundstücke von dort sahen wir im Museum und sie schienen uns einen Umweg dorthin so wenig zu rechtfertigen wie den Abstecher nach **Siga** an der Mündung des Oued Tafna ins Meer, in der Nähe des Cap Acra gelegen. Über diese Stätte und was uns dort erwarten würde, konnten wir uns anhand von Plan, Breitwandfoto und Reliefmodell im Museum in Tlemcen informieren.

Die Stätte taucht schon im 4. Jahrhundert v. Chr. im Seefahrerhandbuch des Pseudo-Skylax auf als eine punische Handelsetappe. Es wurden hier früheste Siedlungsspuren aus dem späten 6. Jahrhundert v. Chr. gefunden. Später, zur Zeit der numidischen Könige, dürfte es die Hauptstadt des Syphax (etwa 220-203 v. Chr.) gewesen sein und war neben Cirta/Constantine königliche Münzstätte. Nach der Niederlage Karthagos im Zweiten Punischen Krieg verlor das Masaesylenreich, weil sein König auf der Seite des Unterlegenen gestanden hatte, seine beiden Hauptstädte an die Römer, bzw. deren Bundesgenossen, den Massylierkönig Masinissa. Die Rolle Sigas im Rahmen von dessen Königreich scheint noch unklar. Jedenfalls wurden später hier wieder Münzen geschlagen. Der Aufstieg von Iol/Cherchell dürfte Siga in die Rolle einer ländlichen Kleinstadt verwiesen haben, bis es unter den Römern erneuten Aufschwung nahm. Von arabischen Geographen des Mittelalters wird es als noch lebendige Stadt bezeugt, ohne daß sich dafür archäologische Beweise gefunden hätten. Sicher ist nur, daß römische Thermen später als Moschee dienten.

Obwohl von den königlichen Residenzen der Numider einzig Siga von moderner Überbauung verschont blieb, ist das, was archäologischer Fleiß bisher zutage förderte – Teile von Stadtmauern, Reste eines Aquäduktes, Grundrisse von Häusern und Bädern – kein Besichtigungsziel für einen Landfahrer. Auch Sigas bedeutendstes Denkmal, der ›barocke‹ numidische Grabturm (gedeutet als Memorie für die Nachkommen des Syphax), das – nur noch ein niedriger Stumpf – vom Gipfel des etwa 200 m hohen Djebel Skouna die Gegend beherrscht (ein Modell sahen wir im Museum) ist mehr etwas für Spezialisten. Für diese jedoch höchst interessant, ist doch der Sockel des auf hexagonalem, dreiseitig-konkavem Grundriß sich erhebenden Bauwerkes – es war schon in der späten Kaiserzeit Ruine – von einer Folge unterirdischer Grabkammern umzogen. Sie gelten als die einstigen Ruhestätten des Syphax-Sohnes Vermina (201-191 v. Chr.) und seiner Angehörigen.

Noch vor Geschäftsschluß sind wir wieder in Tlemcen, und während der strapazierte Fahrer sich ausruht, kann der Beifahrer sich in den Buchläden der Universitätsstadt Tlemcen umschauen und in dem dehnbaren Koffer ein paar informative Broschüren unterbringen und eine neue Übersetzung der Muqaddima des Ibn Khaldun.

Zurück nach Oran

Die Straße nach Oran zurück, die wir am nächsten Morgen unter die Räder nehmen, führt durch grüne Ebenen und grünes Gehügel. Auf einer Höhe seitlich der Route steht eine etwas dürftige Gedenkstele für den Emir Abd el-Kader und drunten im Flachen liegt eines der ›sozialistischen Wehrdörfer‹, die zwar nichts abzuwehren haben, mit denen aber die Regierung versucht, das bevölkerungsmäßige Ungleichgewicht von Ballungs- und Slumzentren in den Küstenstädten und sich entvölkernden Domänen von einst – und pauschal das von volkreichem Norden und fast menschenleerem Süden – zu entzerren. Diese Siedlungen aus der Retorte sind nach der Art israelischer Kibbuzim organisiert (nur sollte man das hier im Land nicht laut sagen), bestehen in der Regel aus 500 Wohneinheiten, besitzen eine Moschee, eine Bürgermeisterei als Verwaltungszentrum, einen ›Bauernmarkt‹ und eine Schule.

Die dürfen wir gern besuchen. Die netten wuschelköpfigen Kinder lassen sich durch einen versteckt zuschauenden Fremden nicht von ihrer Aufmerksamkeit fürs erklärende Wort des Lehrers ablenken. Mit den freundlich-breithüftigen Frauen, die das Mittagessen für die Kinder vorbereiten – Tellerchen mit einem Bröcklein Hühnchen mit ein paar Rübchen und Kartöffelchen – (das ist für alle Kinder kostenlos wie für die, welche nicht im Dorf, sondern irgendwo außerhalb wohnen, die Beförderung mit dem Schulbus), mit denen entspinnt sich kein Gespräch. Einer der jungen Lehrer aber gibt uns in seinen kargen Pausenminuten freundlich Auskunft übers Schulwesen Algeriens, dessen sich die freie Republik mit großem Elan angenommen hat.

Während der französischen Kolonialzeit war in den öffentlichen Schulen einzig das Französische Unterrichtssprache. Die Welle der ›Arabisation‹ nach der Unabhängigkeit versuchte hochgemut, das Französische durchs Arabische zu ersetzen. Da wurden Straßen- und Verkehrsschilder in lateinischen Lettern abmontiert und durch solche mit arabischen ersetzt, die keiner lesen konnte. Das Arabische wurde zur Staatssprache erklärt. Gut, das Arabische. Aber welche Form? Das Hocharabische des Koran, das im Volk niemand sprach und das 1954 nur noch eine Handvoll Gelehrter beherrschte, oder die abgeschliffene Umgangssprache? Die war den Ideologen so wenig erwünscht wie es die Dialekte der Berber waren. Die ›algerische Nation‹, von der immer wieder die Rede war, besaß eben doch keine nationale Sprache. In einem Land vieler Völker hatte sich das Französische den Rang eines ›neutralen‹ Verständigungsmittels erworben. Und die Sprache der Franzosen ist immer noch die Lingua Franca, ohne die sich die ›algerische Nation‹ wohl nie verwirklichen kann. Inzwischen haben sich die Dinge zurechtgependelt, aber das Problem ist noch keineswegs gelöst. Noch immer kann man Straßenschildern begegnen, die – wenn auch in lateinischen Lettern – die sonst eingebürgerten, auf Landkarten usw. gebräuchlichen französierten Namensformen der Städte durch die arabischen ersetzen, also Warhan (Oran), Tlimisen (Tlemcen), El Djezair (Algier) oder Qsantina (Constantine) schreiben und den Fremden damit verwirren. Wir halten uns aus praktischen Gründen an die französischen Formen. Andererseits kann man Nachrichten lesen, daß sich die berbersprachige Bevölkerung – vor allem in der Kabylei – gegen die befohlene Arabisierung wehrt.

In der Küstenregion besuchen inzwischen laut Statistik 99% aller Kinder eine Grundschule. Im Süden sind es freilich nur 40% – schuld daran sind die weiten Entfernungen in der fast menschenleeren Wüste. Nach drei Grundschuljahren mit Unterricht in hocharabischer Sprache wird das Französische nun wieder als erste Fremdsprache gelehrt – in der Praxis ist es eigentlich schon die zweite. Wer beide Idiome beherrscht, kann ein Lycée besuchen – das System ist nach französischem Vorbild leistungsorientiert – und erhält nach Bestehen des arabischen und französischen Abiturs Studienerlaubnis an einer der philologisch-historischen oder technisch-naturwissenschaftlichen Hochschulen. Unser Gesprächspartner schätzt die Zahl der Studenten auf 100 000. Das ist eine für ein Land von der Größe und Problematik Algeriens erschreckend geringe Zahl, für ein Land, das nach dem Aderlaß des Befreiungskrieges und dem Exodus seiner Elite eine neue Führungsschicht heranbilden muß. Noch immer sieht man sich gezwungen, 15 000 französische Lehrer zu beschäftigen, sind gut 30% der Universitätsprofessoren Franzosen, nur ein knappes Drittel Algerier. Der Rest kommt aus anderen arabischen Ländern. Noch immer krankt der Lehrbetrieb am Mangel einer speziell auf Algerien und seine Verhältnisse bezogenen wissenschaftlichen Literatur. Wer ein Stipendium bekommen will, muß sich verpflichten, nach Studienabschluß im Lande zu arbeiten (und das heißt oft: im saharischen Süden) und nicht in ein bequemeres Dasein in Frankreich auszuweichen.

Mädchen habe auf dem Papier die gleichen Chancen wie

Knaben – aber praktisch ist den meisten von ihnen jede höhere Bildung verwehrt. Ganz und gar jenen des Südens. Was hat der intelligent-vielsprachige Manager eines saharischen Oasenhotels uns erzählt? Seine Schwester – »elle est plus intelligente que moi« – durfte wohl ein vorzügliches Abitur in beiden Sprachen ablegen, doch verbot ihr der Vater den Besuch einer Universität. Und als der Sohn – damals Dozent für Arabisch an einer rheinischen Universität – auch nur erwähnte, er könne seiner Schwester ein Auslandsstudium ermöglichen und sie in einer achtbaren Duisburger Familie wohlbehütet unterbringen, da sprach das Familienhaupt wochenlang kein Wort mehr mit dem »ungeratenen« Sohn, und verheiratete die Tochter in unziemlicher Eile an einen reichen Herdenbesitzer.

Die Schulkinder winken uns freundlich nach, als wir ins Auto steigen und uns auf den Weg machen über sanfte Hügel, durch weitgedehnte Breiten, auf denen jede nur denkbare Feldfrucht gedeiht, durch weite Weinfelder. Die werden freilich von Jahr zu Jahr kleiner, denn statt des dem Moslem verbotenen Weines baut man – nach einer Hafer-Zwischenphase – nun Weizen an, um das Land vom Getreideimport unabhängig zu machen. 1983 sollte dieses Ziel zum ersten Mal erreicht werden. Im Oranais – wenig mehr als eine Autostunde vom Hafenzentrum Westalgeriens entfernt – war einst der fruchtbare Boden im Besitz reicher Colons. Die Gutshöfe und Villen, die sie als verfallende Denkmäler hinterließen, befinden sich heute zu mehr als 50% in der Hand Sozialistischer Dorfgemeinschaften, wie wir eben eine besucht haben, deren es schon ein paar Hunderte gibt, deren Zahl sich aber in ein paar Jahren auf 5000 belaufen soll. So der Plan. Zu jeder dieser Siedlungen gehören je nach Bonität des Bodens 200 bis 300 Hektar Land, die gemeinsam bestellt werden. Die Statistik der erfaßten Produktionszahlen muß allerdings einräumen, daß diese Siedlungen weniger effizient arbeiten als ›freie‹ Dörfer. Und in denen des von den Nordalgeriern verachteten Südens muß man – so heißt es – die Leute so lange hinter Stacheldraht sperren, bis sie sich an ihre neue Heimat gewöhnt haben. Die Regierung scheut kein Mittel, die gefährliche Süd-Nord-Wanderung umzukehren und die Leute aus den Ballungszentren der Küstenregion wieder dort anzusiedeln, wo sie ihre Wurzeln und hoffentlich auch eine Zukunft haben.

Die ins Fruchtland gesprenkelten Orte mit ihren jetzt arabischen Namen können trotz der Marktleute in Djellaba und Turban ihren französischen Ursprung nicht verleugnen. Als Musterbeispiel prägt sich El-Malah ein, mit einer rechteckigen Place von Palmen, nicht von Platanen umstanden, wie im Mutterland, wo der Mairie benachbart der pseudogotische Kirchturm ungeköpft in den weißen Himmel sticht. In den Cafés sitzen, nicht anders als in einem Nest des französischen Südens, sonntägliche Müßiggänger – die meisten allerdings im arabischen Gewand. An den Wänden der einstigen Caves, der Weinkellereien, schlagen die Namen der einstigen Firmeninhaber in Weiß, Rot und Blau und den charakteristischen Buchstaben schon wieder durch die flüchtige Überweißelung. Eineinhalb Jahrhunderte kolonialer Herrschaft lassen sich nicht einfach übertünchen. Sie haben sich tief – und wie alle Geschichte unauslöschlich – dem Gesicht des Landes eingezeichnet.

Hier muß man im Frühling entlangfahren. Dann beherrschen unterm seidigen Himmel Erdrot, saftiges Braun und Feldgrün das Bild, freundlich und ohne Aufregung. Zwischen Weinfeldern, Ölhainen und Zypressenhecken wie im Rhônetal, die hier Orangenpflanzungen umschirmen, stehen noch immer die Gutshöfe von dazumal, noch immer mit terrakottafarbenen Ziegeln gedeckt, wie die ›Mas‹ der Provence. Man könnte sich im französischen Midi wähnen, belehrten nicht die Trachten der Landleute, die arabischen Schriftzeichen und dann auch der glänzende Spiegel der 40 km langen Großen Sebkha von Oran – ein Unikum so nahe an der Küste! – daß wir uns nicht am Nord-, sondern am Südrand des Mittelmeeres befinden.

Ostalgerien

Geradewegs von Algier nach Constantine

Der innere Gleichgewichtssinn fühlt sich befriedigt, daß es von Algier nach Constantine kaum weiter ist als nach Oran, nämlich eine knappe Tagesreise. Befriedigt, obwohl die Gewichte umgehängt sind. Oran, die junge Hafenstadt, hat das weiter westlich gelegene almohadisch-andalusische Tlemcen überflügelt, ohne es ausschalten zu können. Annaba, eine alte Siedlung ganz im Osten des Landes, hat wirtschaftlich das alte Cirta/Constantine eingeholt, ohne es aus seiner traditionellen Position als Hauptstadt des algerischen Nordostens zu verdrängen.

Hat uns die Fahrt in den Westen Nordalgeriens vor allem mit der jüngeren Vergangenheit konfrontiert, so stoßen wir bei unserer Umschau im Nordosten des Landes vielfach auf numidisch-römisches Erbe. Wir betreten den Bereich, der einst Kernland der Massylier war und dann als Provinz Africa nova bedeutend durch die Zugehörigkeit zum Römerreich geprägt wurde. Auch für diese Umschau sei kein Parcours vorgezeichnet. Wer offiziell geleitet als Gruppenmitglied das Land bereist, hat sowieso keine Wahl. Wer auf privaten Reisen Umschau hält, wird seine Strecke je nach Zeit und Interesse wählen. So seien die folgenden Erinnerungen weniger als Vorschläge denn als Auswahlhilfen gemeint.

Auch Constantine läßt sich auf einer Route erreichen, die zum Teil am Meer entlangläuft und die auch nur 40 km länger ist als die freilich besser ausgebaute ›direkte‹ Inlandstrecke über Bouira und Sétif. Zudem führt westöstlich quer durch das Bergland der Großen Kabylei eine weitere Hauptstraße nach Béjaïa – und zwischen diesen Wegen gibt es zahlreiche landschaftlich sehr lohnende Querverbindungen. Die Wahl fällt einem wirklich nicht leicht.

Halten wir uns zunächst an die bequemste und schnellste Verbindung nach Constantine. Sie erfordert immerhin ihre

Zeit und eine Portion Geduld, bis man den Bereich der Großstadt hinter sich gebracht hat. Der Flughafen bleibt rechts liegen, eine breite autobahnähnliche Straße führt langsam ins Freiere, führt aus der Küstenebene den grünen Hügeln des Tell-Atlas entgegen. Eukalyptus- und Johannisbrotbäume, Steineichen und Ölbäume, Feigen, schwarzer Tabak, Kirschen, Birnen, Mandeln, Opuntien, Ginster, Oleander, Tamarisken, Zypressen, Kastanien, Mimosen, Raps in gelben Flächen: die ganze Vielfalt der mediterranen Nutzflora begleitet unseren Weg.

Nach dem Autobahndreieck, wo die Kabylei-Strecke über Tizi Ouzou abzweigt, gewinnt die Landschaft zusehends gebirgigeren Charakter. Unsere Route führt durch die malerische Schlucht von Lakhdaria, welche die Bahnlinie nur mit Hilfe mehrerer Tunnel überwinden kann. Fast zwei Stunden sind wir schon unterwegs und dabei noch gar nicht weit weg von Algier. So halten wir uns in **Lakhdaria** gar nicht weiter auf. Es ist eine Kreisstadt im Straßenknoten, eine Bergstadt als Zentrum für den lokalen Handel und Wandel, aber ohne Reiz und Zauber. Unter den Nutzpflanzen gewinnt nun eindeutig der Olivenbaum den Vorrang, aber auch Saatgrün von Weizenfeldern bedeckt die

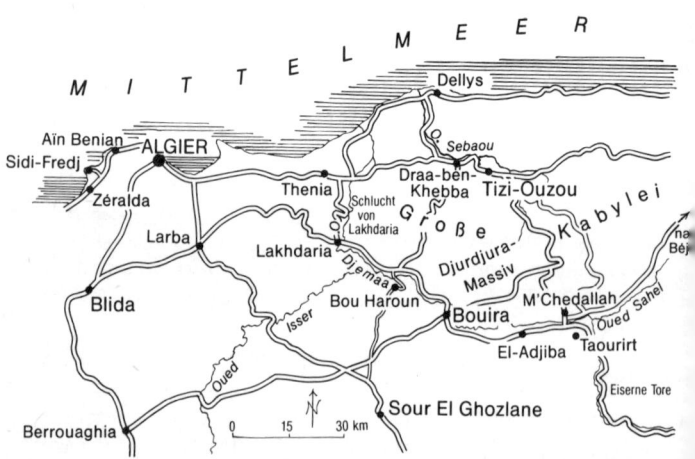

In der Lakhdaria-Schlucht

Hänge. Das hier sind nicht die breiten Gefilde der Chélifebene mit ihren domänengroßen Flächen, sondern deutlich die unbequemeren Böden, von denen die europäischen Kolonisten nicht viel wissen wollten. Unsere Straße, eukalyptusgesäumt, folgt in südöstlicher Richtung dem Tal des Oued Isser, der zwischen Oleandern dahinmäandert. **Bou Haroun,** wohin nach einer knappen halben Fahrtstunde ein Schild weist, verfügt über eine Mineralquelle, die ein im Lande beliebtes Tafelwasser liefert. Man erinnert sich daran im Vorbeifahren, fühlt sich nicht versucht, die Abfüllbetriebe in Augenschein zu nehmen. Wenig weiter dann die Abzweigung der N 25 nach links, nach Draa ben-Khedda und Tizi Ouzou führt uns schon eher in Versuchung. Wir widerstehen unserer Neugier, versprechen uns aber, ein anderes Mal der Großen Kabylei mehr Zeit zu widmen und sie nicht – wie diesmal – nur zu umfahren.

Ein Seitenfluß des Oued Isser heißt Oued Djemaa. Ihm folgen wir sacht aufwärts bis zur Wasserscheide. Bald nach der Übergangsschwelle (600 m ü. M.) ins Becken des Oued Sahel, der die Hamza-Ebene bewässert, kommt **Bouira** in Sicht, Zentrum fürs weitere Umland, wo man einige Industrie angesiedelt hat. Am Stadtrand stehen die charakteristischen sechsstöckigen neuen Wohnblocks, die wir in beinahe jedem Städtchen finden können. Bei der Weiterfahrt entfaltet sich linker Hand immer eindrucksvoller das mächtige Panorama des Djurdjura-Massivs mit seinen Zweitausendergipfeln. Die Ortschaft **El-Adjiba**, die wir 28 km hinter Bouira passieren, könnte sich als Ausgangspunkt für Bergfahrten und -wanderungen empfehlen. Eine kurze Weile später zweigt bei der Bahnstation M'Chedallah die N 26 nach Béjaïa ab, von welcher eine und gleich darauf eine zweite und später bei Akbou noch eine dritte Straße kurvenreich ins kabylische Bergland hinaufführt. Das sind verlockende Alternativen für jemand, der begierig ist, immer neue Landschaftsbilder einzusaugen. Aber wir machen nur gerade Picknickrast bei dem ganz unbedeutenden Ort Taourirt, dessen Name im berberischen Dialekt nichts anderes als ›Siedlung‹ bedeutet und der sich durch nichts ins Gedächtnis schreibt außer durch den Blick über die rötlicherodierte olivenbestandene Ebene zu den weißbemützten Häuptern der Djurdjura-Kette, den man mit ein paar Drückern auf den Auslöser oder ein paar Strichen festzuhalten versucht. Die Bahnlinie nach Béjaïa haben wir schon überquert, queren nun auch die Pipeline, die der Küste zustrebt und wenden unser Fahrzeug gen Süden. Unser Weg führt am Fuß des Djebel Archichène (878 m) entlang, steigt langsam im Tal des Oued Mehrir empor. Aleppokiefern bedecken die Hänge. Noch einmal ein Rückblick auf die Djurdjura-Berge, dann geht es durch eine tief eingeschnittene Paßenge und die Landschaft nimmt einen wilden und düsteren Charakter an: schwärzliche Felsen schließen sich zu nackten Mauern zusammen, an den steilen Hängen können sich nur noch krüppelige Koniferen und stacheliger Wacholder einkrallen, spärlich sind die dunklen Steineichen, die Mastix- und Myrtenbüsche. Da sind nun die ›Eisernen Tore‹, die beiden Caňons. Das ›Große Tor‹ (Bab el-Kebir), das sich der (östliche) Oued Chebba gesägt hat und durch das die Bahnlinie führt und das ›Kleine Tor‹ (Bab es-Seghir) des Oued Ktone.

Die Römer haben diese schwierigen Durchgänge vermieden und eine südliche Umgehungsstraße gebaut. Erst die Türken richteten hier eine Mautstelle ein, um von den durchziehenden Nomaden Abgaben zu erpressen. Im Oktober 1839 konnte Marschall Valée, der dem Herzog von Orléans vorsorglich als militärischer Fachmann beigegeben war, ungehindert die ›Kleine Pforte‹ passieren und so die Verbindung zwischen Constantine und Algier herstellen. Abd el-Kader, der darin einen Bruch getroffener Abmachungen sah, nahm daraufhin seine kriegerischen Aktionen wieder auf, in denen diese Übergänge noch mehrfach eine strategische Rolle spielen sollten.

Nach einiger Zeit wieder ein neues Landschaftsbild. Etwa 40 km hinter Téniel el-Merdja (983 m ü. d. M.) überfahren wir einen Paß, den die Bahnlinie in einem zwei km langen Tunnel unterfährt – und eine weite nackte Ebene breitet sich aus, nur an den fernen Rändern von glasbläulichen Bergzügen gesäumt, die westliche Fortsetzung der Sétif-Ebene – und bis Sétif bleibt die Landschaft immer sich selbst gleich als getreidegrünes oder im Herbst ganz fahles Hochland, das im Süden durch einen Aufforstungsgürtel begrenzt wird, ein Teilstück des imponierenden Versuchs der algerischen Republik, durch Pflanzungen den Vormarsch der Wüste zum Stehen zu bringen. Immer wieder werden wir auf unseren Fahrten durchs Land großzügigen Neubegrünungen begegnen, welche die Folgen einstigen Raubbaues rückgängig machen sollen.

An Sétif südlich vorbei führt eine Umgehungsstraße, die es dem eiligen Fahrer erspart, sich durch diese Stadt hindurchfinden zu müssen, welche in den letzten 25 Jahren Umfang und Einwohnerzahl verdreifacht hat. Eine Industriestadt, besonders kalt in den Herbst- und Winternächten, ein solides Zentrum für Verkehr, Handel und Erwerbsleben einer vielleicht nicht überaus reizvollen, aber irgendwie in sich geschlossenen Region.

Erst zwischen El-Eulma und Chelghoum El Aïd gewinnt die Landschaft wieder Kontur und Horizont, vegetabile

Vielfalt und Interesse – aber dann sind wir, etwa dem Lauf des Oued Rhumel folgend, schon bald am Ziel und können in Constantine Quartier machen. Am Ende eines Tages, der wenig mehr brachte als ein Panorama schnell durchfahrener Landschaften, eines Tages bloß des Transports – enttäuschend also irgendwie, da wir nur Asphalt unter den Reifen, nicht das Land unter unseren Sohlen spürten.

Die Kalaa der Beni Hammad

Um solche Enttäuschung zu vermeiden, haben wir diesmal mehr Reisezeit eingeplant und sind außerdem schon so früh aufgebrochen, daß Algier bereits hinter uns liegt, wenn der Verkehr die Ausfallstraßen zu verstopfen droht. Ohne Aufenthalt sind wir durchs Gehügel und Gebirge geschnürt bis Bordj-Bou-Arréridj, um von hier aus die M'Sila – Bou-Saada markierte Straße einzuschlagen, die – vorbei am Marabut eines frommen Mannes, der im vorigen Jahrhundert aus Südmarokko eingewandert sein soll – ins Tal des Oued Ksob hineinführt. Es scheidet die Hodna-Berge in zwei Massive, in das niedrigere westliche und in das östliche, das im Djebel Maadid (1863 m) gipfelt und an dessen Südfuß unser erstes Ziel liegt: die Reste einer Festungsstadt, die für kurze Zeit ein Zentrum des mittelalterlichen Maghrib war: die Kalaa der Beni Hammad.

Das Wasser, das der in den 30er Jahren errichtete Staudamm des Oued Ksob speichert, dient dazu, die Umgebung von **M'Sila** fruchtbar zu machen. Dieses lokale Verwaltungs- und Marktzentrum wurde bereits vom Fatimiden Abu Qua'im Amrillah (934-46) gegründet, 1007 vom Ziriden Hammad erobert, der die damaligen Einwohner in seine Festungsstadt verpflanzte. Im 14. Jahrhundert stritten die tunesischen Hafsiden und die marokkanischen Meriniden um ihren Besitz, bis sich hier eine eigne Dynastie etablierte, die Ibn Khaldun mit seinem Besuch beehrte. 1965 hat ein Erdbeben hier arge Schäden angerichtet, die inzwischen weitgehend behoben sind.

Die Nachricht, in der Umgebung fänden sich vereinzelte Zeugnisse aus der Zeit der römischen Herrschaft, verleitet

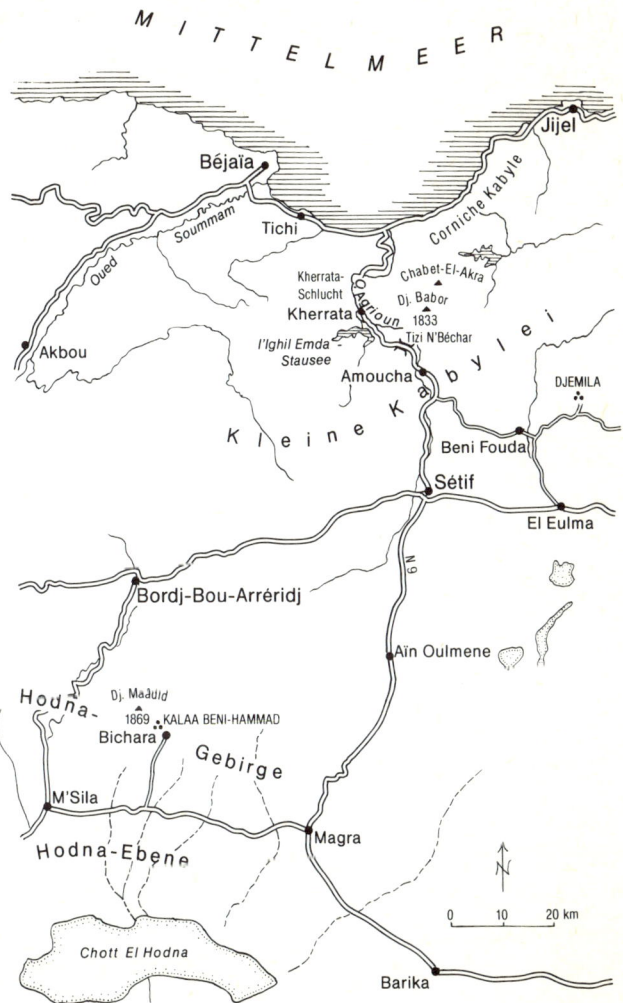

uns nicht, auf die Suche zu gehen. Vielmehr verlassen wir die Stadt in östlicher Richtung, um nach etwa 15 km von der N 40 nach links abzubiegen. Ein Wegschild weist nach Bichara, die Gemeinde Maadid bietet auf einem zweiten Willkomm – und dann entdecken wir seitlich des ›Triumphbogens‹, der die Nebenstraße überspannt, auch die schriftliche Versicherung, daß wir uns auf dem rechten Weg zur **Kalaa der Beni Hammad** befinden. Das durchaus befahrbare Sträßlein, das uns unserem Ziel entgegenführt, zieht erst flach dahin, hebt sich dann an einem namenlosen Weiler vorbei den Bergen zu, steigt in Kehren an frühlingsgrünen Hängen empor.

Obwohl man an der Stätte, die wir aufsuchen wollen, auch auf bereits römische Spuren gestoßen ist, trat sie doch erst anfangs des 11. Jahrhunderts in den Lichtkreis der Geschichte, in der Zeit also der schiitischen Fatimidenkalifen, die Nordafrika seit 909 beherrschten. Als der Kalif al-Muizz 973 seine Residenz ins eben eroberte Kairo verlegte, ließ er Buluggin ibn Ziri, den Chef der Sanhadja-Berber, als seinen Statthalter im Westen zurück mit dem Auftrag, die sunnitischen, mit den Omayyaden von Córdoba verbündeten Zenata zu bekämpfen. Daß der mißtrauische Kalif seinem Vasallen alle möglichen Knüppel zwischen die Füße zu werfen versuchte, lockerte dessen Treue zu seinem Oberherren. Badis, der Enkel des Buluggin, versöhnte sich zwar mit dem Kalifen und schlug in dessen Auftrag einen Aufstand in Tripolis nieder, doch sein Oheim Hammad, mit dem Kampf gegen die Omayyaden beauftragt, strebte nach selbständiger Herrschaft über ganz Ifriqiya, ward der schiitischen Sache untreu und gründete 1007 seine Festungsstadt in den Hodnabergen. Ein Jahr schon währte der Bruderkrieg innerhalb der Ziridendynastie, da fiel Badis, während er die Residenzfestung seines Onkels belagerte. Daß sein Nachfolger nicht anders als Hammad mit dem Kalifen von Kairo brach, hat dessen Rache heraufbeschworen. Der Herr Ägyptens hetzte unbotmäßige arabische Nomaden, die Beni Hillal vor allem, gegen den abtrünnigen Maghrib. Sie richteten einst blühende Gegenden zugrunde, verwandelten Ackerland in Weide für ihr Vieh,

In der Kalaa der Beni-Hammad

haben den gesamten Nordwesten Afrikas weitgehend arabisiert und nomadisiert. Ihnen konnten auch die Nachfolger des Hammad nicht widerstehen. 1067 suchte der damalige Chef der Hammaditen, an-Nasser, Zuflucht in Béjaïa und begründete damit die mittelalterliche Geschichte dieser Stadt. Zwar konnten die Hammaditen noch einmal in ihre Stadt zurückkehren, doch wiederholte sich der Exodus im Jahre 1090 – und 1152 zerstörte Abdallah, der Sohn des Abd al-Mumen – des Gründers also der almohadischen Dynastie – die Kalaa, die Festung der Beni Hammad. Fortan blieb die Stätte verlassen.

Nur wenige Jahre hat diese Stadt geblüht, aber in dieser Zeit war sie ein Zentrum des Handels, aufgesucht von Karawanen aus Syrien, aus Ägypten, aus allen Ländern des Maghrib. Damals entstanden jene Bauten, in deren heute verschwundener Ausstattungspracht sich Motive aus der gesamten westlichen und nahöstlichen Islamwelt zusammenfanden – freilich in manchmal etwas provinzieller Ausführung. Die Stadt bedeckte einst ein unregelmäßiges Areal, das über einem kleinen Flußlauf ein Plateau hinansteigt und dann nach Norden und Osten jäh in ein enges Tal abfällt.

In dem kleinen Bergort Bichara – immerhin: ein lokales Zentrum – entdecken wir eine große Hinweistafel auf die mittelalterlichen Denkmäler mit einem Abbild des Minaretts. Und kaum haben wir das Dorf passiert – die Straße macht eine scharfe Kehre – da steht dieser etwa 25 Meter hohe *Turm* steinfarben vor dem steingrauen Berghang, daß ihn erst der zweite Blick wahrnimmt. Er ist ein Vierkanter aus roh zugerichteten Steinen, dessen oberer Abschluß jüngst erst ergänzt wurde. Drei seiner Seiten sind schmucklos, die vierte, die der Moschee zugewandte, ist geschmückt und gegliedert. In der Mitte steigt über dem Tor eine Folge von Fensteröffnungen – einst von kunstvollen Zackenbogen überfangen – auf, die durch Bahnen von Blendnischen, von denen die obersten mit türkisglasierten Gitternetzen gefüllt waren, flankiert wurden.

Erinnert die Gestaltung einerseits an die Vorhalle der Großen Fatimidenmoschee von Mahdia (Tunesien), so sieht man auch in diesem Minar des frühen 11. Jahrhunderts nicht ohne Grund einen direkten Vorfahren der berühmten almohadischen Minaretts von Marrakesch, Sevilla und Rabat. Wie das Minar der Großen Moschee von Kairouan, in dem wir den Ahnherren aller westislamischen Vierkantminaretts erblicken dürfen, stand auch dieses in der Mihrabachse und sprang in den von Hallen umzogenen Hof der *Moschee* vor.

Diese selbst – vermutlich das älteste Bauwerk der Hammaditenstadt – ist nur noch in den Grundmauern vorhanden als ein 64 × 54 m messendes Geviert, dessen Mauern außen durch Strebepfeiler verstärkt waren. Der Betsaal, vom Hof durch eine Fassade geschieden, wies 11 × 8 Joche auf. Säulen antiker Herkunft trugen vermutlich einst eine flache Holzdecke. Vor dem Mihrab, der in die Mekka-Richtung weisenden Nische, sind 4 × 5 Joche durch eine Mauer als eine massive ›Maqsura‹ ausgeschieden, das heißt als ein gegen allenfallsige Attentate gesicherter Betplatz für den jeweiligen Herrscher, den Imam der hammaditischen Gemeinschaft. Lucien Golvin, der Erforscher der Hammaditenstadt, vermutete in diesem Bauteil den ältesten Betsaal, der im Zuge späterer Erweiterungen in einen Neubau integriert wurde.

Etwas nördlich der Moschee, eine Hangstufe höher und jenseits der heutigen Straße erstreckt sich das ausgedehnte Ruinenfeld des Emirpalastes, genauer: dreier, einst durch Gärten verbundener Paläste auf einem 250 × 160 m messenden Areal. Der südlichste und am tiefsten gelegene ist – weitgehend freigelegt – der größte und zugleich wohl älteste. Seinen Namen ›Meerpalast‹, *Dar el-Behar,* hat er von dem großen, aber nicht sehr tiefen Wasserbecken, das einst den stattlichen, von Arkaden gesäumten großen Innenhof kühlte. Diesen erreicht man von Osten her durch einen – einst wohl überkuppelten – Torbau (ein Motiv, das wiederum an die fatimidische Vorhalle im tunesischen Mahdia erinnert). Seine Achse setzte sich fort in einem Thronsaaltrakt mit seitlichen Empfangsräumen und einem weiteren Hof nach Westen zu. Nördlich davon lagen vermutlich die privaten Räumlichkeiten. Vieles bleibt hier noch zu untersuchen. Von der Pracht einstiger Ausstattung künden am Ort einzig türkisgrün glasierte Ziegelplatten, die Böden und Ruhebänke bedeckten.

Wo die sich durchs Gelände aufwärts windende Straße eine scharfe Linkskehre macht, zweigt ein befahrbarer Feldweg ab und führt hinan zu einem weiteren Palastkomplex: zu den Resten des *Ksar el-Manar,* des ›Leuchtturmschlosses‹, das sich schwindelerregend steil über der jähen Tiefe erhebt. Seinen Kern bildet ein etwa 20 Meter im Quadrat messender Turm, dessen Seiten – durch Blendnischen und Pilaster gegliedert – wiederum an fatimidische Bauten in Mahdia und Kairo erinnern. Eine Rampe führt in den einst vermutlich überkuppelten Hauptsaal hinauf, der wohl kein Repräsentations-, sondern ein Wach- und Auslugraum war, wenn auch nicht wirklich ein ›Manar‹, ein Turm für Feuer- und Lichtsignale, wie er dem Minar, dem Minarett der Moscheen den Namen vererbt hat. Einige demselben Komplex zugehörige Höfe – nicht achsial angeordnet, sondern gegeneinander versetzt – sind instruktiv freigelegt. Einer war ein Peristylhof mit einer offenbar recht kunstvollen Brunnenanlage im Zentrum. Alle gehorchen sie dem Anlageschema des arabischen Hauses, indem sie ums zentrale Geviert schmale längsrechteckige Räume ordnen, mit einem einzigen Zugang (auch für Licht und Luft) in der Mitte der hofseitigen Langseite.

Wir finden kaum eine Spur der als ›massiv‹ gerühmten einstigen Stadtmauern, kaum spärliche Reste von all den Köstlichkeiten der einstigen Ausstattung der Paläste – was gefunden wurde, gelangte ins Museum von Constantine – und verzichten nachlässig auf verbissene Geländebeschau hier oben in der Einsamkeit.

Nach Süden zu läßt sich blau die Senke des Hodna-Schotts erahnen, rings steigen durch seismische Mächte halb auf den Kopf gestellte, streifig von Kalkstein durchzogene Schichtberge – pittoresk erodiert – spitz zum Himmel. Hinter unserer Schulter fällt die Schlucht steil in einen Talgrund, in dem sich die noch kahlen Bäume eben erst mit prallen Knospen schmücken – und oben drüber lugen unterm Blauhimmel noch winterweiße Gipfel fast verschämt heraus.

Maßliebchen und gelbe Arnika, weiße Aurikeln, roter Mohn und violette Enziane, dazu orangefarbene Ringelblumen tupfen die karge Bergwiese wie die Palette eines pointillistischen Malers, feistgrüne Büschel sterbender Asphodelen und weißgeäderte Distelblätter überragen den bunten Flor. Durch die erwärmte Luft haucht Schneekühle vom Gebirg. Wir rasten und freuen uns – menschlicher Vergangenheiten vergessend – an dieser Stätte des immer sich erneuenden Naturlebens.

Zu lange freilich dürfen wir hier nicht träumen, denn noch haben wir ja – selbst wenn keine Baustelle uns aufhält – gut zwei Fahrtstunden nach Sétif vor uns. Nehmen wir also Abschied und kehren wir auf dem Weg, auf dem wir hergekommen, auf die N 40 (M'Sila – Barika) zurück. Wir folgen dieser Straße – die konturbewegte Kette der Hodna-Berge zur Linken, rechts die lichtgleißende Weite des Hodna-Schotts – die 40 km bis zum Dorf Magra, das wir nicht berühren, sondern vor dem wir nach links, in nördliche Richtung abzweigen. Noch einmal überqueren wir die

Hodna-Berge, fahren zwischen bizarren rötlichen Felsgebilden, zwischen Bergen, die ihre junge Erdschichtung herzeigen, die sich mit dauergrünem Gebüsch und mit Kiefern sprenkeln, hinauf zu einer Paßhöhe. Die ländliche Kreisstadt **Aïn Oulmene** wird rasch durchfahren. Gerade daß wir Wasser, Brot, ein paar Oliven fürs Abendessen auftreiben.

Früher einmal haben uns Straßenbauarbeiten den Weg hier herauf zur argen Plage gemacht. Nun fahren wir in weiten Kurven. Ganz undramatisch sacht senkt sich nach Norden zu, der Hochebene von Sétif entgegen. In dieser Stadt macht Nachtquartier, wer nicht seine eigene fahrbare Unterkunft mit sich führt.

Die ›Schwarze‹ und die ›Liebliche‹
Sétif und Djemila

Der Ausflug zur Hammaditenstadt hat uns die wenig einprägsame Strecke von Bordj-Bou-Arréridj nach Sétif erspart. Die etwa zwei Fahrtstunden von dort nach Constantine lassen sich durch den Besuchsumweg nach Djemila nicht nur würzen, sondern zu einem Höhepunkt der Fahrt ausgestalten, wenn es einem nicht pressiert.

Wir haben Zeit genug, uns am Morgen in **Sétif** umzuschauen. Weil diese Stadt – auf einer über tausend Meter hohen Fläche – im 19. Jahrhundert auf regelmäßigem Rasterplan als Kolonialstadt gegründet wurde, vermutet man zunächst, es werde sich um eine etwas langweilige Siedlung handeln und findet sich dann angenehm enttäuscht. Sétif ist eine lebhafte, aber gar nicht hektische Stadt, in der man gerne spazierengeht, die Menschen betrachtet und das, was die Schaufenster in der Hauptstraße ihnen anzubieten haben. Man findet eine ganze Reihe von Bauten, die etwas vom Charme des vergangenen Jahrhunderts bewahrten, wie das kleine Stadttheater, aber auch – und nicht einmal schlechte – Neubauten aus der Zeit nach dem Unabhängigkeitskrieg, in dem Sétif eine gewisse Rolle gespielt hat. Ferhat Abbas, der spätere Präsident der GPRA und seit 1962 Präsident der Algerischen Nationalversammlung war hier

Apotheker. In Sétif brachen am 8. Mai 1945, dem Tag des alliierten Sieges über Hitler-Deutschland, jene blutigen und blutig unterdrückten Unruhen aus, die gewissermaßen den Auftakt zu all dem Geschehen darstellten, das schließlich in die Unabhängigkeit führen sollte. Nach diesem Datum ist ein Teil der Hauptstraße benannt, ein anderer nach dem 1. November 1954, an dem der Algerienkrieg begann, der Hauptplatz feiert in seinem Namen die Indépendence. Seit die erreicht wurde, ist die Stadt enorm gewachsen, sie verfügt inzwischen über eine nicht unbedeutende Industrie und hat große neue Wohnviertel erhalten. Ist's eine freundliche Täuschung oder sind diese hier wirklich weniger einförmig und solider gebaut als anderwärts? Jedenfall erscheint uns Sétif als eine Stadt, die nicht so gesichtslos in die Landschaft verfließt wie viele andere. So modern sie sich gibt, Sétif ist schon eine sehr alte, ursprünglich berberische Siedlung, in deren Namen angeblich essedif, das punische Wort für schwarz steckt. Kaiser Nerva (96-98) siedelte hier eine Veteranenkolonie Sitifis an, und als die diokletianische Reichsreform eine Provinz Mauretania Sitifensis schuf, war Sétif ihr Hauptort, der sich – wie Sondierungsarbeiten erwiesen – über ein beträchtliches Areal erstreckte. Auch nach dem vandalischen Zwischenspiel blieb – unterm byzantinischen Kaiserfittich – Sitifis Provinzzentrum. Dann kamen die Araber und stießen feindlich mit den einheimischen Berbern zusammen. 904 nahmen die den neuen Eroberern feindlichen Kotama die Stadt wieder ein. In ihrer Umgebung besiegte später der Almohade Abd el-Mumen die arabischen Beni Hillal, die landfremden Nomaden, die den Seßhaften feind waren. Sitifis blieb besiedelt, aber dämmerte dahin, bis die Franzosen hier im Achsenkreuz der Nord-Süd- und Ost-West-Verbindungen 1838 eine Garnison einrichteten.

Den brunnengeschmückten Unabhängigkeitsplatz akzentuiert das Minarett der Alten Moschee. Wenn wir von hier aus einer der in nördlicher Richtung führenden Straßen folgen, stoßen wir bald auf den Archäologischen Park mit den Resten aus römischer und byzantinischer Kaiserzeit, der sich bei unserem letzten Besuch in voller Umgestaltung befand. Das Sétif der Franzosen hat einen Teil des Sitifis der Römer überlagert, so daß dessen Reste nicht als ein organisches Ganzes freigelegt werden konnten. Zwei turmbewehrte Mauerzüge einer Byzantinerfestung sind inzwischen bis zu ihren Fundamenten freigegraben. Östlich von ihnen – und jenseits der außen am Gelände entlangführenden Straße sich fortsetzend – finden wir Straßenpflaster und Hausgrundrisse, Spuren von Werkstätten, auch einer spätzeitlichen Herberge. Weiter nördlich, links der Ausfallstraße nach Béjaïa, finden sich Reste christlicher Basiliken und auch ein großes römisches Mausoleum, ›Grab der Scipionen‹ genannt, obwohl es mit keinem Mitglied dieses Geschlechtes etwas zu tun hat.

Wir beschließen, uns diesen Weg zu ersparen, handelt es sich doch um aus ihrem einstigen Zusammenhang gerissene Relikte. Wir suchen vielmehr nach dem Museum, finden den alten Bau südlich der Place de l'Indépendence und nur ein paar Schritte von der Neuen Moschee, die an der Stelle der einstigen katholischen Kirche errichtet wurde, aber verschlossen und verlassen. Unsere Fragen stoßen auf verständnisloses Kopfschütteln, bis uns ein freundlicher Polizist den rechten Weg weist· am nördlichen Ast des großen Nord-Süd-Boulevards, wo sich schon Provinzialverwaltung (›Wilaya‹), Kulturhaus und Parteigebäude reihen, ist ein neues Archäologisches Museum entstanden. So neu, daß es noch gar nicht eröffnet ist, uns daher unzugänglich bleibt, von dem daher hier auch noch nicht berichtet werden kann. Es dürfte wie die Schau in alten Bau einen Überblick bieten über die Kulturen, die seit vorgeschichtlichen Tagen bis ins islamische Mittelalter hier einander abgelöst und überlagert haben. Nur ein Blick durchs Eingangsgitter wird gestattet – und er zeigt, daß die Exponate großzügig und geschickt präsentiert werden.

Immer wieder bekommen wir auf unseren Fahrten durchs Land museale Sammlungen zu sehen. Da gleichen sich dann manchmal die Bilder, gleitet das Auge müde über Mosaiken und über die überall einander ähnlichen Kleinfunde hinweg. Wer aber, statt ›alles‹ sehen zu wollen, den Inhalt auch nur einer Vitrine intensiv betrachtet, findet

Geduld und Mühe reichlich belohnt, freut sich der handwerklichen Meisterschaft und der lächelnden Stimmigkeit, mit der noch die einfache Nadel oder Pinzette dem geheimnisvollen Gesetz eines ›Stiles‹ ebenso gehorcht wie das lebensgroße Statuenfragment oder die Front eines Tempels, die Bogenstellung einer Wasserleitung oder eines Ehrenmals. Kein noch so unbedeutendes Museum, in dem sich nicht doch ein irgendwie bedeutendes Stück fände – Unikate sind die Sachen ja alle, hervorgegangen aus Handwerkerhänden und nicht ausgespieen von einer leblosen Maschine –, ein Fundstück, das nicht einen erhellenden Strahl in die Vergangenheit würfe. Sie aber hat ja das gegenwärtige Gesicht des Landes mitgeformt. So verstanden sind archäologisch-antiquarische Rundgänge in Ausgrabungsstätten und Museen keine bildungstouristischen Pflichtübungen, sondern Auseinandersetzung mit der tieferen Wirklichkeit des Landes unserer Reiseneugier.

Wir bereuen keineswegs, uns mit Sétif eingelassen zu haben, aber zu lange wollen wir uns doch hier nicht aufhalten, den unser harrt etwas höchst erfreulich-Sehenswertes: die Ruinenstadt **Djemila**. Ihr soll ein großer Teil des heutigen Tages gewidmet sein, und wir wollen sie ohne Hast erleben, in Ruhe auch die seltsam-mächtige, mit sanfter Gewalt sprechende Landschaft ringsum auf uns wirken lassen. Ganz anders ist diese und die mit ihr vorgegebene Situation als im tunesischen Dougga – und doch braucht Djemila den Vergleich mit dieser notorisch sehenswürdigsten Numider- und Römerstadt nicht zu scheuen. Im Gegenteil. Die ›Liebliche‹, die ›Reizend-Schöne‹, eben ›Djemila‹ nannten noch die erobernden Araber diese Stätte.

So lenken wir unser Vehikel auf die Ausfahrt nach Osten in Richtung Constantine, biegen etwa 16 km nach der Ausfahrt nach links auf ein wackeres Teersträßchen ab und verlassen uns auf die Hilfe der Wegweiser, die nach Djemila zeigen. Durch Ebenes zieht der Weg, dann durch grünliches Gehügel, steigt bergan aufgeforsteten Höhen entgegen. Felsbrocken stechen aus dem durch Regen erodierten Boden. Jenseits einer Paßhöhe eröffnet sich überraschend ein großes und vielgestaltiges Bergpanorama: das der Kleinen

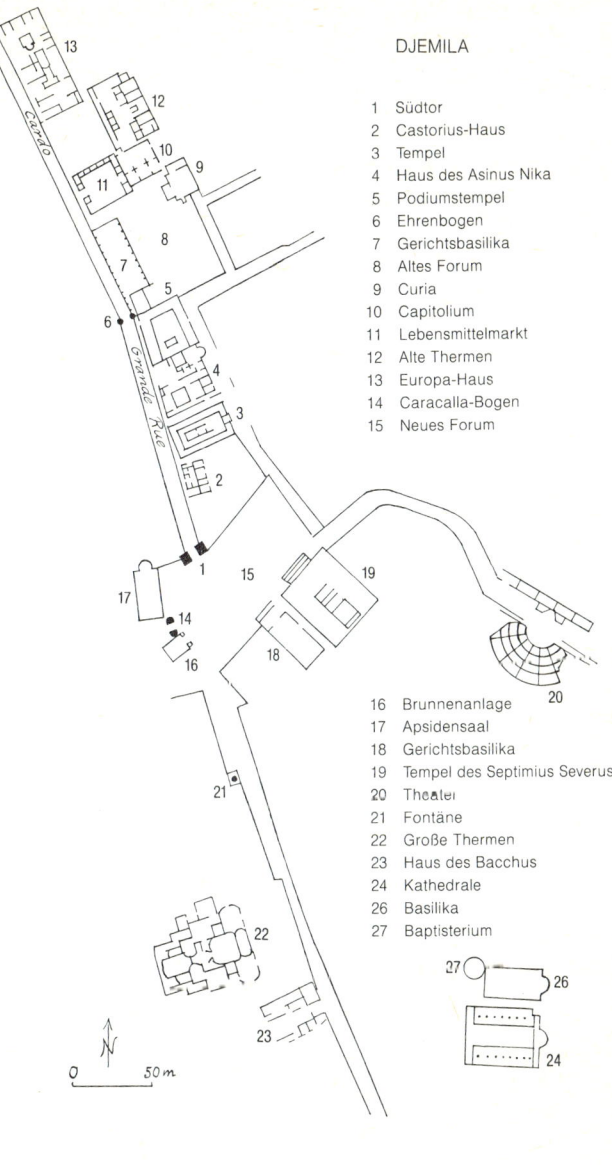

DJEMILA

1. Südtor
2. Castorius-Haus
3. Tempel
4. Haus des Asinus Nika
5. Podiumstempel
6. Ehrenbogen
7. Gerichtsbasilika
8. Altes Forum
9. Curia
10. Capitolium
11. Lebensmittelmarkt
12. Alte Thermen
13. Europa-Haus
14. Caracalla-Bogen
15. Neues Forum
16. Brunnenanlage
17. Apsidensaal
18. Gerichtsbasilika
19. Tempel des Septimius Severus
20. Theater
21. Fontäne
22. Große Thermen
23. Haus des Bacchus
24. Kathedrale
26. Basilika
27. Baptisterium

Kabylei, noch in diesen späten Frühjahrstagen mit Schnee überzogen. Immerhin erreicht der Djebel Babor, keine 20 km von der Mittelmeerküste entfernt, über 1800 Höhenmeter. Eine Ortschaft, in eine Bergfalte geschmiegt, noch eine – und dann zeigt sich drunten im Tal, auf einem schmalen Hügelrücken überm Zusammenfluß zweier tief eingesägter Bachläufe die Ruinenstadt. Durch das heutige Dorf kurven wir abwärts bis zum Parkplatz vor einem Kiosk, einem kleinen freundlichen Hotel und dem Eingang zu den ›Ruines‹.

›Cuicul‹ hieß die Siedlungsstelle im Berbermund, die erstmals unter Nerva (96-98) eine römische Besatzung erhielt, damit sie die Straße von Cirta/Constantine nach Sitifis sichere und die aufsässige Bergbevölkerung überwache. Die mit der Gründung des municipiums beauftragten Offiziere wählten anno 97 eine gut zu verteidigende Stelle, einen schmalen dreieckigen Bergsporn. Solche Stellen wurden schon seit der vorgeschichtlichen Zeit gerne besiedelt. Römische Städtebauer aber wichen ihnen eher aus.

Auf dem schmalgratigen Hügel im tiefen Tal vermochte der Stadtkern von Cuicul nicht die rechteckig-rechtwinkelige Grundrißgestalt eines römischen Lagers anzunehmen, sondern bekam die Form eines Dreiecks, dessen einen Schenkel eine lange gerade Straße bildete. Man nannte sie ihrer etwa nordsüdlichen Ausrichtung wegen und weil sie an einer Seite des Forums vorbeiführte, den Cardo, aber sie bildete keineswegs die Mittelachse der Stadt. Diese entwickelte sich vor allem auf dem abschüssigen Gelände östlich dieser Straße, wo rechteckige ›insulae‹ das Forum auf drei Seiten umgaben. Eine Umfassungsmauer, die mit dem Cardo einen spitzen Winkel bildete, sicherte den Bergausläufer nach Süden hin ab. Die einstige Berbersiedlung wurde more romano organisiert, erhielt einen Stadtrat (Senat), der unter der Aufsicht des für militärische wie zivile Belange zuständigen kaiserlichen Legaten für Numidien die lokalen Verwaltungsaufgaben wahrnahm. Im frühen 3. Jahrhundert dürfte die Stadt etwa 10000 Einwohner gezählt haben. Damals war das umliegende Land schon befriedet, und außerhalb des Mauerschutzes war an der Verlängerung der Hauptstraße eine Vorstadt entstanden, die ausgedehnter war als das Stadtzentrum. In ihr errichtete man im ausgehenden 2. Jahrhundert große Thermen. Unter Septimius Severus, dem Africaner auf dem Kaiserthron, unter dem die africanischen Provinzen ihre Blütezeit erleben durften, wurde beschlossen, der Stadt einen neuen Mittelpunkt zu geben. So wurde ein neues, das Severische Forum, geschaffen, dessen abgeschrägt-trapezförmiger Grundriß durch das Gelände und den Verlauf der alten Stadtmauer bestimmt wurde.

In der zweiten Hälfte des 3. Jahrhunderts hatte auch Cuicul – wie andere Städte – seine Glanzzeit schon hinter sich. Zwar entstand im fortgeschrittenen 4. Jahrhundert, das seit Konstantins Duldungsedikt schon weitgehend ein christliches war, ein Komplex christlicher Bauten am Rande der einstigen Vorstadt, aber damals zerriß auch das donatistische Schisma Klerus wie Laienstand. Vom Joch der Vandaler wurde die Stadt 553 durch die Byzantiner erlöst, fiel aber endlich in die Hand der Araber. Die arabische Bezeichnung als die ›Liebliche‹ bezieht sich nicht nur auf die Stadt, sondern auf ihr ganzes Umland: auf die rötlich-violetten Hügel mit frühlingsgrünen Hängen, die später im Jahr ockerfahl aufsteigen, in die trockene Bachläufe blaue oder schwärzliche Zickzackbänder einzeichnen, wo das kostbare Grün von Pappeln, Kiefern, frisch austreibenden Feigenbäumen und das Schattensilber von Oliven sich hinaufzieht gegen einen weißlichen Himmel. Immer tönen die Formen und Farben der Landschaft hinein in unsere Versuche, die tote Stadt mit dem Leben von einst zu erfüllen. Eine ›tote‹ Stadt? Wohl bedarf es einiger Phantasie, die Bögen, die geborstenen Portiken, die zerstörten Häuser wieder aufzurichten, die Thermen wieder einzuwölben – aber das Leben hat sich aus der Stadt nicht zurückgezogen. Droben im Dorf von heute ist Markttag. Aus den Weilern drunten im Tal und am Gegenhang begibt man sich hinauf: Matronen im schwarzen Mantelumhang, weißverhüllte Mädchen, buntgekleidete Berberfrauen, Eselsreiter im braunen Burnus – und noch bei jeansbehosten Jünglingen fällt der wollene Umhang so würdig wie bei einem römischen Bürger von einst die Toga. Die Stätte lebt, und der fremde Kömmling fühlt sich – wenn auch als Außenseiter – sogar einbezogen in dieses Leben. Jeder, der uns begegnet, hebt freundlich die Rechte zum winkenden Gruß: Labès – ça va? Es gehört sich, daß man so tut, als nähme man die stolz schreitenden Frauen gar nicht wahr. Und wenn sich ein weibliches Wesen oder gar eine ganze Gruppe schwatzender Frauen nähert, dann steckt man besser den Fotoapparat taktvoll in die Tasche. Als Gast im Lande sollte man sich herrschenden Sitten anpassen.

Aber nun wollen wir doch den Rundgang durch Djemila antreten und ihn so wählen, daß wir ohne zu große Umwege zugleich einen Gang duch die Geschichte der Stadt erleben. Die Pforte zu den ›Ruines‹ ist schon frühmorgens offen, und wenn der bestallte Wärter noch nicht da ist, können wir unseren halben Dinar auch irgendwann später abliefern. Er gilt zugleich als Obolus für den Besuch des Museums, das wir zunächst links liegenlassen. Gerade nur das wissende Antlitz des Septimius Severus, dessen Bildnis vor einem Mosaikteppich an der Frontseite steht, nehmen wir als Eindruck mit auf unseren Rundgang.

Der Weg führt zwar zunächst zu den höher gelegenen südlichen Stadtteilen, aber da wir diese auch auf dem Rückweg besuchen können, folgen wir gleich der geraden südnördlichen Hauptstraße abwärts bis zum Neuen Forum mit seinen aufrechtstehenden Bauten, dem Tempel und dem prächtigen Caracalla-Bogen. Beide wollen wir später betrachten. Hier stoßen wir auf die Reste des einstigen *Südtors* (1) der ›Altstadt‹, von dem aus sich der säulengesäumte Cardo, die Hauptstraße, nach Norden zieht. Ein paar Schritte rechts finden wir die Reste des *Castorius-Hauses* (2), einer sehr opulenten Stadtwohnung wohl eines der ganz reichen Männer, das mit seinen Mosaikböden und seiner privaten Badeanlage eine ganze Insula einnimmt. Gleich daneben erhob sich – mit der Längsseite an einer Quergasse ein *Tempel* (3) unbekannter Weihung, dessen Haupteingang an einer dem Cardo parallel laufenden Straße lag. Von dieser aus gab es auch einen Zugang zu dem nördlich der Quergasse gelegenen *Haus des Asinus*

Nika (4). Das war gleichfalls ein aufwendiges Stadtpalais, dessen Besitzer in humorvoller Anspielung auf seinen Namen einen Raum seiner behaglichen Wohnung mit dem Mosaikbildchen eines Esels (heute im Museum) schmücken ließ. Bevor wir – durch einen *Ehrenbogen* (6) hindurch – dem Cardo weiter folgen, betreten wir rechter Hand den gepflasterten Hof eines *Podiumstempels* (5) mit noblen granitenen Säulenschäften, der der Venus genetrix, der Stammutter des julischen Geschlechts und damit gewissermaßen aller Caesares und Augusti geweiht war. Jenseits eines fragmentarisch ausgebildeten ›Decumanus‹ betreten wir das *Alte Forum* (8). Heute zwar nur ein ›Plattensee‹ und zum Teil bedeckt mit Säulentrümmern, war es ein Forum comme il faut mit einer *Gerichtsbasilika* (7) als Ort auch für geschäftliche Transaktionen an der Westseite, einem *Capitolium* (10), dem Tempel für die etruskisch-römische Göttertrias Jupiter, Juno und Minerva, dessen Cella sich über einer hohen Freitreppe erhob. Wie in allen Städten der Provinzen repräsentierte er die Macht und Staatlichkeit Roms. Repräsentation der sich selbst verwaltenden Stadt war die daneben in der nordwestlichen Ecke errichtete *Curia* (9), das Rathaus. Auf tieferem Niveau schließt sich der laut Inschrift von einem L. Cosinius Primus, einem der Reichen der Stadt, gestiftete Fleisch- und *Lebensmittelmarkt* (11) an mit seinen schöngemeißelten Verkaufsständen. Wenn man sich das Markttreiben von einst vorstellen will, braucht man nur an einer der Markthallen oder einen Lebensmittelbazar des heutigen Nordafrika zu denken. Nördlich hinter- und unterhalb des Capitoliumstempels betreten wir die ansehnlichen Reste der für eine römische Stadt unerläßlichen aus dem 2. Jahrhundert stammenden sogenannten *Alten Thermen* (12). Das *Europa-Haus* (13) weiter nördlich an der Ostseite des Cardo gelegen, ist benannt nach einem Mosaik (im Museum), das den Stier Jupiter zeigt, wie er die phönikische Prinzessin in den Erdteil entführt, dem sie ihren Namen hinterließ. Auch das war wieder eine sehr reiche Stadtwohnung. Freilich sind hier, wo keine Aschenschicht wie in Pompeji solche Häuser bewahrt hat, die Reste weniger eindrucksvoll und instruktiv als dort, aber sie zeigen, zu welchem Reichtum es einzelne damals bringen konnten.

Wenn wir der Straße weiter nach Norden folgen, stoßen wir auf die unansehnlichen Reste des einstigen Nordtores, eines Teils der ursprünglichen Stadtbefestigung, die sinnlos geworden war, seitdem die Siedlung in einer befriedeten Umwelt keine militärischen Aufgaben mehr zu erfüllen hatte, sondern einzig ihrem wirtschaftlichen Wohlstand leben konnte. Auch jenseits, hangabwärts, sehen wir Steine als Zeugen dafür, daß auch da einst Menschen wohnten, aber was blieb, das fügt sich nicht mehr zum Bild zusammen – genausowenig wie die Grundmauern einstiger Häuser, die wir, wenn wir uns wieder nach Süden wenden, bei unserem Aufwärtsweg rechter Hand, westlich des säulengeschmückten Cardo liegen sehen.

Was wir durchwandert haben, das war schon eine Römerstadt mit fast allem, was zu einer solchen gehörte: mit Forum, Tempeln, Bädern, Markt und vornehmen Wohnungen. Die Armen mögen in den äußeren Bezirken gehaust haben, in Hütten, die wenige Spuren hinterließen. Die Sklaven hatten irgendwo eine Schlafecke in den Häusern ihrer reichen Herren.

Blick auf Djemila

Vom Wohlstand einzelner Bürger erzählen uns die drei reichen Häuser noch als Trümmerreste. Daß die unverschämt Reichen aber ihre Mittel nicht nur für privates Behagen, sondern zum Nutzen des Gemeinwesens einsetzten, das hat uns der Cosinius-Markt gelehrt, das zeigt uns auch sehr eindrücklich der Salon des Stadtwesens, das *Neue Forum* (15), das man salopp den ›Severerplatz‹ nennen könnte, stammt es doch aus der Zeit des Septimius Severus und seiner Nachfolger und ist mit diesem Geschlecht verbunden. Der Platz stellte das urbanistische Verbindungsstück zwischen der ursprünglichen römischen Anlage und der späteren Neustadt dar, deren zwei sichtbarste Zeugnisse – das Theater und die Großen Thermen – allerdings bereits aus der Zeit der Antonine stammen. Der Platz – ein unregelmäßig-langgezogenes Viereck – senkt sich von Westen nach Osten, und an seiner tiefsten Stelle führt durch einen Bogen die gepflasterte Straße zum *Theater* (20), einem sehr steilen Halbrund, das in beinahe griechischer Weise in einen Berghang eingehöhlt ist. Es dürfte etwa 3000 Zuschauern Platz geboten haben. An der Front des Bühnenpodiums weist es die aus rechteckigen und halbrunden Nischen und aus Säulchen bestehende Gliederung auf, die bei Theatern obligatorisch gewesen zu sein scheint. Die Bühnenrückwand ist bis in einige Höhe erhalten. Über ihre Reste geht der Blick hinaus auf grünliche und rosaviolette Hügel und Berge, nackt und kahl, seitdem im einst grünen Afrika die Wälder starben. Geht auch hinüber zu kostspieligen Aufforstungen, die in unseren Tagen die Gedankenlosigkeit von einstmals gutmachen sollen.

Wenn wir nun durch die Theaterstraße zum Severerforum (15) zurückwandern, dann können wir erleben, daß diese Anlage nicht eine Verlegenheitslösung post festum war, sondern bei aller durchs Gelände bedingten Unregelmäßigkeit das Ergebnis einer sehr bewußten und sehr bewußt auf optische Reize rechnenden Stadtbaukunst. Durch den gedoppelten Bogen, der die Theaterstraße zum Forum hin überfängt, stellt sich das eine der fast barocken Glanzstücke dieser Platzanlage als ein perfektes Bild dar. Und wenn wir später durch die Öffnung dieses sogenannten

›Caracalla-Bogens‹ zurückschauen, dann steht der Tempel bildschön in seinem Rahmen. Dieser *Tempel des Septimius Severus und der Gens Severa* (19) erhebt sich über einer Freitreppe von mehr als zwei Dutzend Stufen, die auf einen portikusumzogenen Hof führen, in dessen Mitte auf einem römischen Podium sich die sechs kräftigen Säulen erheben, welche die Vorhalle der wohlerhaltenen Tempelcella trugen. Dem Tempel gegenüber – und durch die Mittelachse auf ihn bezogen – begrenzte eine erhöhte *Stoa* die Nordwestseite des Platzes, mit Nischen zur Aufnahme von Statuen an der Rückseite. Die breite halbrunde Exedra in der Mitte dürfte einst ein Nymphäum, eine Brunnenanlage gewesen sein.

Westlich neben dem Tempel – an der Stelle eines älteren Heiligtums für Saturn-Frugifer (also den punischen Baal-Hammon) hat im späten 4. Jahrhundert der Consular P. Caeinius Albinus eine neue *Gerichtsbasilika* (18) gestiftet. Das Schmuckstück der trapezförmigen Platzanlage aber ist noch heute wie schon vor den 1909 einsetzenden Ausgrabungsarbeiten der den östlichen Zugang auszeichnende, 216 errichtete *Caracalla-* oder *Triumphbogen des Septimius Severus* (14). Natürlich handelt es sich nicht wirklich um einen Triumphbogen, denn ein Triumph nach siegreichem Feldzug konnte nur in Rom selbst gefeiert werden, sondern um ein Ehrenmal in Bogenform, das unter Caracalla für die kaiserliche Familie erbaut wurde. Den Herzog von Orléans, der 1839 während des Feldzuges zur Sicherung des Biban-Passes mit seinen Truppen im Gelände von Djemila lagerte, hat er so imponiert, daß der hohe Herr beschloß, das Monument Stein für Stein abtragen und nach Paris transportieren zu lassen. Die Vorbereitungen waren schon getroffen, da starb der Herzog und so wurde nichts aus dem räuberischen Vorhaben. Es ist ein einbogiger Durchgang, dem an jeder Seite zweimal zwei Säulen vorgebaut sind. Über dem gemeinsamen Gebälk tragen sie vor der etwas schweren Attika übergiebelte Ädikulen. Gekrönt wurde der Bogen von drei Statuen des Septimius Severus, seiner Gattin Julia Domna und ihres Sohnes Caracalla, der seinen Bruder in den Armen der Mutter erdolcht hatte.

Links von diesem Bogen sehen wir das Podium eines kleinen Tempels, zu dem zwei Treppen hinaufführen, an der anderen Seite die Reste einer ausgedehnten Brunnenanlage (16), bei der es sich vielleicht sogar um den zentralen Wasserverteiler handelt. Gleich hinter dem Caracalla-Bogen wurde ein großer *Apsidensaal* (17) entdeckt, der zwischen 364 und 367 als Markt für Textilien – als Stoffbazar also – errichtet wurde. An seine Westseite ist eine öffentliche Bedürfnisanstalt angebaut, wie sie im Zentrum des öffentlichen Lebens nicht fehlen durfte. Das ist kein verschämter oder liebloser ›Donnerbalken‹, sondern – naturalia non sunt turpia – ein ansprechendes Lokal zivilen Miteinanders in drückenden Momenten.

Das Severerforum bildete das wohlkalkulierte Gelenk zu der auch nicht planlos entstandenen südlichen Vor- oder Neustadt. Eine Hauptachse besitzt auch sie in der südlichen Fortsetzung des Cardo. An dem obeliskartigen Konus einer *Fontäne* (21) vorbei steigen wir rechter Hand zu den *Großen Thermen* (22) hinauf, die eine Fläche von etwa 2600 qm bedecken – eine für eine Kleinstadt überaus stattliche Anlage also, nach dem Vorbild kaiserlicher Thermen in vollkommener Symmetrie geplant. Die übliche Abfolge von Auskleide- und Garderobenzimmern, von Sälen für kaltes, laues, heißes Bad ist deutlich. In einem der Caldarien ist ein Teil der Wandheizung instruktiv erhalten, aber von der einst wohl üppigen Ausstattung mit Marmorverkleidungen an den Wänden, mit Mosaikteppichen, mit Statuen blieben nur Bruchstücke. An der Nordseite des Bades zog sich einst ein Portikushof entlang, vermutlich als Gymnasium sportlichen Übungen dienend. Für uns ist er eine Terrasse für den durch Baumwipfel etwas behinderten Blick auf die Stadtruinen und die das ›Bild‹ so mitbestimmenden Hügel und Berge ringsum.

Südlich der Thermen bedeckt ein *Haus des Bacchus* (23) genannter Komplex mit zwei Apsidensälen, mehreren Peristylhöfen fast ebensoviel Baufläche. War das ein überaus reiches Stadtpalais eines schamlosen Parvenu oder das Clublokal einer religiösen Corporation – oder beides zugleich? Jedenfalls stammen von hier einige der schönen

Mosaike bacchischen Inhalts, die wir im Museum sehen können.

Dieser aufwendige Bau bildet einen kuriosen Gegensatz zu dem, was sich östlich der Hauptstraße zeigt. Dort ziehen sich die Grundmauern eher mittelständischer Behausungen hangaufwärts hinauf zum ›christlichen Viertel‹, einem Ensemble, das aus einer sehr breiten 5-schiffigen *Kathedrale* (24), einer dreischiffigen *Basilika* (26) und einem kreisrunden überkuppelten *Baptisterium* (27) des 4. Jahrhunderts besteht. Um das Taufbecken läuft ein Mosaik mit Wassertieren. In den 36 Nischen des äußeren Umganges haben wohl die Täuflinge von einst ihre Gewänder aufbewahrt. Am Hang unterhalb liegen die bescheidenen Unterkünfte der kleinen Leute, die das Fußvolk der sich formierenden ecclesia christiana ausmachten, die aber bald durch den Klerus – wie man in den beiden Kirchen sehen kann – als vulgus profanus vom Altartisch durch Schranken weggedrängt wurden.

Bleibt uns noch das **Museum**. Mosaike, einst als Bodenbeläge gedacht, bedecken nun wie Gobelins die Wände seiner Säle von unten bis oben: geometrische Schmuckformen, mythologische, erotisch-dionysische Darstellungen (großenteils aus dem Bacchus-Haus). Unter den Skulpturenfragmenten finden wir einen sehr schönen Bacchus-Kopf, finden daneben Reste von Stuckdekor und Malerei aus reichen Wohnhäusern, sehen in den Vitrinen kleine bronzene Götterfiguren (Venus, Eroten), Möbelbeschläge, Vasen und Lampen aus Ton, zierliche Dinge aus Elfenbein, bronzene Gewichte und Waagen, Schlösser und Schlüssel, Pinzetten, Nadeln und ein komplettes Chirurgenbesteck.

Und nun halten wir – vielleicht etwas müde schon – inne: am Ende eines gemächlich-ausführlichen Rundganges durch eine Stadt des römischen Nordafrika und durch ihre bauliche – und damit auch ihre soziale – Entwicklung vom 1. bis zum 4. Jahrhundert. Djemila-Cuicul wird auch jenen bezaubert haben, der es gar so genau nicht wissen wollte und – bestenfalls mit ein paar Daten als Gedächtnisstützen im Kopf – die bewundernswürdige Steinarchitektur der Antike nur als pittoresken Hintergrund für ein Familien-

Erinnerungsfoto nehmen will. Auch er wird finden, daß das schon den Umweg wert war.

Wir könnten nun über El-Eulma zur Hauptstraße nach Constantine zurückkehren, um dort noch am frühen Nachmittag anzukommen. Aber da wir uns schon einmal auf Umwege eingelassen haben: wer noch einen Tag drangibt und kurvige Strecken nicht scheut, kann auf einer Fahrt durch die meerwärts führende Kherrata-Schlucht, an der berückend schönen Corniche Kabyle entlang und dann durchs Bergland der Kleinen Kabylei sehr einprägsame Landschaftsbilder erleben.

Wir geben dieser Versuchung nach und finden über den halb archaischen, halb modernen Ort **Beni Fouda**, an grünbestellten baumlosen Hängen entlang – aus den Gipfeln stößt der nackte Stein zutage – den Weg zur N 9, die von Sétif aus ans Meer führt. **Amoucha** liegt schon im Grün eines Tales, an dessen Hängen man durch Aufforstung die Erosionsgefahr zu bannen versucht hat. Jenseits der Paßhöhe Tizi n'Becha (887 m) zieht die Straße nicht ohne die üblichen Schlaglöcher abwärts zum **Stausee von Ighil Emda**, der sich wie eine Schöpfung der Natur zwischen buchtenreichen Ufern dehnt. Fast beißt uns das Gewissen. Wenn wir Stunden für die Zeugnisse abgelebter Zeiten übrig hatten, sollten wir uns auch ein paar Minuten nehmen, um die technischen Einrichtungen von heute zu besehen. Nicht, weil sie uns an sich interessieren, aber weil sie zeigen, was ein Land am Südsaum des Mittelmeeres einsetzen muß, um seinen Menschen Zukunftschancen zu eröffnen. Zu neugierige Umschau der Fremden jedoch stößt auf amtliches Mißtrauen, so lassen wir denn den Staudamm unfotografiert.

Die Kreisstadt **Kherrata**, nur noch 400 m über dem Meeresspiegel am Fuß steiler Bergflanken gelegen, bietet mit Brücke, ockergelbem Kirchturm, ziegelgedeckten Häusern und mediterraner Vegetation ein Bild, das unbestimmt an trentiner Eindrücke erinnert.

Dann fällt die Straße abwärts durch die tiefste und wildeste Schlucht zwischen senkrecht aufschießenden rotdunklen Felswänden. Dieses ›Défilée des Morts‹, die Totenklamm, offiziell ›Chabet-El-Akra‹ genannt, ist bei Algerienfahrern auch als die ›Affenschlucht‹ bekannt, denn wenn das Wetter nicht gar zu unfreundlich ist, hocken ganze Familien der grauhaarigen Berberaffen auf den die Straße einfassenden Mäuerchen, lassen sich füttern, sind possierlich-zutraulich, manchmal auch keck und frech. Sie können sehr böse werden, wenn man sie mutwillig reizt. Jemandem, der ihnen – verliebt in das drollige Tierkind – ein Junges entführen wollte, sollen sie mit Steinwürfen das ganze Autoblech zerdellt und alle Scheiben eingeworfen haben.

Mitten in der Schlucht halten uns diesmal nicht Affen, sondern Baumaschinen auf. In Zukunft soll ein Straßentunnel die schwierigste Engstrecke entschärfen – aber uns damit auch dieses beklemmend-gewaltigen Landschaftserlebnisses berauben.

> »*Wasser stürzt, uns zu verschlingen,*
> *Rollt der Fels, uns zu erschlagen ...*«

Auch wenn der engste Hals der Klamm passiert ist, stechen noch immer wilde Felszacken in den Himmel, mäandert drunten zur Rechten grauschäumendes Wasser im Kiesgeröll. Mittelmeerisches Grün, vielfältig dunkel lackiert, steigt die Berghänge hinan und – überraschend nach solcher Gebirgsszenerie, wenn auch nicht unerwartet – kommt hellglänzend das Meer in Sicht. Wir halten uns in Richtung Béjaïa, lenken das Fahrzeug bald von der Straße weg zum von Abfällen und Schwemmgut verunstalteten Strand, atmen den Hauch der See und suchen vergnügt wie Kinder eigroße und eirunde Kiesel: rötliche, weiße, braune und schwärzliche, von gelben, weißen, rosafarbenen Adern durchzogen.

Auf dem Campingplatz oder im Hotel von Tichi (Architekt: Büro Pouillon) können wir auf jene Reisefreunde warten, die es vorzogen, am Meer oder durch die Berge der Kabylei fahrend, auch Béjaïa zu besuchen, das während der französischen Herrschaft Bougie hieß.

*Am Meer und durch die Große Kabylei
nach Béjaïa*

Fahrten am Meeressaum – festen Boden unter den Rädern und des verblauenden Gewoges regsames Geschaukel drunten im Blick – haben immer ihren Zauber. Man wünschte sich gleich östlich der Hauptstadt diese Freude, aber da ist der Uferstreifen noch dicht besiedelt, der Strand auf lange Kilometer so gut wie unzugänglich. So halten wir uns zunächst auf der Ausfallstraße nach Constantine und tasten uns erst nach dem Autobahndreieck dem Küstensaum zu, wenn an ihm das Ländliche sich schon gegen Industrie und vorstädtische Unterkünfte durchgesetzt hat. Dann endlich können wir uns der Ausblicke hinaus auf den purpurblauen Spiegel des Mittelmeeres erfreuen. Zur Rechten steigen macchiagrüne Berge auf, später breitet sich links die Schwemmlandebene des Oued Djemaa, grün, gar morastig. Und dann läuft die Straße – wolle sie uns Baustellen ersparen! – über der steil abfallenden Küste dahin.

Schon gut hundert Kilometer haben wir hinter uns, da überqueren wir die Mündung des Oued Sebaou. Aufwärts fahren wir in **Dellys** ein, durch einen charakterlosen Industrie- und Wohnbezirk, der uns nicht abschrecken soll. Der Ort, der in der Antike zuerst wohl Cilli, später Rusucurru hieß, war im Mittelalter Streitobjekt zwischen den hafsidischen Königen von Tunis und den Ziyaniden von Tlemcen, gehörte vorübergehend der spanischen Krone, bevor die Türken ihn einnahmen. Die Bauten der Römerzeit lieferten die Steine für die arabische Stadt, durch deren steile und stille Gäßchen wir uns treppab-treppauf die Füße vertreten, bevor wir weiterfahren. Etwa 25 kurvige Kilometer zwischen Macchiagrün und türkisblauem, am Horizont mit dem hellen Himmel weiß verschmelzendem Mittelmeer führen nach **Tigzirt-sur-Mer.** Die Stelle dieses heute offenbar recht beliebten Badeortes muß schon den Phönikern als Ankerplatz gedient haben. Das bewaldete Inselchen vor der Hafenbucht unweit willkommener Süßwasserbäche entsprach genau den Wünschen dieser Seefahrer aus dem Osten. In Römerzeiten hieß die Siedlung Iomnium. Aus diesen Tagen haben sich auf der flachen Landzunge, die sich über dem heutigen kleinen Hafen von Tigzirt der Insel zuschiebt, die Reste eines Forums erhalten und ein kleiner, seltsam geformter Tempel (frühes 3. Jahrhundert): ein Mauerrechteck, dessen östliche Hälfte eine turmartige Cella überragt, geweiht dem Genius der Nachbarstadt Rusucurru. Das Schmuckstück von Tigzirt ist die christliche Emporenbasilika aus dem 5. oder 6. Jahrhundert mit ihren etwas unbeholfenen, fast an romanische Bestien erinnernden Reliefs an den Kämpferblöcken. Benachbart finden sich spärliche Reste der unvermeidlichen Thermen.

Thermen- und Kirchenreste und ein Mausoleum gibt es auch in **Taksebt** – etwa 3 km weiter in Richtung Béjaïa, dann nochmals 3 km rechts abzweigen –, einer einst bedeutenden Stadt, deren antiker Name jedoch nicht bekannt ist.

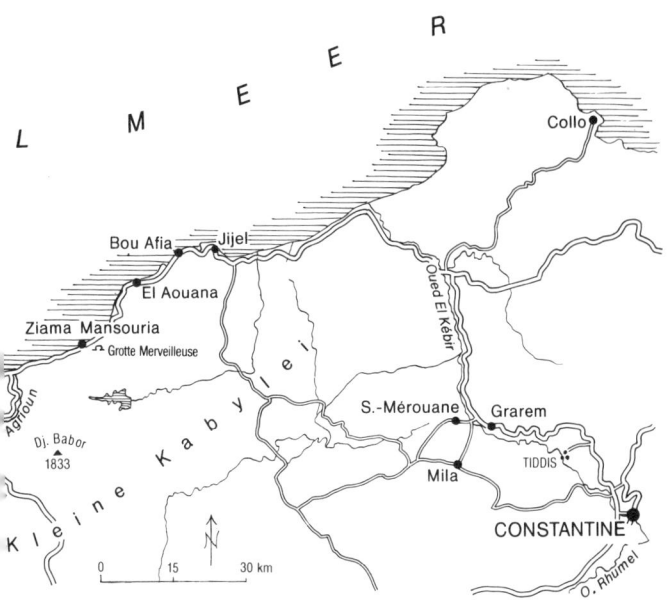

Von Tigzirt könnten wir noch weiter am Meer entlangfahren (die Straße dürfte inzwischen bequem ausgebaut sein) und immer wieder neue Blicke auf Berge und Meer genießen – besonders herrlich, wenn im Frühjahr Ginster gelb die Hänge überzieht. Aber etwa 10 km vor **Azeffoun** sollten wir dann doch nach Süden abzweigen, zwischen rotgebänderten, kiefernbestandenen und macchiadunklen Hängen steil aufwärtskurven. Kurz vor der Paßhöhe beim Dorf Souk et-Tnine geht ein letzter Blick zurück aufs schon ferne Meer, und dann tut sich ein atemberaubendes Gebirgspanorama auf und ein weites grünes Tal, wo **Azazga** hell am Gegenhang liegt.

Diesmal ziehen wir es vor, dem Meer schon bei Tigzirt Lebewohl zu sagen und der Straße zu folgen, die sich in die Berge hinein- und hinaufwindet bis zum Panoramablick vom Col d'Agouni-Goughrane, um dann in weiten Kehren hinabzuführen nach **Tizi-Ouzou**. Das ist eine Stadt, die zwar mit keinen ›Sehenswürdigkeiten‹ aufzuwarten hat, die aber recht lebhaft und modern wirkt und sichtlich das wirtschaftliche Zentrum des Umlandes darstellt. Neuerdings wurde hier sogar Industrie angesiedelt. Hier kann Quartier machen, wer sich einige Tage Zeit nehmen will für eine Umschau in der **Großen Kabylei**.

Dieses Bergland zwischen Mittelmeerküste und den über 2000 Meter aufragenden Gipfeln des Djurdjura-Massivs war schon seit punischer Zeit besiedelt, aber seine rein berberischen Bewohner ließen sich nie unterwerfen. Hier gibt es keine Römerstädte, da Roms Herrschaft hier nie Fuß faßte. Die Kabylei blieb von der Christianisierung ebenso unberührt wie von der arabisch-islamischen Eroberung. Erst im 15. Jahrhundert wurden die Leute hier Moslems, und immer noch ist ihr Glaube sehr stark von magischen Vorstellungen geprägt. Im 16. Jahrhundert führte die Gefahr einer spanischen Invasion die Kabylen an die Seite Chaireddin Barbarossas und seines Nachfolgers, aber das war ein Bündnis, das bald wieder zerbrach. Die Kabylei blieb jeder Zusammenarbeit abhold, war ein Rückzugsgebiet reinen Berbertums und ein Rückhalt von Rebellen. Nicht nur, daß sie alle Abgaben verweigerten: Mehr als ein Jahrhundert hindurch haben die Kabylen die Verbindungen zwischen Algier und Constantine bedroht und den Verkehr systematisch behindert. Erst nach Jahren erbitterter Kämpfe gelang es den Franzosen 1857, die Kabylei zu besetzen. Aber 1870/71 tobte hier ein blutiger Aufstand, ein anderer während des Weltkrieges. Obwohl Frankreich die Berber nicht als vollgültige Moslems betrachtete und ihnen einen rechtlichen Sonderstatus zubilligte, um sie von den ›Arabern‹ zu scheiden und zu trennen; obwohl diese Berge für die französischen Siedler uninteressant waren und die Region also die Folgen des Kolonialregimes kaum zu spüren bekam, war die Kabylei doch während des Befreiungskrieges ein Zentrum der Guerillakämpfer. Als Algerien seine Unabhängigkeit errungen hatte, setzte 1962 eine sehr bewußte Arabisierung ein. Das berberische Idiom der Kabylen – eine gesprochene, aber wie andere Berberdialekte (mit Ausnahme der Tuaregsprache) schriftlose Muttersprache – sollte verschwinden. In den Schulen lernte die jüngere Generation nur noch arabisch. Aber um 1980 meldeten die Kabylen deutlichen Widerstand gegen diese Sprachenpolitik der Regierung an. Zähes Beharren auf der eigenen Lebensform, Widerwille dagegen, sich einer fremden Autorität zu beugen: das scheinen Konstanten nicht nur des kabylischen Berbertums.

Wer nun vermeint, in einem so widerspenstigen und eigenwilligen Gebiet sei das Reisen für einen Fremden wohl riskant und man fiele unter Räuber und Wilde, der irrt gewaltig. Wenn man sich an die selbstverständlichen Spielregeln menschlichen Miteinanders hält, findet man die Menschen freundlich und hilfsbereit. Aber sie halten auch Distanz, drängen sich nicht an. Kaum irgendwoanders in Nordafrika geht der Fremde so ›unsichtbar‹ durch einen Markt, kann er so unangefochten am Straßenrand rasten. Der junge Bauer im wollweißen traditionellen Umhang (wie eine römische Toga – und der rote Sturzhelm bildet dazu einen gladiatorenhaften Kontrast!), der Schwierigkeiten mit seinem Moped hat, hätte uns wohl nie angesprochen. Wir müssen ihm mit unserem Werkzeug Hilfe anbieten – und dafür dankt er mit strahlendem Lächeln und in gewandtem Französisch.

Fahrten durch die Große Kabylei sind landschaftlich ungemein lohnend, doch die Straßen sind sehr kurvenreich und verlangen vom Fahrer stete Aufmerksamkeit. Wären die Preise nicht – wie überall in Algerien – so astronomisch hoch, man trüge keine Bedenken, einem guten Freund hinter vorgehaltener Hand die Kabylei als Urlaubsgebiet zu empfehlen. Wenn es hier auch noch keine ausgebauten Wanderwege gibt: der Straßen und Sträßlein sind viele, denn erstaunlicherweise ist die Große Kabylei – ein reines Bauernland – eine der am dichtesten besiedelten ländlichen Regionen des ganzen Maghrib. Man rechnet mit mehr als hundert Bewohnern auf den Quadratkilometer, in den Djurdjurabergen sogar mit bis zu 200. Folglich ist auch das Netz der öffentlichen Verkehrsmittel relativ dicht. Aber auf sie brauche ich meinen Freund gar nicht zu verweisen. Er kann auch als Anhalter weiterkommen.

Bei frühem Aufbruch von Tizi-Ouzou könnte eine recht strapaziöse Tagestour den eiligen Reisenden über beide Pässe des Djurdjuragebirges führen. Man wählt dann die nach der Ausfahrt von Tizi-Ouzou vierte Abzweigung nach Süden, an der das Straßenschild Aïn El Hammam als Ziel angibt. Dieser Weg windet sich bald in steilen Kehren in die Höhe, gestattet weite Rückblicke aufs Sebaou-Tal und Tizi-Ouzou, das als heller Fleck vor grün-verblauenden Bergkulissen liegt. Nach Süden zu begrenzen die wild zerrissenen Djurdjuragipfel den Blick, im Frühjahr noch schneebemützt. Das ist die Zeit, in der es hier am schönsten ist. Dann stehen die Opuntien und Agaven, die blühenden Kirsch- und die eben frisch austreibenden Feigenbäume zusammen mit Oliven und der farbigen Pracht wilder Blumen als Vordergrund für die rotgedeckten Gehöfte und Weiler, die jede Höhe besetzen, sich zusammendrängen wie die Städtchen im nördlichen Latium. Und hinten ragen die weißen Gipfel in den Blauhimmel, in dem weiße Wolkenballen treiben. Aber dann eben sind diese weißen Berge noch unerreichbar. Die Karte hat schon recht, wenn sie die Pässe – den Col de Tirourda mit über 1800, den Tizi N'Kouilal mit etwa 1600 m – als oft bis in den April hinein unpassierbar einzeichnet. Natürlich ist dann auch die beide notdürftig verbindende Gebirgspiste nicht zu befahren.

Den Markt in **L'Arbaa Naït Irathen,** den – wie der Name sagt – die Irathen am vierten Tag der Woche (dem Mittwoch also) abhalten, wird, wer an diesem Tag unterwegs ist, nicht versäumen. Nicht als Händler oder Kunde, sondern um wie immer bei solchen Gelegenheiten die Augen spazieren zu lassen. Etwa 20 Straßenkilometer auf einer kurvigen Route, die wieder und wieder herrlich schöne Blicke gewähren, dann ist **Aïn El Hammam** erreicht, ein lokales Zentrum, in dem Unterkunft finden kann, wer darauf angewiesen ist.

Den Kilometern nach ist es nicht mehr weit bis zum Tirourda-Paß, aber wir wollen nicht riskieren, daß wir dort oben – wie seinerzeit einmal im späten März – einen

Große Kabylei, Blick zur Djurdjurakette

Bulldozerfahrer treffen, der uns freundlich erklärt, in ein bis zwei Tagen sei die Straße befahrbar, wir sollten uns einstweilen gedulden.

Zwei Kilometer nördlich von Aïn El Hammam führt ein Sträßchen in ungezählten Kehren hinab ins Tal des Oued Djemaa und dann in ebenso vielen wieder hinauf zu der Kreuzung, wo neben einem Wegweiser – 4 km – ein Bienvenues-Schild den Gast zum Hotel von **Beni Yenni** lenken möchte, einem Ausgangspunkt für Fußwanderungen zu Ortschaften verschiedener Kabylen-Clans: zu den Nachkommen des Yenni, denen des el-Arbaa (Larbaa), des al-Hassan (Lahcene), zu den Amokrah, den Mimoun.

Wer in einem einzigen Tag die Kabylei ›erfahren‹ will, wird gleich die N 30 nach Tizi-Ouzou zurück einschlagen. Wer sich noch weitere Kurven zutraut, kann links abzweigend den Umweg in Richtung Boghni wählen, um noch einmal die Djurdjurakette in ihrer ganzen alpinen Herrlichkeit aus einem neuen Blickwinkel zu bewundern und dann auf einem der Nebensträßchen nach Tizi-Ouzou zurückzukehren. Auch auf diesen Routen kann der Fremde mit etwas Glück noch ein Stück der ungeschlacht-archaischen

Berberkeramik als Andenken erwerben: schwere, mit urtümlich-magischen Zeichen dekorierte Krüge und Schalen. Einst fiel ihre Herstellung in den Werkbereich der Frauen. Nun haben schon Männer die Fertigung übernommen, aber was sie in den Läden als ›poterie d'art‹ anbieten, ist leider vielfach schundiges Zeug.

Auf sehr kurvigen Wegen – alle Straßen der Kabylei haben ihre Schwierigkeiten, aber auch ihre landschaftlichen Reize – nach Tizi Ouzou zurückgekehrt, enthält man sich weislich weiterer Vorschläge für den Freund. Bis auf einen: bei einer Fahrt durch Algerien dieses Bergland, durch das keiner der amtlichen Touristenpfade führt, nicht einfach im Abseits liegenzulassen.

Wer morgens frühzeitig von Tizi-Ouzou aufbricht und ostwärts die Straße nach Béjaïa einschlägt, wird spätestens ab Azazga weitere Aspekte der Kabylei kennenlernen. Die ersten 40 km durchs breite Sebaou-Tal sind landschaftlich eher beruhigend. **Azazga,** von ferne gesehen als helles Dreieck auf halber Hanghöhe liegend, grüßt zunächst mit den üblichen Betonkästen eines Neubauquartiers, erweist sich als nicht weiter sehenswerte Kleinstadt und entläßt uns hinauf in Kork- und Steineichenwälder, in denen im Frühjahr die Baumheide weiß blüht und die wilde Iris blau. Klare Quellen sprudeln aus Röhren kaltes Trinkwasser. Vor der Ortschaft Yakouren weist ein Willkommen-Schild zum Hotel für Sommerfrischler, die sich hier etwa 800 m über dem Spiegel des in der Luftlinie kaum 15 km entfernten Mittelmeeres einen Bergurlaub gönnen wollen.

Unsere Straße schlingt sich weiter aufwärts durch dichte Eichenwälder (Stein-, Kork-, Zerr-, Kermeseichen und verschiedene andere Arten), überwindet ohne Aufhebens den ›Col de Tagma‹ und gibt jenseits der Waldregion weite Blicke frei auf nur mit Buschwerk gesprenkelte Bergzüge und Höhen, auf denen sich unter terrakottaroten Ziegeldächern Gehöfte der Kabylen gegen feindliche Nachbarn und gegen die Geistermächte einer feindlichen Natur vierkantig zusammenziehen. Nicht lange, dann besiedeln wieder dunkelstämmige Eichbäume die kargsteilen Hänge. Die Ortsschilder Kebouche und Adekar versichern uns, daß wir uns noch auf der richtigen Route befinden. Beim Hotel-Restaurant Akfadou führt rechts eine Asphaltspur zum Naturschutzgebiet des Akfadou-Waldes mit seinen ansehnlichen Berggipfeln. Unsere Straße senkt sich nun langsam, führt auf halber Hanghöhe, jede mögliche Windung genüßlich auskostend durch bergige Einsamkeit, mit Blicken auf rotgedeckte Gehöfte und Weiler drunten auf niedrigeren Hügeln. Endlich weichen die strengen Eichen graugrünen Ölbäumen. Opuntien, gelber Ginster und Feigenbäume im ersten Grün mischen sich drein, und dann tut sich eine weite Aussicht auf ins breite Tal des Oued Soummam.

Wir durchfahren das Städtchen **El Kseur**. Die treffliche Michelinkarte zeichnet etwas südwestlich von hier, beim Dorf Tiklat eine Ruinenstätte ein, doch kein Schild an der Straße gibt einen Hinweis. Aber etwa 2,6 km hinter der Ortstafel an der Straße nach Bouira-Algier sehen wir rechts auf der Höhe unförmige Ziegelbrocken (wohl Reste von Zisternen), die sagen, daß es hier einmal römisch zuging. Wir biegen gegenüber der Tankstelle links in einen Feldweg ein, finden ein paar spärliche Reste antiken Mauerwerks, geraten ins Gelände einer landwirtschaftlichen Genossenschaft und fühlen uns wie ertappte Eindringlinge, als zwei Männer, die uns bemerkt haben, Kurs auf uns zu nehmen. Jetzt werden sie uns wohl barsch wegjagen. Aber nein: freundliches Winken, Begrüßung, und dann drücken sie uns frischgepflückte Orangen in die Hände. Ob es nicht wunderschön hier sei? Wo wir denn herkämen? Ob wir nicht den Betrieb besehen wollten? Gerne – aber wir sind auf der Suche nach den ›ruines‹. Ruinen? – haben wir auch. Auf dem Hof des ehemaligen Gutshauses steht eine ganze Reihe von römischen Inschriftsteinen. Daß ich ein paar davon halbwegs lesen, übersetzen und datieren kann, verschafft mir das Ansehen eines Gelehrten. Der Chef gibt uns einen Traktoristen mit, der uns zu versteckten Bauresten aus Römerzeiten führen soll. Auf Feldwegen geht es durchs Gelände, bis unser Auto in einer Schlammkuhle steckenbleibt. Es hat in den letzten Nächten immer wieder geregnet. ›Das kriegen wir schon wieder flott‹, meint die Gebärde unseres Geleiters. Gras und junges Getreide stehen im Saft, Feigenbäume entfalten ihre Blätter, bunte Blumen blühen am Rain. Lachend streift der Bauer mit der Hand über die Halme. »C'est l'eau che nous donne à manger.« Gemeinsam sprechen wir das al-Hamdulillah, Gott sei Dank. Unser Lahcen führt uns auf einem versteckten Pfad in ein dichtes Gebüsch aus verwilderten Ölbäumen und brusthohen Mastixsträuchern – und mitten im Dickicht erheben sich mehrere Meter hohe, mehr als anderthalb Meter dicke Mauern römischer Thermen. Nicht daß sie besonders instruktiv wären – aber man kommt sich vor wie die Entdecker der einst auch ganz zugewachsenen Bäder von Baiae oder der Hadriansvilla bei Tivoli.

Mit Hilfe von Traktor und Seilen machen zusammengetrommelte Feldarbeiter unser bis zu den Achsen im Dreck steckendes Fahrzeug wieder flott. Als einzigen Dank wollen sie ein Foto von der ganzen Gruppe. Freundliches Winken, als wir uns nach dem etwa 30 km entfernten Béjaïa aufmachen. Das ›Tombeau de la Neige‹, das die Karte einzeichnet, Denkmal für eine französische Einheit, geführt vom Obersten Bosquet, die im Februar 1852 droben in den Bergen, aus denen wir kamen, bis auf den letzten Mann einem Schneesturm erlag, scheint der Straßenbegradigung zum Opfer gefallen zu sein. Das freie Algerien fühlt sich nicht veranlaßt, französische Kriegsmonumente zu pflegen und zu schützen.

Im breiten grünen Tal des Oued Soummam geht es zügig voran, bald schon kommen die staubigen Industrieanlagen und die normierten Wohnblocks in Sicht, die unerfreulich anzusehende Kehrseite von **Béjaïa,** von der wir uns nicht abschrecken lassen, bis ins Centre ville vorzudringen.

Das frühere Bougie ist alles andere als eine autogerechte Stadt. Es baut sich in Terrassen und mit engen steilen Treppengassen an der Südostflanke des Djebel Gouraya mehrere hundert Meter über den Hafen empor. Nicht nur, daß man sich im Labyrinth der Einbahnstraßen und Umleitungen verfängt: man findet auch in der Innenstadt kaum einen Parkplatz. Am besten läßt man das Fahrzeug stehen, wo sich die erste beste Lücke bietet, und geht dann aufs Geratewohl in der Stadt spazieren. ›Sehenswürdigkeiten‹

zu suchen, darauf verzichtet man füglich. Weder das Meertor (Bab el-Bahar, das einst angeblich die Hafeneinfahrt überspannte) und das ›Meerfort‹ drunten noch die Kasbah droben – beide sichtlich aus der spanischen Besatzungszeit – noch auch die anderen Überbleibsel aus vergangenen kriegerischen Zeiten verdienen, daß man verbissen nach ihnen sucht. Wenn man beim Bummeln durch die Stadt – treppauf – treppab – auf sie stößt, wird man nicht wegschauen. Wie reizvoll ist es, ziellos durch die Stadt zu streifen! Weniger die belebten ›modernen‹ Geschäftsstraßen, in denen Autos hektisch hupen, laden dazu ein, son-

Die Bucht von Béjaïa

dern die stilleren Wohnquartiere mit den leitersteilen Treppchen, von denen aus sich da und dort andere Teile der Stadt zeigen oder das Meer den Blick tröstet. Im Viertel um die Große Moschee findet man einen kleinen Markt, kleine Lebensmittelläden, kleine Cafés. Irgendwann stößt der Wanderer auch auf die terrassenartige Place du 1er Novembre und das unterhalb ihrer behauste Archäologische Museum, das in etwas verwirrender Weise Vorgeschichtliches, Berberisches, Römisches und Islamisches darbietet, dazu ausgestopfte Vögel, Käfer und aufgespießte Schmetterlinge unter Glas.

Es wäre verwunderlich, wenn die Phöniker unter dem steilen, weithin den Golf beherrschenden Vorgebirge keinen Ankerplatz gefunden hätten. Wie sie ihn genannt haben, das weiß niemand mehr. Die Römer jedenfalls hießen die Stelle Saldae, und Augustus siedelte hier eine Veteranenkolonie an. Inschriften bezeugen, daß die Siedlung in der Kaiserzeit sicheren Wohlstand genoß. Was später dann geschah, ist nur zu ahnen. Die Araber lösten Römer und Christen ab. Im 10. Jahrhundert mag die Hafensiedlung bereits wieder einige Bedeutung gehabt haben, aber zur Blüte gelangte sie erst durch die ziridischen Beni Hammad. An-Nasser, 1067 vor den Hillal aus seiner festen Kalaa entwichen, gab der Stadt den Namen an-Nassiriya. Sein Sohn al-Mansour richtete hier seine Residenz ein und rettete in sie 1148 die Kunstschätze der letzten Hammaditenherrscher. Damals soll die Stadt – so erzählt Leo der Afrikaner – 100000 Einwohner gehabt haben, war durch eine feste Wehrmauer geschützt als ein Handelsplatz, den die Schiffe der Venezianer und Genueser ebensogern anliefen wie die der Moslems. Die Europäer nahmen neben wertvollen Handelsgütern auch einen Namen von hier mit: den der Uferstrecke zu Füßen der Festung, wo die Moslems ihre Schiffe ausbesserten und ausrüsteten. Aus der Bezeichnung ›Dar es-Senaa‹ wurde im Sprachgebrauch der Abendländer ›Arsenal‹.

Im Jahr 1152 machte der Almohade Abd el-Mumen der Hammaditenherrschaft ein Ende. Aber auf den Balearen hatten sich Anhänger der gestürzten Almoraviden gehalten, und einer von ihnen, Ali Ibn Ghaniya, bemächtigte sich 1184 Béjaïas und errichtete von hier aus ein kurzlebiges Emirat im Mittleren Maghrib. Dann fiel die Stadt unter die tunesischen Hafsiden, wurde 1284 Hauptstadt eines kleinen unabhängigen Königtums, gehörte später den Emiren von Tlemcen, dann den Meriniden von Fez, gelangte wieder unter hafsidische Herrschaft und verlor immer mehr an Bedeutung. Nur seiner Seeräuber wegen war Béjaïa noch bekannt – vor allem bei den Spaniern, und diese eroberten unter Don Pedro de Navarro die Stadt und richteten in ihr 1509 eine Garnison ein. Beim Versuch, die Christen zu vertreiben, verlor Horudsch Barbarossa, Chaireddins älterer Bruder, seinen rechten Arm. Kaiser Karl V. hielt sich 1541 nach dem Desaster vor Algier für ein paar Tage hier auf, aber 1555 mußte sich die Festung dem osmanischen Pascha von Algier ergeben. Unter den Türken kam sie vollends herunter. In der 2. Hälfte des 17. Jahrhunderts war sie bloß noch ein trauriges Nest von ein paar hundert Einwohnern. Nach 1830 verjagten diese die osmanische Besatzung, aber boten auch den Franzosen Widerstand, die Béjaïa erst 1833 besetzen konnten und dem Städtchen angesichts seiner geschäftigen Wachskerzenziehereien den Namen Bougie gaben.

Heute ist Béjaïa wieder eine Großstadt mit mehr als 100000 Einwohnern. Der vor allen gefährlichen Winden geschützte Fischerei- und Handelshafen, modern ausgebaut, hat als Ölhafen zusätzliche Bedeutung gewonnen. Eine über 600 km lange Pipeline führt aus den Fördergebieten um Hassi-Messaoud bis an die Reede von Béjaïa, und die Anlagen, welche der Ölexport entstehen ließ, reden deutlich genug von der Bedeutung dieses drittgrößten algerischen Hafens.

Und doch ist das vom Wachs aufs Öl umgestellte ›Bougie‹ trotz seiner Industrieviertel und der uns wenig anmutenden Siedlungsquartiere (aber es geht nicht um Stadtbildästhetik, sondern darum, arbeitenden Menschen bewohnbare Unterkünfte zu schaffen!) keine rußig-wimmelnde Industriestadt. Wer sich als Tourist die Zeit nimmt, mag zum Gipfel des Gouraya-Berges hinaufsteigen (660 m), zum Cap Carbon wandern oder fahren. Aber gar zu lange wollen wir uns doch nicht aufhalten. Es sind ja nirgends in Algerien die Großstädte von heute, die – mögen sie auch auf eine lange und wechselvolle Vergangenheit zurückblicken können – Reiseziele bilden, die sich auch nur von Ferne mit Rom, Venedig, Paris oder Prag vergleichen ließen. Es ist vielmehr die weite und großartig gegensätzliche Landschaft, die jeden Reisenden fasziniert. Landschaftliche Erlebnisse aber braucht man nicht gerade im Bereich einer großen Hafenstadt zu suchen. Der weitgeschwungene Golf von Béjaïa und vor allem die ›Corniche Kabyle‹ genannte Küstenstrecke bis Jijel bieten übergenug des Begeisternden.

An der Corniche und durch die Kleine Kabylei

Wer nicht unbedingt in der Stadt Quartier suchen möchte, findet – etwa 20 km östlich von Béjaïa – am Sandstrand des sanft schwingenden Golfes bei Tichi zwei Campingplätze und ein Touristenhotel. Hier treffen wir uns mit den Freunden, die eine andere Strecke gewählt haben. Es gibt viel zu erzählen.

Am nächsten Morgen machen wir uns nicht zu spät auf und fahren – das hinter Uferwäldern und Dünen meist verborgene Meer zur Linken, rechter Hand die grünen Küstenberge – ostwärts und überqueren die Mündung des Oued Agrioun, der zwischen bewaldeten Bergen aus der ›Affenschlucht‹ herauskommt, die jene Reisenden schon kennen, welche von Sétif oder Djemila nicht geradewegs nach Constantine gefahren sind.

Gleich jenseits der Eisenbahnbrücke über diesen Fluß, der manchmal furchterregend anschwillt, sonst wieder wie ein träges Schlänglein in seinem Schotterbett liegt, aber nie ganz ohne Wasser bleibt, beginnt – Straßenschild ›Les Falaises‹ – die ›Corniche Kabyle‹. Das ist – freilich kurvenreich – eine der herrlichsten Küstenstraßen an dem mit landschaftlichen Herrlichkeiten wahrlich gesegneten Mittelmeer, dem Meer der Mitte, das wir als die Wiege unserer Kultur betrachten und lieben. Wie viele seiner schönsten Küsten aber sind heutzutage verbaut, vernutzt, verschandelt ...

Die Küstenstraße zwischen Meer und Bergen beginnt mit einem Paukenschlag: mit lohroten Felswänden, in deren Fuß die Straße hineingesprengt und hineingehöhlt ist. Sie schlängelt sich durch Tunnels, schneidet Höhlen und Grotten an, mit Stalaktiten, die Jahrtausende brauchten, um zu wachsen. Myrten und Mastix, Zistrosen und Baumheide, Steineichen und Kiefern begleiten sie dort, wo diese zähen Pflanzen irgendwo im Gestein Wurzelboden finden. Immer wieder buchtet sich die Straße zu Ausweich- und Ausblickstellen, damit nicht nur ab und zu Lastwagen aneinander vorbeikommen, sondern die Augen vom blaugoldenen Überfluß der Welt trinken können. Einer Welt, die durch die Zwänge unseres Jahrhunderts noch kaum angefressen, die noch nicht von ihnen zerstört ist. Es steht zu hoffen – und gute Gründe sprechen dafür – daß sie auch in den nächsten Jahren nicht touristisch verhandelt und industriell verschandelt wird. Wir wollen und können uns hier Zeit nehmen, selbst wenn wir uns nicht zum Bade geladen fühlen.

Ziama Mansouria, auf einer flachen Felsnase ins Meerblau hinausstechend, versucht uns dazu und zu einem Aufenthalt zu überreden. Vor seiner Landspitze hebt sich ein Inselchen aus der Flut. Auch wenn noch kein Archäologe hier Spuren phönikischer Anwesenheit nachgewiesen haben sollte: man möchte auf Anhieb wetten, daß hier einmal die Seefahrer aus dem Osten genächtigt haben.

Die ›Grotte Merveilleuse‹ – Zugang links hinterm Tunnel bei der Trafostation an der Brücke über den Oued Dar el-Oued – finden wir auch diesmal wieder verschlossen. Und dabei hatten wir uns auf sie so gefreut, weil sie als die schönsten Tropfsteinhöhlen an dieser Küste gelten und wir, auf sie gespannt, einige andere Grotten unterwegs kaum beachtet haben.

Bei El-Aouana schnürt ein Sträßlein landeinwärts den grünen hohen Bergen zu. Es zu befahren ist ein Unternehmen, zu dem ich meine Freunde nicht verleiten darf, auch wenn sie hinterher – bis auf den Mann am Steuer – recht ah- und oh-begeistert sein würden.

Wenige Kilometer, dann werden die Ufer flacher, die Hänge zur Rechten sind durch Waldbrände des Trockenjahres 1984 geschwärzt, aber die Bäume sind nicht bis zu den Wurzeln verbrannt und könnten sich in ein paar Jahren wieder begrünen.

Durch einen Fahrweg mit dem Festland verknüpft schiebt sich der Leuchtturm von Bou Afia ins Blickfeld des Küstenfahrers, das dann bald schon auch **Jijel** erfaßt: weißlich-hell, weitgezogen, aber ohne einprägsamen Akzent. Wer es eilig hat, fährt – etwas enttäuscht – hier ohne Aufenthalt durch. Wir nicht ganz orthodoxen Touristen suchen zwar auch kein Hotel, wollen aber Proviant einkaufen und nützen die Zeit, uns ein wenig die Füße zu vertreten, einen wieder viel zu süßen Tee zu schlürfen und an die versunkenen Tage zurückzudenken, in denen hier erstmals Phöniker Anker warfen, später die Karthager ein Handelskontor Igilgili einrichteten, an dessen Stelle 500 Jahre danach Augustus eine römische Colonia gründen ließ. Auch nach der Eroberung durch die arabischen Krieger des Islam behielt die Stelle ihre von der Natur gegebene Bedeutung als Hafen und Stätte des Austausches – friedlich wie feindlich. Yahia ibn el-Aziz, der Hammaditen-Emir von Béjaïa, ließ sich hier einen Palast erbauen, den die Flotte des sizilischen Normannenkönigs Roger II. 1143 zerstörte. Sie stand unterm Befehl des Admirals Georgios von Antiochia, eines Levantiners, der im Dienst des tunesischen Ziriden von Mahdia Karriere gemacht hatte, dann aber seinen Herren verriet und zum Normannen überlief, in dessen Auftrag er 1148 Mahdia dem letzten Ziriden entriß. Wenn nicht seinen Namen, so doch seinen Rang halten in Palermo der Ponte dell'Ammiraglio und die mosaikenberühmte Martorana-Kirche (S. Maria dell'Ammiraglio) fest, die bis heute sein Bild – klein und demütig zu Füßen der Heiligen Jungfrau – bewahrt. Ein Jahrhundert später waren hier die Pisaner privilegierte Handelspartner der Moslems. Sie wurden abgelöst von den Genuesen und dann von den Spaniern, die Béjaïa/Bougie als ihre maritime Basis gewonnen hatten. Im frühen 16. Jahrhundert wurde Jijel erster Stützpunkt der Brüder Barbarossa. Der Hafen bildete den Ausgangspunkt für Chaireddins Eroberungszüge gegen Collo (1521), Annaba und Constantine (1522) und den endlich erfolgreichen Angriff auf Algier (1525). Die christlichen Staaten, die unter der Geißel der nordafrikanischen Seeräuber nicht weniger litten als die moslemische Schiffahrt unter den zupackenden Beutezügen der maltesischen Ritter, versuchten, hier einen Stützpunkt zu erringen. 1664 scheiterte ein französisches Unternehmen gegen Dschidschilli/Jijel. Es stand unterm Befehl des Duc de Beaufort, eines natürlichen Enkels Heinrichs IV. Der osmanische Sultan als Oberherr der fernen Provinz legte eine Janitschareneinheit hierher, die allerdings im täglichen Schlendrian verkam und durch einen einheimischen Berberstamm abgelöst wurde. Die Franzosen aber kamen wieder, haben Jijel schon 1839 besetzt. Von ihren ersten Anlagen blieb so wenig wie von den moslemisch-mittelalterlichen Befestigungen. Ein Erdbeben hat 1856 die Vergangenheit der alten Stadt vollständig ausradiert. Darum also diese sonnige Langeweile.

Östlich der ›plage‹ von Jijel schieben sich Dünen und Uferwäldchen zwischen die Straße und das Meer, begleitet von Gemüsekulturen unter Plastikbahnen. Eine autobahnähnliche Fahrbahn nach Skikda, der ausgreifenden jungen Industriestadt, ist im Bau, aber sie verschont uns diesmal im Land der Baustellen mit achsenstrapazierenden Geduldsproben. Auf einer ängstlich schmalen Brücke überqueren wir einen rinnsäligen Oued, der den stolzen Namen Nil führt.

Wo die alte Straße sich vom Meer ab- und endgültig dem Inland zuwendet, grüßt – einheitlich und ansprechend geplant – ein sozialistisches Dorf, ein ›Village de la révolution agraire‹. Aber auch an seinen Rändern wachsen bereits die sechsstöckigen Wohnschachteln auf: Versuche, die unentwegt wachsende Bevölkerung zu behausen. Am Oued Kebir, dem ›großen Fluß‹ entlang fahren wir in ein baumgrünes Tal hinein, das nicht mehr nur von der Landwirtschaft leben will. Eine Industrieanlage, ein ›complexe sidérurgique‹ ist im Bau. Der Fluß, dem wir folgen, hat sich seinen Weg durch querliegende quartäre Verwerfungen nagen müssen und hat das geschafft, als er noch wasserreicher war als heutzutage. Die Straße windet sich durch pittoreske Schluchten (die Eisenbahnbauer haben sie untertunnelt) und atmet auf, als sich das enge Tal verbreitert. In der Ferne grüßen Mérouane, dann die Kreisstadt Mila (15 km) als helle Flecken am Gegenhang.

In **Grarem** wird jeden Donnerstag Markt gehalten. Muß ich meine Reisegenossen wirklich noch eigens auffordern, diese Gelegenheit wahrzunehmen, um sich unter Volk zu mischen? Das ›Volk‹, das sind ausschließlich Männer, braunhaarig und dunkeläugig. Keine einzige Frau ist zu sehen. Ihr Bereich ist das Haus. Ein solcher Markt hingegen ist Treffpunkt der Männer des ganzen Umlandes – und ihre Tracht ist ziemlich einheitlich: der wollen-braune Kapuzenmantel als Wetterschutz zu jeder Zeit, der weiße oder gelbe Turban als Kopfbedeckung. Jedoch die Staturen und Gesichter reden von vieler Völker Vergangenheiten, die sich gekreuzt, vermischt, einander abgelöst haben.

Keine lange Fahrt mehr, dann weist ein Schild rechts ab zu den ›Ruines romaines‹. Es spricht von 6 km, aber es sind dann doch etwas mehr auf dem neuen Teersträßlein durch Felder und Weiler bis zu der Stätte von **Tiddis**. Kurz bevor wir dieses unser Ziel erreichen, halten wir an. Unter der frühlingsfrischen Grasnarbe lugt das Erdreich in einer ganz unglaublich scharlach- bis fleischroten Färbung hervor. Man glaubt zunächst an Augentrug, aber tatsächlich: der Lehm ist hier so rot, und so rot sind auch viele der Steine, die sich zu den Bauten der Kaiserzeit fügen mußten. Die Stelle war schon seit punischer Zeit vorzugsweise von Töpfern besiedelt. Als Castellum Tidditanorum gehörte ihr Gemeinwesen später zu einer von Cirta beherrschten Städtekonföderation. Über dem Sattel einer Schlucht baut sich die Stadt hinauf.

Wir als Besucher haben von unten aus der Hauptstraße zu folgen, die an Höhlen, Stützmauern und Terrassen vorbei im Zickzack aufwärts zieht durch eine für Römerzeiten etwas ausgefallene Stadtanlage. Wir werden Timgad noch kennenlernen als ein Exempel für die Regelmäßigkeit römischer Stadtplanung, sahen Djemila als den Versuch, auch einem gar nicht dafür geeigneten Gelände etwas von römischer Regelmäßigkeit aufzuzwingen. In Tiddis hat man derartiges gar nicht erst in Angriff genommen.

Wir lassen also unser Fahrzeug auf der dafür vorgesehenen Asphaltfläche stehen. In ihrer Nähe wurden – wohl antik-berberische – Gemeinschaftsgrabstätten entdeckt und auch Reste späterer Werkstätten. Der mehrfach abknickende Weg aufwärts ist einer gegen den Strich, weil er aus der jüngeren in die ältere Vergangenheit führt. Die ursprüngliche Siedlung lag auf der leicht zu verteidigenden Höhe und hat sich erst in friedlicheren Zeiten hangabwärts gebreitet. Nach dem Vandalereinfall hat sie sich wieder auf die Höhe zurückentwickelt. Aber auf der gibt es heute kaum mehr etwas Schaubares.

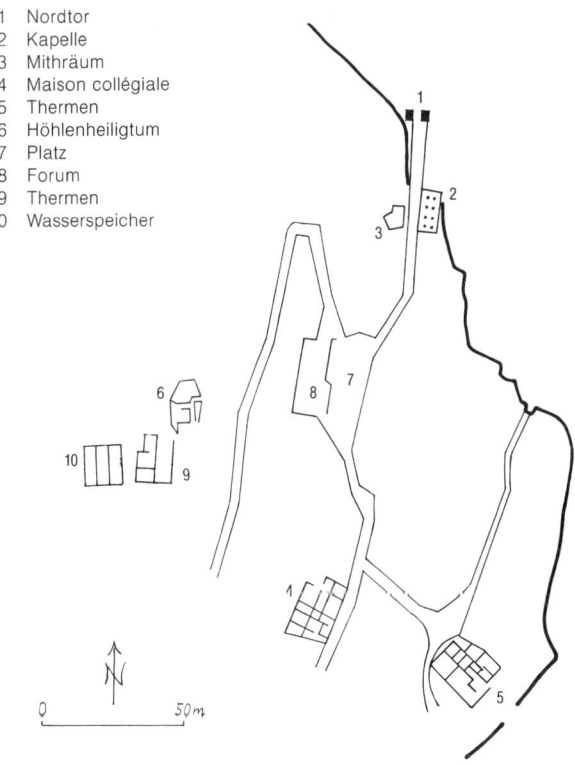

TIDDIS

1 Nordtor
2 Kapelle
3 Mithräum
4 Maison collégiale
5 Thermen
6 Höhlenheiligtum
7 Platz
8 Forum
9 Thermen
10 Wasserspeicher

Wir beginnen unseren Rundgang unten beim *Nordtor* (**1**), einem wiederhergestellten Ehrenbogen, der dem Ädilen Q.Memmius Rogatus im 2. Jahrhundert gewidmet wurde, weil er die Baukosten bezahlte. Rechts unseres zunächst gepflasterten Weges sehen wir Reste der Stadtmauer, die noch aus vorrömischen Tagen stammen sollen. Linker Hand treffen wir dann auf eine kleine christliche *Kapelle* (**2**). Ihrem Eingang schräg gegenüber befand sich ein *Mithräum* (**3**), ein in den Fels gehöhlten Heiligtum für Mithras, den iranischen Lichtgott, der einer der Lieblingsgötter römischer Legionäre war. Sie haben seinen Kult bis an alle Grenzen des Reiches verbreitet. Überall im Römerreich, nicht zuletzt in den entfernten Provinzen, in denen Truppen stationiert waren, kamen Bildwerke zutage, die den Gott darstellen, wie er – in persischer Hosentracht und mit phrygischer Mütze – den Urstier tötet. Vor der Haupthöhle lassen sich noch fragmentarische Stierköpfe erkennen, aber ein Bild des Mithras selbst wurde nicht gefunden: zu sehr haben die Christen diese Religion gehaßt als die gefährlichste Rivalin ihres eigenen Glaubens – kannte der Kult des Mithras doch taufähnliche Einweihungsriten, lehrte Unsterblichkeit der Seele, Auferstehung der Toten und ein Letztes Gericht. Zur Wintersonnenwende wurde das Geburtsfest des Mithras, des ›Sol invictus‹ gefeiert. Die Christen haben, den Heiland mit dem siegreichen Licht gleichsetzend, den Termin für ihr Weihnachtsfest übernommen und beibehalten. Das Bild des Stiertöters wurde getilgt, aber niemand fand es für nötig, auch die beiden Reliefs zu zerstören, welche einen vogelgestaltigen Phallus zeigen. Dessen Darstellung war – altgeheiligt – nie eine zu schäbigem Kichern reizende Obszönität, sondern ein unheilabwehrendes Glückszeichen, an dem man sich nicht vergriff.

Weiter hangansteigend gelangt man an einen Dreiweg, von dem aus die Hauptstraße scharf nach Norden abknickt. Geradeaus weiter nach Süden wandernd erreicht man die Reste eines Hanghauses, das auf verschiedenen Niveaus mehrere saalartige Räume enthielt. Die Forscher vermuteten in ihm das Clubhaus einer religiösen Kultgemeinschaft und gaben ihm die Bezeichnung *Maison collégiale* (4). Vorher schon führt ein Treppenweg hinunter zu den etwas spärlichen Resten des ›Töpferviertels‹, an dessen Rand – innerhalb des alten Mauerrings – ein großzügiges und mit Mosaikböden geschmücktes Bauwerk aufgefunden wurde, das als eine reiche Villa gedeutet wurde, aber doch eher wie ein *Thermenkomplex* aussieht (5). Der Wächter der Ausgrabungen führt einen auch zu einem *Höhlenheiligtum* (6), das in manchen Plänen als ›Vestagrotte‹ bezeichnet wird, das später sichtlich auch Hirten als Unterschlupf diente. Auf den Dreiweg zurückgekehrt, besuchen wir zunächst einen handtuchschmalen *Platz* (7), zwischen dessen Pflaster ein Bäumchen gepflanzt wurde. Hier findet sich auch ein runder Brunnen, den einst ein viersäuliger Pavillon ziboriumsgleich überfing. Das mag einmal einer christlichen Taufanlage recht geähnelt haben, aber – so vieles auch in Tiddis ungewöhnlich anmutet – es kann sich kaum wirklich um ein Baptisterium gehandelt haben. Die schöngefügte Mauer, die den kleinen Platz an der Westseite begrenzt, dient als Stützmauer des *Forums* (8), das mit den Abmessungen von nur 30 mal 10 m eines der kleinsten einer Kleinstadt der Römerzeit gewesen sein dürfte. Hier standen Ehrenstatuen für jene Bürger, die es zu Reichtum gebracht, Ämterkarriere gemacht und ihrer Heimatgemeinde schöne Bauten gestiftet hatten. An der Westseite des Forums sind nebeneinander drei Räume in den Hang hineingeschoben, in denen sich gleichfalls Basen von Standbildern und ein Altar fanden. Ohne daß sich Genaueres über ihre Bestimmung aussagen ließe, darf man in ihnen wohl Tempel für die kapitolinische Trias und/oder den Genius des Kaisers und Amtssitze der städtischen Magistrate sehen. Keineswegs handelt es sich um profane Magazinbauten. Durch einen – wiederaufgerichteten – Bogen (manche wollen in ihm das Tor der ältesten Stadtanlage vermuten) führt unser Weg weiter hangauf, durch ein Viertel, in dem einst Handwerker ansässig gewesen sein mögen, kehrt nach 50 Metern wieder in die südliche Gegenrichtung, zieht oberhalb des Forums aufwärts, gewährt bemerkenswerte Ausblicke – über das blauhügelige und grüngewellte Land, aufs Forum und die tieferliegenden Stadtviertel – steigt vorbei an einem Felsenzahn, der einst vielleicht einmal einen Altar getragen hat, biegt dann wieder nach Norden um, führt vorbei an *Thermen* (9) zum obersten Stadtplateau mit gewaltigen *Wasserspeichern* (10), aus denen notfalls die Stadt mit dem lebenspendenden Naß versorgt werden konnte. Hier oben ist noch wenig ausgegraben, Asphodelos, die Unterweltsblume der Alten, überwuchert hüfthoch die paar herumliegenden Steine, unter denen man die früheste Siedlung vermutet. Hier oben glauben die Fachleute auch das Höhenheiligtum des Saturn (d. h. des phönikischen Bal Hammon oder der älteren berberischen Gottheit, die sich hinter diesem Namen verbirgt) und der Ceres (der mütterlichen Tanit?) festgestellt zu haben. Die Ruinen von Tiddis fallen nicht nur in ihrer absonderlichen Farbigkeit, sie fallen auch in mancherlei anderer Hinsicht aus dem Rahmen dessen, was man als Normalität einer nordafrikanischen Römerstadt empfindet, und gerade deswegen lohnen sie einen Besuch.

Nachdem wir wieder auf die Hauptstraße zurückgekehrt sind, zeigt sich nach wenigen Kilometern zum allerersten Male Constantine mit hellen Hochhäusern zu Füßen eines Felsenkammes. Je näher wir ihr kommen, desto höher baut sich die Stadt hinauf, um so dürftigere Quartiere sendet sie die Hänge herab. Wie bei allen Großstädten sind die Außenbezirke ein unerfreulicher Mischmasch, der verbirgt, daß die Stadt – in arabischem Mund: Ksantina – eine der sehenswertesten Städte nicht nur Algeriens, sondern des ganzen Nordafrika ist.

Constantine

Soll man an Orvieto denken oder an eine andere der alten Bergstädte des nördlichen Latium? Da sind doch nur wenige gemeinsame Züge. Schon eher ans andalusische Ronda. Albert Camus verglich Constantine mit Toledo – aber diese großartige Stadt – unvergleichlich reicher an historischer Bausubstanz – ist ihrer Lage nach doch viel zahmer. Nein, Constantine ist, was seine landschaftliche Situation angeht, nur mit sich selbst zu vergleichen.

Ein mächtiger Felsblock aus Kreidekalk, der sich über tertiären Tonen und Konglomeraten erhebt, der nach Westen zu steil abfällt, im Norden und Osten durch die bis 200 m tiefe Rhumel-Schlucht vom Hochland getrennt ist, nur nach Südwesten durch einen schmalen Landstreifen mit dem umgebenden, dem Ackerbau nutzbaren Hügelland verbunden war: ein isolierter und leicht zu verteidigender Klotz, der auf seinem nach Süden abfallenden Plateau Raum genug bot für eine große Stadt, mußte als natürliche Festung früh schon eine Siedlung herlocken. Sie hat – rarer

Fall im ostalgerischen Land – allen Wandel der Geschicke als Stadt überdauert, eben darum aber auch keine Zeugnisse ihrer Vergangenheit dem archäologischen Spaten dargeboten. Hauptstadt des Massylierkönigs Gaia zunächst, war sie dann von dessen Rivalen Syphax besetzt, bis Masinissa die Königsstadt Cirta Regia zurückeroberte. In den ersten nachchristlichen Jahrhunderten war die nun römische Colonia Cirta Vorort einer Städtekonföderation, welcher auch Mila, Collo (Chull), Rusicadae (Skikda) Cuicul (Djemila) und Tiddis angehörten. Nach einer Revolte der Einwohner befahl Kaiser Maxentius 311, Cirta zu zerstören. Nach seinem im Zeichen des Kreuzes errungenen Sieg ließ Konstantin der Große die Stadt neu errichten, und seither führt sie als Konstantina, Constantine, Ksantina den Namen des Kaisers durch die Wechselfälle der Zeiten. Wer mit der Eisenbahn ankommt, begegnet gleich am Bahnhofsvorplatz der Statue des kaiserlichen Neugründers.

Nach den Jahren vandalischer Herrschaft war Konstantina byzantinisches Verwaltungszentrum, nach der Eroberung durch die Moslems erlebte es dunkle Zeiten. Sicher ist nur, daß die Stadt als solche weiterbestand und vorübergehend dem almohadischen Großreich einverleibt wurde, später den Hafsiden von Tunis gehorchen mußte und seit dem frühen 16. Jahrhundert Hauptort eines türkischen Beyliks war, das ganz Ostalgerien bis an den Wüstensaum umfaßte. Die Geschichte der Beys von Ksantina ist eine blutig-öde Abfolge von Revolten und Gewalttaten. Aus der für uns gleichgültigen Reihe der örtlichen Machthaber ragt einzig Salah hervor, der mehr als 20 Jahre lang, von 1771 bis 1792 zum Segen für die Stadt herrschte. Er ließ unter anderem die verfallene römische Wasserleitung und die seit dem Mittelalter zerstörte Rhumel-Brücke wiederherstellen. Aber gerade durch seine Tatkraft machte sich der kraftvolle Verwalter in Algier suspekt, wurde in die Rolle des Verräters und – aus Notwehr – zum Aufstand gegen den Bey getrieben und als Besiegter im Kerker erdrosselt. Die Besetzung Algiers durch die Franzosen verschaffte Achmed, dem letzten Bey, die Unabhängigkeit, die er gegen die Ungläubigen zu verteidigen gedachte. Ein erstes französisches Korps mußte tatsächlich mit blutigen Nasen abziehen, ein zweites nahm die Stadt 1837 nach heftiger Gegenwehr. Achmed Bey entkam und leistete vom Aurèsgebirge aus noch jahrelangen Widerstand. Erst 1848 ergab er sich.

Unter französischer Herrschaft wuchsen nicht nur die neuen Viertel jenseits der Rhumel-Schlucht und die südwestlich des leicht zu verteidigenden Flaschenhalses, des heutigen Stadtmittelpunktes heran, damals wurden auch die geraden Schneiden durch das Gassengewinkel der arabischen Altstadt auf dem Felsplateau geschlagen. Ihnen entlang entstanden mehrstöckige Häuser französischer Bauart. So verlor die Stadt ihr orientalisches Gesicht. Es gibt zwar immer noch einige Bauwerke aus der islamischen Zeit, es gibt noch immer einige orientalisch enge Gäßchen mit dunklen Durchschlupfen, kleinen Gemüseläden und Ständen von Gewürzhändlern, in denen buntes Gepülver riecht wie in Märchen aus 1001 Nacht. Freilich, wenn es regnet (und das kommt im Frühjahr nicht selten vor), dann vergraut der Farbenzauber, dann riecht es statt nach Piment, Kardamom und Pfeffer nur faulig und dumpf, und der Fuß glitscht auf dem Pflaster aus.

Wir wollen uns einige Muße gönnen, um als Reisende mit der Stadt vertrauter zu werden. Vertraut – der Positiv ist mehr als der Komparativ – wird man mit keiner islamischen Stadt Nordafrikas. Bestenfalls lernt man, sich auszukennen. Wo soll man auch dort auf ›vertrauten‹ Fuß kommen, wo sich alles Private hinter verschlossene Türen zurückzieht und der Fremde in keineswegs unfreundlicher, aber in sehr bestimmter Weise zu spüren bekommt, daß er eben ein Fremder ist. Ein Aufenthalt von Tagen oder Wochen könnte wohl zu näherer Bekanntheit mit Menschen und Landschaft führen – aber kann und darf der Verfasser eines Landschaftsbuches seinen Lesern empfehlen, solche Erfahrungen selbst zu sammeln? Oder soll er ihm nur als ›Führer‹ dienen, ohne doch in den Tonfall eines Guide-Book mit bloßen Aufzählungen zu verfallen? Eher möchte er sich in der Rolle eines sehr bescheidenen Nachfolgers Vergils sehen, der seinen Schutzbefohlenen mit Tröstungen, Warnungen, Hinweisen wie ›Da schau hin‹, ›Laß dir das

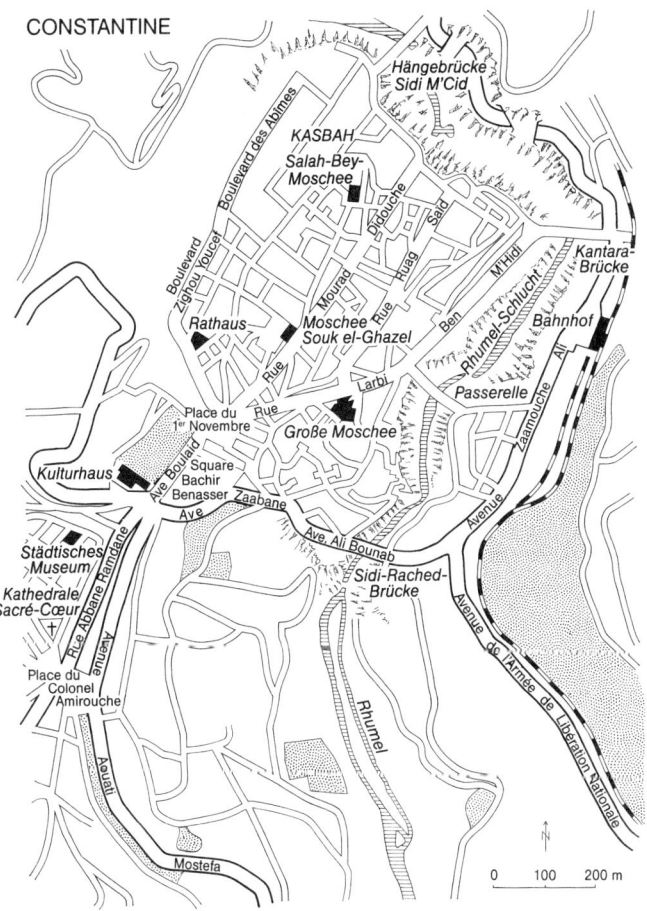

erzählen‹, ›Denk an das, was du gelesen hast‹ oder auch mit einem kurzen ›guarda e passa‹ (wirf einen Blick hin und geh weiter) durch ein fremdes Land geleitet.

Wie Dante und Vergil werden wir unsere Füße gebrauchen müssen, denn in der Altstadt von Constantine ist ein Auto mehr ein ärgerliches Hindernis als ein Fortbewegungsmittel. Und auch den Blick von außen auf diese Stadt vom aussichtsreichen Boulevard des Abîmes aus sollte man sich erwandern. Es wäre einfach schade, wollte man da nur motorisiert entlangschnurren und notgedrungen mehr Augen auf den Verkehr und die ihn regelnden Zeichen haben zu müssen als für die Stadt-Landschaft. Nur für eine Umschau in der Neustadt oder für Ausflüge in die Umgebung erweist sich das Fahrzeug als nützlich. Für eine Umschau in der Neustadt? Aber was will man da schon anschauen? Das ›Kulturhaus‹ (1937 als städtisches Kasino gebaut), die einstige Kathedrale Sacré-Cœur (jetzt Moschee), das Fußballstadion? Wer sich für moderne Architektur interessiert, wird wohl den Weg zum Baukomplex der Neuen Universität nicht scheuen, geplant vom Büro des deutsch-brasilianischen Architekten Oscar Niemeyer, dem Planer der Hauptstadt Brasilia. Der Komplex – für etwa 8000 Studierende vorgesehen – besteht aus zwei rechteckigen Hörsaaltrakten, den runden Bauten von Bibliothek und Mensa und dem 22stöckigen Verwaltungsturm.

Aber nicht dieses Werks neuen Bauens wegen haben wir Constantine aufgesucht, sondern seiner grandiosen Landschaft und Lage willen, die sich mit dem Menschenwerk zu etwas verbindet, das schwerlich seinesgleichen findet, wobei wir nicht vergessen dürfen, daß die französische Verwaltung rücksichtslos das Gesicht der moslemischen Altstadt verändert, ja sie praktisch zerstört hat. Wie in der anderen traditionsgesättigten Stadt Algeriens, wie in Tlemcen, ist auch in Constantine im 19. Jahrhundert architektonisch schwer gesündigt worden. Das nur vorausgeschickt, damit sich niemand enttäuscht fühlt, der sich unserem ausgiebigen Rundgang anschließen möchte.

Wir beginnen ihn auf der **Place du 1er Novembre 1954,** die im Namen an den Tag erinnert, an dem der Unabhängigkeitskrieg ausbrach. Hier ist die tagsüber stets belebte Mitte der Stadt von heute mit Justizpalast (errichtet 1883 an der Stelle der ehemaligen Janitscharenkaserne), mit Hauptpost, Staatsbank, Stadttheater, alles im pompösen Stil des ausgehenden dix-neuvième. Das ist das nördliche Ende jener Landbrücke vom Hügelland zum befestigten Stadtplateau, die einst durch eine Mauer gesichert war. Nach der Bresche, die französische Kanonen 1837 in sie schossen, hieß der Platz lange Zeit. Als man ihn 1935 (damals hieß er ›Place de Nemours‹) erweiterte, fand man antikes Mauerwerk, das darauf schließen ließ, daß die Stelle schon im Altertum von einiger Bedeutung fürs öffentliche Leben war.

In die Altstadt auf dem Felsklotz führen von hier aus mehrere Straßen, etwa wie die Finger einer hingebreiteten rechten Hand. Als westlichste verläuft der **Boulevard Zighou Youcef**, am Rathaus (1879-85 ganz im Stil eines ›Hôtel de Ville‹ gebaut) vorbei und gewährt weite Blicke hinab in die Rhumel-Ebene und auf die bis 1200 m hohen Chettaba-Berge. Er läuft – teilweise durch einen Tunnel – um die Nordwestecke der alten Kasbah auf der höchsten Stelle der Stadt. Hier trutzte einst die numidische Königsburg, standen nacheinander das römische Capitolium, die Festungen der Byzantiner, Berber, Araber, Türken und Franzosen. Noch heute ist dieses Areal militärisches Sperrgebiet. Der Blick von der 1912 gebauten **Hängebrücke Sidi M'Cid** (168 m lang, 175 m überm Rhumel-Tal) gehört zu den großen Eindrücken, die Constantine zu bieten hat. Obwohl kaum ein Wind weht, klammert man sich mit etwas schwachen Knien ans Geländer. Nein, es ist keine Täuschung: die ganze Brücke zittert leicht. Man möchte ins Weite schauen, aber die Tiefe saugt den Blick an – und während man hinunterschaut, kommt einem der widerliche Gedanke, wie es sein müßte, da hinunterzufallen... Den Blick hinab und hinaus aufs Land genießt man – weniger von so dunklen Vorstellungen bedrängt – von jenseits der Brücke. Da führen Wege und Stufen hinauf zum ›Monument‹. Von einer geflügelten Siegesgöttin gekrönt, war es einst Kriegerdenkmal für Opfer des Ersten Weltkriegs und Aussichtspunkt zugleich, so dient es heute – der algerische Staat sieht sich auch hier nicht bemüßigt, das Andenken gefallener französischer Soldaten besonders zu pflegen – in erster Linie dem Landschaftsgenuß. Eine Orientierungstafel zeigt die Himmelsrichtungen, nennt die Namen der von hier aus sichtbaren Berge und Siedlungen. Man schaut hinunter

Hängebrücke Sidi M'Cid in Constantine

ins oliv- und apfelgrüne Fruchtland, in das sich Vororte hinausschieben, sieht gelbe, rötliche, braune Flächen in entfernten Bergzügen blau verblassen.

Die Rasenstücke zwischen Agaven und Opuntien oberhalb des Steilabsturzes zur Rhumel-Schlucht ist ein bei den Einheimischen sichtlich beliebter Aussichtspunkt, sieht man doch von hier zugleich in die Talweite, in die Tiefe und hinüber zu den jäh abfallenden Felswänden des Altstadtberges. Eine Stelle, an der man gern ein wenig rastet. Bevor wir über die Hängebrücke in die Altstadt zurückkehren, versäumen wir nicht, auch von dem schmalen Park und dann von der Straße aus, die über der Schlucht hinzieht, hinaus-, hinüber-, hinabzuschauen. Drunten schäumt der Fluß durch natürliche Tunnels, die er sich durch weiche Gesteinsschichten der Tiefe gebohrt hat.

Auf das jenseitige Ufer zurückgekehrt, wählen wir nicht die gerade, an der Kasbah entlangführende Straße, sondern halten uns halblinks. Über einen kleinen Markt finden wir, vorbei an der Moschee des Salah Bey, deren Äußeres eine etwas willkürliche Restaurierung im Stil des 19. Jahrhunderts geprägt hat, bald den Weg in die betriebsamen Geschäftsstraßen, aus denen der Autoverkehr verbannt ist. Mögen die Fassaden der fünf- und sechsstöckigen Häuser sich ganz französisch geben, das Leben, das hier pulsiert, ist unverkennbar orientalisch, auch wenn die Auslagen der Geschäfte sich auf einen halb europäischen Geschmack einstellen und die meisten Männer sich auf europäische Art kleiden. Alleine schon die arabischen Aufschriften vermitteln den Eindruck von Fremde – nicht anders als die Gewandung der wenigen Frauen, die man zu Gesicht bekommt. Kaum eine, die sich nicht in einen faltigen schwarzen Mantel mit roten Säumen hüllte, der vom Scheitel herabwallt, und die nicht die untere Gesichtshälfte hinter einem weißen Schleiertüchlein verbärge, das von einem Gummiband festgehalten wird.

Lassen wir uns ruhig zu Um- und Abwegen verleiten, schließlich stoßen wir doch auf die belebte **Rue Mourad Didouche,** die Hauptachse der Altstadt, die auf persönliche Anordnung Napoleons III. durchs Gefüge der Medina gebrochen wurde. Wer am Vormittag unterwegs ist, nimmt die Gelegenheit wahr, einen Blick in die **Moschee Souk el-Ghazel** zu werfen, welche, 1730 von einem Marokkaner im Dienst des Bey gestiftet, welche nach 1838 als Kirche Maria von den Sieben Schmerzen dem katholischen Kultus übereignet wurde. Damals wurde sie mit einer Kuppel versehen, die sich etwas unbeholfen jene zum Vorbild nimmt, die den Dom von Florenz krönt. Die Sockelzone des siebenschiffigen Betsaales ist mit tunesischen Fayencefliesen geschmückt. Dann wollen wir diese Hauptstraße entlang in etwa nördlicher Richtung zurückwandern, zur Rhumel-Schlucht und an ihrem Rand abwärts zur steinernen Brücke über den Rhumel-Cañon.

Wenn wir in den Plan der Altstadt das Bild der glückbringenden Fatimahand hineinsehen wollen, dann weist der Zeigefinger auf diese Stelle: wieder eine der besonders eindrucksvollen. Ob wir nun **Pont el-Kantara** oder Kantara-Brücke sagen, immer ist's doppeltgemoppelt, denn el-Kantara heißt ja schon ›Brücke‹. Ihre heutige Gestalt stammt aus unserem Jahrhundert, ist Nachfolgerin einer Konstruktion von 1860/63, die jene Brücke ersetzte, die Salah Bey 1792 an der Stelle des zerstörten antiken Überganges über die Schlucht errichten ließ und die 1857 einstürzte. Leider ist der Spaziergang – einst touristisch vielbesternt – der drunten in der Schlucht entlangführt, wegen Steinschlaggefahr heutzutage verboten und gesperrt. Schade!

Östlich der Schlucht wandern wir am Bahnhofsplatz entlang und finden, wenn wir uns rechts halten, den Weg zur **Passerelle,** einem schmalen, ausschließlich Fußgängern vorbehaltenen Übergang über die Rhumel-Schlucht. An ihrem altstadtseitigen Ende befördert uns ein Fahrstuhl in die Höhe, erspart uns, mehr als hundert unsaubere Stufen einer dunklen Treppe hinaufzukeuchen. Wir treten wieder ins Freie und haben nur ein paar Schritte bis zur **Großen Moschee,** deren moderne Fassade einen bescheidenen Betsaal verbirgt. Seine schlichte Decke wird von Arkaden getragen, die von ganz verschiedenartigen Stützen – Säulenschäften und Kapitellen antiker Herkunft – abspringen. Die Bauglieder beiderseits der Mihrabnische verraten gleichfalls ihre römische Herkunft.

Der zuständige Imam – oder ist es nur der Muezzin? –, ein mandeläugiger Herr mittleren Alters, bewillkommnet uns freundlich. Noch ist's ja die Zeit, zu der ein Fremder, ein augenscheinlich ›Ungläubiger‹, das Bethaus betreten darf. Aber ein schnauzbärtiger Jungmann, hager, etwas abgerissen (offenbar arbeitslos) will sich erregt dazwischenwerfen. Wir verstehen nicht sein feindseliges Gehabe und seinen Wortschwall. Der Imam schiebt ihn beiseite und wirft ihm einen barschen Satz zu, worauf der Störenfried abläßt und sich grollend verdrückt. »Un jeune fou« werden wir beruhigt. Aber das war kein Narr, das war einer jener radikalen Moslembrüder, die – Khomeini-Parolen folgend – eine Gefahr für alle modernen islamischen Staaten bilden und mit denen auch im bewußt moslemischen Algerien die Polizei nicht zimperlich umgeht.

Der ›Daumen‹ des Stadtgrundrisses führt uns zum zentralen Platz zurück, dessen südwestliche Verlängerung, die Avenue Boulaid, untertunnelt und unterkellert, zu einem unterirdischen Fußgängerlabyrinth gestaltet wurde. Wenigstens ist man hier unten vor den Automobilen sicher. Wir wählen den zur Rue Abbane Ramdane weisenden Treppenaufgang, biegen erst rechts und dann gleich wieder links um die Ecke und klettern dann eine steile Stiege hinauf zum **Städtischen Museum,** das sich durch seine Architektur auf den ersten Blick als ein solches darstellt. Es ist jeweils am Vor- wie am Nachmittag für drei Stunden zugänglich. Hinreichend Zeit also für eine nicht zu eilige Umschau.

Zwei Säle breiten reiches Fundmaterial aus vorgeschichtlichen Perioden aus. Punische Stelen stehen reihenweise. Im gräkopunischen Saal besehen wir die Kopien der kostbaren Funde, die aus dem Grabmal Es Souna bei El-Kroub – wahrscheinlich dem Mausoleum des Masinissa – geborgen wurden, aber auch so manches Zeugnis der phönikisch-griechisch geprägten Alltagskultur des vorrömischen Afrika. Die römische Kopie eines jünglingsweichen Bacchus beherrscht den kleinen, antiker Religion gewidmeten Raum. Dann fordern Gläser und Erzeugnisse der Töpfer unsere Aufmerksamkeit. In der Sammlung von Bronzen und Münzen (da gibt es herrliche Stücke aus kaiserlicher, byzantinischer, früharabischer Zeit, die jedes Numismatikerherz höher schlagen ließen) erfreut uns – neben hübschen Möbelbeschlägen und anderen Kleinbronzen – eine sehr reizvoll gestaltete Victoria. Lampen, elfenbeinerne Nadeln und Spielsteine, Alltagsgerät im Wechsel mit Götter- und Kaiserköpfen leitet uns zur Treppe zum Obergeschoß, in dem ein ganzer Saal den Funden aus Tiddis gewidmet ist, mit Stelen aus dem für diese Stadt so charakteristischen lachsroten Stein, mit reichlicher Keramik – war Tiddis doch eine Stadt, die von Töpferarbeiten lebte. In einer Vitrine entdecken wir eine römische Version der Glückshand der Fatima, ideal-realistisch gestaltet als Vollplastik, nicht als Relief, wie sie auf den punisch-numidischen Stelen zu finden ist, die 1950 auf dem El-Hofra-Hügel gefunden wurden und von denen wir einige – eine kleine Auswahl aus etwa 700 – bereits sehen konnten, wie sie später als flache Silberscheibe zum Schmuck der Frauen gehören wird.

Im Saal der christlichen Altertümer fesselt mehr als Tonlämpchen und Urnen ein kleines Kruzifix aus Blei unsere

Aufmerksamkeit als eine der frühesten Darstellungen des Mannes am Marterholz. Auch wenn Paulus die Botschaft vom Kreuz ins Zentrum des von ihm geprägten Christentums gerückt hatte: die frühen Christen haben lange vermieden, dieses Thema darzustellen. Funde aus der Frühzeit des Christentums sind in Nordafrika vielerorts und in vielen Museen zu sehen – und nicht nur dort, sondern kamen rings ums Mittelmeer zutage. Man wünscht sich eine – lieber vom Europarat als von irgendeinem Kirchentag veranstaltete – umfassende Ausstellung der Kunst oder Nicht- ›Kunst‹ einer Zeit, in der Theologen und Laien, Konzilien und Kaiser das herausfilterten, was künftig als ›rechtgläubiges‹ Christentum gelten sollte, und neben dem es so viele Ansätze gab, die in ganz andere Richtung hätten führen können, die aber abgewürgt wurden und verkümmern mußten ...

Den Raum im Erdgeschoß, der die Funde aus der Kalaa der Beni Hammad zeigt, fanden wir diesmal leider verschlossen. Um so mehr Zeit bleibt uns, die beiden instruktiven Relief-Modelle im ›Constantine-Saal‹ zu studieren: eines, das die Altstadt in arabisch-türkischer Zeit zeigt, wie sie sich, noch unberührt von europäischen Eingriffen, dem Adlerblick darbot, und eines, das – die landschaftliche Situation verdeutlichend – die Eingriffe und Neubauten des 19. und 20. Jahrhunderts blau markiert. Wer sich nicht nur oberflächlich mit Constantine einlassen möchte, gewinnt hier schätzbarste Hilfe. Stiche und Gemälde an den Wänden helfen ein farbiges Bild der Konstantins-Stadt von einst zu gewinnen.

Nicht anders denn als farbige, durch ein fremdes Auge gesehene Ausschnitte aus dem breiten Spektrum algerischer Landschaft haben wir die mehr als hundert Ölbilder des mittleren 19. und frühen 20. Jahrhunderts wahrgenommen: als Aspekte des Landes, in dem wir neugierig unterwegs sind, als ›nature, vue par un tempérament‹.

Zwischen Constantine und Annaba

Keine 160 Straßenkilometer beträgt auf der kürzesten Strecke die Entfernung zwischen den beiden numidischen Königsstädten von einst, zwischen Cirta und Hippo, die heute Constantine und Annaba (früher Bône) heißen – und wenn man einen Umweg über Skikda einrechnet, sind es auch nur knappe 40 km mehr. Das ist eine Route nicht ohne landschaftlichen Reiz, beschert aber nichts touristisch Sehenswertes. Auch **Skikda** (einst Philippeville geheißen) hat dem Fremden nichts zu bieten. Es ist eine französische Schöpfung, die inzwischen als Ölhafen, Endpunkt einer Pipeline, an industrieller Bedeutung, aber nicht an Reiz gewonnen hat. Die Reste eines römischen Theaters aus dem frühen 2. Jahrhundert, das einst mehr als fünftausend Zuschauern Platz bot, die von Zisternen, einer frühchristlichen Basilika und das vielleicht inzwischen wieder eröffnete Museum mit den üblichen Kleinfunden und Zeugnissen aus der Zeit, als in Rusicadae die Phöniker Handel trieben, braucht man nicht unbedingt gesehen zu haben. Skikda verfügt zwar über Hotelunterkunft und einige Kilometer abseits auch über eine Grande Plage in einer Bucht und könnte als Ausgangspunkt für Erkundungsfahrten in den östlichen Ausläuferhügeln der Kleinen Kabylei, in der ›Kabylie de Collo‹ dienen, aber wir wollen uns darauf nicht einlassen.

Wir wählen die etwas längere Route über Guelma. Sie ist für den historisch interessierten Reisenden weitaus lohnender. In südöstlicher Richtung aus Constantine ausfahrend, folgen wir zunächst der nach Batna ausgeschilderten Strecke. (Vom Centre Ville über den Pont Sidi Rached und dann gleich rechts halten – die einfachste Ausfahrt!) Noch bevor man El Khroub erreicht, das sich mit dem Schild für ›Sites et Monuments‹ schmückt, zweigt links eine Piste ab (1 km) zu dem, was vom **Grabmal von Es Souna** übrigblieb: ein Stufenunterbau, ein Sockel, die unteren Blocklagen von Eckpfeilern, die, mit Rundschilden geschmückt, einst Scheintüren flankierten. Darüber erhob sich ein Geschoß von dorischen Säulen, bekrönt von einer schlanken obelisk-

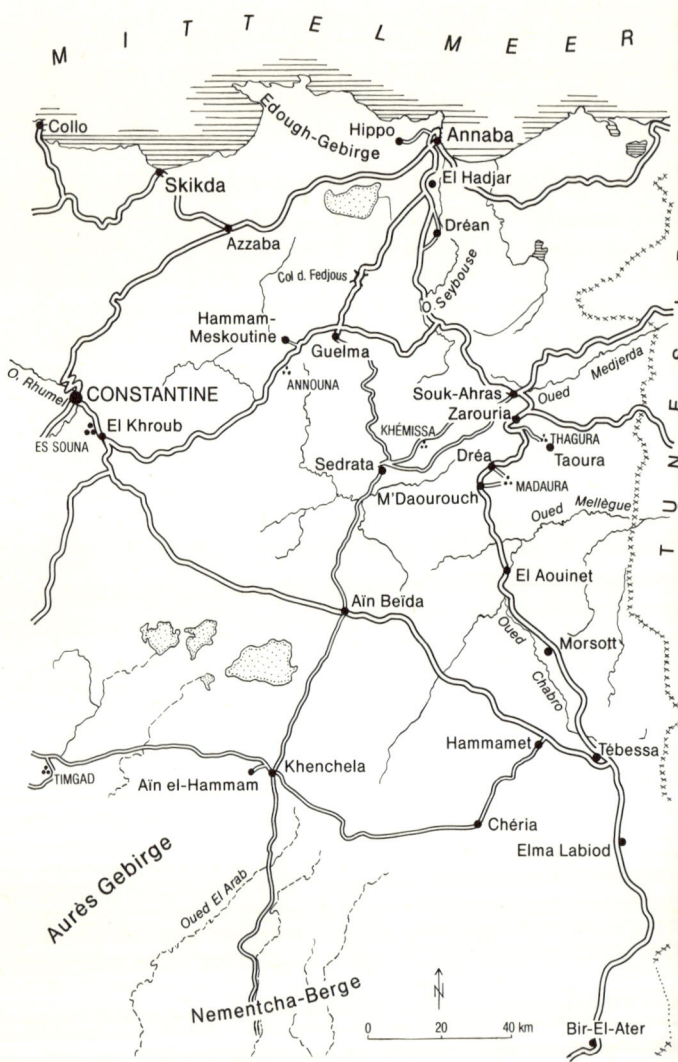

artigen Spitze. So jedenfalls rekonstruiert F. Rakob, der beste Kenner numidisch-römischer Architektur, den Bau, in dem man das Mausoleum des bedeutendsten Numiderkönigs sehen darf, des 148 v. Chr. verstorbenen Masinissa. Einst dürfte dieser Grabturm mehr als 30 m hoch emporgeragt haben. Heute erreichen die Reste nur noch knappe 6 m und doch sind sie – nicht einmal auf der höchsten Höhe – noch immer weithin sichtbar.

Die Stelle aufzusuchen und ein paar Gedanken in die Vergangenheit zurückzuschicken, das wäre sich der moderne und eilige Landfahrer schuldig – aber diesmal ist es ganz unmöglich. Ein Wolkenbruch nächtlicherweile hat das Land aufgeweicht und ungeteerte Sträßlein unpassierbar gemacht. Dafür nehmen wir uns die Zeit, den Viehmarkt zu besuchen, der in **El Khroub** freitags auf einem umfriedeten Gelände am Rande der Ortschaft stattfindet. Keine einzige Frau ist hier zu sehen. Das Geschäft ist ausschließlich Sache der Männer, bäuerlich-derber Typen mit weißen Turbanen über den braunen Gesichtern, gehüllt in kamelbraune Djellabas. Aber hier werden nicht Kamele gehandelt, sondern Ziegen, Schafe, kleinwüchsige schwarz-weiße Rinder. Auffallend die große Zahl der Zubringerfahrzeuge. Jeder Bauer hier hat sein Auto – meist japanischer Provenienz.

Kurz hinter El Khroub zweigt von der nach Batna oder Aïn Beida führenden Straße (sie teilt sich ein paar Kilometer weiter in zwei Äste) unsere über Guelma nach Annaba führende Route ab. Sie gewinnt – durch breit-hügelige Gegend führend, allmählich-unmerkbar an Höhe. Fast baumlos ist das Land und durchgehend bestellt. Die Türme einstiger Kirchen, welche die Dörfer überragen, verraten, daß das alles hier einmal französisches Kolonistenland war. Später wird dann die Landschaft bergiger, Olivenbäume und Ginster beleben das Bild. Baustellen bringen Wartepausen: die Straße wird begradigt und erweitert. Und deswegen haben wir auch das Weglein übersehen, das uns zu den von der Karte ausgewiesenen römischen Überbleibseln von Thibilis beim heutigen Announa führen sollte (Reste von Forum, Tempel, christlicher Basilika, eines reichen Hauses).

Wir trösten uns: bei den heutigen Wegverhältnissen wäre ein Gang durchs Gelände sowieso kaum möglich.

So können wir uns die Zeit nehmen, um – 4 km links ab von der Hauptstraße – **Hammam-Meskoutine** aufzusuchen, ein kleines Heilbad mit mehreren fast 100 Grad heißen Mineralquellen, um die sich eine Sinterterrasse, ›La Cascade‹, gebildet hat, die – bescheiden – an jene im türkischen Pamukkale erinnert. In der Frühlingskälte dampfen die heißen Wässer – und in den Schwaden herrscht heute – am Wochenfeiertag in Algerien – freitäglich-feiertägliches Treiben. Die Verkäufer von baguettes, die mit in den Quellen hartgekochten Eiern und scharfen Harissa gefüllt werden, machen gute Geschäfte.

Seltsame Sinterkegel, manche breiter als hoch, stehen wie müde Schneemänner im Quellbereich und seiner Umgebung. Die Sage erkennt in ihnen die Teilnehmer eines Hochzeitszuges, den Gott in seinem Grimme versteinern ließ, weil ein Bruder blutschänderisch die eigene Schwester ins Brautbett führen wollte. Darum auch heißt die Stätte bis heute ›Bad der Verdammten‹. Die badelustigen Römer haben selbstverständlich die ›Aquae Thibilitanae‹ gekannt und genützt, aber von ihnen zeugen nur noch spärliche Baureste und ein paar Inschriftsteine im Garten des ›Kurhauses‹. An einer solchen Stelle gibt es allerhand Naturwunderliches zu sehen, wie eine Tropfsteingrotte, in der 10000 Jahre alte Knochen eines Höhlenbären gefunden wurden. Auch zahlreiche Dolmen könnte man unter ortskundiger Führung aufsuchen. Doch unterm grauen Himmel geizen wir mit der Zeit und brechen so rechtzeitig auf, daß wir noch vor der 12-14 Uhr-Mittagspause das ›Römische Theater‹ von **Guelma** besuchen können.

Dieses Städtchen, in dem heute einige Industrie angesiedelt ist, erwuchs aus einer Garnison französischen Militärs, welches die Maiunruhen von 1945 blutig niederschlug. Zwanzig Jahre vorher, 1925, kam in einem Weiler der Umgebung der spätere zweite Staatspräsident der algerischen Republik zur Welt, Houari Boumedienne (gest. 1978). Von der antiken Stadt Calama, deren Name noch in dem heutigen durchklingt, die unter den Kaisern die übliche

Zwischen Meer und Constantine

Laufbahn vom municipium zur colonia durchmachte, zeugt das mehr neugebaute als ergänzte ›Römische Theater‹ mit einer kulissenhaft historisierenden Scenae frons, die mehr mit Napoleon III. als mit Septimius Severus zu tun hat. In den beiden Räumen seitlich der Bühne ist das kleine Museum untergebracht mit Funden von hier, aus Madaura und Thubursicum Numidarum, mit marmornen Torsen und Büsten, an die Wand geklebten Mosaiken, mit Münzen, Tongefäßen und allerlei Kleinkram. Das aus Madaura stammende kleine Standbild eines in einen Mantel gewickelten Knäbleins wird als ›Augustinus als Schüler‹ vorgestellt. Natürlich ist das kein Porträt des jungen Augustinus – aber als zeitgenössisch-gültige Darstellung eines Schulbuben darf es höhere Authentizität beanspruchen als Benozzo Gozzolis liebenswürdige Plaudereien aus dem Leben des Kirchenvaters in S. Gimignano oder als triumphierende Rokokofresken in bayerischen Augustinerchorherrenkirchen.

Die Gestalt des Aurelius Augustinus steigt vor uns auf. Seinen Geburtsort werden wir in paar Tagen besuchen, die Stätte seines bischöflichen Wirkens und seines Todes ist unser nächstes Ziel, auf das wir ohne Abstecher zuhalten.

Ein aus Römerzeiten stammendes und heute wieder der Bewässerung dienendes Rundbecken nehmen wir nur vorübergehend wahr. Der Col de Fedjous (540 m) bildet keine sichtliche Grenze. Weiterhin beiderseits Hügel, gestreift von Terrassen für neugepflanzte Waldbäume, die wohlbestelltes Land begrenzen.

Voraus rücken bläulich die Höhen des Edough-Gebirges heran, aber vor sie schiebt sich schwarz und dunkelrötlich die ausgedehnte Industriezone von **el-Hadjar**. Das ist eines der aus vielen Schloten qualmenden Wirtschaftszentren Algeriens, das man nicht ›besichtigt‹, in dessen Umkreis man neben den ausgedehnten einheitlichen Wohnblocksiedlungen auch die verschämten Bidonvilles gewahrt, die aus Wegwurf gebastelten Niederlassungen der unerwünschten Zuzügler. Zypressenreihen und dahinter dunkelblättrige Orangenhaine begleiten nur auf wenigen Kilometern unseren Weg, dann drängen sich die Reklameschilder, die Straße wird beinahe zur Autobahn – und jenseits einer Unterführung steht überraschend die St. Augustinus-Basilika von Hippo auf ihrem Hügel: ein unglücklich proportioniertes Denkmal missionarischen Eifers.

Hippo durch den Zusatz ›Regius‹ von Hippo Zaritus bzw. Diarhytos, dem heutigen Bizerta (Tunesien) unterschieden, soll als Gründung phönikischer Kaufleute älter sein als Karthago. Jedenfalls war es dessen getreue Gefolgsstadt bis zum bitteren Ende, aus dem Hippo als favorisierte Residenz des Masinissa und seiner Nachfolger hervorging. Caesar hat die Stadt nach seinem Sieg über die Senatspartei wie ganz Numidien Juba I. abgenommen. Unter den Kaisern war Hippo nie Militärstadt, sondern ein wohlhabendes Zentrum des Handels, von etwa 35 000 Menschen bewohnt, unter denen sich bald schon zahlreiche Christen befanden. Seit 395 war Augustinus ihr Bischof, hierher berief er in seinem Kampf gegen die Donatisten wiederholt Kirchenversammlungen, hier starb er 430, während die Vandaler unter Geiserich die Stadt bedrängten. Nach 14 Monaten der Belagerung haben sie Hippo 431 erobert. Nach einem Jahrhundert der Herrschaft in Nordafrika wurden diese Germanen – arianische Christen und daher

Ketzer in den Augen der Orthodoxen – durch Belisar, den Feldherren Justinians, besiegt (533) und ihre Reste deportiert.

Unter byzantinischer Herrschaft mag Hippo noch ein reichliches Jahrhundert bescheidenen Daseins vergönnt gewesen sein, dann kamen die Araber, plünderten und verbrannten den Ort. Die überlebenden Bewohner haben die Trümmerstätte verlassen und zwei Kilometer entfernt – und zum Teil aus den Steinen ihrer einstigen Stadt – ein neues Hippo errichtet, haben die Stadt Bona el-Hadida gegründet, die später Bône genannt wurde und die heute **Annaba** heißt. Im 11. Jahrhundert mit Mauern umzogen, bereicherte sich diese Siedlung durch Seeraub, wurde 1522 von Chaireddin Barbarossa erobert, der sie jedoch wieder an die Spanier verlor. 1830 faßten die Franzosen auch hier Fuß, bekamen die Stadt aber erst 1832 so recht in den Griff. Seit Ende 1942 Basis der Briten und Amerikaner, mußte Bone in den folgenden Monaten schwere Bombenangriffe hinnehmen, deren Zerstörungen inzwischen verheilt sind. Der Hafen, der heute seiner Bedeutung nach an vierter Stelle unter denen des Landes rangiert (Fischerei, Verschiffung von Erzen und Phosphaten), ist kein Objekt der Besichtigung, sowenig wie die fächerförmig geplante Neustadt. Einzig das Altstadtquartier bietet noch – mit Maßen – malerische Gassenbilder. Der Salah-Bey-Moschee (1791/92) mag man in den Vormittagsstunden einen Besuch abstatten – oder der Moschee des Sidi Bou Mérouane, die dem 11. Jahrhundert entstammt und in ihrem 7schiffigen Gebetssaal einige Säulen und Kapitelle vom Forum des antiken Hippo bewahrt. Sehr viel kann sich der Tourist von Annaba nicht versprechen, und wer nicht gerade auf eine Hotelunterkunft dort angewiesen ist, wird sich vielleicht mit dem Besuch der Stätte des antiken Hippo zufriedengeben. Im Vertrauen auf Berichte arabischer Historiker von der völligen Vernichtung Alt-Hippos hatten die Archäologen angenommen, daß keine nennenswerten Reste der alten Stadt mehr zu finden wären und daher auf jede Nachforschung verzichtet, bis ein Zufall einige beachtliche Mosaikböden ans Tageslicht brachte. Das französische Generalgouvernement entschloß sich gerade noch rechtzeitig, etwa 25 Hektar des Geländes der industriellen Nutzung zu entziehen. Seither haben die Grabungen – nur unterbrochen durch den Algerienkrieg – Beachtliches zutage gefördert. Die Ergebnisse stehen außer Montag und Freitag täglich von 8 bis 12 und von 14 bis 17 Uhr der Besucherneugier offen. Man fand Grundmauern, die zu Hafenanlagen der punischen Zeit gehörten. Zwischen dem 1. und dem 5. Jahrhundert haben verschiedene Bauten einander abgelöst, haben sich jüngere Mosaikböden über ältere gelegt. Jenseits einer Straße, unter der ein Abwasserkanal läuft, finden sich die Reste eines fünfschiffigen Bauwerks mit rechteckiger Apsis von unbekannter, wohl kultischer Bestimmung. Höchstes Interesse beansprucht die große christliche Basilika (49 × 20 m), die über einer Villa mit reichen Mosaikböden errichtet wurde. Auch sie war mit Bodenmosaiken geschmückt, barg Grabstätten mit Epitaphien und war von einem Baptisterium flankiert. Dem Auge bietet sie heute nicht mehr viel, um so mehr aber dem Nach-Sinnen. Das hier war die Bischofskirche des Augustinus, hier präsidierte er den antidonatistischen Synoden, hier erscholl seine Stimme, ertönten seine Predigten, Meisterwerke des geschulten Rhetors. Die Gestalt dieses Mannes, der wie wenige andere in die Zukunft gewirkt und immer wieder zum Dialog herausgefordert hat, kann uns an dieser Stelle merkwürdig nahe kommen. Sie wird uns in den folgenden Tagen immer wieder entgegentreten.

Nördlich des christlichen Viertels findet der Besucher die Reste der einst stattlichen Thermen, die Caracalla dem Andenken seines Vaters Septimius Severus geweiht hat. Sie mögen in dieser reichen Handelsstadt kaum weniger pompös dekoriert gewesen sein als die Thermae Antoninianae desselben Bauherren in der Hauptstadt Rom.

Ein nach Südwest verlaufender Pfad führt zum einstigen Forumsbereich, wo sich die gepflasterte Hauptstraße der Stadt, der ostwestlich orientierte Decumanus mit dem nord-südlich verlaufenden Cardo schnitt. Das Forum lag im Winkel dieser Kreuzung, von den Hauptachsen nur tangiert, also ›verkehrsberuhigt‹. Das etwa 76 mal 43 m messende Platzgeviert – inschriftlich in seiner Funktion bezeugt – war marmorgepflastert, von Säulengängen umzogen, von Tempeln und öffentlichen Bauten umgeben. Die arabischen Eroberer haben es besonders gründlich geplündert und später als Friedhof benutzt. Von den etwa 300 m südlicher gelegenen Süd-Thermen blieben im wesentlichen die Heizanlagen im Kellergeschoß. Den Besuch hier wie in den Resten benachbarter Villen kürzen wir ab. Als besehenswert bleibt uns das nicht zu umfangreiche **Archäologische Museum** in Erinnerung, mit schönen Bodenmosaiken an den Wänden (Jagd- und Tierfangszenen, Eroten, Meerlandschaft). Ein bronzenes Tropaion, etwa 2,50 m hoch, ein einzigartiges Stück, sollte auf dem Forum wohl an Caesars Sieg über Juba I. erinnern. Zweihundert Jahre jünger ist eine bronzene Victoria. Seltsam, daß die beiden Werke aus dem kostspieligen Material die Plünderung des Forums überlebt haben. Aus den Nordthermen stammen die römischen Kopien hellenistisch-barocker Götterfiguren: Minerva, Hercules, Venus, Bacchus. Unter den Kaiserbüsten fesselt ein Vespasian: ein plebejischer Kommißkopf mit einem Gran skeptischen Humors um die entschlossene Nase. In den Vitrinen des Obergeschosses findet man die so unvermeidlichen wie lebensnahen Kleinfunde: Statuetten und Instrumente aus Metall, grobe und feine Tongefäße, Öllämpchen, Gläser.

Von der Anhöhe des Museums hat man einen sehr guten Überblick über das Ruinengelände, das von Industrieanlagen eingeengt wird. Das Auge schaut bis zum Meer und stößt sich am Gegenüber: der gleichfalls auf eine Hügelhöhe gesetzten **Augustinus-Basilika**. Sie ist 1881-1900 an der Stelle eines Baal-Hammon, später Saturn-Tempels entstanden, ein kostspieliges architektonisches Malheur. Der Weg dorthin führt um den ganzen Grabungsbezirk herum und vorbei an den Resten eines Theaters aus dem 1. Jahrhundert. Wie unduldsam hat der Kirchenvater die Darbietungen der Bühne verurteilt!

Das Haupttor der Kirche ist heute verrammelt und versperrt, nur durch ein Hinterpförtchen jenseits des Gittertores beim linken Querhaus kann man zu bestimmten Stunden das in einem seltsam maurisch-gotischen Stil gehaltene Innere betreten. Marmorne Votivtafeln bedecken die Wände. Über dem Hauptaltar liegt hinter Glas eine Marmorfigur des Kirchenvaters, in deren rechtem Arm in gläserner Hülle die Armreliquie eingelassen ist, die aus Pavia hierher zurückgebracht wurde.

Baumgrün behindert den Blick vom Vorplatz der Kathedrale auf das Ruinenfeld von Augustins Bischofsstadt. Dafür schaut man in einiger Entfernung auf Hochhäuser des heutigen Annaba, auf Hafenbauten und entdeckt auch ein tröstliches Zipfelchen Meeresbläue. Baumgrün verhüllt auch gnädig eine in ihrer frömmelnden Fadheit peinliche Denkmalsfigur des Mannes, der vor mehr als anderthalb Jahrtausenden hier wirkte, lehrte und schrieb. »Nicht der größte unter den lateinischen Autoren, aber zweifellos der Größte, der je lateinisch schrieb.« Dieser Sinnenmensch, Denker und Sucher, dieser Mensch heftiger Wandlungen und Umschwünge hat Jahrhunderte bewegt.

Der Kirchenvater aus Africa

Goethe hätte ihn zweifellos eine ›Natur‹ genannt, diesen phantasie-, gefühls- und intellektbegnadeten Nordafrikaner mit dem römischen Namen, der des Punischen mächtig war, aber die griechische Sprache nicht mochte und nie beherrschte, jenen Mann, der gewaltigen Einfluß auf die Entwicklung des Christentums ausüben sollte: **Aurelius Augustinus.**

Am 13. November 354 kam er in Tagaste zur Welt. Die Mutter Monica war eine verständige und fromme Christin, von ihr empfing der Knabe erste Unterweisung. Doch der Vater Patricius wollte von der Religion seiner Frau wenig wissen. Nicht auszuschließen, daß diese Widersprüche in der Kindheit spätere Wandlungen und Schwankungen mit veranlaßt haben. Der Vater – wohlhabend genug – bestimmte den Sohn für die Laufbahn eines Juristen und Rhetors. Nach ersten Schuljahren in der Heimatstadt folgten solche in Madaura und dann das Studium der Rhetorik in Carthago. In dieser Hafen- und Handelsmetropole, der römischen Nachfolgerin der einstigen punischen Stadt, genoß der feurige Jüngling Jugend, Lust und Leben (er deutet manches in seinen ›Confessiones‹ an), doch ohne letzte Genüge zu erlangen. Die Lektüre von Ciceros ›Hortensius‹ leitete ihn auf das Studium der Philosophie, die ihn freilich nicht lange zu fesseln vermochte, ihm jedoch einen Weg zu weisen schien. Mit etwa 20 Jahren trat Augustinus der Gemeinschaft der Manichäer bei und blieb ihr über Jahre verbunden.

Der bei Babylon geborene Perser Mani (215/16-277) hatte diese, auf der Grundlage von neuplatonischer Gnosis und altpersischem Zoroastrismus gegründete, mit christlichen und buddhistischen Elementen versetzte Religion verkündet. Sie lehrte einen ausgeprägten Dualismus zwischen einem Lichtreich und dem Reich der Finsternis und fand nicht nur in Persien und Indien, sondern auch in Syrien, Kleinasien, Italien und Nordafrika Verbreitung. Sie wurde dann – nicht zuletzt aufgrund der späteren antimanichäischen Schriften des Augustinus – überall verfolgt und niedergetreten bis auf wenige Funken, die unter der Asche weiterglommen und später als Pauliciner, Bogumilen, Katharer, Waldenser wieder aufflammen sollten.

Augustinus, der Mann mit dem unruhigen Herzen – »Unruhig ist unser Herz, bis es Ruhe findet in DIR, O HERR« – fand auch in diesem Umkreis nicht Ruhe und glaubte, an der Wahrheit überhaupt verzweifeln zu müssen. Als er sich zusammen mit seiner Lebensgefährtin im Jahr 383 nach Rom aufmachte, von dort sich enttäuscht nach Mailand begab, da schien ihm die Philosophie Platons und vor allem Plotins, den er in einer lateinischen Übersetzung las, neuen Halt zu verheißen.

In Mailand, der damaligen Hauptstadt der westlichen Hälfte des geteilten Römerreiches, wirkte er als Lehrer der Rhetorik. Als solchen müssen ihn die Predigten des Bischofs Ambrosius interessiert haben. Rein formal zunächst, bald begannen sie seinen suchenden Geist auch durch ihren Inhalt zu fesseln. Die ›Bekehrung‹ bahnte sich an, gefördert von Mutter Monica, die den Sohn ehelich befrieden wollte und ihn vermochte, sich von der Mutter seines Sohnes

Adeodatus zu trennen, sie nach Africa zurückzuschicken.

Augustinus selbst erzählt von der Kinderstimme, die ihm ›tolle-lege‹ – nimm und lies – zugerufen habe, worauf er sich dem Studium der Briefe des Paulus zuwandte. Wieder einmal warf er das Steuer seines Lebensschiffleins herum. Er gab seine Stellung auf, zog sich mit Mutter, Sohn und einigen Freunden in die Einsamkeit von Cassicianum zurück und bereitete sich auf die Taufe vor, die ihm und seinem Sohn der Bischof Ambrosius – wie Augustinus später zum Rang eines der vier abendländischen Kirchenväter erhoben – in der Osternacht des Jahres 387 spendete. In Mailand sorgte er noch für die Edition seiner ›Dialoge‹ und ›Soliloquia‹, verfaßte er die Schrift ›De immortalitate animae‹, bevor er sich in Begleitung seiner familia auf den Heimweg nach Africa machte. In Ostia starb ihm vor der Einschiffung die Mutter, getröstet durch die Bekehrung ihres Sorgenkindes.

In Africa lebte Augustinus mit Freunden als Vorsteher eines asketisch-abgeschiedenen Vereins auf dem Familiengut bei Tagaste. Später richtete er noch mehrere solcher Niederlassungen ein – lang bevor Benedikt von Nursia (gest. 542) das erste abendländische Kloster stiftete. Der Orden der Augustiner-Eremiten wie die Augustinerchorherren verehren ihn als ihren Stifter.

Mit 37 Jahren (391) wurde Augustinus bei einem Besuch in Hippo vom Volk zum Priester und Assistenten des Bischofs Valerius erwählt, wurde – was den Beschlüssen des Konzils von Nicäa widersprach – noch zu Lebzeiten des Valerius als dessen Nachfolger designiert. Im Jahr 396 trat er sein Amt an. Er war nun geistlicher Hirte einer mittelgroßen Hafenstadt – und sie wurde durch ihn berühmt. Obwohl er Nordafrika nicht mehr verließ, hatte seine Stimme Gewicht in der ganzen christlichen Welt. Zahlreiche Briefe, denen des Paulus an Bedeutung nicht nachstehend, gingen weit über die Grenzen seines Sprengels hinaus und wurden nicht nur oberflächlich gelesen, seine Predigten – kurze, die Hörer nicht ermüdende Meisterleistungen eines geschulten Rhetors – wurden von Stenographen aufgezeichnet. Weit über 200 Abhandlungen, Kommentare zu den Evangelien, den Psalmen flossen aus seiner Feder oder wurden Sekretären diktiert. In Mignes Patrologia nehmen die – nicht einmal vollständigen – Schriften des Augustinus 11 dicke Foliobände ein. Es ist schon dem Umfang nach ein enormes Lebenswerk. Sein Beitrag zur Theologie und Philosophie läßt sich auf ein paar Seiten auch nicht annähernd darstellen. Nur ein paar der Grundfragen, um die es ging: Monismus oder Dualismus als Weltprinzip, Immanenz oder Transzendenz Gottes, Determination oder Willensfreiheit des Geschöpfes, Natur und Gnade, die Qualität des Bösen und das Verhältnis von Leib und Seele. (Manchen Soziologen von heute sind das solange keine Fragen mehr, bis sie merken, daß es doch welche sind.)

Am 28. August 430 starb Augustinus in seiner Bischofsstadt, während die wilden Vandaler deren Mauern berannten. Mit seinem Tod war die konsequente Zickzackbahn seines Erdenweges noch nicht beendet. Um ihn den arianischen Vandalern zu entreißen, flüchteten treue Schüler den Leichnam nach Sardinien. Als die Araber diese Insel eroberten, löste der Langobardenkönig Luitprand die Reliquien mit schwerem Golde und bestattete sie in seiner Krönungsstadt Pavia. Dort, in der Kirche S. Pietro in Ciel d'Oro ist unter dem Hochaltar beigesetzt, was an Aurelius Augustinus, dem größten der abendländischen Kirchenväter, sterblich war, einem Vater der Kirche nicht nur, sondern einem Vater des Abendlandes. Bei jedem Besuch in Pavia bewegt wieder diese Konstellation: genau unterhalb der Reliquien des Mannes, der durch sein Werk vom Gottesstaat (de civitate Dei libri XXII) Grund- und Aufriß des christlichen Sacrum Imperium entworfen hatte, sind die Reste des Boethius bestattet, des Mannes, der im Gefängnis vor seinem gewaltsamen Ende das kunstvolle Büchlein von den Tröstungen der Philosophie verfaßte, in dem er die Summe der antik-heidnischen Überlieferungen zog und ans christliche Mittelalter weitergab.

Augustinus, der auf seiner umwegreichen Lebensbahn alle Positionen durchlebt und durchlitten hatte, war gerade dadurch befähigt, von der Stellung des Gegners aus gegen diesen zu polemisieren: gegen die Arianer, die – schon vom Konzil von Nicäa verurteilt – Jesus nicht als gottgleichen Sohn, sondern nur als gottähnlichen Gesandten Gottes gelten lassen wollten, gegen die Manichäer, gegen die rigorose Sekte der Donatisten – begründet von Donatus, dem Bischof von Casae Nigrae –, welche alle jene als Schwächlinge und Abgefallene verurteilte, die es während der Verfolgung unter Decius für klüger und zukunftsträchtiger gehalten hatten, sich nicht mutwillig ans Messer zu liefern, sondern die kirchliche Organisation, ihr Vermögen, ihre Schriften in den Untergrund zu retten. An diese ›dümmste aller Häresien‹ hängte sich die Bewegung der Circumcellionen an, eine Bewegung der sozial Entrechteten gegen den Großgrundbesitz. Auf einer Bischofskonferenz in Carthago (411) war Augustinus maßgeblich an der Beilegung dieser Zwistigkeiten innerhalb der africanischen Kirche beteiligt. Aber der Friedensstifter war auch einer, der kam, um Zwietracht zu säen, wie in der Auseinandersetzung mit den Lehren des irischen Mönches Pelagius, der in seinem Pauluskommentar die Freiheit der menschlichen Natur verteidigte, sich zum Guten zu entscheiden. Noch Luthers, des Augustiner-Eremiten anti-erasmische Schrift ›Vom geknechteten Willen‹ (de servo arbitrio) steht in der augustinischen Tradition.

Als Geschichtsdenker wie als Theologe war der Mann aus Tagaste ein Weichensteller. Seine ›Confessiones‹ – ein zu Gott hin gesprochener Lobpreis – sind die erste innere Autobiographie der Weltliteratur. Sein Buch vom Gottes-

Zu den Farbtafeln:

10 *Gasse in Beni-Isguen*

11 *Beni-Isguen*

12 *Markt in Ghardaïa*

13 *Hoggar, Blick vom Assekrem*

14 *Ouled Khouder*

staat, der sich im ständigen Kampf mit der satanischen Gegenmacht befindet bis zum Ende der Tage, hat das geschichtliche und politische Bewußtsein des Mittelalters zutiefst geprägt.

Er war eine Geschichtsmacht, dieser Nordafrikaner, dessen Schatten uns auf einigen Wegen begleiten wird. In ihm verbindet sich die römisch-spätantike Vergangenheit unserer Reise mit den Traditionen unseres Heimatlandes. Dort wird auf den Altären der Kirchen der Kirchenvater aus Algerien im Bischofsamt dargestellt, in der Hand das liebebrennende unruhige Herz, zu seinen Füßen das Knäblein, das ihn belehrt, daß sich eher das Meer mit einer Muschel ausschöpfen ließe als mit dem menschlichen Verstand das Geheimnis der göttlichen Trinität ergründen.

Im Schatten des Augustinus

Die Route nach Süden, die Hippo/Annaba, des Kirchenvaters Wirkungs- und Sterbeort mit seiner Geburtsstadt Tagaste, dem heutigen Souk-Ahras verbindet und weiterführt nach Theveste/Tébessa, läuft, nachdem erst einmal die Außenbezirke der Hafenstadt und das Industriezentrum El-Hadjar hinter uns liegen, durch ebenes Bauernland, führt vorbei an **Dréan,** das einst Mondovi hieß. Hier wurde 1913 in recht beengten Verhältnissen Albert Camus geboren, der algero französische Nobelpreisträger von 1957, der schon 1960 den zeitgemäß-absurden Unfalltod starb. Erinnerung an sein Werk und Dasein webt sich ein in unsere Algerienfahrt.

Die Straße kurvt dann an macchiabestandenen Hängen entlang, gewährt bald Blicke in ein eichenwaldiges Hügelland, das reichliche Niederschläge grünen lassen. Gut die Hälfte der knapp hundert Kilometer von Annaba nach Souk-Ahras führen durch Mittelgebirgsgehügel, bieten beruhigend-abwechslungsreiche Bilder, aber keine steilen Sensationen.

Souk-Ahras (675 m ü. d. M.), Verwaltungszentrum eines Gebiets mit etwa 175 000 Einwohnern, ist heute ein Knotenpunkt vor allem für den Verkehr zwischen Algerien und

Tunesien und wirkt trotz seiner Betriebsamkeit so brav provinziell, daß man ihm kaum abnimmt, daß es im November und Dezember 1942 als Versorgungsbasis der Alliierten eine gewisse strategische Rolle gespielt hat. Wären nicht die Autos, man würde sich fragen, ob es vor 2000 Jahren hier so viel anders zuging als heute, damals, als der Ort noch Tagaste hieß und Monica, die Gattin eines geschickten und erfolgreichen Geschäftsmannes ihren Sorgensohn gebar. Mag sie – als überzeugte Christin – dem Gatten wie dem Sohn manchmal recht lästig geworden sein: das Schmerzensbündel, das sie sich um ihr Kind aufhalste, war das aller liebenden und besorgten Mütter. In Ostia starb diese Frau, beruhigt, daß sie ihren Sohn heimgeholt hatte in den mütterlichen Schoß ›ihrer‹ Kirche. Eine eifernd-liebende Gestalt, deren Andenken nicht nur fromme Katholiken in der römischen Kirche S. Agostino vor ihrem Reliquienaltar ein Gedenken weihen sollten, sondern alle Söhne, um die ihre Mütter sich sorgen und grämen.

An die Mutter Monica erinnert in des Augustinus' Geburtsort nichts. An ihren Sohn eine ehemalige Kirche, deren Krypta ein kleines Museum mit antiken Fundstücken beherbergen soll, das wir aber verschlossen fanden.

Wer sich einen halben Tag Zeit nimmt – die Entfernungen sind relativ kurz, aber die Sträßlein sind löcherig und zwingen zu gemächlichem Tempo – kann von Souk-Ahras aus die Reste der einst offensichtlich blühenden Stadt Thubursicum Numidarum beim heutigen Dorf Khémissa aufsuchen. Vom Neubau- und Industrieviertel von Souk-Ahras aus schlagen wir also die nach Sedrata ausgeschilderte Straße ein, die zunächst ins obere Medjerdatal hinabführt. Dort, wo sie sich teilt, halten wir uns rechts. Die kahlen Felshöhen über spärlich begrünten Hängen sind gezackt wie der Rücken schlafender Drachen. Einige kolossale Brocken sind ins Tal herabgekollert. Rechts seitab der Straße tauchte das einheitlich geplante sozialistische Dorf al-Btiha auf, dann ein zweites, **Khémissa**. Hier finden wir links des Weges zunächst die sehenswerten Reste eines Theaters, dessen Bühnenrückwand noch bis zur halben

KHÉMISSA

Höhe erhalten ist. Der Hügel, an dessen Hang der halbrunde Zuschauerraum emporsteigt, ist bekrönt von einem Fort aus dem Jahrhundert byzantinischer Herrschaft. Von ihm aus erblickt man – noch etwas höher am Hang eines zweiten Hügels gelegen und nur ein paar hundert Meter entfernt – die Reste des ›Alten Forums‹ mit Capitolium und Curia an der Schmal- und in den Hügel gewölbten Räume an der Längsseite, mit Überbleibseln einer Basilica. Der Blick geht von dort aus über ein mit Steinblöcken übersätes Gelände, in dem sich nur wenige Fundamente zu übersichtlichen Grundrissen zusammenfügen bis zu einem einfachen Bogen, der wohl den Zugang zur Stadt von einst bildete und durch den sich heute ein Feldweg schlängelt.

Drunten am Hügelfuß liegt unweit der Straße der dritte Ruinenkomplex der Stätte, das sogenannte ›Neue Forum‹, zu dem ein Doppelbogen den Zugang eröffnet, benachbart ansehnlichen Thermen, Zisternen, einem fragmentarischen Ehrenbogen, mit Läden und Gewerbebetrieben und einem Bau, der eine Markthalle mit anschließender ›Karawanserei‹ gewesen zu sein scheint.

Nach langem Spaziergang durch das Ruinengelände kehren wir zu unserem Fahrzeug zurück, werfen vor der Weiterfahrt noch einen Blick auf den ummauerten Sumpf nordwestlich des Theaters, der früher als die Quelle des Barada galt, der heute Oued Medjerda heißt und – in Algerien entspringend – der wichtigste Fluß Tunesiens ist.

Um nicht die gleiche Strecke zurückfahren zu müssen, wählen wir unseren Weg weiter in Richtung Sedrata, wenden uns am Rand dieses Städtchens im Zentrum einer kleinen Ebene gleich wieder links nach Souk-Ahras zurück. Etwa 17 km nach dieser Abzweigung – die zunächst gute Straße, ist immer holpriger geworden – sehen wir linker Hand am Fuß eines Hügels den Rest eines byzantinischen Festungsturmes und rechts im Feld einen unförmigen Brokken Mauerwerks: letzte Überreste einer Siedlung, die einst Tipasa geheißen haben soll.

Nach einer Stunde schüttelnder Fahrt auf teils ungeteerter Straße wieder nach Souk-Ahras zurückgekehrt, gestehen wir uns, daß wir den Ausflug zwar nicht missen möchten, aber der Besuch von Khémissa doch nur besonderen Liebhabern antiker Ruinenfelder zu empfehlen ist. Beiderseits der heutigen algerisch-tunesischen Grenze gibt es solche kaum oder nur teilweise erforschten Stadtreste aus der Römerzeit in großer Zahl. Wir haben nicht im Sinn, nach Tunesien hinüberzufahren, um auch dort Umschau zu halten, wir erinnern uns nur – diesmal an einem strahlend warmen Tag unterwegs – kopfschüttelnd daran, daß wir einmal – es war mitten im März – den gebirgigen Übergang von Tunesien herüber so schneeverweht fanden, daß unser Fahrzeug eine halbe Stunde nach der Grenzstation steckenblieb und wir recht unangenehm-kalte Stunden verbrachten, bis ein Schneepflug uns nächtlicherweile den Weg freimachte.

Wir halten weiter in südlicher Richtung, schauen von jenseits des Medjerdatales zurück auf Souk-Ahras, das sich aus der Talmulde sacht hangaufwärts zieht, am Rand mit den hellen Kuben sozialer Wohneinheiten besetzt, passieren Zarouria am Fuß des gleichnamigen, 1084 m hohen Djebel, den Aufforstungsmaßnahmen wieder begrünt haben. Kiefernhänge, Steineichen, Saatgrün. Dann läuft die Straße kurvig auf einer welligen Hochfläche, die sich sichtlich einstmals im Besitz französischer Siedler befand und darum noch heute so ›arrondiert‹ wirkt. Etwa 22 km südlich von Souk-Ahras und wenig später noch einmal zweigt eine schmale Straße (8 km) nach *Taoura* ab (in französischer Zeit Gambetta genannt), in dessen Nähe die Reste des antiken **Thagura** – Straßenpflaster, Hausgrundrisse, Thermen, christliche Basilika, Fort aus byzantinischer Zeit – zu besuchen wären. Wir schenken uns diesen Abstecher, folgen lieber unmittelbar vor dem Bahnübergang bei *Dréa* dem nach links zeigenden Wegschild: 7 km bis zu den Ruinen von **Madaura**. (Es sind aber nur 5 km auf einem Feldweg – wo er sich teilt, rechts halten! –, der nur bei trockenem Wetter befahrbar ist.)

Madaura war eine alte Numiderstadt, deren Schulen in der Antike einen guten Ruf genossen. Hier haben darum die für den Sohn besorgten Eltern des jungen Augustinus als ›Internatszögling‹ die ›mittlere Bildung‹ erwerben las-

Madaura, Forum und Fort

sen. Wir erinnern uns an den Schulbuben aus dem Museum von Guelma. All jenen jedoch, die nicht nur dem Schatten des Augustinus nachgehen, ist die Stadt unbewußt geläufig als Heimat des Lucius Apuleius (etwa 125-180), der in seinem witzig-satirischen Roman vom ›Goldenen Esel‹ für Mit- und Nachwelt das anmutige und symbolisch-tiefsinnige Märchen von Amor und Psyche erzählt hat, »den zartesten und vielseitigsten Roman«, wie Herder das Werk genannt hat. Raffael hat ihn in der Farnesina illustriert, Thorvaldsen griff den Stoff auf, La Fontaine, Corneille, Molière und viele andere haben ihn nachgestaltet und auch Goethe trug sich mit dem Gedanken, das Märchen noch einmal zu erzählen.

Gegen 125 n. Chr. von angesehenen Eltern geboren, studierte Apuleius in Carthago, machte sich in Athen mit der platonischen Philosophie vertraut, wirkte als Advokat in Rom, ließ sich auf Reisen in die verschiedensten Mysterienkulte einweihen. Als er – in die Heimat zurückgekehrt – eine reiche Witwe heiratete, erhoben deren Verwandte gegen ihn die Anklage, er habe die Heirat durch Zauber zustande gebracht. Der Text seiner öffentlichen ›Apologie‹, die ihm den Freispruch eintrug, ist erhalten. Klassizisten haben seinen manierierten Stil gerügt, ebenso sein übersteigertes Selbstbewußtsein, seinen Hang zu Mystik und okkulter Wissenschaft. In seinem rastlosen Tatendrang, seinem feurigen Naturell scheint dieser witzige Berber des 2. Jahrhunderts dem großen Augustin verwandt.

Was man schon von ferne wahrnimmt, ist der Klotz der Festung aus justinianischer Zeit (um 535), die, alte Blöcke und Inschriftsteine kunterbunt aufeinandersetzend, das Theater umfunktionierte und einen Teil des Forums einbezog. Einige Säulen des einstig diesen gepflasterten Platz umziehenden Portikus sind wieder aufgestellt. An der einen Hauptachse, von fern auf Forum und Theater ausgerichtet, erhob sich einst der Capitoliumstempel. In seiner unmittelbaren Nähe haben sich später Werkstattbetriebe angesiedelt, in erster Linie Ölmühlen. Mehr als ein halbes Dutzend von ihnen findet sich im Stadtbereich, und sie weisen darauf hin, daß hier einst nicht Feld- und Weidewirtschaft die Bewohner ernährte, sondern die Kultur des Olivenbaumes, der das gesamte Africa der mittleren Kaiserzeit den Wohlstand verdankte. Am südlichen Ende des Ruinenfeldes steht ein schönes römisches Mausoleum mit der Grabkammer im Erdgeschoß und einst einer Statuenloggia im oberen: ein Typus, der im römischen Africa öfters belegt ist. Den Rückweg nehmen wir den Cardo entlang, an dem wir weitere Werkstätten, die Reste einer frühchristlichen Kirche, den jetzt leerstehenden Bau des einstigen Museums, in dessen Mauern christliche und heidnische Grabsteine (diese mit Halbmondsymbolen) eingelassen sind, und schließlich die einstigen Thermen finden.

Wir schlagen, statt nach Dréa zurückzukehren, gleich den Feldweg nach M'Daourouch (einst: Montesquieu) ein, im Becken des oberen Oued Mellègne, der wie der Medjerda seinen Lauf nach Osten nimmt. Die Ebene ist völlig bestellt, nur die Hügelhöhen sind kahl. Voraus erheben sich Berge, bizarr gezackt wie Saurierrücken. Beim Bahnübergang sind die Schranken heruntergelassen: ein langer Zug mit vollbeladenen Erzloren quert die Straße und erinnert uns daran, daß sich in der Umgebung der Kreisstadt **El Aouinet** Bodenschätze mancher Art finden: Phosphate, Eisenerz, weiter südlich auch Zink und Blei. Die Erzgruben von Ouenza (etwa 30 km weiter östlich) sind die bedeutendsten des Landes. Das Erz wird aber nicht hier, sondern in el-Hadjar bei Annaba verhüttet.

Allmählich nimmt das Land steppenhaften Charakter an, ist mit Büscheln von harten Gräsern bewachsen, auch mit Halfagras, das seit Jahrhunderten zu haltbaren Matten und Bodenbelägen, zu Körben und Taschen verarbeitet wurde, neuerdings als Rohstoff für Zellulosegewinnung geerntet wird. Vor allem für die Produktion von Zigarettenpapier wird Halfagras gern verwendet. Wir erinnern uns, bei Souk-Ahras eine Seidenpapierfabrik gesehen zu haben.

Wieder sticht ein seltsam zackiger Felskamm steil aus der Landschaft, der noch lange im Rückblick sichtbar bleibt. Etwas südlich von ihm liegt das Dorf **Morsott,** und ungefähr nordöstlich von diesem, im Umkreis eines Marabuts, finden sich wiederum Spuren römischer Anwesenheit: Reste von Häusern, Thermen, zweier Kirchen, eines monumentalen Tores und zweier Mausoleen als Zeugnisse einer Stadtsiedlung, die vermutlich einst den Namen Vasonpus führte.

Instruktiver ist freilich, was in Tébessa vom alten Theveste erhalten blieb. Die Provinzhauptstadt von heute liegt etwa 850 m hoch am Nordhang des Djebel Doukane-Massivs und bildet – wie ein Blick auf die Straßenkarte zeigt – einen wichtigen Verkehrsknotenpunkt für die Verbindungen hinüber nach Tunesien. Die Grenze von heute schneidet durch ein Gebiet, das im Altertum eine Verwaltungseinheit bildete und einheitlich von der römischen Mittelmeerkultur geprägt war. Die Grenze zwischen den Provinzen Africa proconsularis und Numidia verlief damals weiter westlich als die heutige zwischen Algerien und Tunesien. Hippo/Annaba und das Gebiet, das wir von dort aus durchfahren haben, gehörten noch zur Proconsularis.

Römisches Nordafrika

Die ständige Mahnung des alten Cato, Karthago zu zerstören, hatte im Jahre 146 v. Chr. den gewünschten traurigen Erfolg. Es begann jener ungerechte, aber nach dem Buchstaben des Friedensvertrages gerechtfertigte Krieg, der mit der totalen Zerstörung der längst unschädlichen und gelähmten punischen Rivalin Roms endete. Die Mehrzahl der Senatoren kann selbst nicht mehr an eine ›punische Gefahr‹ geglaubt haben. Es ging wohl eher darum, den wertvollen und stets begünstigten Bundesgenossen Masinissa nicht zu groß werden zu lassen. Die Hornissenstiche des Numiderkönigs hatten Karthago zum Bruch der Vertragsbestimmungen veranlaßt. Der Senat benutzte den durch Masinissa provozierten Vorwand dazu, diesem die kostbare Beute Karthago wegzuschnappen bevor er – mit den Ressourcen ganz Numidiens im Rücken –, von einem eroberten Karthago aus den Römern vielleicht hätte gefährlicher werden können als es die Punier auf ihrer schmalen Basis je waren.

Die Provinz Africa (Africa vetus), in die der einstige Landbesitz Karthagos nach dessen Ende verwandelt wurde, war für die Römer zunächst eher eine gelinde Verlegenheit. Man wußte mit dieser Besitzung am Südrand des Mittelmeeres nichts Rechtes anzufangen. Masinissas Numidien dagegen profitierte vom Zustrom karthagischer Flüchtlinge, die handwerkliche Fertigkeiten und agronomische Kenntnisse nach Numidien brachten. Nach dem Freitod Jubas I. nach der verlorenen Schlacht bei Thapsus schlug der Sieger C. J. Caesar den Osten Numidiens als ›Africa nova‹ zum römischen Besitz. Augustus faßte die beiden Africae, die vetus und die nova, zu einer einzigen proconsularischen, das heißt einer, durch vom Kaiser und nicht vom Senat eingesetzte Gouverneure verwalteten Provinz zusammen. Sie umfaßt die entwickeltsten Gebiete, deren Bevölkerung schon vor der Ankunft der Römer mediterraner Kultur gewonnen war. Ackerbau und Handel wie städtische Lebens- und Organisationsformen waren bereits punisches Erbe. Mochte der Grund und Boden der Provinz rechtlich als Eigentum des römischen Volkes gelten, für dessen Nutzung eine Abgabe (stipendium) zu leisten war, die städtischen Gemeinwesen durften ihre eigenen Angelegenheiten nach altem Herkommen selbst regeln, hatten ihren Gemeinderat (Senat) und ihre Bürgermeister (Consuln, auch punisch Suffeten genannt). Diese Siedlungen wurden Zentren der Romanisierung, die sich ohne jeden Zwang vollzog. Die einheimischen – oder zumindest ihre führenden Schichten – erkannten schnell, welche wirtschaftlichen Vorteile das römische Bürgerrecht bot, und bemühten sich, die Voraussetzungen zu seiner Verleihung zu erfüllen, indem sie sich der lateinischen Sprache bedienten und sich die griechisch-römische Bildung zu eigen machten, so daß in ihren Kreisen – man höre des Apuleius' Verteidigungsrede! – der Gebrauch der punischen Umgangssprache dem sozialen Prestige abträglich war. Und sie wurden belohnt. Zunächst erwarben nur einzelne Aufsteiger das römische Bürgerrecht. Seit dem beginnenden 2. Jahrhundert wurde immer häufiger Einheimischen-Städten der Status eines ›municipiums‹ verliehen, wie ihn einst die lateinischen Bundesgenossen hatten – wobei die führende Schicht der Stadt Vollbürger wurden – und dann den einer ›colonia‹ mit vollem Bürgerrecht für alle Freien. Es verlor allerdings an Wert, als die Lex Antoniniana 212 allen Freien im Reich das Bürgerrecht zusprach. Doch die Severer, selbst aus Africa stammend, begabten die Gemeinden ihrer Landsleute mit weiteren Privilegien. Das begehrteste war das völliger Steuerfreiheit.

Während der Herrschaft Karthagos und unter den Numiderkönigen herrschte eine gemischte Landwirtschaft: Getreide-, Wein-, Baumkulturen und Viehzucht ergänzten sich. Dieses Gleichgewicht wurde gestört, als die römischen Herren den Wert ihrer africanischen Provinz erkannten. Sie setzten alle ihre organisatorischen und technischen Mittel ein, um die Erträgnisse zu steigern. Weil Italien selbst Öl und Wein genug produzierte, sollten die Provinzen hauptsächlich Getreide anbauen. Da jedoch aus klimatischen Gründen die africanischen Ernten nie völlig verläßlich waren, wurde das seit Augustus kaiserliche Ägypten zur zweiten nährenden Brust der Hauptstadt Rom. Freilich waren vor Abholzung und teilweiser Versteppung der meerfernen Gebiete die Ernteaussichten sicherer als heute, der Zug zur Monokultur aber war bedenklich. Die Provinz hatte ihre Steuern im wesentlichen in Form von Hartweizen zu entrichten, der zur Sättigung von 200000 stadtrömischen Lungerern diente, die wenig mehr besaßen als ihr Bürgerrecht, einen Haufen Kinder und Anspruch auf kostenlose Versorgung. Zu Neros Zeiten noch kamen zwei Drittel des stadtrömischen Getreidebedarfs aus der africanischen Provinz. Die Folgen: Erschöpfung des Bodens und immer häufigere Nahrungsmittelknappheit in Africa selbst. Erst seit der inneritalischen Wirtschaftskrise am Ende des 1. Jahrhunderts und seitdem Kaiser nichtitalischer Herkunft das Reich beherrschten, setzte sich eine liberalere Wirtschaftspolitik durch. Wein-, Obst- und vor allem Olivenkulturen gewannen an Bedeutung, und es waren letztere vor allem, welchen die Provinz ihren Aufschwung verdankte. Olivenöl war rings um das ganze Mittelmeer ja nicht nur für die Küche unentbehrlich. Es war Grundstoff aller Kosmetika und speiste selbst das Nachtlämpchen des Armen. (Man schlief nicht in völliger Dunkelheit. Augustinus bemerkte mit Befremden, daß einige Mönche in Mailand ihre Askese soweit trieben, in gänzlicher Finsternis zu schlafen.)

Dem Handel und Verkehr dienten die Straßen – nicht nur die von der Armee angelegten. Noch heute sichtbare Spuren – viele Straßen von heute folgen den alten Trassen –, auch die Tabula Peutingeriana und eine erhebliche Anzahl von im Abstand von 1500 m aufgestellter Meilensteine gestatten, das antike Straßennetz mit einiger Sicherheit zu rekonstruieren.

Die Epoche der Severer (193-235) bezeichnet im ganzen Reich die Hochzeit kaiserlicher Macht und den Sieg römischer Zivilisation. Obwohl der Friede an den Grenzen nur noch mit genauer Not gewahrt werden konnte – aber er wurde gewahrt –, erreichten Wohlstand und Luxus in den Städten eine nie gekannte Höhe. Die Romanisierung erfaßte freilich in erster Linie die Städte. Die Landbevölkerung blieb den libysch-berberischen Dialekten und den einheimischen Göttern treu, blieb daher von der neuen und fremden Welt der Romanitas weitgehend ausgeschlossen. Kein Wunder also, daß sich das libysch-punische Erbe letztlich als zählebiger erwies als das römische. Kenner und Experten behaupten: bis in die heutige Volksmusik hinein.

Doch noch im 3. Jahrhundert geriet das Reich Roms in eine lebensgefährliche Krise. Von außen drohten Germanen und Perser, im Inneren Wirtschaftskrise, Inflation, Epidemien, in der Armee drohte Anarchie. Einzelne Legionen bekleideten ihre Kandidaten mit dem kaiserlichen Purpur und mordeten sie, wenn sie den Erwartungen nicht entsprechen konnten. Auch die africanische Provinz blieb von solchen Wirren nicht verschont, ja von ihr nahmen sie den Ausgang, und die Berber von jenseits der Reichsgrenzen fühlten sich zu Raubzügen ins römische Gebiet ermutigt. Und trotzdem wurde noch in der 2. Hälfte des 3. Jahrhunderts allüberall gebaut: Straßen, Thermen, Häuser. Doch die stetig wachsenden Ausgaben fürs Militär führten zu wachsendem Steuerdruck, dieser und der Verfall des Geldwertes wirkte sich auf den Handel verhängnisvoll aus und dies wiederum zeitigte ruinöse Folgen für die Landwirtschaft: ein uns leider nicht unbekannter circulus vitiosus.

Der Staat wollte sich mittels bürokratisch-verwaltungsmäßiger Reformen den durch jahrzehntelang schleichende Krisen entstandenen Bedingungen anpassen. So wurde die bisherige Africa proconsularis – als Teil der Diözese Africa, die ihrerseits der Praefectur Italia unterstellt war – in drei neue Provinzen geteilt: in die ›Zeugitana‹ (oft weiterhin als ›proconsularis‹ bezeichnet) im Norden, in die mitteltunesische ›Byzacena‹ und die östliche ›Tripolitana‹.

In der westlich angrenzenden ›Numidia‹ verliefen die Dinge ähnlich. Allgemein war die Reichsverdrossenheit. Die lastende Allgewalt des Staates weckte das Verlangen, sich diesem Zwang zu entziehen. Die Landarbeiter, welche die schwerste Bürde zu tragen hatten, wollten sich nicht an die Scholle fesseln lassen, nahmen lieber das unsichere Los wandernder Tagelöhner in Kauf. Als ›Circumcellionen‹ sollten sie bald ein Element sozialer Unruhe bilden, vor allem, als sie sich mit der donatistischen Häresie verbanden und in Opposition zu den wohlhabenden Städtern traten. Jener Städter, die durch Eintritt in eine staatliche Karriere oder in die Reihen des steuerbefreiten Klerus der seit 313 geduldeten, durch Theodosius zur einzig offiziellen Religion erhobenen christlichen Kirche ihre materiellen Interessen zu wahren gedachten.

Die sozialen Konflikte innerhalb des nunmehr staatlich gestützten Christentums waren noch nicht beigelegt, als die Vandaler Geiserichs auf ihrem abenteuerlichen Zug von Westen, von der Meerenge von Gibraltar her Hippo Regius belagerten und zerstörten und sich endlich der Großstadt Carthago bemächtigten. Als Arianer galten sie der reichsorthodoxen katholischen Kirche als ›Ketzer‹. Als Herren des Landes behandelten sie – und nicht ohne Grund – die ›Orthodoxen‹ als Staatsfeinde: die vielbeschrienen ›Christenverfolgungen‹ der Vandaler. Genug: Kaiser Justinian entsandte seinen Feldherren Belisar und dieser beendete den Krieg gegen die gefürchteten Nordgermanen schnell. Von der Vandalerherrschaft blieb keine Spur.

Ostrom herrschte nun über eine der ältesten und einträglichsten Provinzen des Imperiums der Römer: über den gesamten Küstensaum bis Oran und bis zur Schott-Niederung im Süden. Aber es waren Zeitläufe einer glanzlosen Restauration. Starre Bürokratie engte die Untertanen ein, besteuerte sie für militärische Zwecke, ließ aus den Steinen von Tempeln, Thermen und Theatern, für die unter dem weltfeindlichen Hauch des Christentums kein Platz mehr war, Sperrforts und Zitadellen aufschichten als Schutz gegen die Berber aus dem Aurès und den südwestlichen Wüsten. Der Feind aber, dem das römische Africa erliegen sollte, kam nicht aus der erwarteten Richtung und nicht in der Gestalt der Berber, sondern aus dem Osten: die unter dem Banner des Propheten geeinten Araber.

Mehrfach – bei Ksar Tifech, bei Khémissa, Taoura, Madaura kann der Landfahrer solchen byzantinischen Grenzforts begegnen. Ihr gestaffeltes System setzt sich jenseits der tunesischen Grenze fort in Haidra, Kasserine, Sbeitla.

Tébessa

Die Zitadelle von Tébessa, die unter Patricius Solomon errichtet wurde, gehört zu den eindrucksvollsten unter diesen Befestigungsanlagen des byzantinischen Jahrhunderts. Zwei Meter dicke und bis zehn Meter hohe Mauern umschließen ein Geviert von etwa 320 × 280 m, den Kern der heutigen arabisch-französischen Stadt, der mit seinem regelmäßig-rechteckigen Raster immer noch an ein römiches Lager erinnert. Dreizehn Viereckturme sind dieser Mauer vor- und aufgesetzt, vier Tore gewähren Einlaß. Diese Festung des 6. Jahrhunderts lag einst im Südwestwinkel des römischen Theveste, das an einer Stelle gegründet wurde, die bereits seit dem Capsien und der jüngeren Steinzeit besiedelt gewesen war. Schon im 3. Jahrhundert v. Chr. war Theveste eine bedeutende Stadt der Numider gewesen. In ihr stationierte Vespasian im Jahre 75 das Hauptquartier der Legio III Augusta, deren Garnison bisher in Ammaedara (heute: Haidra in Tunesien) gelegen hatte. Bald allerdings wurde das Lager weiter westwärts nach Lambaesis vorgeschoben, das näher an den Aurèsbergen lag, dem nie ganz befriedeten Rückhalt berberischen Widerstandes. Für den wirtschaftlichen Verlust, den der Wegzug der Garnison bedeutete, wurde Theveste durch den vorteilhaften Rang einer Colonia entschädigt. Die Stadt soll damals etwa 30 000 Einwohner gezählt haben, nahm sehr aktiv an der wirtschaftlichen Blüte des 2. Jahrhunderts teil und schmückte sich mit schönen öffentlichen Bauten, das heißt sie wurde von reich gewordenen Bürgern mit solchen beschenkt, und war schon früh auch Zentrum einer ansehnlichen christlichen Gemeinde, der die sozialen und kirchlichen Auseinandersetzungen des 4. Jahrhunderts nicht erspart blieben. Die Vandaler haben die Stadt geplündert, um 535 hat sie Justinians General Solomon besetzt und gegen die Berber befestigt. Wie überall verschwanden in dem byzantinischen Mauerwerk die Blöcke der unnütz gewordenen heidnischen Tempel und Theater. Aber nicht Berber, sondern die Araber haben die Stadt 682 eingenommen. Seit damals verödete die Siedlung, ward aber nie völlig verlassen. Sie hat daher wenig an römischen Bauresten, dafür viel von ihrer antiken Plangestalt bewahrt.

Die halb militärische Tradition lebte später wieder auf, als in der Türkenzeit hier eine Janitschareneinheit stationiert war, die sich allerdings gegen die wahren Herren der Gegend, die kriegerischen Nemencha – arabisierte Berber – als machtlos erwies. Auf die Nachricht, die Franzosen hätten Constantine eingenommen, flohen die türkischen Soldaten aufs Gebiet des Beys von Tunis. Aber die Franzosen konnten sich erst 1851 hier einrichten.

Als *Nordtor* (1) des byzantinischen Mauerzingels (man kann ihn von außen nur an drei Seiten umgehen) dient ein nach Caracalla benannter Bogen, der freilich nicht als Stadttor gedacht war, sondern als Tetrapylon einst eine Straßenkreuzung überspannt und überkuppelt hat und der in fast barocker Weise reich dekoriert ist. Inschriftlich ist er als testamentarische Stiftung des Cornelius Egrilianus, Praefectus der Legio XIV, die in Pannonien stationiert war, für seine Heimatstadt bezeugt. Der General hatte für die Errichtung ein Legat von einer Viertelmillion Sesterzen ausgesetzt. Der africanische Kaiser Septimius Severus, der 211, also etwa zur Erbauungszeit dieses Monumentes, zu York im fernen Britannien starb, und seine syrische Gattin Julia Domna aus dem Priestergeschlecht von Emesa (Homs) werden in Weihinschriften genannt, auch ihr Sohn Caracalla, nicht aber der Name des von diesem ermordeten Bruders Geta. Eine Inschrift rühmt des Byzantiners Solomon Verdienste um die Wiederherstellung der Stadt.

Innerhalb der byzantinischen Mauern erreicht man mit wenigen Schritten den sogenannten *Minervatempel* (2), ein aus dem beginnenden 3. Jahrhundert stammendes, recht gut erhaltenes Beispiel eines römischen Podiumstempels korinthischer Ordnung mit vier Frontsäulen, zu denen die Stufen einer Freitreppe steil emporführen. Dieses mit Bukranion- und Adlerfriesen opulent gezierte Gegenstück der Tempel von Djemila oder von Dougga und Sbeitla drüben in Tunesien ist heute eingeklemmt zwischen die Häuser des alten Stadtkerns und beherbergt – ein Neubau ist vorgesehen – ein kleines, aber dicht bestücktes Museum. Einst

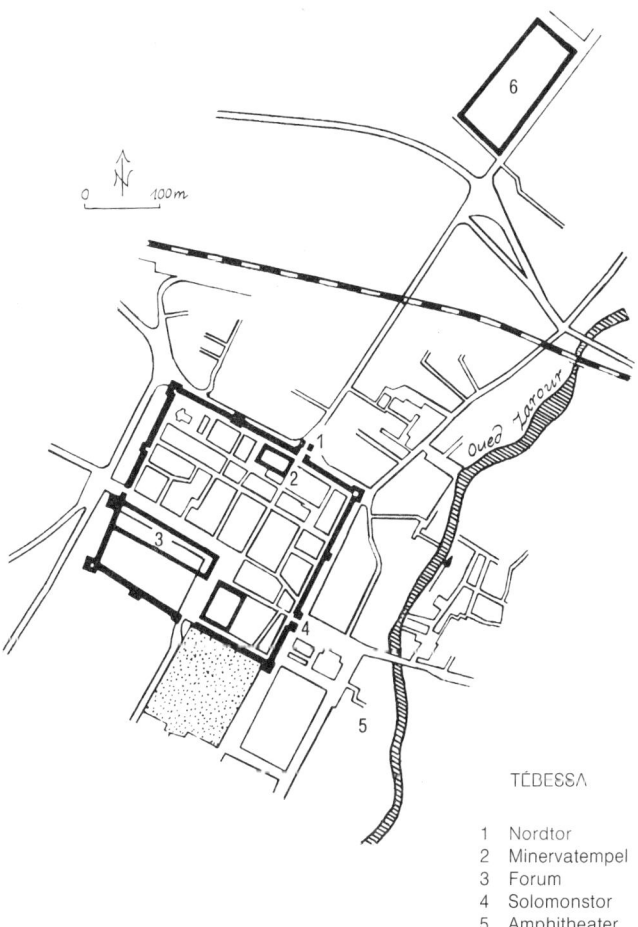

TÉBESSA

1 Nordtor
2 Minervatempel
3 Forum
4 Solomonstor
5 Amphitheater
6 Basilika

stand er als Wegziel an der Schmalseite eines Portikushofes, von dem kaum mehr etwas blieb, wie überhaupt innerhalb der Mauern nicht mehr viel Antikes zu sehen ist, obwohl man hier auf die Spuren eines römischen Hauses stieß und sich das einstige *Forum* (3) wenigstens lokalisieren ließ.

Außerhalb des Westtores – jenseits der Kreuzung nach etwa 150 Metern links abbiegen – steht noch ein kleiner römischer Bogen. Vor dem östlichen, dem *Solomonstor* (4) mit seinen einst wohl recht wirksamen Verteidigungseinrichtungen spielt sich in Bazarhalle und kleinen Lebensmittelläden das gelassene Markttreiben einer nordafrikanischen Stadt von heute ab. Wenige Schritte weiter, in recht häßlich-kahler Umgebung, finden wir das vor nicht allzulanger Zeit erst freigelegte *Amphitheater* (5), ein dem Kreis angenähertes Oval von 80 : 76 m Durchmesser. Die Arena maß 53 × 39,5 m und war von einer hohen Mauer umschlossen mit Türen zu den Räumen, in denen die Gladiatoren, die Verurteilten, die wilden Tiere den Beginn der blutigen Spiele zu erwarten hatten. Ein umlaufendes Podium trug die Ehrensitze der führenden Bürger, jener, die den Bau und die Darbietungen finanzierten. Als in christlicher Zeit diese rohen Vergnügungen abkamen, wurde das Amphitheater – nicht anders als das von El-Djem in Tunesien oder das Colosseum Roms –, indem man die Bogenstellungen einfach zubaute zur Festung, genauer gesagt: zu einem befestigten Wohnbezirk. Seit byzantinischer Zeit bis in unser Jahrhundert war dieses ›Ksar‹ bewohnt. Die Ausgräber haben aus dem Material, das zutage kam, Erkenntnisse über den Lebensalltag durch mehr als ein Jahrtausend gewinnen können.

Auch wenn wir ein wenig von Tébessa enttäuscht sein sollten und mit unserer Zeit haushalten müssen, den Besuch der christlichen **Basilika** aus dem Ende des 4. Jahrhunderts dürfen wir nicht unterlassen. Sie liegt nur ein paar Gehminuten nördlich des Caracallabogens jenseits der Bahnlinie und ist – wenn auch Ruine – eines für die Entwicklung der christlichen Architektur Nordafrikas bezeichnendsten Bauensembles, in dem sich Plangedanken aus Rom, aus Jerusalm und Konstantinopel mit solchen einheimischer Tradition verbinden. Die africanische war eine der wichtigsten Provinzen des frühen Christentums, wurde durch Tertullian Heimat der christlich-lateinischen Theologie und Literatur. Sie setzte das Lateinische als Sprache der westlichen Kirche durch und verfügte über eine Vielzahl von

Kultstätten. Als Ruinen und in der Form bloßer Grundrisse sind hier mehr Kirchenbauten nachgewiesen als irgendwo sonst, aber eben nur als Ruinen und Grundrisse. Es blieb in Nordafrika – vom Bapteristerium von Djemila abgesehen – kein einziger früher Kirchenraum so vollständig erhalten wie in Rom, Ravenna, Mailand, Syrien, und dieser Mangel erklärt, warum in unserer optischen Vorstellung von frühchristlicher Baukunst Nordafrika nicht den Rang einnimmt, der ihm gebührt. Diese Vorstellung zu korrigieren und zu präzisieren nehmen wir gerade in Tébessa Gelegenheit.

BASILIKA

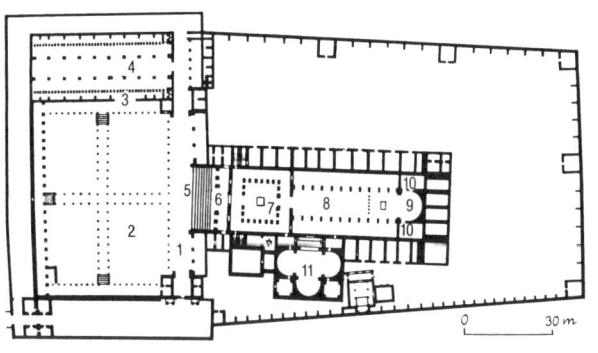

1 Gepflasterte Straße
2 Viereckhof
3 Kryptoportikus
4 Herberge für Pilger und Gäste
5 Freitreppe
6 Narthex
7 Atriumshof
8 Basilika
9 Apsis
10 Sakristeien
11 Baptisterium

Ein Monumentaltor, dem einst Säulen vorgesetzt waren, führt auf eine gepflasterte Straße (1), an deren anderem Ende ein analoger Torbau antwortete. Linker Hand finden wir einen – später angelegten – Viereckhof (2), an drei Seiten von erhöhten Wandelterrassen umzogen, und an der Westseite mit einem Portikus versehen, durch steinerne Balustraden in vier Parterres geteilt, von deren einem eine Treppe in einen Kryptoportikus (3) führte, an deren Ende eine Kapelle auf dreipaßförmigem Grundriß christliche Gräber enthält. (Ein ähnliche unterirdische Grabgalerie unterhalb der Basilika wurde bei deren Bau zugeschüttet und vermauert.) Der Rechteckbau an der Nordseite des Vorhofes wird als eine Herberge für Pilger und Gäste des Klosters (4) gedeutet. Er enthält ringsum kleine Zimmerchen und an beiden Längsseiten des dreischiffigen Hauptraumes Reihen steinerner Tröge, also Futterkrippen. Die Ecken der trennenden Pfeiler sind so durchbohrt, daß man einst die Tragtiere hier anbinden konnte, und die Stege sind – noch heute sichtbar – von den Seilen von dazumal blankpoliert. Solche unscheinbaren Details sind es, die plötzlich die Zeit auslöschen, die tote Steine mit Leben füllen.

Eine breite Freitreppe (5) führt hinauf zu einem Narthex (6) und durch ihn in einen säulenumzogenen Atriumshof (7), dessen Mitte einst ein Brunnen zierte. Von hier aus betreten wir die Basilika (8), welche durch Pfeilern angefügte zweigeschossige Säulenstellungen in drei Schiffe geteilt war, mit Emporen über den seitlichen. Eine steinerne Schranke trennte den hinteren Teil des Mittelschiffes als Stätte der Liturgie vom Bereich für das Fußvolk der Gläubigen. In der erhöhten halbrunden Apsis (9) stand der Thronsitz des Bischofs. Beiderseits flankierten – als Verlängerungen der Seitenschiffe rechteckige Sakristeien (Pastophorien) (10) die Apsis. Der Fußboden der Kirche war mit ornamentalen Mosaiken geschmückt, einem steinernen Teppich. Man hatte sie zunächst freigelegt, hat sie aber später zur Schonung wieder mit Erde zugedeckt. Aus dem südlichen Seitenschiff führen zwölf Stufen hinab in eine auf kleeblattförmigem Grundriß erbaute Kapelle, die einst reich ausgestattet war. Vermutlich barg der Altar in den Raummitte besonders verehrte Reliquien.

Vom Atriumshof leitet rechter Hand ein Gang in ein Baptisterium (11), dessen schönes Tauchbecken von Stufen umgeben und mit musivischer Arbeit geziert ist. Was wir an Mosaiken zu Gesicht bekommen, entspricht durchaus africanischer Tradition; der skulpturale Schmuck allerdings ist feiner als alles, was man hier sonst sehen kann.

Die axiale Anordnung von Freitreppe–Vorhalle–Atrium–Basilika nimmt sich konstantinische Bauten zum Vorbild: Alt-St. Peter, die erste Hagia Sophia, die Kirche zum Hl. Grab in Jerusalem. Sie alle bestehen nicht mehr, sind ›aufgehoben‹ in dem, was von der Bischofs- und Klosterkirche von Tébessa blieb.

Nach außen hin war dieses auf hohem Unterbau errichtete Gotteshaus von kleinen Viereckräumen umzogen, wahrscheinlich Wohnzellen für Mönche, denn der ganze Bezirk um die Basilica war als ›claustrum‹ mit einer Mauer umzogen, also Klausur, innerhalb derer sich – neben der kleeblattförmigen Kapelle – eine kleine Grabkapelle, ein Martyrion, befand.

Auch wenn das alles nur Ruine ist, so sind die Mauern doch stellenweise zu beachtlicher Höhe erhalten und vermitteln so noch Raumvorstellung. Ein wenig Phantasie muß man dabei allerdings zu Hilfe nehmen. Aber nach Karl Kraus gehört Phantasie dazu, um Tatsachen zu erkennen. Tatsache ist, daß wir hier den Resten eines sehr bedeutenden frühchristlichen Bauensembles begegnet sind.

Das Theveste der Römerzeit war Zentrum eines wohlbestellten Landstriches, der vorwiegend vom Olivenanbau lebte. Archäologischer Spürsinn hat in der Umgebung ländliche Villen, Ölpressen, christliche Kapellen, Grabstätten und Festungswerke aus byzantinischer Zeit in großer Zahl nachgewiesen. Aber alle diese Stellen – oft schwer erreichbar und kaum mehr aufzufinden – wird nicht einmal der eifrigste Hobby-Archäologe sich vornehmen. Mehr als die Beschau von ein paar alten Steinen bedeutet uns der Einblick ins lebendige Leben von einst. Das Wissen um die zahlreichen Siedlungen und ihre Spuren gehört wohl dazu, aber sinnlich erfahrbar wird es erst anhand der wirklich noch sichtbaren und daher eben sehenswerten Bauten im Zusammenhang eines städtischen – also politischen und sozialen Gefüges, wie ihn uns Timgad zeigen wird.

Timgad wird unser nächstes Ziel sein, denn wir können nicht daran denken, über die Grenze nach Tunesien hinüberzuwechseln, um dem nahen Haidra/Ammaedara einen Besuch abzustatten. Wir haben kein zweites Visum in der

Tasche, das uns danach die Rückkehr nach Algerien gestatten würde.

Die Straße nach El-Oued (glatte 312 km) bietet weder landschaftliche noch archäologische Sehenswürdigkeiten, obwohl die Region, die sie durchquerte, seit früher Zeit bewohnt war. Etwa 30 km südlich von Tébessa fanden sich bei **Elma el-Abiod** (= Elma Labiod) Spuren aus der jüngeren Steinzeit. Ungefähr 60 km weiter hat **Bir El-Ater,** Kreisstadt in einem Phosphatabbaugebiet, Zeugnisse aus frühen Menschheitstagen geliefert und der Zeit zwischen 40 000 und 25 000 v. Chr., dem Atérien, den Namen gegeben. In der Nähe von **Négrine,** wo wiederum neolithische Spuren zutage kamen, liegen die spärlichen Reste von Besseriani (römisch: Ad Maiores). Von dort sind es noch etwa 170 – man darf getrost sagen: eintönige – Kilometer nach El-Oued, der Hauptstadt des Souf-Gebietes.

Durch das neue Universitätsviertel und eine ausgedehnte Industriezone mit modernen Wohnsiedlungen – Zeugnissen für die heutige Bedeutung Tébessas – führt die schnurgerade Ausfallstraße in Richtung Constantine, von der wir allerdings bald links abzweigen. Die Kleinstadt **Hammamet** mit den unvermeidlichen neuen Wohnungsbauten passierend, zieht unsere Route gesprenkelten und durch Aufforstungsrillen und -mäuerchen merkwürdig gestreiften Bergen entgegen und hinauf auf ein weites und welliges Plateau, das ferne glasblaue Höhen umsäumen. Hinter Chéria geht es geradeaus durch eine fast menschenleere Ebene, endlich über einen Höhenkamm – im Rückblick läuft das Band der Straße, auf der wir kamen, endlos dahin – und voraus tauchen mit Schneeflecken nahe ihren Gipfeln die Berge des Aurès auf. **Khenchela** an der Stelle des einstigen numidisch-römischen Macula, das den strategischen Übergang zwischen Nementcha-Ebene und Aurèsgebirge beherrschte, hält uns nur solange, bis wir unseren Proviant aufgefüllt haben. Auch die wenigen Zeichen des römischen Aquae Flavianae (beim heutigen Thermalbad Aïn el-Hammam einige Kilometer links abseits der Route – ein Teersträßchen führt durch Aufforstungswald dahin) dürfen uns nicht ablenken, wenn wir noch vor Einbruch der Nacht das Hotel in Timgad erreichen wollen.

Timgad und Lambèse

Timgad ist neben Djemila die eindrucksvollste Ruinenstätte Algeriens als ein fast zur Gänze freigelegtes Ensemble, in dem sich alle Elemente studieren lassen, die zu einer Römerstadt dazugehörten, ja sie konstituierten. Darüber hinaus hat diese Garnison, aus wilder Wurzel von militärisch gedrillten Architekten entworfen, noch reiner und eindringlicher beinahe als das heute tunesische Sbeitla den rationalen Rasterplan römischer Militärlager verwirklicht, in dem etruskischer Ritus und hellenistische Ratio sich zusammenfanden, denn hier schrieb weder eine bereits vorhandene Siedlung noch Unregelmäßigkeit des Geländes reizvolle Abweichungen von diesem Grundmuster vor. Und drittens gewährt ein Rundgang durch die Stadt das Vergnügen, wie im Zeitraffer nachzuerleben, wie der – später von Veteranen besiedelte – Stadtkern sich mit schönen Bauten schmückte, wie die Stadt wuchs, wie sich um den militärischen Kern Außenviertel ansetzten. Trajan hat um das Jahr 100 durch die Soldaten der Legio III Thamugaddi – so der damalige Name – anlegen lassen. Mit ihren 367 mal 324 m Seitenlänge entsprach diese Garnison in Maß und Disposition den Legionslagern, wie sie auch an den nördlichen und östlichen Grenzen des Reiches bestanden, glich dem damaligen Köln oder Regensburg. In der 2. Hälfte des 2. Jahrhunderts begann die Stadt über das militärische Geviert hinauszuwachsen, wurde die eingrenzende Mauer niedergelegt, ohne daß sich freilich ihre Spur im Stadtplan verwischen ließ. Berber aus den Bergen haben am Anfang des 6. Jahrhunderts das Zentrum der ihnen verhaßten römischen Verwaltung verwüstet. Dann kamen die Vandaler. Den Byzantinern schien nach ihrem Sieg über diese ›ketzerischen‹ Germanen die Anlage eines Sperrforts gegen die Feinde aus der Wüste und den Aurès wichtiger als die Wiederherstellung der schwer mitgenommenen Stadt. Doch statt des erwarteten Feindes kam ein unerwarteter:

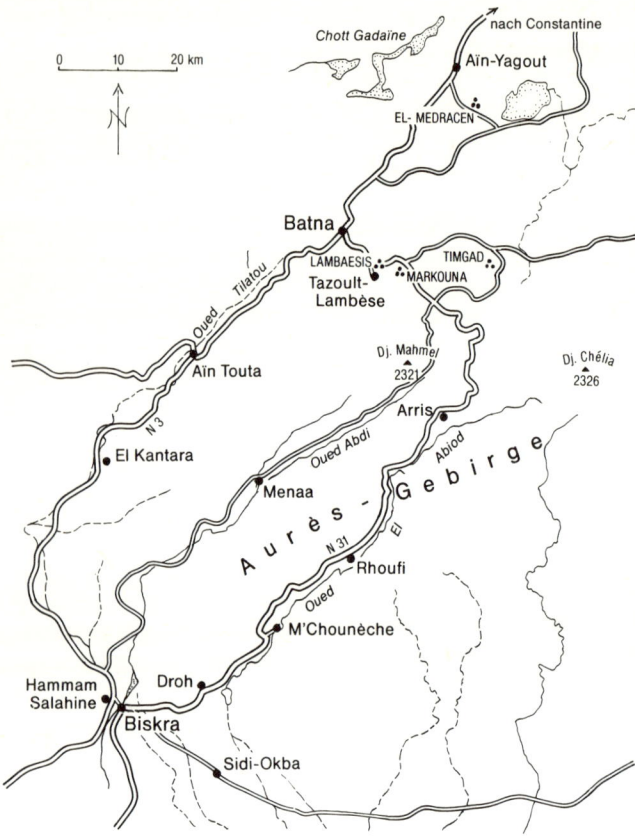

die Araber. Seit ihrem Einfall im 7. Jahrhundert war Thamugaddi tot und verlassen. Nicht wie an anderen Orten hat eine vergreisende Stadt in langer Agonie ihre Substanz von einst aufgezehrt. Keine zweite Zerstörung durch Neubauten ist erfolgt. Was erhalten blieb, spiegelt im wesentlichen den baulichen Reifezustand des 3. Jahrhunderts. Auch wer die antiken Städte von Pompeji bis Palmyra kennt und die im benachbarten Tunesien, wird Timgad als besonders besehenswert im Gedächtnis behalten.

Bevor ich zum ersten Male Timgad besuchte, hatte ich voll Vorfreude Pläne und Luftaufnahmen der Stadt betrachtet, die über Erhaltungszustand und städtebauliche Planung belehren. Was sie verschweigen: daß Timgad nicht – vor fernen Berg- und Hügelkulissen – brettflach daliegt, sondern daß das ursprüngliche Stadtareal sich in sachter Steigung aufwärts zieht bis zur Höhe von Forum und Theaterhügel, daß der Bereich doch ›Relief‹ hat. Man kennt ja das ABC römischen Bauens, Mauer – Bogen – Säule – Gebälk – Gewölbe und das Spektrum der immer ähnlichen Aufgaben für die Baumeister vom Wohnhaus bis zu Tempel, Theater und Therme. Und doch weisen sie nicht nur von Stätte zu Stätte verschiedenen Erhaltungszustand auf, sondern statt sich wie ein Ei dem anderen zu gleichen, zeigen sie jeweils individuelle Züge, sind bei aller Regelhaftigkeit jeweils neue und zweckdienlich-schöne Lösungen gefunden. Und dann ist es schließlich bei jedem Besuch einer der toten Städte aus Römertagen das Erlebnis der besonderen landschaftlichen Situation, welche nicht nur die Stadt ›heranlockte‹, sondern jene Gestalt bestimmte, die sie im Zusammenspiel von grundsätzlichem Schema und individueller Gegebenheit annehmen sollte.

Heute, da Ziegelmauerwerk, Stuck und Putz vergangen sind und der Stein der Säulenstümpfe nackt auf dem frühlingsgrünen Boden steht, redet die umgebende Landschaft viel stärker, als sie es einst vermochte, in die Stadt hinein. Wenn diese sich gegen die verschloß und sie ›nicht ansah‹, so war sie doch mit einer so kundigen Sicherheit dem Gelände an- und eingepaßt, daß ein akademisch titulierter Planer von heute die Alten nur beneiden kann.

Der Eingang ins Ruinenfeld von **Timgad** befindet sich im Norden, wenige Schritte entfernt von Parkplatz und Hotel, in dem der Tourist – selbst wenn im Mai ein Festival stattfinden sollte – unterkommt. Lassen wir zunächst das *Museum* (1) links und die *Großen Nordthermen* (2) rechts liegen und betreten wir das Gelände der Militärstadt durch das *Nordtor* (3), von dem nur noch die unteren Blockanlagen erhalten sind. In den seitlichen Teilen waren einst Wachlokale untergebracht. Der nördliche Cardo, unter dessen Pflaster wie unter dem anderer Straßen Kanäle für die Beseitigung der Abwässer sorgten, führt geradewegs und sanft ansteigend auf das Stadtzentrum, das Forum zu. Gleich links hinter dem Tor lagen die *Kleinen Nordthermen* (4), schlecht erhalten und nicht sehr sehenswert. Eines der nicht weiter bemerkenswerten Häuser an dieser Straße wurde in christlichen Zeiten zur ›Kapelle‹ umgewandelt. Kurz vor dem Forum finden wir linker Hand die Reste eines Bauwerks, das durch eine Inschrift des 4. Jahrhunderts als öffentliche *Bibliothek* (5) ausgewiesen ist: einst reich dekoriert, mit einem Portikus-Vorhof und – hinter einer Säulenfront – einem von kleinen Nebenräumen flankierten halbrunden Hauptsaal, in dessen Wandnischen die Regale für die Buchrollen ihren Platz hatten. Die Erinnerung an die jüngst wiederaufgerichtete Celsus-Bibliothek im kleinasiatischen Ephesos hilft, wenn man sich den Bau von damals in der Phantasie wiedererrichten möchte. Aber interessanter wäre doch zu wissen, was an Werken der Dichtung und Wissenschaft hier einst gehortet war, und was davon wirklich Leser und Benutzer fand. Fragen, auf die wir nie mehr eine Antwort bekommen.

Noch bevor wird das Forum erreichen, kreuzt der westöstlich verlaufende Decumanus Maximus unseren Weg, die Hauptachse der Stadt, welche das Forum an seiner Nordseite begrenzt. Das war einst eine von Säulenportiken gesäumte Ladenstraße, die an östliche Säulenstraßen (Gerasa, Palmyra) erinnern mag. Wenn wir ihr nach links, also in östlicher Richtung folgen, sehen wir zunächst rechts die öffentliche *Bedürfnisanstalt* (6) für die Besucher des Forums, einst versehen mit 25 bequemen Sitzgelegenheiten, durch delphingestaltige Armlehnen voneinander getrennt. Wenige Schritte weiter an der gleichen Seite die *Maison des jardinières* (7), wohl ein sehr reiches Privathaus, dessen Zimmer um einen kreuzgangartigen Innenhof angeordnet waren, in dem steinerne Balustraden kleine Gärtchen begrenzten. Nur eine Gassenbreite trennt dieses Haus vom *Ostmarkt* (8), den man über ein paar Trittstufen erreicht: zwei halbrunde Höfe einst, hinter deren Portiken die Läden angeordnet waren. Die dahinter gelegenen *Kleinen Ost-*

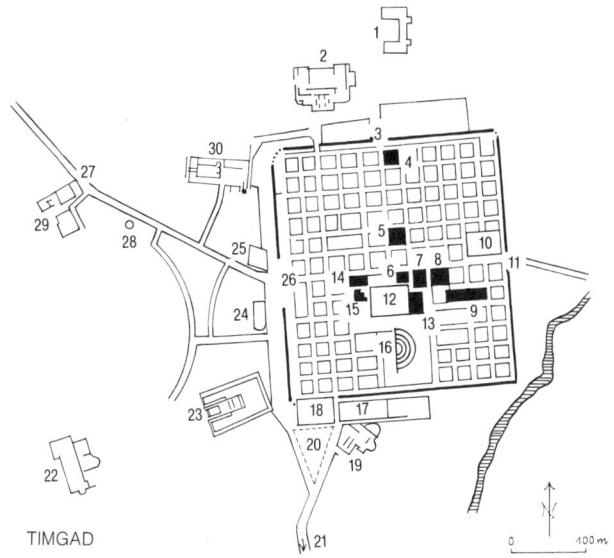

TIMGAD

1 Museum
2 Große Nordthermen
3 Nordtor
4 Kleine Nordthermen
5 Bibliothek
6 Latrine
7 Maison des jardinières
8 Obstmarkt
9 Kleine Ostthermen
10 Große Ostthermen
11 Mascula-Tor
12 Forum
13 Basilica
14 Forumstempel und Rostra
15 Curia
16 Theater
17 Haus des Hermaphroditen
18 Haus des Sertius
19 Große Südthermen
20 Handwerkerviertel
21 Byzantinische Festung
22 Donatistische Kathedrale
23 Capitolium
24 Sertius-Markt
25 Tempel des Genius Coloniae
26 Trajansbogen
27 Lambaesistor
28 Liberalis-Brunnen
29 Westthermen
30 Orthodoxe Kathedrale

thermen (9) sind bescheiden und wenig ergiebig im Gegensatz zu den *Großen Ostthermen* (10) links am Ende des Decumanus. Sie wurden in der ersten Hälfte des 2. Jahrhunderts angelegt, wurden im Jahre 167 erweitert und sind die größte Badeanlage innerhalb der rechteckigen Altstadt. Ohne Schwierigkeit identifiziert man Vestibül (Auskleide- und Garderobenraum), Kalt-, Warm- und Dampfbad, lokalisiert die Ruhe- und Massageräume, die Heizanlagen und die Brennstofflager für den Betrieb hinter den Kulissen. Der Decumanus endete im Osten beim einst wohl monumentalen *Mascula-Tor* (11), errichtet im Jahr 146 an der Stelle eines der Tore der ursprünglichen Lagerstadt. Etwa 200 Meter weiter in südöstlicher Richtung stand ein weiteres Monumentaltor (aus der Zeit Marc Aurels), das die Grenze der ›Neustadt‹ bezeichnete.

Kehren wir um und steigen wir über eine bequeme Treppe nun endlich hinauf zum *Forum* (12), dem Herzpunkt der Stadt, ihrer Guten Stube, von der jeder Wagen- und Lasttierverkehr ausgeschlossen war. Wie ein Salon unter freiem Himmel mag dieser mit Platten belegte, von Säulenhallen umzogene Platz (50 × 43 m) gewirkt haben. Basen mit zum Teil noch lesbaren Inschriften verraten, daß hier Kaisern, Proconsuln und bedeutenden Männern der Stadtgemeinschaft Ehrenstandbilder errichtet wurden. Hier spielte sich das politische und juristische Leben ab, aber auch das der frohgemuten Müßiggänger. Sie haben in die Platten des Pflasters ihre Spielfelder eingeritzt – vergleichbar unseren Dame- oder Mühlebrettern – und einer der gutgelaunten Lungerer hat seine Lebensphilosophie den Nachkommen überliefert: ›Jagen, baden, spielen, lachen: das nenne ich leben.‹ (›venari, lavari, ludere, ridere, hoc est vivere‹) Hinter der östlichen Säulenhalle verbarg sich die *Basilica* (13), Ort der Rechtssprechung und vielleicht auch der wirtschaftlichen Transaktionen, ein einschiffiger Bau, in dessen nördlicher Apsis wohl eine Kaiserstatue stand. An der gegenüberliegenden, der Westseite des Forums erhob sich ein – heute bis auf sein Podium zerstörter – *Tempel* (14). Er könnte einst das Capitolium der trajanischen Stadt gewesen sein. Bei der Stadterweiterung in der 2. Hälfte des 2. Jahrhunderts wurde ein repräsentativeres Capitolium außerhalb der einstigen Stadtmauern errichtet und der Tempel am Forum nun dem Stadtgründer, dem divus Trajanus geweiht. Vor diesem Heiligtum befand sich die Rednerbühne, ›Rostra‹ genannt, obwohl hier nicht, wie in Rom, mit Schiffsschnäbeln (rostra) geschmückt. Hier wurden wohl in erster Linie nur noch Prunkreden gehalten. Die lokalpolitischen Entscheidungen fielen im Rathaus, der *Curia* (15), die nur durch einen schmalen Säulenhof vom Tempel getrennt war. Hier fand man unter anderen eine Statuenbasis für die Fortuna Augusta und einen Sockel für das Standbild des Kaisers Julian (361-65), den die christlichen Historiker den Apostaten nennen.

Nur wenige Schritte sind es vom Forum zum *Theater* (**16**). Es wurde 161-169 in einen niedrigen Hügelsporn eingeschnitten und bot etwa 3500 bis 4000 Sitzplätze für die Bürger der Stadt und die Bewohner des Umlandes. Ein ›Provinztheater‹ also mit einer halbrunden gepflasterten Orchestra, mit halbrunden und rechteckigen Nischen an der Vorderseite der Bühne und einer einst reich gegliederten Bühnenrückwand. Man darf sie sich ähnlich vorstellen wie in Bosra, Aspendos, Orange. Theaterbauten glichen sich ja in der ganzen römischen Welt wie die Stadttheater des 19. Jahrhunderts von Paris bis Odessa. Fast meint man, es habe schon eine römische Firma Fellner und Hellmer gegeben. Man wüßte gerne über den Spielplan von damals Bescheid. ›Klassiker‹ wurden wohl nur sehr selten gespielt, meist war es recht leichte Kost, die von Snobs als ›platt‹, von Frömmlern als ›lasziv‹ eingestuft wurde, aber sicher ihr Publikum fand. Die Erinnerung daran, daß das Schauspielvergnügen in frommer Frühzeit aus kultischer Wurzel erwachsen war, bewahrte östlich der oberen Ränge des Theaters ein Tempel der dionysischen Mysterien, von dem allerdings nur dürftige Reste blieben.

Westlich von Forum und Theater verläuft der ›Süd-Cardo‹ (keine Fortsetzung des nördlichen Cardo, aber in der gleichen Richtung) und trennt an seinem südlichen Ende zwei große, bereits außerhalb der einstigen Mauer gelegene Häuser, die ihre vielen kleinen Räume – Empfangs-, Eß-, Schlaf-, Badezimmer und andere – um Innenhöfe ordnen. Linker Hand sehen wir das Haus des *Hermaphroditen* (**17**), so benannt nach dem Relief, das man hier fand, und rechts das *Haus des Sertius* (**18**). Eine Inschrift bezeugt einen Mann dieses Namens als Eigentümer, ohne mehr von seinen Umständen zu verraten, doch sein Besitztum sagt uns, daß er zu den Reichsten der Stadt gehört haben mag. Auf unserem Rundgang werden wir ihm noch als dem Stifter einer ansehnlichen Markthalle begegnen.

Schon auf Neustadtboden lagen die *Großen Südthermen* (19), die schon wenige Jahre nach ihrer Erbauung bereits erweitert werden mußten. Sie besaßen zwei Heißbäder, Caldaria, und auch eine gemütliche Gemeinschaftslatrine. Gegenüber, südlich des Sertius-Hauses liegt ein Komplex, den die Archäologen als *Handwerkerviertel* (20) bezeichnen, weil hier außer Läden und Kleineleutewohnungen die Reste einer Töpferei und einer Bronzeschmiede gefunden wurden.

Etwa 300 m südwestlich, mit der Stadt durch eine gepflasterte Straße verbunden, finden wir die *Byzantinische Festung* (21), die Justinian um 539 errichten ließ – auf Bauten des 2. oder 3. Jahrhunderts und aus ihrem Material –, um die soeben den Vandalern abgewonnene ›Africa‹ gegen die beutelüsternen Berber zu sichern. Nur fünf Gehminuten nach Südwesten fand sich ein ausgedehnter frühchristlicher Friedhof, von dem freilich kaum sichtbare Spuren blieben.

Wir wenden uns vom Byzantinerfort lieber gleich querfeldein in nordwestliche Richtung. Keine 500 m und wir stehen in einem weniger sehens- als bedenkenswerten Bereich, dem der *Donatistischen Kathedrale* (22). Es handelt sich dabei um einen klosterartigen Bezirk, in dem um eine Basilica mit vorgelagertem Atrium und Märtyrergrab, kleinere Beträume, ein Baptisterium mit mosaikgeschmücktem vertieftem Taufbecken und die Wohnung des Bischofs angeordnet waren. Die berberisch intransigente Häresie der Donatisten, welche ein Jahrhundert lang die africanische Kirche spaltete und entscheidend schwächte, hatte ihre Wurzeln in der diokletianischen Christenverfolgung und der übersteigerten Sehnsucht nach dem Martyrium, die manche africanischen Christen beherrschte. Nicht wenige jedoch – auch Geistliche – waren unter dem Druck schwach geworden oder hatten sich zu halbherzigem Lavieren bereitgefunden. Hinterher galten sie bei jenen, die jedes Risiko auf sich genommen, ja das Martyrium geradezu gesucht hatten, als ›Abtrünnige‹, als ›Gefallene‹ (lapsi), als ›Verräter‹ (traditores). Der Konflikt brach 308 aus, anläßlich der Wahl des Bischofs von Carthago. Der seinem Gegenkandidaten Caecilianus unterlegene Donatus ließ durch eine Bischofsversammlung feststellen, einer der Konsekratoren des Caecilianus sei ein ›Traditor‹ gewesen, die Weihe folglich ungültig. Er ließ sich selbst zum Gegenbischof ausrufen. Kaiser Konstantin lehnte es ab, ihn anzuerkennen. So bauten er und seine Anhänger eine Gegenkirche auf, welche die Taufe durch ›Häretiker‹ – so wurden alle Konzessionsbereiten genannt – für ungültig erklärte und als ›Verräter‹ alle jene verdammte, die mit solcher Radikalität nicht einverstanden waren und politischer Vernunft das Wort redeten. Sie gingen so weit, gar den Selbstmord zu billigen, wenn er begangen wurde, um als quasi-Märtyrer die ›Palme des Lebens‹ zu erringen. Energisch verbaten sie sich jede Einmischung der staatlichen Obrigkeit in kirchliche Angelegenheiten.

Bald verquickte sich diese kirchliche mit einer sozialen Protestbewegung. Um 320 hatten die berberischen Landarbeiter – Entrechtete und Unterdrückte – gegen die Latifundienwirtschaft der herrschenden Klasse revoltiert. Vergebens, denn dieser ›Bauernaufstand‹ brach zusammen. Doch der Brand ließ sich nie völlig austreten. Es bildeten sich terroristische Kampftrupps ›quae circum cellas vagantur‹ – daher Circumcellionen genannt , welche die christliche Gleichheit im Geiste materiell im Alltag verwirklicht sehen wollten. Im Kampf gegen das ›Establishment‹ und gegen die ›etablierte Kirche‹ fanden sie sich mit den Donatisten, denen jeder im Kampf gegen die ›Kaiserkirche‹ und gegen die ›repressive Gesellschaft‹ Gefallene als Soldat Christi und als Glaubenszeuge galt.

In ganz Nordafrika, in den Provinzen Africa Proconsularis, Numidia und Byzancena – nach heutigen Begriffen also in Tunesien und Ostalgerien) hatten die Donatisten nicht nur auf dem Land, sondern auch in den Städten Fuß gefaßt, und Timgad war einer ihrer Hauptorte. Hierher berief im Jahre 397 der donatistische Bischof Optatus ein Konzil, das die Sache der donatistischen Gegenkirche retten sollte, denn die Zeit drohte, über sie hinwegzugehen. Einer der entschiedensten, aber stets diskussionsbereiten Gegner der ›Linksextremen‹ war der Kirchenvater Augustinus. Auf der Bischofskonferenz von Carthago gelang es ihm und seinem

Freunde Aurelius von Carthago, das donatistische Schisma zu beenden. Die wenigen Halsstarrigen, die mit einer Versöhnung nicht einverstanden waren, haben die Zeiten nicht überlebt, in denen die Herrschaft der Vandaler die Christen Nordafrikas vor ganz andere Fragen stellte.

Der donatistische Bezirk war mehr eine Stätte der Rückbesinnung als des Schaubaren. Mehr zu sehen als zu bedenken gibt es im *Capitolium* (**23**), einem Mauerrechteck von 90 × 62 m aus der 2. Hälfte des 2. Jahrhunderts. Zwei der 14 m hohen Säulen des gut römischen Podiumstempels (53 × 23 m), zu dessen Cella 38 Stufen einer Freitreppe emporführten, sind wieder aufgerichtet worden. Das Hofrechteck umzogen einst Säulenhallen, deren Trümmer noch halb in der Erde liegen.

An der breiten Straße, die vom Capitolium nach Norden verläuft, sehen wir links die beträchtlichen Reste einer *Markthalle* (**24**), die im frühen 3. Jahrhundert der reiche Bürger Sertius – wir haben sein Haus gesehen – gestiftet hat, und weiter nördlich, jenseits der nach Nordwesten führenden Straße, das, was von dem 169 erbauten *Tempel des Genius der Colonia* (**25**), der Schutzgottheit der zivilen Niederlassung, die Zeiten überlebt hat. Beide Bauten sind sehenswert für jemanden, der nur ein wenig Phantasie besitzt, mit deren Hilfe er sich das Fehlende ergänzen kann, aber seine Aufmerksamkeit wird eben doch abgelenkt durch den *Trajansbogen* (**26**), das eindrucksvollste und besterhaltene Bauwerk von Timgad. Es ist ein ›barockes‹ Prachttor mit drei Bogendurchlässen, mit vorgesetzten Säulen und verkröpftem Gebälk – des Attikageschosses leider beraubt –, das kein ›Triumphbogen‹ ist, sondern nur ein prächtiges Stadttor, das auch mit Trajan nur insofern zu tun hat, als es ungefähr an der Stelle des westlichen Tors der trajanischen Altstadt steht.

Wenn wir von hier aus der in nordwestliche Richtung führenden Neustadtstraße folgen, treffen wir kurz vor dem *Lambaesistor* (**27**) – errichtet 167 unter Marc Aurel – auf die *Fontana Liberalis* (**28**), die vermutlich die Rolle eines Wasserverteilers spielte, und dann auf die nicht übermäßig fesselnden Reste der *West-Thermen* (**29**). Wer mit Zeit und

Kräften haushalten will, biegt schon vorher – etwa 100 m westlich des Trajanstores – in eine Nordabzweigung, die zum Bereich der *orthodoxen Kathedrale* (30) führt, zu Grundmauern und Säulenbasen einer dreischiffigen Basilika mit Ziboriumsaltar. Unter der steigenden Hitze verspüren wir keinen Drang, die Spuren eines christlichen – und früher heidnischen – Friedhofes zu suchen oder das wenige zu besehen, was vom Haus der reichen Philadelphoi und den von ihnen gestifteten Thermen geblieben ist, und begeben uns gleich zu den *Großen Nordthermen* (2), einem Badekomplex auf symmetrisch-klar disponiertem Grundriß. Überall, wo die römische Zivilisation hinkam, entstanden öffentliche und private Bäder. Die privaten Anlagen – nur Reiche konnten sich derartigen Luxus leisten – waren naturgemäß von bescheidener Ausdehnung, aber auch viele der unzähligen öffentlichen Bäder beschränkten sich im wesentlichen auf die unerläßlichen Einrichtungen, umfassen also außer einem Vor-, Auskleide- und Garderobenraum ein Kaltbadebecken (Frigidarium), einen Übergangsraum (Tepidarium) und das heiße Bad (Caldarium) mit den nötigen Heizungsanlagen, dazu Ruhe- und Massagezimmer. Viele dieser Bäder – wie die so wohlerhaltenen in Pompeji – waren ins Straßennetz integriert und erhoben keinen monumentalen Anspruch. Aber die großen Kaiserthermen von Rom oder Trier, die großstädtischen Bäder von Carthago oder Ephesos waren ausgedehnte, symmetrisch geplante Anlagen, die architektonischen Ehrgeiz entwickelten. Was von ihnen blieb, belehrt uns eindrücklich über die imponierende Raum- und Wölbekunst der römischen Baumeister. Ihre reiche Ausstattung gab dem kleinen Mann, dessen praktisch kostenlosem Freizeitvergnügen die großen Thermenanlagen gewidmet waren, das Gefühl, in einem Palast daheim zu sein. Sie dienten nicht nur der Reinigung und Körperpflege, sondern auch sportlichem und geistigem Tun, boten außer Gymnastikhöfen auch Vortragssäle, Lesezimmer und Bibliotheken. Über den lustvollen Radau in einem solchen Bade klagte Seneca: »Ich wohne gerade über einem Bad. Ihr könnt euch nicht vorstellen, was für ein Schwatzen, Lärmen und Schreien in allen

Tonarten heraufdringt, so daß man wünschen möchte, taub zu sein. Ich vernehme das rhythmische Rufen derer, die sich mit Hanteln betätigen, sie stoßen kurze Laute aus und keuchen angestrengt. Wenn jemand sich massieren läßt, hört man das Schlagen der Hände auf den Schultern, das einen verschiedenen Ton gibt, je nachdem der Schlag mit der flachen Hand oder mit dem Handrücken gegeben wird. Wenn dann noch jemand kommt, der nicht mit dem Ball spielen kann, ohne zu schreien, dann ist es ganz aus. Es gibt dann auch noch den Streitsüchtigen, den Dieb, den man auf frischer Tat ertappt hat, den Schwätzer, der seine Freude daran hat, sich selbst zu hören. Und dann die Taucher, die sich ins Schwimmbecken stürzen, so daß das Wasser nach allen Seiten hoch aufspritzt. Diese betätigen sich wenigstens noch mit ihrer eigenen Stimme. Hingegen ist aber da der Haarentfernungskünstler, der alle Augenblicke seine Dienste mit einer häßlichen Fistelstimme anbietet, und nicht eher schweigt, bis er nicht jemand gefunden hat, dem er die Haare entfernen kann. Dann aber fängt der zu schreien an, den er unter den Händen hat, ganz abgesehen aber von den Straßenhändlern, die Getränke, Würste und Pasteten anpreisen, oder den Kellnern der Kneipen, die herumziehen, um ihre Ware anzubieten, wobei sich ein jeder eines besonderen Tonfalles befleißigt.«

Die Großen Nordthermen von Timgad – wir haben auf unserem Rundgang in der Stadt schon beinahe ein halbes Dutzend Badeanlagen gesehen, nachgewiesen aber sind gut doppelt so viele – gehören zu den ›monumentalen‹ Anlagen. Wohl können sie nicht mit den Kaiserthermen von Rom rivalisieren (die des Caracalla – in einem quadratischen Hof von 330 m Seitenlänge – maßen 220 × 114 m), aber mit ihren 80 × 66 m und mit mehr als 30 Räumen brauchen sie sich auch nicht zu schämen. Die Bestimmung der Nebenräumlichkeiten – wenn es sich nicht gerade um Latrinen handelt – ist in vielen Fällen ungewiß, doch die Abfolge der Badesäle ist deutlich. Das Caldarium liegt an der Südseite, um den zusätzlichen Heizeffekt der Sonne auszunützen. Die Heizungsanlagen (Wand- und Fußbodenheizung) sind zum Teil, die Öfen recht eindrucksvoll erhalten. Nur wie nebenbei denken wir daran, daß die Bäder täglich beheizt wurden – mit Holz. Kein Wunder, daß schon in der Spätantike Nordafrika, das unter punischer Herrschaft noch Holz exportiert hatte, nun auf dessen Einfuhr angewiesen war. Die Badelust der Römer hat das Land seiner Wälder beraubt.

Den Abschluß unseres Besuches vom Timgad bilde ein Rundgang im *Museum* (1), in dessen Vorhof Kaiser- und Götterbilder in mehr oder weniger fragmentarischem Zustand, dem Saturn geweihte Stelen und Inschriftsteine aufgestellt sind. Die Vitrinen innerhalb des Museums zeigen Gegenstände des täglichen Lebens: Gefäße aus Ton und Glas, Lampen und bronzenes Küchengerät, Münzen und Schmuckstücke. Dinge also, wie sie einem in beinahe jedem Antikenmuseum nicht nur Nordafrikas begegnen. Das Hauptinteresse beanspruchen die Mosaiken aus dem 2. bis 4. Jahrhundert, welche heute die Wände zieren, die aber einst – das darf man nicht vergessen, wenn man sie gerecht beurteilen will – nur als augenerfreulicher Bodenbelag gedacht waren: steinerne Teppiche also. Obwohl sich hier wie in den Museen von Algier, Cherchell, Sétif, Hippo oder Djemila auch figurale Darstellungen aus dem Mythos finden (Neptun auf seinem Wagen, Venus auf einem Meer-Kentauren, Jupiter und Antiope, Diana und Aktäon), dazu ›Stilleben‹ und Tierbildchen, weisen die meisten der hier gezeigten Böden geometrischen Dekor auf. Wenige Farben – schwarz, weiß, grau und rostrot – bilden einfallsreiche Muster.

Wir haben über die vorgesehene Zeit in Timgad/Thamugaddi verweilt, werfen darum auf der Weiterfahrt in Richtung Batna nur einen schnellen Blick auf den einen, unmittelbar an der Straße stehenden Ehrenbogen von **Markouna**, der die Siedlung Verecunda überdauert hat, die einst eine Art Trabantenstadt von Lambaesis gewesen sein dürfte. Wer viel Zeit hat, mag auf einem Spaziergang durchs Gelände noch nach weiteren antiken Resten Ausschau halten. Wir aber folgen etwa 5 km weiter einem Wegweiser, der links nach Tazoult-Lambèse zeigt, nach **Lambaesis**, dem

Lambaesis, Tetrapylon

einstigen Hauptquartier der römischen Truppen in Africa. Hier befand sich bereits seit dem ausgehenden 1. Jahrhundert ein Militärlager. Um 125 wurde die Legio III Augusta, die zunächst in Ammaedara/Haidra (Tunesien) stationiert war, später dann in Theveste/Tébessa, hierher verlegt. Lambaesis war das Stabsquartier einer – Kavallerie und Hilftruppen eingerechnet – etwa 13 000 Mann zählenden Truppe, die genügte, die africanischen Provinzen militärisch zu sichern, war Sitz des Legaten, der die 3. Legion befehligte, war von der Zeit des Septimius Severus bis ins frühe 4. Jahrhundert Hauptstadt der neugeschaffenen Provinz Numidia und kontrollierte mit dem Zugang zum Aurès auch die Straße, die über dieses Gebirge in den Süden führte.

Spätestens seit der Zeit Marc Aurels entstand – ähnlich wie in Timgad – außerhalb des Legionslagers eine Zivilstadt mit all den Bauten, die man in einer solchen erwarten darf. Leider haben die Franzosen das Dorf Tazoult – erwachsen aus einem Straflager für politische Gegner des Staatsstreiches von 1852 – genau an der Stelle des römischen Lambaesis errichtet, so daß heute die stadtplanerischen und entwicklungsgeschichtlichen Zusammenhänge von einst zerrissen sind und der Besuch hier eher etwas enttäuscht. Wer alle zerstreuten Überbleibsel aus ferner Vergangenheit in Augenschein nehmen möchte, muß manche Strecke zurücklegen.

Wir wollen uns im wesentlichen auf zwei Bereiche beschränken: zunächst auf das teilweise umzäunte Gelände im Südosten des heutigen Dorfes, wo sich unter anderem Überreste von Thermen und eines Aquäduktes finden, die des Capitoliums – also eines der religiös-offiziellen Zentren der Zivilsiedlung – und die eines Ehrenbogens.

Im Norden des heutigen Dorfes, unweit des immer noch seinem traurigen Zweck dienenden Gefängnisses können wir das Herz der Militärstadt besuchen. Unübersehbar steht ein rötlichbraunes Mauergeviert im Feld unweit der vorbeiziehenden Hauptstraße nach Batna. Beim Nähertreten entpuppt es sich als ein säulengegliedertes Tetrapylon, als ein Vierbogenbau über der Kreuzung der beiden Hauptachsen des etwa 500 × 420 m messenden Lagergevierts, der als Tor in eine größere Anlage eingebunden war: in die ›principia‹, die ins Praetorium, in die offizielle Mitte des ummauerten Lagers führte, ins Stabsquartier. Im Jahre 128 errichtet, 140 Jahre später durchgreifend erneuert, zeigte es sich einst als ein an drei Seiten von Pfeilerarkatur und dahinterliegenden kleinen Räumen (wohl Wohn- und Schreibstuben, Magazinen und Arsenalen) umgebenen Hof (65 × 38 m). Nach ruckwärts schloß ihn eine quergelegte dreischiffige Basilica ab, an die sich südlich das Fahnenheiligtum und Tempelcellen für Mars, Fortuna und den Genius Augusti und andere Gottheiten anschlossen. Vieles davon ist nur noch in undeutlichem Grundriß ablesbar, doch sind wir uns bewußt, daß diese in ihrer rationalen Axialität charakteristisch römische Anlage kaum irgendwo Parallelen findet, es sei denn, man denke an die museale Rekonstruktion des hessischen Saalburgkastells. Im Feld- und Wiesengelände finden sich außer dem Basaltpflaster von Straßenzügen die Reste von Thermen und etwas weiter östlich die flache Mulde eines fast ganz verschwundenen Amphitheaters. Nahe der Straße Timgad-Batna wurde ein nach Commodus benannter Bogen wiedererrichtet. Anstatt wenig deutlichen Bauspuren nachzugehen, nützen wir unsere Zeit zu einem kurzen Besuch im örtlichen Museum mit seinen Mosaiken, Skulpturfragmenten, Kleinfunden und Inschriften.

Aber dann läßt sich die Entscheidung der Frage nicht länger hinausschieben, welche der möglichen Routen nach Biskra wir denn nun wählen wollen.

Durch den Aurès

Wir haben auf unserer diesmaligen Fahrt durch den Nordosten Algeriens jene Route ausgelassen, welche beeiltere Reisende wählen, wenn sie von Constantine aus ohne Umwege die Wüste erreichen wollen. Das Tagebuch einer verjährten Reise notiert: »Hinter el-Kroub links Abzweigung nach Tébessa. Wir halten Richtung Biskra. Grüne Felder, aber steinige Hügel. Tal verbreitert sich. Bewegtes Linienspiel der Horizonte. Verstreute Gehöfte. Skizzenhalt am Salzsee mit Salinen. Unergiebig. Ein paar Kilometer hinter Aïn-Yagout links ab. 10 km oder weniger zum Medracen. Höchst beeindruckend in schweigender Einsamkeit.«

Dieses numidische Grabmal ist – dem gut ein Jahrhundert jüngeren ›Grab der Christin‹ bei Tipasa vergleichbar – eine der bedeutendsten Merkwürdigkeiten und verdient nicht nur den kurzen Abstecher, sondern lohnt beinahe einen eigenen Ausflug. **El-Medracen,** ein aus schweren Quaderblöcken gefügter Rundbau von fast 185 m Umfang (Höhe 18,50 m, Durchmesser rund 59 m) ist im unteren Teil mit 60 dorischen Halbsäulen verziert, die aber statt eines entsprechenden Gebälks einen ägyptisierenden Architrav mit Wulstprofil und ausladender Hohlkehle tragen. Darüber erhebt sich in 24 Stufen der Kegelstumpf, der mit einer Ringplattform abschließt. Vielleicht trug sie einst eine Statuengruppe oder ein architektonisches Gebilde als Bekrönung. Die drei sorgfältig gearbeiteten Scheintüren im Untergeschoß stehen in keiner Beziehung zu der etwa 3,10 × 1,60 m großen, nach Osten orientierten Grabkammer und dem ihr vorgelagerten, 57 m langen Korridor. Der Zugang zum Inneren des Tumulus wurde vielmehr in Höhe der dritten Stufe des kegelartigen Aufbaues entdeckt. Er war durch eine steinerne Falltür verschlossen. Wessen Leichnam dieses Mal einst barg, ist unbekannt. Sicher ist nur: es steht in der Tradition vorgeschichtlicher Grabbau-

El-Medracen

ten, bedient sich aber griechischer und ägyptischer Stilelemente, die auch die Kunst Karthagos einst maßgeblich geprägt haben. Man geht kaum fehl, wenn man ihre Übernahme als Zeichen dafür wertet, daß die Kultur der Punier – deren Bild uns ja noch recht lückenhaft ist – die der frühen Numider mitgeprägt hat.

Nicht weit ist es mehr bis **Batna,** dessen Name auf die Truppen des Sidi Oqba ben Nafi zurückgehen soll. Wer nicht gleich diesen Kriegern gezwungen oder entschlossen ist, hier die Nacht zu verbringen, wird sich hier kaum aufhalten. Diese über 1000 m hoch gelegene Provinzhauptstadt, das wirtschaftliche Zentrum der ganzen Aurès-Region, ist aus einem 1844 angelegten französischen Militärlager hervorgegangen, das die Passage zwischen dem Sahara-Tell und dem immer unruhigen Aurès-Gebirge bewachen sollte. In der Nähe der Truppenunterkunft standen bald die ersten Verwaltungs-, Geschäfts- und Freudenhäuser einer Stadt, die 1848 Nouvelle Lambèse genannt wurde, aber wenig später ihren heutigen – den alten – arabischen Namen zurückerhielt. Auf nüchternem Rechteckraster angelegt, besitzt sie außer Ämtern und Schulen etliche Industrie, aber kaum etwas, das einen Touristen fesseln könnte. Für den, der stracks von Constantine hierhergefahren ist, bildet Batna Stützpunkt für den Besuch von Lambaesis und Timgad/Thamugaddi und stellt einen dann vor die Wahl, welche Straße für die Weiterreise nach Biskra einzuschlagen sei.

Zwischen Batna und dieser ersten Saharaoase steht das **Aurès-Massiv**, dessen höchste Gipfel (Chélia: 2326 m, Kef Mahmel: 2321 m) beträchtlich über die Zweitausendergrenze aufragen. Es ist dies – der Kabylei darin vergleichbar – eine der eigenartigsten und eigenwilligsten Regionen unseres Reiselandes, noch immer eine Welt für sich, noch immer schwer zugänglich, obwohl mehrere Straßen, dem Verlauf der schroffen Kämme und Talfurchen folgend, hindurchführen. Es ist eine Landschaft voll harter Kontraste, mit Resten von Zedernwäldern, mit steppenhaften Weideflächen, mit tief in buntgebänderte Felswände eingeschnittenen Cañons, auf deren Grund sich grüne Palmoasen hinziehen. Dieses Gebirge war immer so etwas wie eine Festung, war ein Rückzugsgebiet der Unbeugsamen, von dem aus bereits seit römischer Zeit fremden Eroberern Paroli geboten wurde. Daß die Römer Lambaesis, die Franzosen Batna/Nouvelle Lambèse als Militärstützpunkte gegen die Stämme des Aurès gründeten, bezeugt eine historische Konstante. Auch die byzantinischen Festungen am südwestlichen Grenzsaum der wiedereroberten africanischen Provinzen wurde in erster Linie gegen die ungebändigten Aurès-Berber errichtet. Daß dann die Moslems dieses Verteidigungssystem vom Rücken her aufrollten, war eine unvorhergesehene Überraschung. Aber auch die Krieger des Propheten hatten ihre Schwierigkeiten mit den Aurès-Berbern. Durch sie fand Sidi Oqba ben Nafi, der Eroberer des Maghrib, sein Ende. Die Berge des Aurès waren eine Festung jener, die sich ›Hirten‹ nannten. Sie haben den Islam nur widerwillig angenommen und pflegen noch heute Sitten, die sich nicht so ganz mit jenem Glauben vertragen, den die städtischen Koranausleger vertreten. Im Alltag der Dörfer erinnert manches noch an ein vorgeschichtliches Matriarchat, wie es in den Überlieferungen von der Prophetin Kahina, von der Königin Tin Hinan nachklingt. Hier auch löste sich jene Lawine von Gewalt und Gegengewalt, die zu Freiheits- und Bürgerkrieg und endlich zur Unabhängigkeit Algeriens führte. Seit damals wurde ein Programm für Bewässerung, Aufforstung und Industrialisierung auch der Aurès-Region entwickelt, aber noch immer haben manche Höhendörfer, die sich um ihre Speicherburg nisten, weder Strom- und Wasserleitung.

Nicht nur für die Berber bildet der Aurès ein Rückzugsgebiet. Im Frühjahr treiben auch die arabischen Ouled Naïl ihre Herden in die Bergsteppen: zwei Dutzend Dromedare als Träger der Zeltbahnen und -stangen und der Webstühle, unzählig wimmelnde Rücken weißer Schafe und satansschwarzer Ziegen. Aus deren Haaren weben die Frauen schwarz-grau-weiße Brücken mit roten Akzenten, strapazierfähige Bodenbeläge mit geometrischen Mustern, wie sie den Nomaden zwischen Zentralasien und dem fernen Westen zu eigen sind. Wenn man ein wenig handelt, kann man ein solches Stück für den Preis eines Hotelabendessens erstehen.

Auch die Ouled Naïl sind alles andere als Konformisten – und was ihre Frauen betrifft, gar nicht zimperlich. Es ist fast zur Regel geworden, daß sich die jungen Mädchen ihren Brautschatz dadurch erwerben, daß sie den frauenlosen Arbeitern in den Erdölgebieten um Ghardaia und Hassi Messaoud Freude spenden. Der spätere Gatte stößt sich nicht an solcher Vergangenheit seiner Frau, schätzt ihre Erfahrenheit als Lustspenderin – nur erwartet er nach der Eheschließung strikte eheliche Treue.

Wer nicht den Aurès als Urlaubsziel gewählt hat, um ihn mit Fahrzeug und zu Fuß genauer kennenzulernen – einem solchen Vorhaben kann man keinen Routenplan vorschreiben –, für den also, der auf einer Umschau im Lande diese Gebirgsregion nur durchquert, für den bieten sich zwei oder drei fahrbare Straßen an, in Frage aber kommt ernstlich nur eine: die über Arris. Freilich ist sie einige Kilometer länger als die N 3, die schon nach 120 km Biskra erreicht, aber das Gebirge umgeht, durch die Talebene des Oued Tilatou nach **Aïn Touta** führt, das einzig durch eine schöne Kiefernallee in Erinnerung bleibt, dann weiter an kahlen,

Bei El–Kantara

teilweise schon neubewaldeten bizarren Höhen entlang unmerklich ansteigt. Bewegtes Bodenrelief führt sie danach abwärts in ein schmales Tal, in dem Palmen, Zypressen und Obstbäume vor roten, am oberen Rand ausgezackten Bergwänden stehen. Straße und Bahnlinie winden sich durch eine Talenge zwischen seltsam geschichteten dunkelviolett drohenden Felswänden. Gelb, rosa, weiß und massiv rot sind die Häuser, die sich dörflich zusammenscharen. Mittelmeerisches Gesträuch, Feigenbäume und Frühlingsblumen drängen sich. Und dann, jenseits einer Schlucht – so schmal, als habe ein Übergewaltiger sie mit dem Schwerte geschnitten – wiegt vor einem roten, wüstenlila gefurchten Felszug ein Hain edler Dattelpalmen die Wedel im Winde. Durch sandfarbenes, graubraunes ebenes Land – fern umstanden von fliederfarbenem Gehügel – rollt man auf Biskra zu. Es war ein fast dramatisch-abrupter Übergang aus dem Norden in den Süden – aber das Aurès-Massiv hat er nur am Rande berührt.

Mitten hinein führt die ein paar Kilometer südöstlich der Straßenkreuzung Markoune-Timgad abzweigende W 54 (Menaa-Biskra), die sich zunächst hinaufwindet auf die ›Barrière‹, um dann etwa dem Lauf des Oued Abdi zu folgen. Kurvig, holprig, schlaglöcherig verläuft sie weite Strecken im Tal und ist recht für jemand, der – nicht auf

Hotelzimmer angewiesen – dem Aurès mehr als nur einen Tag widmen will. Wer aber für die Umschau in diesem Gebirge nicht mehr Zeit vorgesehen hat, wird an der oben erwähnten Kreuzung die N 31 einschlagen, die über Arris nach Biskra führt. Die verläßliche Michelin-Karte weiß, warum sie diese Strecke mit dem grünen Randstreifen für ›parcours pittoresque‹ versehen hat.

Aufwärts schnürt die Straße durch Steiniges. Spärlich ist die Vegetation. Dornsträucher, das ist alles. Steinmäuerchen sind Reste einstiger Kulturterrassen. 1550 m schon zeigt der Höhenmesser, und noch immer geht es in weiten Kehren aufwärts. Die Berge bilden rundliche Kuppen, Bäume gibt es so gut wie keine, nur wenig Grasgrün, dafür noch tief im Frühjahr Schneebahnen. Weite Kurven dann abfallend durch eine wie menschenverlassene Landschaft. Arris ist die erste Ortschaft, ein Dorf der Chaouch-Berber, die zur Schlöh-Gruppe gerechnet werden. Bald begleitet der Abiod-Bach unseren Fahrweg, der zunächst mit ihm in gleicher Höhe, später dann auf halbem Hang über dem sich immer tiefer ins Gestein fressenden Gewässer verläuft. Drunten im Tal Kulturen in drei Etagen: bodennah das Gemüse, darüber Fruchtsträucher und Obstbäume und über diesen die wedelhäuptigen Palmen. Nicht lange, und ein erstes Schild weist auf einen Aussichtspunkt mit Blick hinab in den Cañon. Es gibt auf den nächsten Kilometern mehrere solcher ›Balcons‹, auf deren Balustraden die flinken Knaben der Ouled Nail (jedenfalls behaupten sie, zu diesem Stamm zu gehören), ihre kleinen Ziegenhaarteppiche zum Verkauf ausgelegt haben.

Die Landschaft ist bei jedem Licht grandios. Wir sind früh genug aufgebrochen und können uns ein paar Wanderstunden leisten. Ein Glück, daß der Freund hinterm Steuer doch mehr Schlafbedürfnis als Wanderlust verspürt. Er soll seine Ruhe haben und wird uns anderen nach vier oder fünf Stunden auf der Straße nach Biskra zu wieder auflesen. Klettern wir also hinunter in die Schlucht. Auf einer Terrasse über dem Talboden steht ein Lehmdorf mit einem Marabut, aber fast menschenleer. Am Gegenhang zeigt sich eine Reihe merkwürdiger Türöffnungen und ein Rest von

Mauerwerk. Später erfahren wir: das war einstmals ein Erholungshotel für französische Offiziere, das Aufständische 1952 nächtens in die Luft gesprengt haben. Zur Vergeltung massakrierten die Söldner der Légion die Einwohnerschaft des gesamten Talabschnitts. Darum also wirken die spärlichen Siedlungen, auf die wir treffen, so tot, noch heute.

Wir haben drunten den Wasserlauf gequert. Ein Pfad, sacht steigend zunächst, dann auf halber Hanghöhe, führt knapp über den Wipfeln der Palmen – sie bringen leider nur Früchte mäßiger Güte – in weiten und engen Windungen, berührt da und dort eine Handvoll verfallender Hütten. Nur da und dort eine oder zwei sind instandgehalten und verraten, daß doch noch Menschen in dieser Oasenschlucht leben, wohl drunten im Hain werkeln – unsichtbar, denn wir begegnen auf unserer einsamen Wanderung keiner Seele. Es ist ein Erlebnis, an das man wie an einen seltsamen Traum zurückdenkt. Das steil einfallende Licht rieselt über geschichtete Felswände, die in allen Skalen vom Ochsenzungenroten bis zum Elfenbeinbleichen spielen, entlockt den schmalen Schatten nicht Dunkel, sondern nur intensivere Töne: blutige, ockerstumpfe, satt sandfarbige. Es sind Wanderstunden, in denen die Füße vielleicht müde werden, nicht aber die gierig trinkenden Augen.

Übrigens kann auch jemand, den kein freundlicher Fahrer zur vereinbarten Zeit wieder aufsammelt, dieses Erlebnisses teilhaft werden: Der Weg folgte allen Windungen und Biegungen des Flusses und die Strecke, für die man in der Schlucht drei Stunden braucht, hat man: droben, der Straße zurückfolgend, in einer knappen halben zurückgelegt.

Gesunder Hunger treibt uns – es ist ja schon weit über Mittag – links ab dem Schild nach **M'Chounèche** zu folgen, zu einer im Tal gelegenen Oase mit einem schmalen, aber bildschönen Palmenhain, mit Obst- und Gemüsekulturen entlang des Oued Abiod, der uns hier aus einer kaminengen Schlucht entgegenrauscht. Sorgfältig aufgemauerte und penibel unterhaltene Kanäle leiten das Naß dorthin, wo es Segen stiftet.

Der Wirt des einzigen Gasthauses hat nichts anderes anzubieten als frisch geräucherten Wildschweinschinken. Die zarte Köstlichkeit, die ein angenehm temperierter Rosé begleitet, wird auf schartigen Tellern serviert, mit stumpfen Messern und verbogenen Blechgabeln. Der Preis entspricht beinahe dem eines Pariser oder Münchner Feinfreßlokals. Das hätten wir – nicht weit vom Nordrand der Sahara – nicht – oder nicht so – erwartet. Das Oasendorf gehört ganz noch dem Aurès zu und seiner Tradition der Widerborstigkeit. Es rühmt sich, am 1. November 1954 den ersten Schuß des ›Freiheitskrieges‹ abgefeuert zu haben, nimmt quasi die Rolle eines algerischen Wilhelm Tell für sich in Anspruch. Kaum irgendwo wird man die Schatten der Vergangenheit los.

Zur Hauptstraße zurückgekehrt, fahren wir bald an **Droh** vorbei, einer der ersten Oasen bereits eindeutig wüstenhaften Charakters. Wir werden ihresgleichen noch etliche zu sehen bekommen, halten uns nicht auf und erreichen Biskra noch zeitig genug, um Quartier zu machen und im letzten Tageslicht dort Umschau zu halten.

Der kurze Weg in die Wüste
Von Algier über Bou-Saada nach Biskra

Dem Eiligen, der Algerien nicht begegnen, sondern ihm nur ein paar Eindrücke abgewinnen möchte, kann die Fahrt von Algier nach Biskra einen Querschnitt durch das so vielgesichtige Land vermitteln, führt sie ihn doch von der Mittelmeerküste über den Tell-Atlas, durch die grüne Mitidja-Ebene und über die Blida-Berge durchs steppenhafte Hochplateau bis in die erste nach Norden vorgeschobene Oase: **Bou-Saada,** wo sich ältere Leute noch daran erinnern, daß hier einmal Gina Lollobrigida als ›Königin von Saba‹ vor der Filmkamera agierte. Dieses ›nördlichste Tor zur Sahara‹ ist eigentlich nur jenen Algerienfahrern sehenswert, die nicht tiefer in den saharischen Süden eindringen können oder wollen. Ein bloßer Vorgeschmack mit seiner Viertelmillion Dattelpalmen, dem alten Ksar, der Neustadt mit ihren Moscheen, Hotels und der Hotelfachschule, den

Wegen am Ufer des Oued mit dem Blick auf das weiße Mausoleum des Hadj Nasser ed-Din: des französischen Orientmalers Dinet (1861-1930), der als 23jähriger erstmals 1884 nach Bou-Saada kam und wie Isabelle Eberhardt dem Zauber Algeriens verfiel. Ein Jahr nach ihrem Tode ließ er sich in Bou-Saada nieder, konvertierte wie sie zum Islam, adoptierte einen jungen Algerier, der seinen literarischen Bemühungen kritische Dienste leistete und bis zu seinem eigenen Tode (1953) das künstlerische Erbe seines ›Vaters‹ bewahrte. Seit langem heißt es, daß dem Nachlaß des Malers ein Museum errichtet werden soll.

Stärker als die 250 km nach Bou-Saada schreiben sich die nur 175 km von dort nach Biskra in die Erinnerung als wellige Wüstensteppe zunächst mit weiten Flächen, auf denen das nun auch in Algerien als Rohstoff für feine und dauerhafte Papiere geschätzte Halfagras geerntet wird. Jenseits eines nur 656 m hohen Passes schlingt sich die Straße in Kehren abwärts in die Senke von Biskra, in der – nur ein paar Jahrtausende sind es her – ein Meer wogte. Rechts zieht sich nun bis zum Horizont eine steinige Ebene, linker Hand zacken nackte Berge und bunte Verwerfungen. Die Tolga-Oasen mit ihren teils wie gerupften staubigen Palmen und jenen, welche die besten Früchte, die Deglat Nur, die ›Lichtfinger‹ erbringen, gehören schon zum weitgestreuten Oasenarchipel von **Biskra.** Kindliche Träume hatten mit diesem Namen Vorstellungen von Wüstensand und -weite verbunden. Die erste Begegnung mit der Wirklichkeit enttäuscht. Was man zu sehen bekommt, ist unschön. Biskra entwickelt sich zur kleinen Industriestadt und schiebt die entsprechenden Anlagen ins Umland hinaus. Wie Bauruinen stehen halbfertige Wohnhäuser weithin: sozialistisch und beklemmend eintönig.

Nur im Vorbeifahren bekommen wir das architektonische Schrecknis des pompösen Verwaltungsgebäudes zu Gesicht. Eine echte ›Altstadt‹ besitzt Biskra nicht. ›Alt‹ ist nur die schäbig-gesichtslose französische Neustadt, wo wir im Hotel Transatlantique unterkommen, einem fast nostalgischen Bau aus der Zeit, da Biskra für die Kolonialfranzosen etwas Ähnliches war wie Assuan für die Briten: ein

Ort, wo brustschwache Töchter und Söhnlein der Reichen fern von heimatlichem Wintermatsch und Regen in trockener Luft sich kurieren konnten. Vielleicht böte das neue Oqba-Hotel, wieder einmal eine Schöpfung des Büros Poullion, komfortablere Bleibe, doch kaum so lässig-freundliche Umsorgtheit. Aber die Tage dieses Hotels sind wohl schon gezählt.

Im Garten, der jetzt schon zum Campingplatz umfunktioniert wird, treffen wir einen jungen Mann, der sich stolz als Künstler bezeichnet, genauer: als ›peintre‹. Er hat ein paar Kunstdrucke nach van Gogh und Kandinsky in seiner Mappe, auch etwas von Monet und Cézanne, und daran studiert er und auch vor der Natur. Tastende Versuche – aber wie schwer hat er es nicht in einem Lande, das keine eigenständige Tradition abbildender Künste entwickelt hat (weil der Islam diese Kunst zwar nicht verbietet, aber wenig schätzt) und dessen geometrisch-abstrakte Kunst in so strenge Fesseln gebunden sind, daß sie einer subjektiven ›Abstraktion‹ Hindernisse in den Weg legen. Und Lehrer, die den wohlgebildeten braunen Händen die Maltechniken beibringen könnten, die finden sich auch kaum. Aber er klagt nicht, er stellt das nur fest, ist heiteren Blickes überzeugt, er werde schon seinen Weg machen.

Was der Besucher in Biskra genießt, ist die reiche Oasenvegetation im städtischen Park, ist der Spaziergang – oder die Kutschfahrt – durch die Gärten mit ihren Dattelpalmen, Obstbäumen und den verstreuten Weilern aus Lehmhütten.

Das Faltblatt, das man uns im ›Syndicat‹ eingehändigt hat, weist auf Sanddünen im Südwesten der Oase als Sehenswürdigkeit hin. Wer tiefer in die Sahara vorzudringen im Sinne hat, kann sich diese Exkursion ersparen. Auch die fünf km nach Nordwesten, zum Thermalbadekomplex **Hammam Salahine** muß man nicht unter die Reifen nehmen, nur weil dort – Ad piscinam – schon die Römer im natriumhaltigen Schwefelwasser – es kommt mit über 40 Grad aus der Erde – etwas für ihr Wohlbefinden taten.

Auf den Ausflug aber – 17 km – nach **Sidi Okba** wollen wir nicht verzichten. Er führt durch Oasenweiler und steppenhafte Zwischenstrecken in eine kleine, palmenreiche

Oase. Aber nicht der Palmen noch der verstreuten Lehmhütten wegen sind wir hierhergefahren, noch der trägen Cafés an der Hauptstraße wegen. Diese ist uns nur Weg auf der Pilgerschaft zum Grab des Sidi Oqba ben Nafi, der Kairouan gründete, den Maghrib für den Islam eroberte, der 682 den Atlantik erreichte, in dessen Fluten – so weiß es die Legende – er hineinritt, Gott zum Zeugen anrufend, daß er hier die Grenze seines Vordringens erreicht habe. Auf dem Rückweg nach Osten fiel er berberischer Rache zum Opfer. Er hatte Kasila, einen ihrer Fürsten, auf seinem Zug als Geisel mitgeschleppt und auf jede Weise gedemütigt. Nun er seine Streitmacht geteilt hatte, überfielen ihn Kasilas Männer mit überlegenen Kräften. In Thuda fand er den ersehnten Tod für den Glauben des Propheten. Oqba war wohl ein brutaler Soldat ohne menschlich gewinnende Züge – aber wie viele Heilige sind schon ›gewinnend‹? –, doch er wurde zu einem der großen Frommen des islamischen Nordafrika, seine Gründung Kairouan zur heiligsten Stadt des ganzen Maghrib. Seine bescheidene Grabmoschee vor uns war ein Pilgerziel für Moslems aus aller Welt. Obwohl mehrfach umgestaltet, gehört sie zu den ältesten Bethäusern Algeriens und wirkt noch heute ganz schlicht und primitiv. Der würdig-lederhäutige Imam im weißen Turban gewährt uns einen Blick in den Betsaal. In ihm stehen die Säulenarkaden, welche die flache Decke tragen, parallel zur Qibla-, der nach Mekka weisenden Wand. Die ursprüngliche Gestalt der Kapitelle ist durch immer neue Überweißelungen unkenntlich geworden. Vermutlich fänden sich – wie in der ungleich prächtigeren Moschee von Kairouan und in der nicht weit entfernten Moschee des Sidi Khelif, eines Kampf- und Todesgefährten Sidi Oqbas – unter den Lehm- und Kalkschichten römische Akanthusformen. Am Mihrab mit seiner muscheligen Nische sind Details zu erkennen, die mit Römischem gar nichts zu tun haben, die vielmehr wie Umsetzungen byzantinischer Motive ins Berberisch-Geometrische anmuten.

Für den Blick von außen: über der flachen Dachterrasse des Betsaals erheben sich zwei Kuppeln. Eine über der Ruhestätte des Glaubenskriegers Oqba selbst, die andere

Grabmoschee des Sidi Oqba

über der seines Rosses, das ihn in die Wogen des fernen Atlantischen Ozeans hinaustrug.

Wir kehren nach Biskra zurück. Dieses erste Etappenziel auf dem Weg in die Wüste diene uns als Ausgangspunkt für eine Fahrt zu den eindrucksvollsten Oasen der nördlichen Sahara.

Oasen der Sahara

Strecken durch die Wüste

Ein Land von der Ausdehnung Algeriens erschließt sich nicht auf einer einzigen, wenn auch wochenlangen Rundfahrt, abgesehen davon, daß jedem etwas anderes sehenswert dünkt und sich eine Reiseroute, die alles Sehens- und Erlebenswerte berührt, gar nicht konstruieren läßt. Das Straßennetz im Norden des Landes ist ja dicht genug, um jedem zu gestatten, je nach seinen Interessen und Neigungen seine Reisewege zu wählen.

Anders steht es mit dem saharischen Süden des Landes. Hier gibt es keine große Auswahl an Straßen und so seien hier zwei Routen vorschlagsweise skizziert.

Die eine, welche eine Reihe der bedeutendsten Oasen berührt, durch den Souf führt, die Pentapolis der M'zabiten um Ghardaïa ansteuert und südlich um das Sandmeer des Großen Westlichen Erg herum und durch den Sahara-Atlas wieder nach Nordosten verläuft, bietet vom Zustand der Straßen her keinerlei Probleme und kann mit jedem normalen Pkw befahren werden, wenn man sich mit Werkzeug ausrüstet, mit dessen Hilfe man sich aus allenfallsigen Sandverwehungen wieder befreien kann. Die Oasen, bequeme Tagesetappen voneinander entfernt, verfügen über Hotels. Wenn man für die etwa 2200 km von Biskra nach Aïn-Sefra gut eine Woche veranschlagt, bleibt Zeit genug, sich in den Orten umzuschauen und auch zwischendurch einmal Rast zu machen, um sich ein wenig die Füße zu vertreten. Von Algier und bis Algier zurück muß man mit etwa 3750 Fahrtkilometern rechnen. Erfahrungsgemäß werden es dann doch immer noch einige mehr – sagen wir also rund 4000 – gar, wenn man diese Rundfahrt erweitert, indem man einige der weiter oben skizzierten Strecken und Orte ›mitnimmt‹.

Die zweite Rundfahrt, die beim Blick auf die Karte nur wie ein – allerdings langer – Abstecher von dieser ›Oasentour‹ erscheinen mag, ist in Wirklichkeit eine eigene Reise, auf der man zwar einige der schon geschilderten Orte und Gegenden auch erleben kann, die man aber ganz anders ausgerüstet antritt. Für diesen später zu schildernden ›Exkurs‹ muß man mindestens 14 Tage einkalkulieren. Es wäre ja widersinnig, so mörderische Strecken zu fahren und dann aus Zeitmangel auf das verzichten zu müssen, weswegen man das alles auf sich nahm: die Felsbilder im Tassili n'Ajjer, die pittoresken Felsszenerien des Hoggar, die Begegnung mit den Tuareg. Unbedingt ist für diese Tour ein Geländewagen erforderlich mit großen Tanks für Treibstoff- und Wasserreserven. Hotels findet man unterwegs nur in Djanet, Tamanrasset und In Salah. Aber von all dem später, weiter unten, wenn es soweit ist.

Ohne eine Fahrt in die Wüste bleibt das Bild des Landes unvollständig: 52% Algeriens sind Sahara – und wer sie nicht geschmeckt hat, hat weniger als die Hälfte vom Lande erlebt. Von der Schulbank blieb die schmale Vorstellung endloser und menschenfeindlicher Sandes, von einem einförmigen und langweiligen Irgendwas und Nirgendwo mit ein paar Wasserlöchern und einer Handvoll Palmen auf grünem Grunde drumherum. Kindische Einbildungen, die schon eine erste Begegnung mit der Wüste – und sei es auch nur mit ihrem Rande – umstülpt. Trocken und menschenfeindlich ist sie allerdings, sonst wäre sie ja eben nicht ›wüst‹, aber eintönig ist sie nur streckenweise – schon, weil sie gar keinen ›Ton‹ hat. Hier verstummen alle akustischen Signale. Nur in der Stille tickt die Sanduhr des Windes, nagen heiße Tage und eisige Nächte den Stein zu feinsten Körnern, schleifen diese mit stummem Sirren ums noch feste Gestein, so langsam freilich, daß kein Sinn das Zeitmaß zählt. Dem Ohr bleibt die Wüste tonlos – aber dem Auge bietet sie eine unendliche Skala von Tönen, grellgegensätzliche, schroff aneinandergesetzt oder sich weich modulierend vom glühenden Weiß des mittäglichen Himmels über das flirrende Türkis ferner Abendhorizonte, über denen alle kaltflammenden Tinten vom brandhellen Rotorange bis zum karmesinfarbenen Purpur erglühen, bevor sie ins Blau des Nachthimmels erlöschen. Jeden Abend phantasiert der Schöpfer auf seiner Lichtorgel. Und schon deswegen lohnte sich der Weg ins Unwegsame, in das ja eben doch Wege führen.

An dem Gebiet, das die zünftige Geographie als ›saharische Wüste‹ umschreibt, haben zehn Staaten des heutigen Afrika teil: Tunesien, Libyen, Ägypten, Sudan, Tschad, Niger, Mali, Mauretanien, Marokko und Algerien, das den Löwenanteil an dieser größten Wüste der Erde besitzt. Ihre ost-westliche Erstreckung entspricht etwa der Entfernung zwischen Paris und New York oder der zwischen Algier und dem Nordpol, ihre nordsüdliche Ausdehnung zwischen Tripolis und dem Tschadsee reicht über zwanzig Breitengrade.

Der Name ›Sahara‹, die ›Rötlich-fahle‹ assoziiert Hitze und Durst, grenzenlose Trockenheit in einem glühenden Sandmeer. Doch irrt, wer Wüste mit Sand gleichsetzt. Nicht einmal ein Fünftel der Sahara ist von Sand bedeckt, den Rest nehmen Geröllfelder ein, weite Kiesebenen und Gebirge, die sich an Höhe mit Alpengipfeln wohl messen können. Es gibt fischreiche Seen, und wenn einmal in den Weiten ein Frühlingsregen fällt, entfaltet sich für ein paar Tage ein bunter Blütenteppich.

Saharische Vergangenheit

Auch historisch ist dieser Raum nicht ›leer‹. Wo Humus und Pflanzenkleid fehlen, zeigt die Erde ihre nackte Gestalt – und so wird auch jemandem, der sich nie für Geologie und Mineralien interessiert hat, in der Sahara die Vergangenheit unseres Planeten zum anschaulichen Erlebnis. Doch es ist auch die Geschichte des Menschen, die hier mit überraschenden Zeugnissen aufwartet: mit zahllosen Artefakten des Steinzeitmenschen und dann mit den Felsgravierungen und -malereien.

Wir wissen leider nur zu gut, in welch schrecklichem Maß der Mensch imstande ist, aus Profitgier, aus Bequemlichkeit oder Gedankenlosigkeit Landschaft und Klima seines Lebensraumes zu beeinflussen und die Natur – die er heute egoistisch nur als ›seine Umwelt‹ betrachtet –, zu verwüsten. Aber das Entstehen und Vergehen von Wüsten unterliegt letztlich doch anderen, langfristigen Gesetzmäßigkeiten: dem Driften der Kontinentalschollen, der Wanderung der Pole und damit der Verlagerung der Klimagürtel. Die klimatischen Erlebnisse, auf welche die größte Wüste der Erde zurückblicken kann, reichen – soweit sich's überschauen läßt – von ausgesprochenem Kaltklima mit eiszeitlichen Gesteinsablagerungen über feucht-tropische Perioden bis zu den Trockenextremen von heute. Das Gebiet der Sahara war schon am Beginn des Erdaltertums, des Paläozoikums, durch intensive Faltung und magmatische Vorgänge zu einer starren Platte geformt, einer stabilen Kruste, an deren Rand zwar auch später noch Auffaltungen stattfanden – Atlas-Gebirge –, die aber selbst nur noch durch weitspannige Vertikalbewegung zerbrochen werden konnte, so daß Becken von mehreren hundert Kilometern Durchmesser entstanden, getrennt durch breite Schwellen. Diese wurden später abgetragen, ihr Material füllte die Senken auf. Heute finden sich neben Zonen mit bis zu 6000 Meter dicken Sedimentschichten solche, an denen das Urgestein nackt zutage tritt. Vor 600 Millionen Jahren war die Saharatafel fast schon wieder zu einer Ebene geworden. Sie wurde im Lauf des Erdaltertums wiederholt von Norden und Westen her vom Meer überflutet, das die noch verbliebenen Becken mit maritimen Ablagerungen von bis zu 1000 Meter Dicke auffüllte (Sandstein in der östlichen und mittleren, fossile Kalke in der Nordsahara). Die Westsahara lag zeitweilig unter einer kilometerdicken polaren Eiskruste, bis im Devon wärmeres Klima die Saharatafel wieder in einem Meere versinken ließ.

Im Erdmittelalter, Mesozoikum, nahmen nach Rückzug des Meeres vor mehr als 270 Millionen Jahren einige der Saharasenken ungefähr ihre heutige Gestalt an. Zweihundert Millionen Jahre hindurch mögen dann festländische Bedingungen geherrscht haben. Tümpel und flache Seen waren von Sauriern belebt, das Klima war – während ein Wüstengürtel weiter südlich verlief – feucht-warm. Unvorstellbare Zeiträume hindurch erstreckten sich grüne Savannen über den Bereich, der heute trockene Wüste ist. Doch stets war die Erde in Bewegung. Zahlreiche Flüsse lagerten Gesteine und Gerölle ab und veränderten die Oberflächengestalt. Während die bei zunehmender Wärme absterbenden Wälder verkieselten, entstand im nördlichen Randbereich der Saharatafel ein Meer – Vorläufer des heutigen Mittelmeeres – das zeitweilig bis in die zentrale Westsahara hineinreichte. In der Trias- und Jura-Zeit scheint sich die saharische Tafel vorübergehend gehoben zu haben, doch vor etwa 100 Millionen Jahren tauchten ihre nördlichen und westlichen Teile erneut unter den Meeresspiegel. Im älteren Tertiär begann das Wasser sich zurückzuziehen, kehrte aber infolge tektonischer Brüche im Syrtenbereich vor 40 Millionen Jahren noch einmal in den saharischen Nordwesten zurück und hinterließ als Andenken an ein ›kurzes‹ Zwischenspiel bei seinem vor spätestens 10 Millionen Jahren erfolgten Rückzug Ablagerungen aus Karbonat-, Ton-, Salz-, Gips- und Erdölmuttergestein.

Im Tertiär muß die saharische Tafel zumindest zeitweise unter den Einfluß eines warmen Trockenklimas geraten sein: Auswirkung eines Wüstengürtels, der vor 25 Millionen Jahren nördlich der Sahara verlief. Auch aus dem Pliozän, der jüngsten Periode des Tertiärs, das vor etwa 1 Million Jahren zu Ende ging, liegen Zeugnisse für einen wiederholten Wechsel von trockenem und feuchtem Klima vor. Im Tertiär aber vollzogen sich auch – vermutlich im Zusammenhang mit der Auffaltung der Atlasketten und der Entstehung des Jordan-Rotmeer-Grabenbruches – jene seismisch-magmatischen Vorgänge, die in der zentralen Sahara zur Entstehung von Vulkangebirgen (Tibesti, Hoggar) und ausgedehnter Lavafelder führten.

In unermeßlichen Zeiträumen hat das Saharagebiet unterschiedlichste Geschicke durchgemacht – und noch immer vollzieht sich stetiger Wandel, feilt das Sandstrahlgebläse des Windes das Gestein zu Sand, bersten unter der Einwirkung extremer Tageshitze und Nachtkälte die Felsen zu Geröll, splittern Steinbrocken zu Schotter, backen sich die Produkte eines steten Nivellierungsvorganges an anderem Ort neuerlich zu Gesteinen zusammen, die dann nach Jahrtausenden wieder zerbröckeln werden. Mag sein, daß einmal in fernster Zukunft auch wieder ein Meer dort wogen wird, wo heute wasserlose Dürre sich dehnt. Der Ausblick auf unendliche Weiten in Raum und Zeit läßt die eigene Gegenwart zu einem Nichts schrumpfen und ist geeignet, den Menschen gebührende Bescheidenheit zu lehren. Ein Staubkorn nur im Unermeßlichen ist der Mensch. Aber ein Staubkorn, das denken kann. Daß sich die Ereignisse von Jahrmillionen – wenn auch hier nur sehr gedrängt – referieren lassen, ist dem Scharfsinn denkender Stäubchen, nämlich der Geologen zu danken, die aus geomorphologischen und bodenkundlichen Indizien und nicht zuletzt auch aus Ablagerungen, aus den Grundwasserverhältnissen und aus biologisch-paläontologischen Befunden Mosaiksteine zusammentrugen zum Bild der Verhältnisse, die einst im saharischen Raum herrschten.

Die unterirdischen Wasserreserven der Sahara (nicht unterirdische Seen, sondern gespeichert in porösen Gesteinsschichten) stammen nicht anders als die Erdöl- und Erdgasvorräte aus vergangenen Feuchtzeiten. Funde von Elefanten- und Giraffenknochen und anderer in Herden lebender Pflanzenfresser, die ›in den Wipfeln der Bäume weidend‹ einen gewaltigen Tagesbedarf an Wasser und Laubwerk hatten – ein Elefant braucht etwa 250 kg pro Tag , sind Anzeichen dafür, daß solche Herdentiere und Tierherden hier einst normale, das heißt ihnen zusagende Lebensbedingungen fanden und die Kultur der Jäger noch nicht entwickelt genug war, das Wild in den ihm günstigen Gebieten auszurotten.

Auch die Flora liefert Hinweise: nicht nur die verkieselten Baumstämme und fossilen Reste von Pflanzen, die es in der Sahara längst nicht mehr gibt. Die Pollenanalyse erbrachte weitere Belege. »Die bisherigen Analysen haben gezeigt, daß in den zentral-saharischen Gebirgen vor etwa 6-10000 Jahren, als überall in den Tälern kleine Seen existierten, eine Gehölzflora gedieh, wie sie heute im mediterranen Bereich oder sogar im südlichen Mitteleuropa anzutreffen ist. Tropisch-subtropische Arten wie Tamariske, Akazie und Salvadora waren sporadisch vertreten. An mediterranen Gehölzen fanden sich vor allem Zeder, Zypresse, Baumheide, immergrüne Hartlaubeiche und Ölbaum, wahrscheinlich vergesellschaftet mit Walnuß, Wacholder, Myrte und Flügelnuß. Die gemäßigte Baumflora bestand aus Birke, Erle, Buche, Haselnuß, Ahorn, Linde, Ulme, laubwerfende Eiche, Hainbuche und Kiefer, vielleicht auch Tanne und Weide.« (Baldur Gabriel) Lebende Fossilien sind die noch knapp hundert Exemplare einer nur im Tassili n'Ajjer vorkommenden Zypressenart, deren Alter man auf über 10000 Jahre schätzt, als die Sommer hier noch feuchtwarmer waren als heutzutage.

Die Sahara war damals schon von Menschen bewohnt, die, in Feuchtzeiten eingewandert – und später von der allmählichen Austrocknung überrollt – Lebensraum fanden. Sie hinterließen, obwohl zahlenmäßig wohl recht schwach, in Jahrtausenden eine ansehnliche Menge von Artefakten. Es dürfte, so formuliert B. Gabriel, »in der Sahara kaum einen Quadratkilometer geben, wo prähistorische Zeugnisse sich nicht nachweisen lassen. Unglaublich ist manchmal die Menge der Steinwerkzeuge an der Oberfläche. Gelegentlich sind sogar die Alamate, die Wegzeichen entlang von Pisten, insgesamt aus Faustkeilen errichtet.«

Die menschliche Produktion erstreckt sich über einen Zeitraum von tausend Jahrtausenden (seit der Geburt Jesu von Nazareth sind noch nicht einmal zwei Jahrtausende verflossen), und ihre Produkte von den ältesten Geröllgeräten, Pebble Tools, bis zur neolithischen Keramik sind, was ihren Verwendungszweck anlangt, nicht leicht zu deuten. Zu den wichtigsten Zeugnissen für die vorzeitlichen Umweltbedingungen gehören die Felszeichnungen, von denen später genauere Rede gehen soll, wenn sie Tiere abbilden, die in der Sahara von heute längst ausgestorben sind. Ebenso lassen die Lage und Verteilung einstiger Siedlungsplätze – Feuerstellen der Hirten – in heute gänzlich leeren und toten Ebenen Rückschlüsse auf die vergangenen Verhältnisse zu. Wo sich Siedlungsspuren fanden, muß es auch einmal Wasser gegeben haben. Noch in historischer Zeit müssen die Lebensbedingungen günstiger gewesen sein, war die Sahara für den Handelsverkehr noch durchlässiger als heute. Von den Karthagern ist überliefert, daß sie mit dem Sudan, d. h. Schwarzafrika Handel trieben, obwohl damals das Kamel in der Sahara noch unbekannt war, das in nachchristlicher Zeit bis zum Aufkommen der modernen technischen Hilfsmittel das einzige und unerläßliche Verkehrsmittel war. Im letzten vorchristlichen Jahrtausend noch lebten kleinere Elefantenherden im Tibesti, im Fezzan, im Atlas, bestand im heutigen Libyen das Reich der Garamanten, von dem griechische und römische Quellen freilich berichten, es gäbe dort wenig Wasser, nur spärliche Flüsse, dafür dürre und unbewohnte Landstriche. Noch vor wenigen Jahrhunderten oder gar Jahrzehnten scheint die Sahara etwas weniger menschenfeindlich gewesen zu sein als heute, wo Brunnen, die auf älteren Karten noch als solche angemerkt sind, kein Wasser mehr geben. Die Wüste wächst. Messungen haben ergeben, daß in der ersten Hälfte unseres Jahrhunderts die Niederschläge bis zu 25 % zurückgegangen sind. Möglicherweise ist die Dürrekatastrophe im Sahel nicht ein blinder Zufall, sondern nur ein Schritt auf dem unaufhaltsamen Weg eines fortschreitenden Austrocknungsprozesses.

Wenn die Wälder Mitteleuropas sterben – aus anderen Gründen freilich als ›Vertrocknung‹ – und auch die gemäßigte Zone zur Wüste geworden sein wird, so muß das noch nicht das Ende allen Lebens bedeuten. Und ließen selbst die verblendeten ›Staatsmänner‹ den atomaren Vernichtungskrieg los: er müßte nicht das Ende sein. Dann freilich werden die Werke Michelangelos so vergangen sein wie die des Phidias, wird von den Domen der Romanik und den gotischen Kathedralen nicht mehr übrig sein als von den Tempeln Ägyptens und der Griechen, werden die Töne Bachs, Mozarts, Beethovens so verklungen sein, wie die Verse Homers, Dantes, Shakespeares oder Molières. Kann sein, daß das Leben in der Wüste überlebt und wieder einmal obenauf kommt – nach Jahrtausenden vielleicht. Die räumlichen Weiten und die Brunnenschächte einer tiefen Vergangenheit, die sich in der Sahara vor dem erstaunten Auge auftun, sie relativieren alle kurzlebigen ›Ewigkeiten‹ und bewirken, daß ein Sandkörnchen sich und seine Welt nicht mehr so wichtig nimmt. Es ist nicht Zynismus, was die Begegnung mit den Unendlichkeiten der Wüste vermittelt, sondern – innerhalb der weiten Horizonte – eine Art metaphysischer Bescheidenheit. Und die Hoffnung, das Schöpfungswunder Leben werde weitergehen, wenn der Mensch, der Verwerter und Vernichter seiner Mitgeschöpfe, der Pflanzen-, Tier- oder Menschenbrüder, das Feld geräumt haben oder – auf wenige Exemplare und primitive Bedingungen reduziert – an einen neuen Anfang gestellt sein wird.

Land der tausend Oasen – Stadt der hundert Kuppeln

Unsere Wüsten- und Oasenfahrt soll in Biskra beginnen, unser erstes Ziel ist El-Oued, der Hauptort des Souf. Es sind bis dahin nur etwa 225 km, die sich in drei bis vier Fahrtstunden schaffen lassen, aber es sind Kilometer, die durch ihre deprimierende Monotonie alle jenen falschen Bilder zu bestätigen scheinen, welche sich beim Wort Wüste in europäischen Gehirnen einzustellen pflegen. Keine Horizonte, kein Punkt, an dem das Auge sich festhalten könnte. Ab und zu kommt die Bahnlinie in Sicht, welche der Straße etwa parallel läuft, während links die Grenzenlosigkeit des Schott Melrhir verflimmert. Nur eine Sensation: eine Eisenbahnbrücke mitten in der Wüste. So etwas muß sich ein Surrealist einfallen lassen!

Hinter dem schlafenden Bahnhof von Still gabelt sich die Teerstraße. Obwohl die Strecke nach Touggourt, also die geradewegs nach Süden – bald weiterhin in der Nähe der Eisenbahn verlaufend – mit durch artesische Brunnen bewässerten Oasen (zusammen etwa 2 Millionen Palmen) freundlichere Bilder beschert, halten wir uns auf der linken Strecke, die – etwas unter Meeresniveau – zwischen dem Schott Melrhir und Schott Mérouane nach Südosten führt. Nach gestaltloser Ödnis die ersten Sandwellen: nördliche Ausläufer des Großen Östlichen Erg (Grand Erg Oriental) – und nach einiger Zeit auch die ersten schüchternen Trichteroasen des **Souf**.

Diese Region – ungefähr durch Großen Östlichen Erg im Süden und Südosten, im Osten und Norden durch die

Trichteroase bei El-Oued

Senke der Schotts, gegen Westen durch die Oasenkette des Oued R'Hir umrissen, ist – von winzigen Oasen gesprenkelt – wie unterm Sand begraben. ›Souf‹, das bedeutet im Munde der Berber das gleiche wie das arabische Oued (Wadi), nämlich ›Fluß‹, und El-Oued heißt der zentrale Verwaltungs- und Marktort dieses Gebietes. Nur ist dieser namengebende Fluß nirgends zu sehen. Er bewegt sich vielmehr unterirdisch als eine wasserführende Schicht, die, wie manche Forscher annehmen, einen Rest des vorzeitlichen Sahara-Flusses Irharrhar darstellt, der einstmals im Hoggar entsprang und in die Sebkha Melrhir – damals noch eine Bucht des Mittelmeeres – mündete. Aus welcher Richtung und auf welcher Route man auch herankommt, immer führt der Weg zunächst durch trocken-Menschenfeindliches, durch Sanddünen oder mit nur ein paar harten Büscheln betupfte Einsamkeit. Fast übersieht man die paar nur mit den Spitzen über den Sand lugenden Palmwipfel, die erste Trichteroasen anzeigen.

Wenn man auf der Straße so dahinfährt, merkt man nicht, daß vom Flugzeug aus das ganze Gebiet wie mit Kleinoasen gesprenkelt scheint. Sie alle sind Ergebnis zähen Menschenfleißes. Hier kämpft der Fellache nicht ums Wasser, er kämpft rückenkrümmend gegen den Sand. Er muß so tief graben, bis die ersten Palmenschößlinge ihre Wurzeln ins Grundwasser senken können, sorglich mit Kamelmist gedüngt. Unablässige Mühe erweitert den Trichterboden, bis nicht nur ein Dutzend, sondern eine Hundertschaft edler Dattelpalmen ihren Fuß im Naß, ihren Wipfel im Sonnenlicht baden. Das unterirdische Süßwasser gestattet den Anbau der köstlichsten und süß-saftigsten Dattelsorte, der ›Lichtfinger‹, der Deglat Nour. Jener Datteln also, die allein für den Export bestimmt sind und an die wir Europäer denken, wenn zum Nikolaus- oder Weihnachtsfest eine der blonden schlanken honigsüßen Früchte kosten. Wer länger in Nordafrika unterwegs ist, wird auch die bescheideneren Sorten kennen- u. schätzenlernen. Man kann sie lange lagern und nicht zuletzt darum bilden sie eines, nein: das Grundnahrungsmittel der Bauern wie der Beduinen. Und die geringsten noch schmecken dem Vieh. Die tausend Oasen des Souf sind Werk des Menschen und fordern ihm unaufhörliche Mühe ab.

Jeder Bauer ist hier ein Sisyphus mit Esel, der keine Stunde rasten darf. Es gilt nicht, einen hurtig mit Donnergepolter entrollenden tückischen Felsblock aus der Tiefe heraufzuschaffen, sondern körbeweise den Sand. Und wenn er oben angekommen ist, treibt der Wind ihn gleichmütig wieder in die ›Anbauschüsseln‹ hinunter. Palisaden und Zäune aus Palmrippen – und wedeln rings um die Oasentrichter sollen ihn daran hindern. Deiche im Sandmeer, Symbole für die unermüdliche Tapferkeit des Menschen im Mühen ums Dasein.

Bei einem gelegentlichen Halt könne wir müßige Zeugen der werkenden Mühe der Oasenbauern werden. Unten auf dem Fruchtgrund schaufeln sie die beiden Körbe voll Sand, die dem geduldigen Esel an den Flanken herabhängen, führen das Tier dann – jedesmal ein Weg von zweihundert und mehr Metern – hangaufwärts und kippen die Last hinter die Palisaden. So Tag für Tag. Der Wind, gegen dessen gleichmütiges Tun sie anzukämpfen haben, geht erst mit der Sonne zur Ruhe und dann fallen Mensch und Tier tagesmüde auch in Schlaf, um bei erster Morgenfrühe zu neuer Mühe zu erwachen.

Unterwegs nach El-Oued sehen wir auch die ersten Beispiele der für die Souf-Region charakteristischen Bauweise, die Häuser und Gehöfte mit den weißen weiberbrüstigen Kuppeln über ockerbraun behauchten Mauern, mit flachen weißblonden Längstonnen, wie mit der Hand geformt. Eine Architektur der Vergänglichkeit aus Lehm und Steinbrokken, eine Architektur der einfachen Formen, eine Bauweise nach Menschenmaß. Die Siedlungen sind heutzutage schon mit Elektrizität versorgt, strecken Fernsehantennen in den Himmel, und die Kuppeln mancher Häuser und Moscheen sind mit silbrig glänzendem Teflon beschichtet und dadurch klimatisiert. Die Moderne ist – ein natürlicher Vorgang – auch in den Souf eingebrochen, in eine archaische Welt, die mit den so anders gearteten Dscheridoasen jenseits der tunesischen Grenze geistlich enger verbunden ist als mit anderen Oasenzentren Algeriens. Nefta in Tunesien, die Stadt der Zaouiyas und der Heiligen, zieht immer noch die Pilger an – und jeden Tag kann man an der Grenzstation füllige Frauen in bunten Gewändern mit viel Gepäck auf die Abfertigung warten sehen.

Im Hauptort und Verwaltungszentrum **El-Oued** pulsiert das Leben in bekömmlichem Rhythmus, daran ändern auch die Autos in den Hauptstraßen nichts. Am Mittwoch wird der traditionelle Markt abgehalten, der Platz vor der Moschee bietet dann ein buntes Bild unterm weißen Himmel. Das Angebot reicht von starkfarbigen Teppichen über Gewänder und Stoffe – in möglichst schreienden Farben, wie es dem Geschmack der Frauen hier gefällt –, Gefäße aus Blech und Plastik, Haushaltswaren und den ganzen billigen Krimskrams (Gummibänder, Lockenwickler, Spangen, Kunststoffreifen, Kaugummi und Bonbons, und was nicht noch alles, das es hier nicht in Läden zu kaufen gibt, sondern eben auf dem Markt) bis zu den Bergen von Zwiebeln und Kartoffeln, Karotten und Gurken, Kürbissen und Melonen und den Büscheln frischer Minze, die man braucht, um den wohlschmeckend-bekömmlichen Thé à la Menthe zu brauen, das Getränk, das einen überall in Nordafrika erfrischt und belebt. Die kleine Markthalle ist erfüllt von den strengen Düften der gelben, roten, braunen Gewürze, die in Säcken und flachen Korbschüsseln darge-

Markt in El-Oued

boten sind. Neben Nüssen und Rosinen, Pfeffer und Piment, Mandeln und Datteln, Dörrpflaumen und Oliven aller Schattierungen fehlen natürlich nicht die Schönheitsmittel der Frauen: Henna, in graugrünen Blättern oder schon pulverisiert zum Färben der Haare und Hände, Kohl, die Augenschminke, und in großen Flaschen billige, giftfarbene Duftwässer, schwer und süßlich. Wenige Schritte weiter der von Geblök und Gemecker erfüllte Tiermarkt, wo im Staub, den die Hufe aufscharren, staubbraun gewandete Männer zäh feilschen oder sich nur dem freundlichen Schwatz mit Bekannten widmen, die man nicht jeden Tag trifft. Ein Bild wie aus biblischen Tagen.

Um Marktplatz und Moschee laufen die engen Handwerker- und Wohngassen zusammen, die manchmal so still wirken wie in einer toten Stadt – aber dieser Schein trügt.

Man kann das Minarett der Moschee Sidi Sliman besteigen und sieht statt der sonst überall beliebten Flachdächer hier Tonnen und Kuppeln. ›Die Stadt der tausend Kuppeln‹ hat Isabelle Eberhardt El-Oued genannt. Die Kuppeln geben der Stadt ein ganz eigenartig-orientalisches Gepräge, haben aber keinen ästhetischen, sondern einen praktischen Zweck, dienen der Klimatisierung der Innenräume. Da auf eine Kuppel die Sonnenstrahlen nie in breiter Fläche frontal auftreffen, heizt sie sich nie so stark auf wie ein Kubus, sammelt sie die innen aufsteigende Warmluft und sorgt für Luftzirkulation.

Hinter einem Rand von Grün stehen die gelben Dünen, die der Große Östliche Erg bis in den Souf vorschickt. Am Rand der Altstadt zwei tiefe, von sterbenden Palmen bestandene Trichter, in deren Tiefe das Grundwasser sichtbar wird – und dann die Neustadt, in die offenbar etliches investiert wurde, mit einem neuen Warenhaus, riesig groß, aber mit dem gewohnt spärlichen Warenangebot, weiter weg ein recht freundliches Hotel, von dessen Dachterrasse man zwar einen interessanten, aber nicht besonders hübschen Ausblick haben kann.

In der Hauptstraße finden wir neben dem Syndicat d'Initiative ein winziges Museum, das über den Souf und den Östlichen Erg Auskunft gibt, verschiedene Mineralien zeigt. Vor allem eine Sammlung von Sandrosen, jener unter hohem Druck aus Gips und Glimmer kristallisierten Gebilde, die so gern als Andenken an Nordafrika angeboten und erstanden werden und die sich gerade im Souf mit seinen unterirdischen wasserführenden Schichten reichlich finden. Feuersteinwerkzeuge erzählen von der tief in die Vorgeschichte zurückreichende Vergangenheit; die Pflanzenwelt wird vorgestellt – naturgetreue Nachbildungen der verschiedenen Dattelsorten, die hier angebaut werden –, ein paar verstaubte ausgestopfte Tiere und Erzeugnisse des hiesigen Handwerks: Teppiche, Schmuck, Gewänder und Waffen, die Ausrüstung eines Kamelreiters, die Tracht einer Frau, verblaßte Fotos und neben einer großen Karte des Souf Luftaufnahmen, die das Land um El-Oued wie gesprenkelt zeigen von den kleinen Trichteroasen. Trotz aller Veränderungen hat sich doch nicht gar zu viel verändert im ›Land des treibenden Sandes‹.

Als Isabelle Eberhardt erstmals El-Oued erreichte, war es »die auserwählte, die wunderbare Stunde Afrikas, in der die große Feuersonne endlich verschwindet, um dem Boden im blauen Schatten der Nacht Ruhe und Erholung zu gönnen«, und El-Oued war ihr »eine Offenbarung zutiefst geheimnisvoller, visueller Schönheit; eine nie geahnte Vision dieses Landes...«, eine »endgültige Enthüllung dieses rauhen und prachtvollen Souf-Landes, seiner fremdartigen Schönheit und auch seiner grenzenlosen Traurigkeit«.

Eine Frau im Bann der Wüste

Der Souf ist das Land, nach dem sich Isabelle Eberhardt immer gesehnt hat, jene rätselvolle Frau, die in ihren Tagebüchern und Erzählungen Facetten ihrer Seele bloßgelegt, aber die ihren Lebenslauf hinter immer neuen Masken und Namen verborgen hat. Gewiß sind eigentlich nur die Daten ihrer Geburt und ihres Todes. In einer herrschaftlichen Villa bei Genf kam sie am 17. Februar 1877 zur Welt, in der Nacht vom 20. zum 21. Oktober 1904 hat ein plötzliches Hochwasser sie in ihrer Hütte in Aïn-Sefra überrascht und im Schlamm erstickt. Ihre Mutter, vermutlich deutsch-jüdischer Abkunft, hatte ihren Gatten, den russischen General und Senator de Moërder verlassen und sich mit dem Hauslehrer der Familie ins Ausland abgesetzt. Dieser Armenier, von der Familie ›Vava‹ genannt, hatte sich vom orthodoxen Priester zum engagierten Anarchisten gewandelt. Er soll Isabelles Vater gewesen sein. Es gibt aber auch Zungen, die behaupten, sie sei die Frucht einer flüchtigen Begegnung Nathalies de Moërder mit dem Dichter Arthur Rimbaud. Jedenfalls verbot der neue Familienchef den Kindern den Besuch von Schule und Kirche, unterrichtete sie selbst in Anarchismus und Atheismus. Isabelles Lernbegier galt vor allem den Sprachen. Neben russisch und französisch soll sie mit 12 Jahren auch schon fließend deutsch und italienisch gesprochen und griechische und lateinische Texte ohne Schwierigkeit gelesen haben. Damals begann sie auch mit dem Studium des Arabischen, das ihr mehr bedeutete als nur ein weiteres Idiom: nämlich den Schlüssel zu einer neuen Welt und zu einer Religion. Als Vierzehnjährige bereits faßte sie den Entschluß, den Islam anzunehmen, mit zwanzig führte sie ihn aus.

Man darf das alles – wie die Reisen von André Gide oder Oscar Wilde, die Niederlassung Gauguins in der Südsee, die Tätigkeit eines T. E. Lawrence, den Japonismus und die Entdeckung der Negerplastik vor dem Hintergrund der Aufteilung der letzten Gebiete der Erde unter die europäischen Großmächte sehen und als eine romantisch-anarchistische Parteinahme gegen die Kolonisierung und die banale bürgerliche Zivilisation, als bewußten Affront gegen deren Verhaltensweisen. Als ein solcher wurde häufig schon Isabelles Gewohnheit betrachtet, stets in Männerkleidern aufzutreten. Als Kind bereits hatte ›Vava‹ sie wie einen Knaben erzogen. Wie hätte sie als Mädchen in Röcken und Korsett, Taft und Spitzen dem Zug ihrer romantischen Sehnsucht folgen können: hineinzureiten in die Weiten der Wüste.

Im Mai 1897 schiffte sie sich mit ihrer kranken Mutter nach Algier ein. In Bône (Annaba) fanden die beiden Frauen eine kleine Wohnung, hier traten sie zum Islam über, hier starb die Mutter und wurde auf dem arabischen Friedhof beigesetzt. In arabischer Männerkleidung begab Isabelle sich nach Tunis. Daß eine ›Weiße‹ – und noch dazu als Mann verkleidet – sich unter die ›niederen Schichten‹ mischte, unter Matrosen und Huren, Fremdenlegionäre und eingeborene Spahi-Soldaten, das entrüstete nicht nur die Kolonialbürger, das erweckte auch das Mißtrauen der Polizei, die nicht wußte, mit wem sie es eigentlich zu tun hatte: einer britischen Agentin, einer jüdischen Suffragette, einer russischen Terroristin?

Der Tod des ›Vaters‹ Vava, der Freitod ihres zweitältesten Bruders Vladimir, die bürgerliche Niederlassung des geliebten anderen Bruders Augustin – das alles machte sie frei. Frei auch von ihrem türkischen Verlobten, dem als Diplomatengattin nach St. Petersburg zu folgen keineswegs nach ihrem Sinn war. Etwas in ihrem Wesen fesselte sie an Nordafrika. In Männerkleidern ritt sie von Tunis aus nach Westen, folgte von Biskra an, einem französischen Konvoi, sah Touggourt und erstmals auch El-Oued. Nach einem Aufenthalt in Paris, wo sie versuchte, literarisch Fuß zu fassen und in den Salons bedeutende, aber auch zweifelhafte Bekanntschaften machte – und sogar mit der Fahndung nach den Mördern des Zeitungsmagnaten Marquis de Morès beauftragt wurde – ließ sie sich im Sommer 1900 in El-Oued nieder, verlobte sich mit Slimane, einem Leutnant der eingeborenen Hilfstruppen, in dem sie einen Seelengefährten und einen Halt gefunden hatte. Diese Liebe zu einem ›schmutzigen Algerier‹ skandalisierte die europäischen Colons und gab wie die Tatsache, daß sie als einzige Frau und Europäerin dazu in die mystische Bruderschaft der Khadiriya aufgenommen wurde, dem Spionageverdacht neue Nahrung. Als sie in der Zawiya von Behima Anfang 1901 haarscharf einem Mordanschlag entging (der Attentäter gehörte der mit der Khadiriya verfeindeten Bruderschaft der Tidjaniya an, scheint aber von anderen Stellen gedungen worden zu sein), wurden die Hintergründe nie geklärt. Das Gericht begnügte sich damit, den Attentäter zu zwanzigjähriger Zwangsarbeit zu verurteilen und Isabelle aus Algerien auszuweisen, was eine quälende Trennung von ihrem in Batna stationierten Verlobten bedeutete. Erst im Oktober 1901 konnten die beiden in Marseille nach islamischem Ritus heiraten. Im Januar des nächsten Jahres lebten sie dürftig in Algier, bis ihr Mann den Posten eines Gemeindeschreibers in Ténès bekam. Aber auch dort ging die Hexenjagd gegen die unkonventionelle Außenseiterin der bourgeoisen Gesellschaft weiter. Während ihr Mann sich auf einen anderen Posten versetzen ließ, brach Isabelle erneut in die Sahara auf. Im Herbst 1903 lernte sie General Lyautey kennen, der gerade die Annexion Marokkos erwog. Anfang 1904 schickte der General sie in geheimer Mission auf ihre letzte Reise ins marokkanisch-algerische Grenzgebiet. Ob sie nun für Lyautey spionierte, ob sie die aufständischen Nomaden an Frankreich oder Frankreich eher an jene verraten hat, wird niemand ergründen. Genug:

Zu den Farbtafeln:

15 *Ouled Khouder, Knabe*

16 *Eine Fantasia*

17 *Mann vom Stamm der Ouled Naïl*

nach einigen Wochen der Klausur in der Zawiya von Kenada wurde sie mit schwerer Malaria ins Militärhospital von Aïn-Sefra eingeliefert, quartierte sich dann mit ihrem Mann in eine Lehmhütte eines Slumbezirks am Ufer des ausgetrockneten Flußbettes ein. Erst Tage nach dem Hochwasser, dem sie – vielleicht im tiefen Haschisch-Rausch – zum Opfer fiel, wurde ihr Leichnam geborgen. An ihrem Grab auf dem moslemischen Friedhof hielt General Lyautey – der aristokratische Royalist und spätere Marschall war alles andere als ein Konformist – selbst die Trauerrede. »Sie war, was mich auf der Welt am meisten fasziniert: ein Außenseiter. Was für eine Freude, jemanden zu treffen, der ganz er selbst ist, jenseits aller Vorurteile, aller Heuchelei, aller Klischees, und der ein freies Leben führt wie der Vogel in der Luft ...« Was sie von ihrem Leben ins Wort gerinnen ließ, fand spät erst Anerkennung. Für uns ist es nicht nur Erzählwerk, sondern auch und vor allem Zeugnis einer eigenwilligen Persönlichkeit, in deren Äußerungen sich die Atmosphäre von Zeit und Land vielfältig bricht und zugleich zu starken und beunruhigenden Bildern verdichtet.

Touggourt

Wenn man – von Biskra kommend – auf den letzten etwa 30 Kilometern vor El-Oued ein paar Schaupausen einlegt und sich ein paar Abstecher vom geraden Wege gestattet, sieht man so viel von der eigenartig-archaischen Welt des Souf, daß man sich eine eigene Rundfahrt durch das Gebiet ersparen darf. In **Guémar** – es liegt an diesem geraden Weg nach El-Oued – kann man der Zawiya der Tidjaniya-Bruderschaft (aus dem späten 18. Jh.) mit Heiligengrab, Moschee mit schön gezierten Kuppeln und dem nicht minder reich dekorierten Gästehaus einen Besuch abstatten.

Die etwa 100 km von El-Oued nach Touggourt führen an weiteren Trichteroasen vorbei, vorbei auch an dem ummauerten und begrünten Luxus-Landsitz eines der Superreichen (eines Ministers) des ›sozialistischen‹ Algerien, an weltverlassenen kleinen Siedlungen. Aber wenn da irgendwo ein Markt abgehalten wird, dann kann man nicht widerstehen und beschaut das zwar schäbige, aber so farbstarke Angebot und läßt die Augen in den Gesichtern derer spazierengehen, die hier geduldig auf Kunden warten. Bäuerliche Gesichter, olivendunkel, unbewegt und wie ausdruckslos, geduldig-stumpf, die sich dann so schön erhellen, wenn Bekannte oder Freunde sich wiedersehend begrüßen.

Diese Strecke bringt auch die erste Begegnung mit den goldfahlen Dünen des Großen Östlichen Erg. Der unablässig streichende Wind hat diese sanft geschwungenen und im schrägen Licht ebenso schön geschwungene Schatten werfenden Gebilde über einem Skelett von Stein- und Felsketten aufgeweht, verändert sie ständig, baut sie auf und baut sie ab, wellt sie im Großen und riffelt ihre Oberfläche im Kleinen, schärft ihre Grate zu sichelscharfen Schneiden, läßt die feinsandigen Hügel wandern. Aber der Sand ist nicht ohne Leben. Die Spuren von Wüstenmäusen, wohl auch einmal von einer giftigen Viper oder von Skorpionen, zumeist aber die von schwarzen Laufkäfern zeichnen ihr vergängliches Muster. Stachelige Pflanzen, die unglaublich lange Wurzeln tief hinunterschicken und die Fähigkeit entwickelt haben, mit den Dünen mitzuwandern, sprenkeln das Gelände. Ihre Blätter haben sie im Kampf ums Überleben zu bloßen Stacheln und Dornen oder zu Raspeln verhärtet. Sie leiden keinen Nachbarn in ihrem Umkreis (jedes dieser Gewächse beansprucht seinen weit bemessenen Anteil an dem kargen Boden), sie wehren sich stechend gegen jede Berührung. Wer es nicht gut hat, der kann wohl nicht freundlich sein, der wird hart und stachelig. Und wer unfreundlich ist, mit dem hat man Mitleid. Wenn man diese armen Pflanzen, diese tapferen Pioniere, genauer betrachtet, dann sind sie nicht nur verhutzelte und widerborstige Wesen, zurückgesetzt zur Ungestalt, sondern auf eine rührende Weise schön. Man muß sie nur näher ansehen.

Touggourt, nur 80 m über dem fernen Meeresspiegel, liegt am Zusammenfluß zweier unterirdischer ›Ströme‹, das heißt wasserführender Schichten, ist der natürliche Hauptort der ganzen Region des Oued R'Hir und besteht aus mehreren Quartieren. Den sich Nahenden erfreut zunächst der weite grüne Rand der Palmenhaine – und sie bilden zweifellos den bedeutendsten Reiz dieser Oasenstadt, doch sind auch deren verschiedene Viertel nicht ohne Farbe und Charakter.

In Touggourt

Hier endet die Schmalspurbahn, die einst durch die ganze französische Sahara führen sollte. Der erste Weltkrieg unterbrach ihren Bau, und als 1922 kühne Männer wie Audoin-Dubreil und Haardt im Auftrag der Citroën-Werke erfolgreich versuchten, die Wüste bis Timbuktu in Raupenfahrzeugen mit Benzinmotoren zu durchqueren, da setzte man auf das Automobil als künftiges Wüstenschiff und weiterer Eisenbahnbau unterblieb. Ein Obelisk-Denkmal im Nezla-Viertel, an der Nahtstelle zwischen der Altstadt und der Neustadt erinnert an dieses denkwürdige Unternehmen. Hier ist etwa das Zentrum des Touggourt von heute. Die Überlieferung will wissen, daß es einst weiter nördlich lag. Dort lebte – als die Stadt noch von den Kharidschiten bewohnt war – wir werden ihren Nachkommen bald in der M'Zab-Pentapolis begegnen – eine wunderschöne Frau von allerdings bedenklich leichtfertigem Wandel. Die Entrüstung der strengen Puritaner ließ sich nicht länger zügeln. Sie verjagten die ›Erfreuende‹ und sie mußte sich fern von ihren Feinden in eine Laubhütte flüchten. Als ein frommer Marabut, auf einer Bettelreise für die Zawiya seiner Bruderschaft durch Touggourt kam, verweigerten ihm die Frommen nicht nur Almosen, sondern selbst Obdach und Erquickung. Nur die verstoßene Hure nahm ihn freundlich auf und bewirtete ihn nach all ihren Kräften. Da bat der Heilige den Herrn um Schutz für das arme Weib. »Möge ihre Hütte zum Hause werden und mögen die ungastlichen Häuser von Touggourt sich entvölkern und zerfallen.« Und so geschah's. Die Leute von Touggourt wurden untereinander uneins und trennten sich, ihre Häuser zerfielen, während die Hütte der Verfemten zur reizenden Wohnung wurde. Heute vollziehen sich erneut Veränderungen. Die einst französisch geprägte Gegend um den Bahnhof ist von seßhaft gewordenen arabischen Beduinen, den Ouled Naïl – wir erinnern uns ihrer aus dem Aurès – bewohnt. Die in allen Pastelltönen getünchten Häuser an der Hauptstraße und am Hauptplatz scheinen verschlossen und wie tot. Enge Wege führen in die Altstadt, das Nezla-Viertel, in ein Labyrinth lehmig-staubiger Gassen, auf weite Strecken von Palmstämmen überdeckt und von Wohnungen überbaut, in lehm-sandige Tunnels, von denen da und dort andere Gänge und Tunnel abzweigen in schattige Höfe oder vor verschlossene Türen aus Palmenholz. Aus Lehmziegeln bestehen die Mauern, aus einem vergänglichen Material also. Zweimal unterbrachen bei unserem ersten Erkundungsgang durch die Tunnelgassen Bau- oder Abbruchstellen unseren Weg. Inzwischen haben sich ganze Schneisen durch das Gefüge der mit der Hand geformten und ganz nach menschlichen Maßen gebauten Häuser – sie waren dem nachtastenden Auge ein einziges Fest! – gefressen. Man bedauert's – aber ob wir, die wir uns folkloristisch an ihnen erfreuten, in den Lehmhäusern ohne Licht, ohne Wasserleitung und -spülung lieber leben möchten als in einer der wohl abscheulich-tristen, aber hellen, mit elektrischem Strom versehenen Neubauten? Freilich funktio-

Beim Mausoleum der Könige von Touggourt

nieren die nicht immer einwandfrei und nutzen sich auch sehr schnell ab. Safrangelbe, violette, rosige und himmelblaue Arkaden und die weiße Kubusfront stehen an der einen Seite des Marktplatzes, der Place des Martyrs, auf der anderen ein ganz neues Warenhaus (was da so angeboten wird, das kennen wir mittlerweile) und ein ›Kulturhaus‹ mit Kinosaal und Leseraum – in dem sich freilich wenig zu lesen findet. Es gibt Sportanlagen und ein Schwimmbad.

Ein paar Gehminuten westlich des Stadtzentrums auf dem Friedhof liegt inmitten von bescheidenen Gräbern, umgeben von vier Marabuts, das ›Mausoleum der Könige von Touggourt‹, ein Kuppelbau mit niedrigen stämmigen Pfeilern und mit einem ummauerten Vorhof. Der zahnlückige Wärter zeigt uns die 48 Grabmale, auf denen ein Stein das Grab eines männlichen, zwei Steine das eines weiblichen Mitgliedes der nomadischen Sippe bezeichnet, die einst – mit Touggourt als Stützpunkt – weite Teile der Sahara unter ihre Botmäßigkeit gebracht hatte.

Den Besuch in der Stickereifachschule, in der junge Mädchen in dreijähriger Feierabend-Ausbildung lernen, die von den Nomadenfrauen gewebten Stoffe bunt zu schmücken, kürzen wir tunlichst ab. Die Umschau da ist Sache der Damen. Die Stickereien sind zwar sehr hübsch, man verlangt aber auch stolze Preise für sie. Lieber schauen wir uns in einer Töpferei um, wo außer porösen Gefäßen, die durch die Verdunstungskälte des an die Oberfläche tretenden Wassers den Inhalt kühl halten, auch die Toub-Ziegel für die herkömmliche Bauweise geformt werden oder in der Schreinerei daneben, die über ganz moderne Maschinen verfügt und in der es so gut nach Holz riecht.

Das Hotel de l'Oasis hat der Architekt Pouillon im saharischen Stil entworfen. Hier kann man fast sicher sein, daß heißes Wasser aus den Hähnen fließt. Als vor Jahren in Touggourt nach Wasser gebohrt wurde, stieß man auf ergiebige Vorräte, die dem gesamten Oasengebiet in der Minute 300 000 Liter zumeist heißen Wassers liefern. Mit ihm werden im Winter die Neubauwohnungen beheizt, denn Touggourt gilt als ein besonders kalter Ort, wo in Winternächten das Thermometer bis auf 10 Grad minus fallen kann. Es ist geplant, die riesigen – freilich nicht unerschöpflichen – 2000 Meter unter der Erde lagernden Wasserreserven für die Anlage von Musteroasen zu nützen, die Zehn- oder Hunderttausende aus dem zu dicht besiedelten Norden aufnehmen sollen. Aber bis dahin sind noch etliche Probleme zu lösen. Schon die heutige Oase mit ihren 1,7 Millionen Dattelpalmen hat Schwierigkeiten mit der Frage, die nicht weniger wichtig ist als die der Beschaffung von Wasser. Nämlich der, wie man es wieder los wird. Jeder Liter des lebensnotwendigen Nasses führt Mineralien mit sich. Wenn man es so einfach in den Boden versickern läßt, dann versalzt der sehr schnell und wird unbrauchbar. Man muß das Wasser also auch wieder ableiten. Hier versucht man es durch tiefe Gräben, die zum ›Abwassersee‹ führen, den man – weißkrustig – in der Nähe jeder Oase findet.

In den großen, jetzt verstaatlichten Palmenplantagen stehen die Bäume wie militärisch ausgerichtet in langen Reihen an geraden Kanälen, lassen zwischen sich noch Platz für Beete mit Getreide und Gemüse. Am Rand des Oasengrüns ›entdecken‹ wir einen kleinen schilfumstandenen Salzsee. Wir sind offenbar nicht die ersten, die ihn besuchen. Flaschenscherben und Wegwurf aller Art verraten, daß sich die Oasenbewohner hier manchmal vergnügen, obwohl das Bad so ein großes Vergnügen nicht ist. Schwimmen kann man hier genau so wenig wie im Toten Meer, sondern nur sich rücklings tragen lassen – und hinterher ist die Haut mit einer juckenden weißlichen Salzschicht überzogen. Wer sich den Spaß einmal gegönnt hat, läßt ihn ein zweites Mal bleiben.

Touggourt liegt an der geradesten Verbindung von Biskra nach Ouargla und wer nicht wie wir diesmal bei Still zum Besuch des Souf und seiner Oasen abgebogen ist, hatte auf den etwa 150 km (etwa gleichlaufend mit der Bahnlinie) recht charakteristische Bilder von den Oasen des Oued R'Hir sehen können. Aber Ähnliches werden wir auf unserer Route nach Ouargla erleben, wenn wir uns die Zeit zu ein paar Abstechern von der Hauptstrecke nehmen. Noch bevor das Hotel sein kärgliches Frühstück serviert hat, sitzen wir – noch etwas morgenfröstelnd – auf dem Hauptplatz unter Palmen, wärmen uns an Minzentee und genießen die Produkte der örtlichen Pâtisserie, die es mit den Erzeugnissen jeder guten Bäckerei bei uns daheim gelassen aufnehmen können. Nach **Temacine** sind es nur knapp 15 km. Auf seiner Anhöhe von schon lückenhaften Mauern umzogen wirkt der Oasenort wie ein befestigtes Ksar, dem hohen Blauhimmel verbunden durch das machtvolle Minar seiner Moschee. Dieses schlanke und schön proportionierte kubische Prisma, 1431 durch einen örtlichen Machthaber gestiftet, vereinigt Erinnerungen an almoravidische Gestaltungsweise mit deutlichen Anleihen aus der Ziegelarchitektur der tunesischen Djerid-Oasen. Bänder wie an den Häusern von Tozeur umziehen den Schaft, das obere Geschoß schmückt sich mit Sebkha-Netzen wie die Moscheetürme der großen maghrebinischen Vergangenheit. An die Altstadt von Tozeur erinnern auch die von Schwibbögen überfangenen Gassen zwischen fensterlosen Lehmziegelmauern. Den weiten Blick von der Höhe wollen wir uns nicht entgehen lassen, auch wenn man schwer atmend oben ankommt. Von solcher Höhe über Oasenwipfel und umliegenden Wüstenweite zu schauen, das ist die kleine Anstrengung wert. Kinder erbieten sich, uns zur Sudani-Moschee zu geleiten, einem sehr schlichten Bau aus dem

17. Jahrhundert, aber wir streben zu unserem Fahrzeug zurück. Dort, wo das Ortsschild **Tamelhat** an der Straße steht, lassen wir es erneut stehen. Durch schmale, wie tote Gassen, von Schwibbögen überfangen und durch des Himmels Lichtregie in ein Kulissenspiel aus Lehmbraun und Kalkweiß verzaubert, finden wir den Weg zum zentralen Heiligtum des Ortes, der 1284 gegründeten Zawiya des Sidi el-Hadj Ali, der 1260 starb. Einer seiner Nachkommen, Si Ahmet el-Tidjani, selbst ein ›Marabut‹, hat ihm im 18. Jahrhundert das Grabmal errichtet. Überm fayencebelegten Achteck der Mauern, über Schildwänden und einem durchfensterten Tambour schwebt das vollkommene Rund, in dem sich acht breite Stuckbänder kreuzen. Feingeschnittener Stuck, durch farbige Unterlegung in seiner Wirkung gesteigert, überzieht in rein geometrischen Mustern von unerschöpflichem Erfindungsreichtum das Innere des Grabgehäuses, das, von einem Holzgitter umfangen, den Kenotaph des heiligen Mannes birgt. Weißverhüllte junge Frauen mit Kleinkindern im Arm haben sich in eine Ecke zurückgezogen. Man stellt keine neugierigen Fragen, ob die Zawiya vielleicht – wie viele Marabuts im Maghrib – eine Art Wallfahrtsort für junge Mütter darstelle. Während bei angenehm gedämpftem Licht das Auge noch in der Ornamentvielfalt droben spazierengeht, dringt unerwartet eine vertraute Tonfolge ans Ohr: die Glockenmelodie des Big Ben. Und dann tönen – exakt um 10 Uhr – zehn sonore ›Bong‹ durch den Raum. Sie kommen aus dem soliden Mahagonikasten der Uhr. Auf ihrem Zifferblatt kann man den Namen der Firma zwar nicht entziffern, wohl aber ihren Sitz: Westminster

Die Glockenschläge mahnen zum Aufbruch. Aber so drängt die Zeit nicht, daß man sich den Besuch der Freitagsmoschee verkneifen müßte, eines Interieurs des 18. Jahrhunderts, das noch einmal deutlich macht, wie eng durch religiöse Bande auch noch das Gebiet um Touggurt mit dem tunesischen Djerid verknüpft ist.

Seltsam, daß sich erst nach Touggourt das Gefühl einstellt, sich nun wirklich in der Wüste zu befinden. Der Wind, der erst mit der Sonne zur Ruhe geht, hat doch auch schon auf den bisherigen Wegen weißlichen Staub über die schmale Aspahltbahn getrieben. Oder lag doch bisher noch nie die Sahara, die rötlich-fahle, so fahl vor uns, flachwellig, wie ohne Horizont im blendend weißen Licht?

Nach etwa 80 km, halbwegs nach Ouargla, zweigt nach links eine Straße nach Hassi-Messaoud ab, ins Erdöl- und Erdgaszentrum Algeriens. Die Fahrt durch dieses Texas Nordafrikas, durch die wüsten Gebiete unfreundlicher Industriesiedlungen mit all ihren sozialen Problemen und ihrer menschlichen Ödnis sei einer anderen Unternehmung und einem späteren Kapitel vorbehalten.

Erdöl in der Sahara

Mit der Tatsache aber, daß in der Wüste Öl gefunden wurde und daß dieser Fund die Wüste verändert hat, werden wir schon auf dieser unserer nordsaharischen Rundfahrt konfrontiert. Als – bestehenden Lehrmeinungen zum Trotz – französische Geologen bei Edjeleh in der ostalgerischen Sahara Erdöl fanden, war das für zahlreiche Ölfirmen das Signal, die Saharatafel auf weitere Lagerstätten zu untersuchen. Inzwischen hat man vielerorts in der algerischen Wüste mit der Förderung begonnen. 1978 lag die Produktion bei etwa 50 Millionen Tonnen im Jahr.

Die algerischen Erdöl- und Erdgaslagerstätten sind nicht nur die zuerst entdeckten in Nordafrika, sie sind die ältesten auch von ihrer geologischen Entstehung her, stammen sie doch überwiegend aus bitumenreichen Tongesteinen des Meeres, das vor 400 Millionen Jahren weite Teile der Saharatafel bedeckte. Der ständig steigende Druck durch jüngere Ablagerungen und damit immer höhere Temperaturen verwandelten den Bitumenanteil in Erdöl und -gas, das aus seinen tonigen Muttergesteinen in Hohlräume und Klüfte auflagernder oder benachbarter – durchlässiger – Gesteine abwanderte. In ihnen, die im allgemeinen mit Salzwasser gefüllt waren, wanderte das leichtere Öl und Gas so lange aufwärts, bis es entweder in nach oben dichten Gesteinschichten gefangen wurde oder zur Erdoberfläche gelangte und dort frei ausfloß. Im größten algerischen Ölfeld von Hassi-Messaoud befindet sich das Öl in klüftigen altpaläozoischen Quarziten, die nach oben hin von Gips- und Salzausscheidungen des Triasmeeres abgedichtet werden. Das Vorhandensein wirklich dichter und weitverbreiteter Abdeckschichten ist eine wichtige Voraussetzung für die Bildung großer Lagerstätten. Wo sie fehlt, wie in Tunesien, sind die Vorräte gering und bleibt die Fördermenge unbedeutend. Entsprechende Lager zu finden, bedarf umfangreicher Vorarbeiten und kostspieliger Suchbohrungen bis in mehrere tausend Meter Tiefe. Das heißt, daß vor dem erhofften Gewinn gewaltige Investitionen stehen, zu denen Algerien allein nicht im Stande gewesen wäre, weshalb die Republik ausländische Gesellschaften an der Ausbeutung der ›staatlichen‹ Schätze beteiligt.

Wenn man hier in der Gegend einmal abseits der Straße unter freiem Himmel nächtigt, dann sieht man den Horizont allseits branstig gerötet von den Abfackelungen. Bei Tage und unterwegs sieht man nicht so deutlich, daß man sich in der Erdölprovinz befindet, freut sich als Autofahrer der guten Straßen und merkt erst bei genauerem Hinsehen, wie sehr die Wüste bereits beschädigt ist. Als Wegwurf seitab der Straße liegen alte Autoreifen und unzählige leere Getränkebüchsen, die der Wind ebenso wie Fetzen von Plastikplanen weitertreibt bis weit weg von der Straße. Gegenden, die noch nie eines Menschen Fuß betrat, sind verschandelt vom Abfall, den Menschen gleichgültig weggeworfen haben. Es gibt – und nicht nur um Ouargla und Ghardaïa – Flächen von der Ausdehnung ganzer Großstädte, wo sich auf jedem Quadratmeter irgendeine Spur des Wegwerfzeitalters findet.

Noch genaueren Zusehens – und vor allem des fragenden Gesprächs – bedarf es, um etwas von den Veränderungen zu erfassen, die das Leben des Einzelnen und der Gesellschaft, in der er bisher fraglos lebte, ergriffen haben.

Ouargla – Großstadt in der Wüste

Etwas von all der Problematik bekommen wir in Ouargla zu spüren, der Verwaltungshauptstadt der Erdölprovinz. In seiner Oase zählte man vor 25 Jahren etwas mehr als eine halbe Million Dattelpalmen – heute sind es dreimal so viele, und die Neustadt – Oberst Carbillet, ein Schüler Lyauteys, hat sie 1928 neben dem alten Ksar wohlgeordnet anlegen lassen – ist gesichtslos ausgeufert. Auch hier wird nun Erdöl gefördert, aber nicht deswegen ist die Oasenstadt so explodiert, auch nicht weil sie zum Sitz der örtlichen Verwaltung und Bürokratie aufgestiegen ist, vielmehr weil sie auch zum Zentrum aller Einrichtungen und Behörden wurde, die mit der algerischen Erdöl- und -gas-Wirtschaft zu tun haben. Die Stadt ist heute eine einzige Baustelle.

Am Flugplatz im Wüsteneinerlei vorbei, vorbei an Dünen, erreicht man den Rand der Oase, wo reglose Palmenhäupter ihre Wedel über Lehmmauern heben, und findet sich endlich an der Nahtstelle von Alt- und Neustadt, an die sich die neu entstehenden Viertel anschließen. Die labyrinthisch-halbdunklen Gassen der ›Altstadt‹ sind in malerischem Verfall, aber sie sollen erhalten bleiben. Die mit Geschick aneinandergeordneten Marktplätze – Gemüse-

Moschee in Ouargla

markt, Fleischmarkt – sind überragt von einer Musterkarte von Minaretts: eines im ›sudanesischen‹, eines im maghrebinischen Stil, eines, das an europäische Zuckerbäckerei erinnert. Aber das alles verbirgt sich vor den eiligen Touristen. Diese besuchen einzig den Markt der Sandrosen, auf dem es neben bunten Gewändern und mißglückten – weil auf den Touristengeschmack berechneten – Teppichen zentnerweise die bizarren Gipskristallisationen zu kaufen gibt, die dank einer unterirdischen Feuchtschicht hier so zahlreich und in großen Blöcken zu finden sind. Aber leider bringt man diese als Souvenir begehrten dekorativen Naturplastiken nur schwer nach Hause, ohne daß sie die feinen Kanten und Schneiden einbüßen, die gerade den Reiz und bei Kennern den Wert eines solchen Stückes ausmachen.

Nicht weit von diesem Markt zeigt ein imposanter moderner Supermarché auf seinen drei Stockwerken freilich nur gähnende Regale und etwa vier oder fünf Dutzend verschiedene Artikel, die aber gleich massenweise. Vor allem die großen Blechdosen mit Marmeladen, die der Unerfahrene für Fruchtsaftbüchsen nimmt.

Weiter nach Westen wird die Stadt immer neuer und immer gesichtsloser. Halbfertige Betonkästen stehen neben neuem Bauschutt, neben niedrigen Lehmhütten und kleinen Palmgärten. Hauskuben, pastelltönig, weiße öffentliche Gebäude im ›algerischen‹ Stil, durch Mauern und Wachen abgeschirmte Bereiche für Militär und Gendarmerie, Wagenparks und überall Straßenbauarbeiten. Licht- und Telefonkabel bündelweise, Baugruben, Staubstraßen, Umleitungen durch planvoll-planlose Neubauviertel. Weiter draußen die edlen Häupter der Palmen und endlich am Rande dieses seltsamen Stadtgebildes die Sebkha, der Entwässerungs-Salzsumpf, den jede Bewässerungsoase braucht. Ouargla, die aus der Wüste gestampfte Großstadt kommt einem vor wie ein überdimensionales Goldgräberdorf im Kranz von armen Oasenweilern.

Der Couscous im Hotel ist dürftig und schmeckt nach nichts, das ›Saharamuseum‹ in einem gelb-weiß auf sudanisch geschminkten Bau – mit Erzeugnissen des lokalen Handwerks, mit Teppichen, Gewändern, Haushaltsgeräten, Waffen, mit Modellen und Karten, die über die Erdölförderung belehrern – ist heute, am Dienstag, geschlossen. Was soll uns hier noch weiter halten? Etwa das Wissen, daß etwa 10 km südlich der Oase der Sand schon wieder die Reste der Stadt **Sedrata** verweht hat? Das war eine Stadt der kharidschitischen Berber, welche durch die Fatimiden aus ihrem Sitz Tiharet verjagt worden waren, die hier unter der Führung des Persers Ibn Rostem eine neue Stadt gründeten, welche im 10. u. 11. Jahrhundert blühte, bevor die puritanischen Sektierer weitergetrieben wurden, um endlich im M'zab – in der Pentapolis der M'zabiten – eine Bleibe bis heute zu finden. Dort wollen wir ihrer Geschicke gedenken, ihren Nachkommen von heute begegnen. Nach dorthin machen wir uns so bald als möglich auf den Weg.

Vom bizarr erodierten Abbruch eines Hochplateaus schauen wir noch einmal – nicht gerade mit Abschiedsschmerz erfüllt – zurück auf Oase und in der Retorte werdende Großstadt Ouargla, auf die man hierzulande so stolz ist. Die Straße führt dann durch eine steinig-schwärzliche

Reg-Ebene ohne definierte Horizonte. Wo der Himmel blaß sich der verblauenden Weite verbindet, ist er da und dort betupft mit den dunklen Rauchballen ferner Abfackelungen, die uns in Erinnerung rufen, daß wir uns zwar in der Wüste, in der Sahara befinden, aber nicht in einem zivilisationsfreien Raum.

Die Kilometer durchs Steinig-Dürre dehnen sich. Den Abstecher zur Kleinoase **Zelfana,** die nach gut zwei Fahrtstunden rechts ins Blickfeld rückt, versagen wir uns. Das war einst ein kleines Heilbad, das von dem radioaktiven Wasser einer 45 Grad warmen Thermalquelle lebte. Inzwischen liefert ein artesischer Brunnen Wasser genug für ein landwirtschaftliches Versuchszentrum, wo man Beobachtungen anstellt, welche Art von Wasser welchen Fruchtpflanzen mehr behagt.

Bald ist der Dreiweg erreicht, von dem aus wir an einem der nächsten Tage unsere Fahrt in südlicher Richtung fortsetzen wollen, nach El-Goléa und Timimoun. Wir folgen diesmal dem Wegweiser, der sagt ›24 km nach Ghardaïa‹. Links abseits der Straße lagern unzählbare Stahlröhren. Eine von ihnen bot einstens dem Touristen von diesmal nächtlichen Unterschlupf. Mit leiser Wehmut schaut er, heute in einem Hotel angemeldet, auf den Rastort von einst. Die Röhren liegen noch. Die Firma Mannesmann hat – in der Hoffnung auf einen neuen Exportmarkt, den Algeriern das Know-how geliefert, bis diese fanden, sie hätten selbst Stahl und Eisen genug. Der Stahl kommt nun in Platten aus dem fernen westlichen ›Pott‹ um Béchar, wird mitten in der Sahara zu Röhren gewalzt, die dann hunderte von Kilometern von hier im Boden installiert werden. Warum das so ist, warum ausgerechnet um Ghardaïa eine ›zone industrielle‹ entsteht und warum der Flughafen in schwärzlich-brauner Einsamkeit tägliche Verbindung nach und von Paris unterhält, das wird sich – soweit uns solche Erklärungen verständlich und akzeptabel sind – bald erhellen.

Schließen wir – in der Fahrwirklichkeit kann sich das nur der Beifahrer gestatten – die Augen vor allem, was das Erwartungs- oder Erinnerungsbild stören könnte – öffnen wir sie erst dort wieder, wo jeder Busfahrer am kurvigen Hang sein Tempo vermindern muß und wo der Individualreisende sein Vehikel anhält, um ein paar Schritte hinauszutun auf den Hügel, von dem aus sich ein besonders eindrücklicher, ich würde meinen: der schönste Blick über die Oasenstädte der M'zabiten auftut.

Beni-Isguen

Die M'zabiten von Ghardaïa

Da liegt sie nun vor uns, die Fünf-Städte-Oase. Uns zu Füßen im Mittelgrund Beni-Isguen wie eine kubistische Phantasmagorie aus Weiß, Sandbraun und Himmelblau, dahinter etwas rechts Melika und noch weiter in den Hintergrund gerückt Ghardaïa, der größte Ort, nach dem sich die ganze Region benennt. Schmal nur ist der Kranz, dünn nur die Schleppe aus dem stahlernen Dunkelgrün der Palmen. Können inmitten so knochendürrer Steinhalden Menschen leben? Wer sind sie? Wo kamen sie her?

Der Fluß, der die Talfurche genagt hat, führt nur einmal im Jahr für kurze Zeit Wasser, aber der Grundwasserspiegel liegt hoch genug, so daß ihn mit unendlicher Mühe gegrabene Brunnen erreichen. Nicht geringerer Mühe bedurfte es, steinigen Boden in Palmenhaine zu verwandeln. Der Oued M'zab also bildet die Voraussetzung – und er auch hat den hier lebenden Menschen den Namen gegeben: den Beni M'zab, den Mozabiten.

Wer deren Herkommen und Eigenart verstehen will, muß tief zurückgehen in die frühe Zeit des Islam, bis ins Todesjahr des Propheten Mohammed (632). Damals wurde Abu Bakr, ein Schwiegervater des Verewigten zu dessen ›Stellvertreter‹ (Khalifa) erkoren und nicht Ali, Mohammeds Vetter und Schwiegersohn, der Vater seiner einzigen männlichen Enkel. Als dieser Ali ibn Abu Talib – nach Omar und Othman – als 4. Kalif gewählt wurde, da befand sich die junge islamische Gemeinschaft – bereits Herrin fast des ganzen Vorderen Orients – in einer tiefen Krise. Gegen Ali, den man der Mitwisserschaft am gewaltsamen Tod seines Vorgängers verdächtigte, erhob der Omayyade Moawiyya, der Statthalter Syriens, der Sohn von Mohammeds feindseligstem Gegner, Anspruch auf Amt und Würde des Kalifen. Ali, obwohl Sieger in einem ersten Gefecht, willigte, von seinen kriegsmüden Anhängern gezwungen, in ein Schiedsgericht, das sein Gegner in Vorschlag gebracht hatte. Angewidert wandte sich eine Gruppe streng religiöser Moslems von diesem Handel um die Macht ab. Bei der Wahl des Imams, des Leiters der islamischen Gemeinde, durfte ihrer Meinung nach weder Verwandtschaft noch gar politisch-militärisches Potential den Ausschlag geben, sondern einzig die religiöse Würdigkeit im strengsten Verständnis: der frömmste, vollkommenste Moslem allein durfte den Propheten auf Erden vertreten, ohne Ansehen von Herkunft, Geburt oder Vermögen »und sei es selbst ein schwarzer Sklave«. Die Stimme des Volkes sollte ihn bezeichnen und jederzeit abwählen können, nicht ein Gremium aus Mächtigen und Angesehenen: Ein entschieden demokratischer Zug in der Doktrin dieser ›Ausgetretenen‹ (= Kharidschiten), der ersten ›Häretiker‹ des Islam. Um den unwürdigen Kampf um die Macht zu beenden, beschlossen sie, beide Rivalen ums Kalifat am gleichen Tag zu beseitigen. Aber nur der Kalif Ali fiel 661 unter dem Dolch eines kharidschitischen Attentäters. Sein Konkurrent Moawiya entging dem Anschlag und wurde zum Gründer der omayyadischen Dynastie, welche das Wahlkalifat in eine Erbmonarchie verwandelte, die sich kaum mehr von Byzanz oder dem einstigen sassanidischen Persien unterschied. Die Anhänger Alis und seiner Söhne trennten sich als ›Schi'a‹ vom ›sunnitischen‹ Islam – und dieser unheilbare Riß spaltet die islamische Welt bis heute.

Der einzig aufs Koranwort (und bei den Sunniten auch auf die bezeugten Aussprüche und Taten des Propheten) begründete Islam war nie eine ›Kirche‹ mit Priesterschaft und Hierarchie und hatte Raum für eine Vielzahl von Gemeinschaften, die sich alle mit Recht und Überzeugung als rechtgläubig betrachten dürfen.

Trotz aller Unterschiede waren sich Sunniten wie Schiiten in einem einig: in der Feindschaft gegen die ›anarchischen Häretiker‹, die Kharidschiten.

Auch bei diesen Frommen – von Frömmigkeit zu Fanatismus ist ja nur ein kleiner Schritt – kam es zu Spaltungen. Die Feindschaft der sich etablierenden islamischen Staaten überlebte nur die gemäßigte Gruppe der Ibaditen, die – im 7. Jahrhundert in Bagdad entstanden – ihren Namen von einem ihrer drei frommen Gründer, von Abdallah Ibn Ibad bekam. Durch Missionare verbreitet, fanden ihre Ideen unter den Berbern des Westens Anhänger. In einem Gebiet also, wo Widerstand gegen ferne Staatlichkeit seit Römertagen Tradition hatte.

Die Versuche der arabischen Kalifen, von neubekehrten Moslems weiterhin die für Ungläubige obligate Kopfsteuer zu erpressen, führten vielerorts zu Revolten. Am hartnäckigsten war der Widerstand im Maghrib. Obwohl er vom äußersten Westen (Marokko) ausging, spielten sich die Kämpfe vor allem in Ifriqiya, dem heutigen Tunesien, ab. Der halbe Sieg der abbasidischen Kalifen über die Rebellen machte Tunis zum westlichsten und halbautonomen Vorposten Bagdads gegen die Byzantiner und die kharidschitischen Berber.

Diese fanden einen Führer in Abderrahman Ibn Rostem, der aus dem Osten (dem Irak oder eher dem Iran) stammte, in Kairouan aufwuchs, in Basra studierte. In den Maghrib zurückgekehrt, sammelte er die zerstreuten Ibaditen in der Region des tunesischen Schott el-Djerid und zog mit ihnen (777 oder 779) nach Westen, um dort ihrem Glauben eine Stadt und Festung zu bauen: Tahert, in der Nähe des heutigen Tiaret. Hier schufen die Verfolgten sich einen theokratischen Staat, der 130 Jahre bestand und in seiner Blütezeit bis Ouargla reichte und einmal sogar das heutige Südtunesien (Gafsa, Tozeur, die Insel Djerba) und selbst das libysche Tripolis umfaßte. Auf Djerba leben noch heute abgesprengte Nachfahren der Ibaditen.

Die Fatimiden, die seit 909 den Maghrib beherrschten, vertrieben die Ibaditen. Unter Führung des letzten rostemidischen Imams gründeten sie in der Nähe von Ouargla eine neue Stadt: Sedrata, die im 10. und 11. Jahrhundert die durch solidarische Mühe der verfolgten Puritaner blühendste und zivilisierteste Oasenstadt Nordafrikas war.

Ein Teil dieses Stadtorganismus, der mehr als 2 qkm umfaßte, wurde 1950-52 ausgegraben. Was man fand und ins Museum von Algier magaziniert, zeugt von verfeinertem Lebensstil und einer beachtlichen Baukultur.

Nach einiger Zeit mußte die verfolgte Gemeinschaft nach einem neuen Refugium Ausschau halten und entschied sich für das etwa 170 km weiter westlich gelegene Tal des Oued M'Zab. Hier gründeten sie schon im frühen 11. Jahrhundert ihre erste Stadt: über einer Talkrümme El Ateuf (1011/12), dann (1018 oder 1124?) Melika, die ›königliche‹, Bou Noura (1046) und Ghardaïa (1053). Zuletzt Beni Isguen (1321 oder 1347), die heilige Stadt. Heilig deshalb, weil ihre Moschee die Urschrift des von den Kharidschiten einzig anerkannten Koran-Textes aufbewahrt. Seit sie am Oued M'Zab leben, nennen sich die Ibaditen Beni M'zab – Mozabiten.

Der Frauen Schicksal ist beklagenswert

Mit rigoroser Ausschließlichkeit sollte der Koran Glauben und Leben, Alltag, Brauch und Sitte der Mozabiten bestimmen. Was das ewige Gotteswort nicht kennt, nennt oder billigt, das durfte es und darf es nicht geben. Konsequent nur, daß sie sich lange Zeit hartnäckig selbst dem elektrischen Licht widersetzt haben. Zumindest bei sich daheim.

Denn hier wie überall, wo er unternommen wird, führte der Versuch, eine asketisch-theokratische Gemeinschaft zu verwirklichen letztlich zu päffischer Heuchelei und doppelter Moral. Der Prophet war selbst durch seine Heirat mit Chadidscha zum Handelsherren geworden, und keine Offenbarung ward ihm zuteil, welche Handel und Handelsgewinn verurteilte. So warfen sich die Ibaditen auf den Handel. Was blieb ihnen auch schon anderes übrig? Die Erträgnisse, die sich auch mit äußerstem Fleiß aus dem Boden des Wadi M'Zab herauswirtschaften ließen, reichten nicht aus, eine wachsende Gemeinde zu ernähren. Mit Viehzucht war kein Glück zu machen, vom Handwerk – großenteils eine Domäne der Frauen – konnte man nicht leben. Bald wurde Ghardaïa – wie Sedrata vorher – zum wichtigsten Handelsplatz an der Nord-Süd-Route der Karawanen, kontrollierte den transsaharischen Waren- und Geldverkehr. Seine Unternehmer, asketisch, ohne Prunk und Luxus lebend – wurden immer reicher. Als mit dem Karawanenhandel nichts mehr zu verdienen war, zogen sie dem Verdienst nach: in die Städte Nordalgeriens oder gar nach Frankreich, um in der Fremde den Unterhalt für ihre Familien zu verdienen. Wie die Djerbis Tunesiens und die Ameln Marokkos (die einen ähnlich strengen Sittenkodex für die Daheimgebliebenen kennen) haben sie sich vor allem im Lebensmittelhandel etabliert, haben aber – Meister in Geschäften aller Art – auch in anderen Sparten Fuß gefaßt. Wer schon ein kleines Kapital gesammelt hatte, ließ es wacker wuchern und ansehnlichen Wohlstand erwirtschaften. Nicht wenige Mozabiten besitzen Ladenketten in Frankreich, Supermärkte oder gutgehende Eisenwaren- und Haushaltsartikelgeschäfte, lassen ihre Söhne im Ausland studieren. Im Alter kehren sie dann in ihre Heimat zurück, führen – aus Gewohnheit mehr denn aus Notwendigkeit – einen kleinen Laden weiter, finden sich am späten Nachmittag auf dem Markt ein. Was sie während der Jahre in der Fremde getrieben haben, das geht niemand was an, danach fragt keiner. Wenn die außerhalb der M'zabitensiedlungen lebenden

Markt in Ghardaïa

Männer – wie die Sitte es vorschreibt – einmal jährlich in die Heimat zurückkehren, dann tragen sie die üblichen schlichten Gewänder und unterziehen sich mit peinlicher Gewissenhaftigkeit aller vom Islam und von ihrer Gemeinschaft geforderten Übungen. Daß sie sich in der Fremde mit einer Frau zusammengetan haben, darüber sieht die mozabitische Sitte hinweg. Nur eines dürfen sie nicht: dieses Weib mitbringen in die Heimat. Hier hat eine Fremde nichts zu suchen, denn hier lebt im Hause als dessen Königin und Wahrerin die rechtmäßige Gattin, die ihm durch den Vater schon im Kindesalter zugeführt wurde. (Inzwischen verbieten die algerischen Gesetze die Eheschließung vor der Pubertät.) Sie stand vorher streng unter der Hut des Vaters – nachher steht sie unter der des Gatten. Durfte sie als Kind wenigstens lesen und schreiben lernen, um die Texte der Gebete und des Koran zu verstehen, so lebt sie nach der Eheschließung gnadenlos isoliert in fenster- und schmucklosen aber schattenkühlen Gemächern, die sich nur auf den bis auf ein Eckchen überdachten Innenhof des Hauses öffnen, umgeben und zugleich bewacht von den Kindern und den anderen in ihrem Haushalt lebenden

Frauen, von Schwiegermutter, Schwägerinnen, Cousinen. Man braucht seine Phantasie nicht zu strapazieren, um sich die Gehässigkeiten vorzustellen, mit denen diese zusammengesperrten frustrierten Ehenonnen einander das tägliche Leben würzen, ist eine doch der anderen Aufseherin. Ein ausgeklügeltes Spitzelsystem liefert jede ›Sünderin‹ der Ächtung aus. Wer eine ihm zur Kenntnis gelangte Verfehlung nicht anzeigt, gilt als schuldiger noch als die Übeltäterin. Und was nicht alles gilt als Verfehlung: ein Lachen, ein Blick vom Dach ohne Schleier vor den Augen, ein zu modisches Gewand ... Oberaufseherinnen in diesen Weiberzwingern waren und sind die ›Totenwäscherinnen‹, deren Tätigkeit bei der Bestattung (sie haben auch die Totengebete zu sprechen) ihnen eine quasi religiöse Aura verleiht. Sie sammeln allen Klatsch und Tratsch und köcheln auf ihren jährlichen Synoden die Strafen aus, die den ›Sünderinnen‹ gebühren. Vom Ausschluß aus der Gemeinschaft – bei so engem Zusammenleben schlimmer als ein ›Kirchenbann‹ des Mittelalters – lösen nur harte Bußen. Während die Männer in Europa oder sonstwo ihren lukrativen Geschäften nachgehen und sich nichts abgehen lassen – nur eben, daß sie ihren Bettschatz daheim nicht vorzeigen dürfen –, müssen die Frauen, wenn sie einmal das Haus verlassen, sich bis zu den Knöcheln und bis auf ein Auge verhüllen, auch das andere verstecken und sich zur Wand kehren, wenn ihnen ein Mann begegnet. Sie sind auf Haus, Heim, Handwerk und Kinderaufzucht verwiesen. Seit einigen Jahren kann man auch in Ghardaïa Fernsehprogramme empfangen. Aber auch das ist Privileg der Männer. Wenn sie weggehen, sperren sie den Apparat in den Kasten und stecken den Schlüssel dazu in die Tasche ...

Umschau in der Pentapolis

Die fünf Städte des M'Zab entstanden als Festungen, von Mauern umgeben, geschart um die Moschee. Ihr nach oben sich verjüngendes Vierkantminar hebt sich hoch über Häuser, Gassen und Markt. Die Stadt zieht sich nach innen hin zusammen – und so tut es jedes ihrer Bauelemente, jedes der Häuser. Jedes ist eine nach außen von einer hohen Mauer umschlossene Einheit, gruppiert um eine Mitte, die nur durch eine vergitterte Öffnung Licht von oben empfängt. Im Obergeschoß, nicht weit vom Oberlicht befindet sich die Kochstelle. Abgeschlossen und introvertiert fangen die traditionellen Häuser zugleich Licht und Schattenkühle, schließen die Bewohner von der Außenwelt ab, isolieren sie und bergen sie zugleich. Jedes Haus – keine Haustür liegt der anderen genau gegenüber – ist ein Kloster und aus vielen solcher klösterlichen Zellen baut sich der Organismus einer mozabitischen Stadt auf, die selbst etwas von einem Klosterwesen an sich hat.

Am spürbarsten hat diesen Charakter **Beni-Isguen** bewahrt. Noch immer ist sie von ihren alten Lehmmauern umschlossen, öffnet nur ein einziges Tor. Auf dem winzigen Platz gleich dahinter verkündet eine Bienvenues-Tafel, was alles hier verboten ist: von zu legerer Gewandung übers Fotografieren bis zum Bonbonverteilen an Kinder, lautem

Straße in Beni-Isguen

Wachtturm in Beni-Isguen

Reden oder Lachen reicht die Liste bis zum Verbot, sich ohne bestallten Führer in der Stadt zu bewegen.

Warten wir also auf unseren betagten Guide, der in vielen Sprachen radebrecht: »Eselstall! – Alter Brunnen! – Schau hier! – Stop!« Und er läßt sich, nachdem er kichernde Mädchen, die aus der Schule kommen, vertrieben hat, ganz gerne fotografieren. Als Mann darf er das. Nur Frauen darf niemand auf den Film bannen. Durch schmale, von pastellhellen Schatten erfüllte Gassen, über Stufenfolgen und durch dunkle Schwibbögen, an blassen Häusern, an Schulen und Schießscharten vorbei leitet er uns zu dem winzigen Platzdreieck auf dem höchsten Punkt der Stadt, wo der quadratische Wachturm aufsteigt, aus Steinquadern und darüber aus Backsteinen geschichtet. Vor der engen Treppe staut sich der Touristenstrom. Droben zielen zwischen steinernen Zinnen die Blicke hinaus aufs dürre Land, auf grüne Gärten und auf die weißen, hellblauen und sandfarbigen Viereckmuster der Häuser, zwischen denen sich das leicht gegen Mekka geneigte Minar emporhebt als ein architektonischer Gebetsruf. Zu jeder Tageszeit haben diese hellbunten Kuben ein anderes Gesicht. Stundenlang möchte man zeichnend oder malend da oben verbringen, aber das geht nicht an. Andere Besucher warten schon. Gerade dadurch, daß Beni-Isguen sich gegen neugierige Touristen zu verschließen trachtet, lockt es erlebnishungrige Reisende an. Manchmal fragt man sich, ob die geschämige Strenge nicht einfach nur ein gut funktionierender Geschäftstrick ist.

Durch eine andere Gassenfolge leitet der Guide seine Herde wieder abwärts, gönnt durch ein Fensterloch einen Blick in die sanftschattigen Arkaden des Moscheehofes, scheucht mit barschen Worten Kinder fort, die neugierig die Fremden bestaunen möchten und vielleicht nichts wissen vom Verbot, ein Geschenk anzunehmen, geleitet uns zum dreieckigen Marktplatz. Hier versammeln sich am späten Nachmittag die weißgewandeten Männer – sie schauen alle aus wie ehrwürdige alte Juden. Auf den Bordsteinen und vor den Türen hocken sie in gelassen einsilbigem Austausch. Gegen Fünf wird der Markt aufgetan, der sich ganz anders abspielt als sonst im Lande. Hier sitzen nicht die Händler hinter ihren Waren und warten, bis ein Kunde vorbeikommt, sondern hier sitzen die potentiellen Käufer in der Runde, derjenige, der eine Ware anzubieten hat, wandert an ihnen vorbei und preist den Artikel an. Das hat etwas von einer Versteigerung, einer Auktion. Und tatsächlich: so gelassen-wortlos sich die Männer geben, der Zuschlag erfolgt manchmal mit einer erstaunlichen Fixigkeit.

Das ist die Zeit, zu der die Fremden schon Beni-Isguen verlassen haben, zu der **Bou Noura**, die Stadt des Lichts, die auf ihrer Höhe hart überm Bett des Oued von früh bis spät die Sonnenpfeile auf sich sammelt, unter den schrägeren Strahlen rosige Färbung annimmt. Diese Stadt, die, wie es heißt, ärmste des M'Zab, ist von Männern fast ganz verlassen.

Ghardaïa dagegen, das (mit einem gutturalen ›r‹ im Anlaut) der ganzen M'Zab-Region den Namen verlieh, ist die größte und gilt mit Recht als die reichste Stadt der Mozabiten, als Markt- und Touristenzentrum mit Tankstellen und Mechanikerwerkstätten, mit Banken und Hotels, mit Kunsthandwerk- und Souvenirläden. Das kleine Folklore-Museum unweit des ›Hotel des Rostemides‹ zeigt traditionelle Möbel und Hausgeräte, Silberschmuck, Lehrhaftes zur Wollbearbeitung und -färbung, Webstühle und deren Produkte: die schönen feinmaschigen Kelims, in deren Mustern sich einige wenige starke Farben – gelb-rot-grün – mit schwarz und weiß zu einer uns ungewohnten Harmonie verbinden, auch zwei Stuckfragmente aus Sedrata. Ein Rundgang durch dieses Museum belehrt über die alte Kultur der Mozabiten und liefert dem Kauflustigen Maßstäbe für die Umschau in den Läden Ghardaïas, die sich an der zum Marktplatz führenden Straße reihen. Mit Genugtuung wird man feststellen, daß sich manche der hier angebotenen Stücke ihrer handwerklichen Qualität nach, nicht von jenen unterscheiden, die als museumswürdig befunden wurden. Aber sie haben auch ihren Preis, die buntgewebten Kelims sowohl wie die nur mit zwei Farben hergestellten und dann bestickten Merghums. Doch nicht alles, was an Souvenirs hier angeboten wird, stammt wirklich aus dem M'Zab, mancherlei billiges Gut von außerhalb mischt sich unter die einheimischen Produkte.

In der schmalen und menschenwimmelnden Gasse zum Marktplatz locken Kuchenläden und Colastände, an denen man daheim glatt vorbeiginge, mit Zivilisationsgenüssen, denen jemand, der aus der zentralen Sahara kommt und tagelang von Konserven, Brot und Wasser gelebt hat, kaum widerstehen kann. Das Platzgeviert, das zu vormittäglicher Stunde beinahe ausgestorben wirken kann, ist jetzt am Nachmittag von buntem Leben erfüllt. Unter roten und grünen Sonnenschirmen wird Alltagskram angeboten, billig-Buntes aus Plastik, vom Lockenwickler bis zur Wäscheklammer. Große rote Teppiche sind ausgebreitet und auf Kunststoffbahnen türmt sich das Gemüse: leuchtendrote Tomaten und grasgrüne Paprikaschoten, lilaschwarze Auberginen, rosige Zwiebeln und sandbraune Kartoffeln. In Säcken stehen die scharfen Gewürze in allen Farbskalen vom Paprikarot übers Pfefferbraun und Currygelb mit mandelhellen Tupfern dazwischen bis zum stumpfen Grüngrau des Hennapulvers. Abseits, wo die Metallwaren verkauft werden und auf rohen Brettern frische Fische einen Kreis von Käufern um sich sammeln, sind die geduldigen Eselchen geparkt und die Blechkarossen der Händler. Gleich hinter den Arkaden, die den Markt umziehen und unter denen auch noch Vielfarbiges angeboten wird, führen schmale Gassen, schattig und pastellgetönt, in die Wohnquartiere. Es riecht hier seltsam gemischt nach Staub und Schweiß, nach Moschus, verbranntem Horn und Weihrauchharz. Die klösterliche Stille der Gassen unterbricht das Gewisper und Gesirr der zur Schule laufenden neugierigen Kinder, die eine rauh-bellende Stimme – woher kam sie? – zur Ordnung ruft. Nach labyrinthischen Wegen führt eine Treppengasse hinauf zur Moschee. Ihr Minar weist den Weg. Jemand erklärt uns, sie habe Le Corbusier zu seiner Wallfahrtskirche von Ronchamp angeregt. Erklärt uns aber auch, man dürfe sie nur in Begleitung eines amtlichen Führers betreten, und den hätten wir vorher unten beim Syndicat anfordern müssen. Und dort heißt es dann, heute ließe sich ein Besuch nicht mehr arrangieren, er sei nur am Vormittag möglich. Man regrettet infiniment.

Anregungen für Le Corbusier hätte durchaus auch – und hat auch – der Friedhof mit seinen als weiße Plastiken gestalteten Grabmälern auf der Höhe über **Melika**, der ›Königlichen‹ bieten können: Der Grabbezirk des Sidi Aissa und seiner Familie am Rand des Musalla, des weiten und freien Gebetsplatzes oben vor dem oberen Stadttor, auf den die weißen Pfeile der Sonne herabprasseln. Die Legende erzählt, der fromme Scheikh habe vorher dem malekitischen Ritus angehangen, sei aber, durch ein Traumgesicht belehrt, der ur-islamischen Gemeinschaft beigetreten. Der Grabbezirk wirkt irgendwie urtümlich. Aus dem wie eine steile Pyramide geformten Untergeschoß des Minaretts stehen Reihen von verkrümmten Ästen heraus. Das ist wie im ›Sudanischen‹, erinnert an die Moschee

Minarett in Melika

von Tiznit in Marokko. Aber hier bekommt man keine Antwort auf vorlaute Fragen.

Der Gang abwärts durch die Gassen bietet ähnliche Bilder, wie wir sie schon in Beni-Isguen gesehen haben, schiebt rosige, gelbliche, hellblaue und cremeweiße Mauervierecke gegeneinander, setzt sie ab gegen einen Himmel von trocken-kräftigem Blau. Der zu beeilte Tourist wird sich ersparen, woran der geruhigere Landfahrer seine Freude hat. Zugegeben: wie viele orientalische Städte ist Melika von außen und aus der Entfernung gesehen noch schöner. Dann thront es königlich auf seiner Höhe, umgürtet von den ziegelbraunen Mauern. Nicht minder eindrucksvoll das Bild von **Bou Noura** im Vormittagslicht, in dem diese Stadt braun-weiß-bläulich gewürfelt zum Minarett emporsteigt. Man kann förmlich die Jahres- oder Jahrhundertringe ihres Wachstums erkennen.

Auch in **El-Ateuf**, der südöstlichsten – und ältesten – der Mozabitenstädte an der ›Biegung‹ (das bedeutet der Name) des Oued, behauptet man, ein Bauwerk dieser Stadt, nämlich die weiße Zawiya des Sidi Brahim habe Corbusier zu seiner Wallfahrtskirche angeregt. Wenn dem so ist, dann muß des Künstlers klarer Verstand die Anstöße durch die auf kleinen Raum verschachtelten Apsiden und versammelten Wandnischen sehr bewußt in seine Moderne transponiert haben. Im Beton von Ronchamp jedenfalls gelingt es kaum, die Erinnerung an die wohlige Intimität mozabitischer Vorbilder zurückzurufen. Wie in Ghardaïa, so sind auch in El-Ateuf die Sitten nicht gar so streng wie in Beni-Isguen, aber auch hier vollzieht sich der nachmittägliche Markthandel nach dem gleichen Ritus. Hier wird der Fremde zwar nicht gezwungen, sich eines Führers zu bedienen, ist diesem aber dankbar, wenn er ihn von dem kleinen dreieckigen Marktplatz innerhalb des Stadttores zu der schon erwähnten, auf unregelmäßigem Grundriß errichteten Zawiya führt, deren wie mit der Hand gehöhltes Inneres von einem mild-gleichmäßigen Licht erfüllt ist und dann hinauf zum etwas abseits der Siedlung liegenden Friedhof, wo die Toten nicht in die Erde gesenkt sind, sondern mit Steinen bedeckt werden, so daß sie in der trockenen Hitze zu Mumien verdorren. Von dort oben, vom weißgekalkten Musalla, dem offenen Betplatz ur-islamischer Tradition, zeigt El-Ateuf seine schönste und farbigste Ansichtsseite.

Durch von Schwibbögen überfangene Gäßlein leitet man uns zur alten Moschee, deren Minarett als das älteste der M'Zab-Region gelten will und als Urbild der Geschwister in den anderen Mozabitenstädten. Den Boden des Betsaals, in den ein Blick gestattet ist, bedecken einfache Kelims. Der Raum, von ähnlich sammelnder Wirkung wie die Zawiya, ist von einem ähnlich sammelnden Licht erfüllt. Die ›Neue‹ Moschee ist dagegen nüchtern und kalt, ein puritanisches Geschäftslokal.

Auch in El-Ateuf dürfen die Frauen nur gerade mit einem Auge ihren Weg finden, wenn sie ihr Haus verlassen, aber auch hier haben sie gelernt, bevor sie sich pflichtgemäß der Hauswand zukehren, mit diesem einen Auge den fremden

Mann sehr schnell abzuschätzen und ihm einen Blitz voll fragender Neugier zuzuwerfen. Ohne rechten Grund kolportieren jene, denen die die doppelbödig-strenge Moral der puritanischen Häretiker suspekt ist, die Anekdote von dem Fremden, den eine beide Augen entblößende Frau in ihr Haus lockte und der sich dort mit ihr, mit ihren Schwestern, Tanten, der Schwiegermutter beinahe zuschanden lieben mußte. Das traurige Ende bleibt nicht verschwiegen. Die Sache flog auf, die Frauen mußten ihren Fehltritt öffentlich in der Moschee bekennen und wurden aus der Gemeinschaft ausgestoßen. Was heißt – auch ohne daß die weitreichenden (um nicht zu sagen maffiaartigen) Beziehungen der Mozabiten ins Spiel kamen – sie endeten als schäbige Prostituierte und endlich als Bettlerinnen in der Gosse.

Saharische Fauna

Unser Begleiter durch El-Ateuf gibt uns für die Rückfahrt nach Ghardaïa einen netten Tip. Wir sollten uns doch den Saharazoo des Vipernjägers Hadj Aissa ansehen. Hier finden wir außer zwei Löwinnen, weißen Pfauen und einem Berberaffen verschiedene Vertreter der Tierwelt der Sahara: Schakale, Feneks mit ihren großen Lauscheohren, Eidechsen, Warane, Skorpione und nicht zuletzt eben Schlangen. Die M'Zab-Region galt immer schon als ein ›Schlangenloch‹. Die Jagd auf die gefährlichen Reptilien war eine fromme und soziale Tat. Heute werden die Tiere nicht mehr getötet, sondern für wissenschaftliche Institute zur Serumgewinnung gefangen.

Es ist ganz gut, hier einmal – wenn auch hinter Gittern und Glasscheiben – die Tierwelt der Wüste kennenzulernen, ist die Wüste doch nicht leer und tot, sondern von Tieren bewohnt, von denen man beim Dahinfahren auf den Straßen während der Tageszeit allerdings so gut wie nichts zu sehen bekommt, denn die meisten schlafen tagsüber, das heißt während der heißen Zeit in natürlichen oder selbstgeschaffenen Schlupfwinkeln und sind erst nachts aktiv, wie die großohrigen Wüstenfüchse, die Feneks. Fast alle Tiere der Sahara suchen den Schatten, denn direkte Sonnenbestrahlung wäre für viele von ihnen, für Eidechsen, Schlangen, kleine Nager tödlich. So graben sie sich, wenn sie nicht Schutz vor der Sonne in Felsritzen oder unter Steinbrocken finden, in den Sand der Dünen ein, ja manche Tiere, wie die Skinke, die ›Sandfische‹ mit ihren zum Graben ausgebildeten Extremitäten leben praktisch unterirdisch. Trotz der enormen Hitze, die bei Tage an der Oberfläche des Sandes herrscht (bis 80 Grad), bleibt die Temperatur 90 Zentimeter darunter bei 24 Grad etwa konstant. Auch mit dem Durst werden die Überlebenskünstler der Sahara fertig. Räuber wie die Feneks leben von der Körperflüssigkeit ihrer Beutetiere (Skorpione, Eidechsen), diese selber wiederum von dem, was die von ihnen verspeisten Insekten an Feuchtigkeit enthalten. Nager und Huftiere wie Gazellen und Antilopen verstehen, aus ihrer trockenen Nahrung noch Wasser zu gewinnen, bzw. produzieren es durch ihren eigenen Stoffwechsel.

Aber wie gesagt, man sieht selten größere Tiere, auch auf wochenlangen Fahrten durch die Wüste bekommt man Gazellen und Antilopen oder Schakale nicht zu Gesicht. Von anderen Tieren kann der aufmerksame Beobachter Spuren finden: von Wüstenspringmäusen, von Wüstenfüchslein, von verschiedenen Vögeln. Manchmal sieht man Raben oder Geier am Himmel, vor allem aber hat man es mit den Insekten zu tun, besonders mit der Teufelsbrut der Fliegen und Mücken, die offenbar in jedem Klima leben und lästig werden, jede Rast vergällen können. Bei einer Rast auch sieht man die schwarzen, gegen die Hitze dick gepanzerten Mistkäfer, die im Sand eine Spur hinterlassen wie kleine Raupenfahrzeuge. Viel seltener trifft man auf Ameisen. Auch die Reptilien, die in der Wüste leben, bekommt man nur ausnahmsweise vor Augen: die hellbräunlichen oder sandfarbenen Eidechsen oder die Warane, wie den Dornschwanz, der trotz seiner kurzen Beine beachtliche Geschwindigkeit entwickeln kann und der den Zugang zu seinem unterirdischen Loch kopfunter mit seinen harten Schuppenschwanz verbarrikadiert. Sehr unerfreulich ist die Begegnung mit den Spinnentieren. Die Wolfs- und Walzenspinnen bleiben nicht anders als die Skorpione tagsüber in ihren Verstecken und Löchern und gehen nachts auf Beute aus. Die letzteren suchen die Wärme und können dadurch unangenehm werden. Nicht daß sie einem in den Schlafsack kröchen, aber nach einer Übernachtung in der Wüste – auch in einem Hotel – sollte man morgens seine Schuhe erst ausschütteln, bevor man hineinschlüpft. Der Biß eines Saharaskorpions ist selten tödlich, immer aber scheußlich schmerzhaft – und an den Folgen hat man noch lange zu tragen.

Immer ist Vorsicht die beste Abwehr. Das gilt auch und gerade für die Begegnung mit den gefährlichen bis tödlichen Schlangen: den Vipern und Ottern. Man braucht sich nicht von ihnen verfolgt zu fühlen. Keine Schlange wird einem nachts in den Schlafsack oder das Schlafzimmer folgen, um den unfreiwilligen Gastgeber zu beißen, schon weil sie in der Nachtkälte starr und unbeweglich ist. Schlangen sind dazu scheue Tiere, schon die Vibration des Bodens unterm schweren Menschentritt ist ihnen Alarmzeichen zum Rückzug. Und daß sich Horn- wie Sandvipern tags in den Boden eingraben und so auf Beute lauern, das ist nicht ›Bosheit‹, sondern geschieht zum Schutz vor der Sonne. Gut getarnt, sind sie doch nicht unsichtbar, sondern hinterlassen Spuren. Man muß nur eben aufpassen. Wir machen uns dreierlei zur Regel; erstens: bei jedem Schritt im Gelände, in Erg, Reg oder Hammada, und seien es auch nur ein paar Meter abseits der Straße, genau aufzupassen, wohin wir den Fuß setzen; zweitens: möglichst nicht zu nächtlicher Weile zu wandern – und wenn man doch im Dunkeln ein paar Schritte ins Abseits tun muß, dann immer nur in ›ausgeschüttelten‹ festen hohen Schuhen. Sie sind auch tagsüber dem bequemeren Barfußgehen vorzuziehen. Und drittens: um ein solches Kriechtier einen respektvollen Bogen zu machen und es nicht zu reizen. Wer in die tiefe Wüste fährt, wo er nicht, wie wir auf unserer Oasenrundfahrt, innerhalb von ein paar Stunden ein Hospital finden kann, der ist verpflichtet, in seiner Reiseapotheke neben den Binden, Messern, Pflastern und Salben auch eine 5 ccm-Injektionsspritze und die nötigen Seren gegen Skorpion- und Schlangenbisse mitzuführen. Aber er muß, falls er – Gottbehüte – gebissen oder gestochen wird, auch wissen, was für eine Schlange das war, denn das falsche Serum bedeutet nicht Rettung sondern das Gegenteil. Man tut also gut, sich vor der ersten Begegnung mit dem giftigen Gewürm, das einen erwartet, durch Bilder oder einen Zoobesuch ein wenig bekannt zu machen.

Unterwegs nach El-Goléa

Bevor wir die Straße nach El-Goléa ernstlich einschlagen – es sind ja nur knapp 270 km und wir können uns für diese Etappe Zeit gönnen – machen wir den Abstecher nach **Metlili-Chaamba** (etwa 20 km südlich von Ghardaïa nach rechts, das heißt in westlicher Richtung abbiegen, nochmals etwa 20 km), dem Zentrum der arabischen Chaamba. Diese sind Nachkommen von Beduinen, die mit den Beni Hillal kurz nach der Mitte des 11. Jahrhunderts christlicher Zeitrechnung Nordafrika verheerend heimsuchten. Im Volksmund gelten sie als Enkel von Räubern, die man – mitsamt den geraubten Frauen – zur Auswanderung in die menschenfeindliche Chebkha gezwungen hatte. Räuberisch haben diese Nomaden den ganzen Norden der Sahara heimgesucht, bis in den tunesischen Süden und ins marokanische Draa-Tal. Metlili aber, das sich mit seinen terrakottafarbenen Mauern und seinen weißen Marabuts deutlich von den nahegelegenen Städten der Mozabiten unterscheidet, gilt als ihr Zentrum, als Zufluchtsort vor Verfolgung und Sitz ihrer religiösen Bruderschaften. Mit ihren mozabitischen Nachbarn lebten sie lange in Feindschaft, was sie nicht hinderte, auf deren Märkten ihr Vieh und die Beute ihrer Rezzus, ihrer Raubzüge, zu verkaufen und sich dort mit allen einzudecken, was sie für ihre Unternehmungen benötigten.

Die Mozabiten, stets als ›Ketzer‹ verfolgt, empfanden 1867 die Franzosen als Befreier und besiegten gemeinsam mit ihnen die Chaamba, aus denen die Franzosen dann ihre saharische Kamelreitertruppe rekrutierten, die Meharisten, mit deren Hilfe sie in der Schlacht von Tit (1902) die Tuareg

Blick auf Metlili-Chaamba

besiegten. Die berberischen Tuareg und die arabischen Chaamba waren Todfeinde seit je, pflegten doch die Chaamba die von Tuareg-Führern geleiteten Karawanen zu überfallen und umgekehrt. Die Schlacht von Tit besiegelte die tödliche Feindschaft. Im Gebiet der Tuareg wird man als Fremder kaum auf den Gedanken kommen, man könnte es mit einem Chaamba zu tun haben, wenn er mit jemanden redet. Wer aber im Gebiet der Chaamba einen Mann – bloß weil er einen großen Turban trägt und sich das Gesicht zum Schutz vor Staub verdeckt hat – für einen Targi anspricht, kann von Glück sagen, wenn er nur mit einer Flut unverständlicher Schimpfwörter überschüttet wird und der Partner sich zürnend trollt, nicht ohne vorher kräftig ausgespieen zu haben. Wann werden die Nachkommen der Erbfeinde sich nicht als Chaamba oder Tuareg, sondern in erster Linie als ›Algerier‹ fühlen? Das kann noch lange dauern.

»Sie sind unberechenbar wie der Wüstenwind« heißt es von den Chaamba. Wenn sie ihr hartes, aber freies Nomadenleben aufgeben, um sich den Zwängen der Seßhaftigkeit zu fügen, dann geht das nicht ohne gefährliche Krisen ab. Oft erst in der dritten Generation haben sie ihre

Metlili-Chaamba

neue Lebensform gefunden. Viele, die ihr Räuberhandwerk aufgaben, wandten sich dem Transsaharahandel zu, errichteten ihre Kontore in den Ländern des Sudan und kamen auf solche Art wieder mit der Tuareg in Konflikt.

Nun sind sie vom Kamel aufs Auto umgestiegen, gelten als hervorragende Lastwagenfahrer und machen – oft als Kompagnons mozabitischer Kaufleute – gute Geschäfte, sitzen in Timimoun und El-Oued, in Ouargla und El-Goléa, in Béchar und Beni-Abbès, aber unterhalten auch Stützpunkte in Tahoua, Niamey oder Gao am Niger. Die Daheimgebliebenen sind immer noch bäuerliche Halbnomaden. Im Ortszentrum von Metlili heißt heute ein kleines Fremdenbüro den Touristen willkommen, kredenzt ihm Tee zum Willkomm und verehrt ihm eine bunte Postkarte. Natürlich darf er sich – je vous en prie, Monsieur – ganz ungebunden bewegen, darf hinaufsteigen auf eine der kahlen Anhöhen mit den Friedhöfen, an deren Rand sich pittoreske weiße Marabuts erheben, wo die Gräber so wenig in den Stein getieft sind wie auf den Friedhöfen der Mozabiten, sondern die Toten wie dort unter Steinhaufen ›verdorren‹. Über dunkle Höhen bis in blauende Fernen –

sie wirken unter dem weißen Himmel wie aus hellblauem Glas – geht der Blick, streicht über die Palmenhäupter des Oasenhaines, der sich weit hinzieht am spärlichen Metlili-Gewässer. Drunten hebt sich über das Grün der burgartige Kern der Siedlung, überragt von einem Vierkantminar. Bei unseren Spaziergängen fällt uns auf, daß die Frauen hier gar nicht geduckt und verhuscht sind. Zwar hüllen sie sich in ein weißes Tuch, aber wenden sich nicht ab, wenn ein männliches Wesen ihnen begegnet, sondern mustern es mit unverhohlener Neugier. Offenbar ist ein Fremder für sie nicht ein ›Mann‹, sondern ein exotisches Lebewesen, das man sich genau ansieht. Wo sich beim Postamt die engen, schattigen und beinahe ›sauberen‹ Gassen des Ortes platzartig zu einem Geviert erweitern, hat sich ein kleines Café aufgetan, wo man, von unaufdringlicher Freundlichkeit umsorgt, ein wenig rastet. Das sind also die ›Enkel von Räubern‹. Mancher Wirt bei uns daheim könnte von ihnen lernen: nicht Räuberei, sondern Freundlichkeit.

Dabei gelten, so erzählt man, die Leute von Metlili bei ihren Stammesgenossen als reiche Egoisten. Die von Ouargla sollen affektiert und vom elitären Hochmut der Tuareg angesteckt sein, und die von El-Goléa gelten als schwierige Charaktere.

El-Goléa, das ist unser nächstes Ziel. Auf den knapp 250 km guter Teerstraße – vom Dreiweg Ouargla – Ghardaïa – Goléa aus gerechnet treffen wir nach etwa 70 und weiteren 40 km auf artesische Brunnen mit trinkbarem Wasser: Haltepunkte im Grenzenlosen. Bei **Hassi Fahl** gibt es auch eine Tankstelle und ein bescheidenes Restaurant. Ein Teller Gemüsesuppe, ein Stück Brot als später Mittagsimbiß, eine halbe Stunde Schlummers im Halbschatten, bevor es weitergeht. Die Kilometer ziehen sich, aber bieten elementare Abwechslung genug. Da stehen rötliche Zeugenberge namenlos überm Fahlen, sind kleine mit stacheligen Büschen gesprenkelte Ebenen eingestreut, gibt es dann wieder Tafelberge und im sich senkenden Licht schön modellierte Sicheldünen, Ausläufer des Großen Westlichen Erg, den wir auf unserer Fahrt südlich umrunden, den wohl noch nie eines Menschen Fuß durchquert hat.

Das alte Ksar von El-Goléa

Uns, die wir aus einem dicht besiedelten und bestellten Land kommen, verschlägt diese majestätische Ödnis den Atem. Als uns die wechselnden formen- und farbenstarken Eindrücke beinahe ermüden – denn intensives Schauen macht ja müde – rücken vor dem hellen Westhimmel skelettartige Aufbauten näher: eine PTT-Station. Ein paar Schritte seitab von ihr erwartet ein Aah-Erlebnis: da liegt unterm sandverwehten Abbruch drunten die dunkelgrüne Oase von **El-Goléa** im Licht des späten Nachmittages. Überwältigt vom ersten Eindruck möchte man sie für die schönste der Sahara-Oasen halten. Wer auch nur einen Tag dort verbracht hat, wird die Liebe auf den ersten Blick nicht für vorschnell halten. Wir fahren ins Centre ville des sauberen grünen Ortes hinunter, finden uns im Hotel freundlich bewillkommt. Noch bevor wir auspacken schlägt uns der Manager mit gewinnendem Lächeln vor, doch die Gelegenheit und den Zufall zu nutzen: »Es gibt heute ein großes Fest in unserem Ort, das dürfte Sie interessieren.« Ein Fest – ohne zu fragen, weswegen es gefeiert wird, und ungeduscht (das Wasser wird sowieso erst später laufen) brausen wir los zu dem Platz am Rande der Oasensiedlung. Ein weites ummauertes Geviert, auf dem sonst der Viehmarkt gehalten wird, umzogen von Läden – Stoffe, Sandalen, Haushalts- und Elektrogeräte –, erfüllt von Musik und einer freudig erregten Menge. Eine weißgewandete Schlange dunkelgesichtiger Männer mit Flinten im Arm bewegt sich zum erregten Rhythmus von Tambourins und Tarboukas im Singsang-Tanz-Umzug. Wir mischen uns unters Volk, das diesen Zug begleitet. Adlig gewachsene Gestalten sieht man in den biblischen Gewändern der Wüste, die sich mit unbewußter Anmut bewegen, sich durch den Rhythmus wie in Trance versetzen lassen. In Abständen schwillt der Gesang zur Rezitation an – und dann feuern sie unterm Beifall der Menge ihre langen dünnen Flinten ab. Wie unabsichtlich gesellt sich ein Halbwüchsiger dem Fremden zu, weist eine neolithische Pfeilspitze in heimlicher Hand. »La flèche, monsieur?« Ein kurzer Handel nur um des Handels willen, dann freut man sich daheim jeden Tag dieses Zeugnisses saharischer Vorgeschichte.

Spät erst suchen wir unsere Betten auf. Aus tiefem Schlaf erwacht, wollen wir uns, solange die Sonne ihre Strahlen noch schräg herabsendet und Morgenschatten auch Flächiges ins Relief treibt, einen neuerlichen Rundblick verschaffen, nämlich die Aussicht von der Höhe des alten Ksar am

El-Goléa

Rande der alten Siedlung. Die Reste dieser Burg, der El-Goléa seinen alten Namen ›die Uneinnehmbare‹ verdankte, horsten auf einem steilen Felsberg, sollen auf die Zenata-Berber des 9. oder 10. Jahrhunderts zurückgehen, die sich vor den räuberischen Chaambas sichern wollten. Aber diese waren stärker, zerstörten die Festung und zerstreuten die Oasenbewohner. Als Heldin des Widerstands wird eine Befehlshaberin ›Karhaoua‹ genannt, das heißt die Kannibalin, weil sie – von aller Zufuhr abgeschnitten, während der Belagerung aus Not selbst Menschenfleisch verzehrt haben soll. Man zeigt noch den 120 m tiefen Brunnen, in den die Sieger die hartnäckige Gegnerin hinabstürzten. Die tausendjährigen Trümmer sind immer noch von einiger Eindruckskraft, dem Rundblick jedoch von der Höhe läßt sich weniges an die Seite stellen. Er umfaßt den weiten Horizont der Wüste und die gesamte Oase, aus deren Palmengrün schroffe Hügel, Lehmhüttenbauten und helle Minars herausstechen. Zu Füßen des Burghügels zwei weiße Marabuts und einige Lehmgehöfte. Natürlich finden sich ein paar neugierige Kinder ein, um dem Fremden, während er das Bild mit ein paar Strichen festzuhalten sucht, über die Schulter zu schauen. Nette Bürschlein mit dunklen großen Augen, gar nicht lästig. Aber daß sie als Andenken einen aus der Fremde stammenden ›stylo‹ haben möchten – wer versteht das nicht.

Ein Tag in El-Goléa ist schnell vorüber, selbst wenn man nur die allerheißesten Stunden am palmenschattigen Pool des Hotels Boustan verbringt. Da ist die Umschau in den Palmengärten mit ihrer Vegetation, mit ihren Bewässerungsanlagen. El-Goléa, immer eine Wasserstelle auf der Route vom Mittelmeer ins Land der Schwarzen, konnte erst aufblühen, als ihr artesische Brunnen ein besseres Wasser bescherten als die bis in sehr salzhaltigen Grundwasserschichten hinabreichenden Schächte.

Seither entstand eine nach hippodamischem Raster angelegte Neustadt, die zwar keine bedeutenden ›Sehenswürdigkeiten‹ bietet – wir sind ja in den Oasen nicht auf kunstgeschichtlichen Entdeckungsfahrten –, jedoch einige ganz malerische Perspektiven und Winkel. Aus wie wenigen Elementen baut sich so ein Bild zusammen: ein paar pastellfarbene oder kalkweiße Kuben, dunkle aber durchlichtete Schattenbänder, ein Viereckminar, Palmen, die ihre Wedelhäupter der Sonne und der Himmelbläue entgegenheben. Und da ist der flächenmäßig kleine, aber gemüsebunte Alltagsmarkt mit seinem gelassenen Handel, den die Männer unter sich abwickeln. Hier haben wir zum ersten Mal die Saharatrüffeln gesehen, kartoffelartig sandbraune Knollen mit intensivem Schwammerlaroma. Ein kleiner Schnitz schon würzt eine ganze Schüssel voll Konservensuppe. Und welcher Saharafahrer würde es versäumen, im nur wenige Kilometer nördlich der Stadt gelegenen Oasenteil Bel Bechir die Kirche Saint-Joseph und das Grab des Père de Foucauld zu besuchen.

Der Heilige der Sahara

Dort wo das Palmengrün zu Ende geht und der rötliche Sand beginnt, liegt am Ende einer schütteren Allee mit Resten einer einstigen Fahrstraße die erste, 1938 geweihte katholische Kirche der Sahara, ein doppeltürmiger Bau, der meist verschlossen bleibt und Spuren des Verfalls zeigt. Schräg davor liegt ein melancholisch-einsamer Friedhof mit der schweren Tumba des Paters **Charles der Foucauld**, dessen Gebeine hier am 26. April 1929 beigesetzt wurden – im Widerspruch zum letzten Willen des Toten, in dem er bestimmt hatte: »Ich möchte dort begraben sein, wo ich sterben werde, ... ohne Sarg. Ein einfaches Grab ohne Stein, mit einem Holzkreuz darauf ... Ich verbiete, meine Leiche abzutransportieren.« Der ›Apostel der Sahara‹ starb einen gewaltsamen Tod am 1. Dezember 1916 in Tamanrasset im Herzen der Sahara (und sein Herz blieb dort). Sein Grabdenkmal hier bei El-Goléa ist ein Stein ohne Holzkreuz. Nicht der einzige Widerspruch im Leben und Nachleben eines Mannes, der bändeweise tagebuchähnliche Aufzeichnungen, zahllose Briefe und ein ansehnliches wissenschaftliches Werk hinterließ, der schon wenige Jahre nach seinem Ende einen Biographen fand, und dessen Rolle in der Kolonialpolitik Frankreichs noch immer ungeklärt ist:

Ein Leben voller überraschender Sprünge und Wendungen.

Am 15. September 1858 kam Charles als Sproß der altadligen Grafen de Foucauld in Straßburg auf die Welt. Mit sechs Jahren Vollwaise, wurde er im Haus seines Großvaters erzogen, eines einstigen Offiziers, der seit dem Deutsch-Französischen Krieg in Nancy lebte. Ein faules und verfressenes Kind, ohne Liebeszuwendung, ohne Glauben, ohne Interessen. Nur weil es sich für einen jungen Mann seines Standes so schickte, schob man ihn auf die Offizierslaufbahn. Mit 20 Jahren verließ er die Militärakademie: von den 386 Kadetten seines Jahrgangs landete er beim Examen auf dem 333. Platz. Der Tod des Großvaters entband ihn der Verpflichtung, Skandale zu vermeiden und brachte ihm mit der Erbschaft von einer Dreiviertelmillion Goldfrancs die Mittel zum Leben eines verschwenderischen Playboys. Gehörten die Tage der Kavallerieausbildung (er beendete diesen Lehrgang mit dem allerschlechtesten Zeugnis), so waren die Nächte Gelagen gewidmet oder dem, was man damals ›alle Arten von Ausschweifungen‹ oder schlicht ›das Laster‹ nannte. Um ihn den Ernst des Daseins zu lehren, wurde der verfettete, aber stets elegante Leutnant zum Dienst in Algerien abkommandiert. Er dachte nicht daran, den Ernst zu ernst zu nehmen, brachte seinen Bettschatz Mimi mit und stellte ihn im Kasino als ›Gräfin de Foucauld‹ vor. Wie er es mit ihr in aller Öffentlichkeit trieb, das brachte ihm die strafweise Versetzung in den Reservistenstand ein. Die Familie, präsidiert von Tante Ines, einer energischen Grande-Dame der belle epoque, Mutter der von Charles hochverehrten Cousine Marie de Bourdy, ist außer sich. Zumal Charles, das gute Gold mit vollen Händen hinauswerfend, mit seiner Mimi in die Schweiz übersiedelt – aber nur für einige wenige Wochen. Glücklich kann ihn das alles kaum gemacht haben. Im Rückblick spricht er von »Leere, Ekel, Schmutz«.

Als sein Regiment in Kämpfe in Algerien verwickelt wurde, suchte er um Versetzung dorthin nach, wurde reaktiviert und nach Afrika geschickt, zeichnete sich aus, aber nahm bereits im nächsten Jahr (1882) seinen Abschied.

Eine seltsam-plötzliche Wende wie so oft in diesem Leben. Der Playboy von einst lernt in erstaunlich kurzer Zeit arabisch, bereitet sich auf eine Reise ins damals noch verschlossene Marokko vor, bekommt von der Societé de Géographie den Auftrag, dies für Fremde noch gefährliche Land zu erforschen. Ein Fragezeichen: Die Armee hatte ihm das Unternehmen verwehrt – aber geschah es nicht doch im geheimen Auftrag, daß der einstige Lieutenant unter den weiten Ärmeln seines Kaftans heimlich ungezählten Notizbüchern anvertraute, was er sah? Im Kleid eines Wanderrabbis durchzog er auf Eselsrücken oder auf Schusters Rappen den Nordosten des heutigen Marokko, als ›Jude‹ Gast der Juden in deren engen übelriechenden Häusern, von frommen Moslems bewirtet und manchmal aus gefährlichen Lagen gerettet. Der Mann, dem bisher alles käuflich war, lernte echte Freundschaft und Solidarität kennen. Und einen unbeirrbaren Glauben: den Islam. Als er Ende Mai Marokko verließ, bekannte er: »Der Islam hat mich völlig durcheinandergebracht. Der Anblick dieser Gläubigkeit hat für mich etwas Größeres und Wahreres als die weltlichen Beschäftigungen ahnen lassen ... Ich habe erwogen, Moslem zu werden.«

Aber er wurde nicht Moslem, er wurde Christ. Während er in dreijähriger Arbeit die Ergebnisse seiner Abenteuerreise in dem umfangreichen Buch ›Forschungsreisen durch Marokko‹ niederlegte, fand er über den Islam zum Glauben seiner Väter zurück (1886). Der adlige Familienrat war in Verlegenheit, als das als Verschwender entmündigte schwarze Schaf für seine Arbeit vom Staatspräsidenten ausgezeichnet wurde und Tante Ines ließ ihre Beziehungen spielen, damit Charles wieder für mündig erklärt wurde. Glücklich zunächst über seine Heimkehr in einen standesgemäßen Katholizismus, hatte die Familie bald wieder Grund, die Hände zu ringen. Auf einer Pilgerfahrt ins Heilige Land (Winter 1888/89) hatte Charles in Nazareth ein Damaskuserlebnis. Anfang 1890 trat der Lebemann von einst ins Trappistenkloster Nôtre-Dame-des-Neiges ein und ließ sich noch im Sommer des gleichen Jahres in die Ordensniederlassung Akbas in Nordsyrien versetzen. Siebeneinhalb Jahre gehörte er dort, wo es am unbequemsten war, dem strengsten der katholischen Orden an, legte die Mönchsgelübde ab, studierte Theologie und begann mit dem Entwurf einer neuen Mönchsregel. Sie sollte ihn, den berührungsscheuen Einzelgänger, ein Leben lang beschäftigen. Und wieder ein Eclat: Im Januar 1897 verließ Bruder Charles das Trappistenkloster, weil es – wie er den Abt wissen ließ – nicht streng und asketisch genug schien. Er wurde Hausdiener bei den Clarissen von Nazareth; ein Diener, der zwar kaum arbeitete, aber auch nicht mehr verlangte als den nötigen Trunk Wasser, ein tägliches Stück Brot und viel Zeit fürs Gebet und die Niederschrift seiner Meditationen. Im Jahr 1900 kehrte er – wieder eine brüske Wende – nach Frankreich zurück, entschloß sich Priester zu werden und empfing am 9.6.1901 die Weihen. Schon am 28.10. des gleichen Jahres traf er in Beni-Abbès ein. In einem französischen Algerien, das eben dabei war, auch die freiheitsstolzen Bewohner des zentralsaharischen Hoggargebirges im kolonialen Sinn zu ›befrieden‹.

Am ›Tag der Ungläubigen‹ – als solche bezeichneten die Christen die Moslems und diese wieder ihre christlichen Gegner –, der Schlacht von Tit (7.5.1902), unterlagen die Tuareg des Hoggar den Franzosen und ihren Chaamba-Meharisten. Am 19. Januar 1904 unterwarf sich der Chef der Kel Ahaggar-Tuareg in In Salah den Siegern und erklärte sich bereit, dem ›Marabut‹ der Christen als seinem Gast eine Klause zu bereiten. Im Mai 1905 brach der einsame Priester ins Hoggarmassiv auf, lebte ein paar Wochen in Tamanrasset. Dem ersten Aufenthalt in dem damals noch ganz öden Tuaregdorf sollte bald ein zweiter (6.7.-25.12.1908) folgen.

Trotz vieler Briefe und reichlicher Tagebuchnotizen ist der seltsame Weg eines Ausnahmemenschen, der um seine besondere Art weiß und zugleich nach letzter Brüderlichkeit ringt, kaum durchschaubar. Es war der Weg eines selbsternannten ›Apostels der Sahara‹, der doch keine einzige Seele für's Christentum zu gewinnen vermochte, der vielmehr selbst immer mehr ›saharische‹ Züge annahm, fast zum Targi wurde. Der Weg eines Mystikers, der Gebet und Meditation einschränkte, weil er Monate und Jahre hindurch zehn Stunden täglich an einem vielbändigen Dictionnaire der Tuaregsprache arbeitet – einem erstaunlichen wissenschaftlichen Werk. Warum? Um künftigen Missionaren ein Hilfsmittel an die Hand zu geben – oder einer kommenden Militär-Verwaltung? Wird sich das je klar auseinanderscheiden lassen? Der ›Marabut‹, der seit 1907 zwischen Tamanrasset (und seit 1911 seiner Eremitage auf dem Djebel Assekrem) und Frankreich pendelte, der seit Jahren mit dem Oberkommandanten für die Sahara-Oasen, dem Obersten Laperrine, befreundet war (ihrer beider Herzen sind in Tamanrasset in einem einzigen Grab bestattet), war – »ausgesetzt auf den Bergen des Herzens« – zugleich ein Mystiker des Evangeliums, ein besessener Philologe, ein Einzelgänger, der sich nach der Liebe aller seiner Brüder sehnte, und dem doch die Tuareg auf die Nerven gingen, wenn sie ihn als weise Entscheidungs-Instanz in ihren nie abreißenden Kamel-Raub-Querelen die Zeit für philologische Arbeit stahlen. Und doch waren sie ihm willkommen, weil sie ihm immer neues ›Material‹ zubrachten. Ein Mystiker und Asket voller Widersprüche. Sein geistlicher Innenweg ist mit all seinen Brüchen und abrupten Wendungen anhand der – zum Teil veröffentlichten und nach unserem Geschmack unerträglich süßlichen – Meditationen und Briefe für den Hagiographen überschaubar. Welche Rolle ›Père Charles de Jésus‹ bewußt oder unwissentlich im Streben Frankreichs nach einem nordafrikanischen Imperium spielte, das wird sich kaum je ganz klären lassen und die vatikanische Kongregation, bei der seit Jahren ein Seligsprechungsprozeß anhängig ist, wird noch lange zu verhandeln haben.

Bei den Rauhbeinen der Légion étrangère ist das Andenken an den seltsamen Mann, der toller saufen und dreckigere Zoten reißen konnte als sie alle, nie erloschen. Ihnen war er bald ein Heiliger. Ohne Zweifel war er auch ein echter Freund der moslemischen Tuareg, wenn sie Freunde der Franzosen waren. Gegen Aufsässige empfahl er unnachsichtiges Vorgehen, billigte er sogar Bluturteile. Vielleicht hat er gehofft, daß die französische Herrschaft schließlich die Moslems dem Christentum gewinnen werde, wenn alle seinem Beispiel folgten. Er selbst scheint den Gedanken an eine unmittelbare Bekehrung aufgegeben zu haben. Er wollte nicht überreden, sondern durch sein Beispiel überzeugen. Und es wirkte. Jedenfalls hielt seine Anwesenheit in Tamanrasset und im Hoggar die dortigen Kel Ahaggar auf der Seite der ›Ungläubigen‹, das heißt der Franzosen. Mit dem Scharfblick des Feindes erkannten die Senussi, die von der heute libyschen Sahara aus operierenden Angehörigen der Senusiya-Bruderschaft, in dem französischen Marabut das wesentliche Hindernis für ihr Vorhaben, die Hoggar-Tuareg für ihre Sache zu fanatisieren. Die Oase Djanet hatten sie im Jahre 1916 schon gewonnen. Als es in der Frühe der 1. Dezember dieses Jahres an die Pforte von de Foucaulds aus Lehmmauern errichteten Bordj in Tam pochte, soll der Pater, als er – vermeinend, es sei der lang erwartete Postbote – die schmale Tür öffnete, überwältigt, gefesselt und dann – noch bevor er als Geisel ins Spiel gebracht werden konnte, von seinem jungen und aufgeregten Wächter erschossen worden sein. Ein irrtümlicher Tod – und doch einer, der als ›eigener‹ im Sinne Rilkes ein seltsam wendungsreiches Leben beendete.

Am Südrand des Grand Erg Occidental

Dort, wo die Straße überm Rand des Hochplateaus einen letzten Rückblick auf die Palmenhaine von Goléa gewährt, halten wir, um Abschied zu nehmen. Wir sehen hier nicht nur das Oasengrün, sondern auch den überall gern verschämt-versteckten Problembereich: den bleiern spiegelnden flachen See der Salzkrusten, wo sich die Mineralien, die in dem aus der Tiefe schießenden Wasser gelöst sind, als weißlich-grauer Schorf absetzen, der sich ins rötlich-Flache gestaltlos hinauszieht. Das Wasser der artesischen Brunnen darf nur zur Befeuchtung durch die Oasengärten durchgeleitet werden, darf aber nicht in ihnen gänzlich versickern, sonst verdürbe es das Fruchtland binnen weniger Jahre zu Salzboden, auf dem kein Halm mehr wüchse. Wir wissen es ja schon, daß ein Entwässerungsgebiet für eine Oase nicht minder notwendig ist als das Wasser selbst, das in der Wüste ja nicht wie bei uns vom Himmel herabfällt. Goléa hat das Glück, daß sich nach Westen zu der Boden sacht senkt und Raum bietet für eine solche künstliche Sebkha.

Die Entdeckung der unterirdischen Wasservorräte, die Anlage artesischer Brunnen hat in einer anscheinend immer trockener werdenden Wüste neue Lebensenergie geliefert (ohne sie wäre auch die Erschließung anderer unterirdischer Energiequellen, der Erdöl- und -gas-Lager kaum durchführbar), jedoch bedeutet zugleich einen kaum zu verantwortenden Raubbau an diesen unersetzbaren Vorräten. Aber sie reichen ja noch für einige Jahrzehnte. Was dann werden soll, wenn einmal sie und die Öllager erschöpft sind, daran mag heute noch niemand denken. Die vom Atomtod bedrohte Menschheit wurstelt weiter. Daß schon die mit modernen technischen Mitteln vorangetriebene Ausbeutung des Grundwassers Folgen zeitigt – Austrocknung von Brunnen, die noch vor wenigen Jahren Wasser führten und auf gar nicht so alten Karten noch als solche eingezeichnet sind –, ist zwar offensichtlich, aber wer in der Wüstenweite von ›Umweltschutz‹ reden wollte, der wäre wahrlich ein Rufer in der Wuste. Daß sie täglich wächst, daß die katastrophale Dürre in der westafrikanischen Sahelzone nicht allein durch Launen des Weltwetters verursacht ist, sie sich erst im circulus vitiosus menschlichen Fehlverhaltens zur Katastrophe auswachsen konnte, das weiß man inzwischen überall – oder könnte es wissen. Aber was fängt man mit dem Wissen an, hier in der Wüste, mehr als 500 km südlich von Algier?

Es ist die Wüste, die Geduld lehrt. Eine kalte und unmenschliche Art von Geduld zwar, aber eine, die einverständig ist mit dem Auf und Ab des Lebens selbst, jener seltsam kurzen Erscheinung auf einem abseitigen winzigen Stern in einem von Milliarden Sonnensystemen ...

Lassen wir solche Unvorstellbarkeiten, nehmen wir als konkreten Trost die Versicherung, daß, lang bevor erste Menschen die Erde betraten, sie schon von lebendigen Wesen bewohnt war. Wir brauchen nur ein paar Schritte von der Straße weg zu tun, ein paar Felsstaffeln hinunterzuklettern, um selbst ohne geologisches Hämmerchen so viele versteinerte Muscheln aus den Schichten und Hängen herauszuschlagen, wie wir nur wollen. Wir nehmen nur die schönsten mit als beruhigende Zeugnisse, daß durch viele Katastrophen hindurch Leben – wenn auch in primitiver Form – möglich war.

Weiter geht es, zunächst genau in südlicher Richtung. Nach einer knappen Fahrtstunde, nach gut 60 bilderbuchschönen Kilometern durch die Wüste finden wir uns wieder einmal an einem Dreiweg. Die N 1 führt in genau südlicher Richtung weiter, nach In Salah und Tamanrasset. Was uns auf ihr zunächst bevorstünde, wäre die Durchquerung des Tademaït-Plateaus. Davon später.

Wir schlagen den Westwärts-Weg ein: nur noch knapp 300 km sind es bis Timimoun. Das Asphaltband, das im Unbegehbaren verstreute Oasen zusammenbindet, zieht zwischen den nördlichen Ausläufern des Tademaït-Plateaus im Süden und den südlichen Dünen des Großen Westlichen Erg im Norden entlang. Bald – 240 km bis Timimoun verkündet ein Straßenschild – überqueren wir die Senke eines urzeitlichen Flußtales. Längst ausgetrocknet ist es, doch immer noch nicht völlig dürr. Ein paar verquälte Akazien können aus der Tiefe das bißchen Feuchtigkeit ziehen, das ihnen das Überleben gewährt. Auch weiterhin steht da und dort ein solcher Baumasket – aber nicht ein einziges Grashälmchen. Nur die graugelben Stachelbüsche zeigen sich, dornig und distelig, getroffen vom Fluch der Wüste. Nicht die Pflanzenwelt gibt dem Land die Farbe, sie kommt vom nackten Boden: eine fahl-heiße Skala von Kohlschwarz und Anthrazitgrau über Sandhelles und Salzweißliches ins Fahlgelbe wechselnd, da ins Rötliche oder brutal Rote, dann wieder über zarte Reiherfarbe ins malachiten Grünliche spielend. Es sind die Farb- und Formskalen der Wüste, vor deren Gleichmut selbst die Erinnerungen an gigantische Berge, an Gletscherriesen klein werden, die Bilder niedlich begrünter Landschaften verbrennen. Menschen haben das Band der Straße geschaffen, auf der wir dahinrollen. Das ist – wie überall im Menschenleeren –

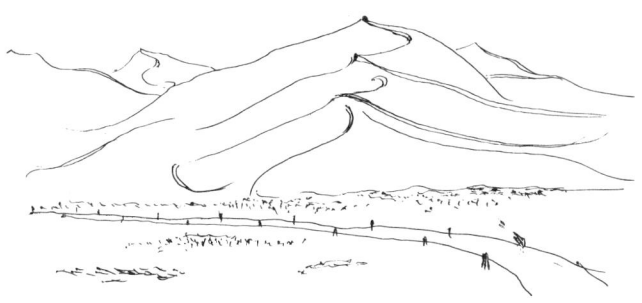

Sicheldünen im Westlichen Erg

eine Leistung, die zwar kein williges Büchlein unter die Weltwunder einreiht, die sich aber unter ihnen sehen lassen kann.

Im menschenleeren zeitlosen Raum ist ein banales Markierungsschild mehr als ein bloßer Orientierungspunkt. Es wird zum Garanten dafür, daß die Wüste doch endlich ist. Die Grenztafel, die uns bürokratisch belehrt, daß wir uns nun im Gouvernement Adrar bewegen, ist Versicherung, daß uns die Endlosigkeit nicht verschlingen wird, weil Männer ihr unter Einsatz des Lebens schon die Zähne ausgebrochen haben. Wo sich nichts von selbst versteht, sollten wir die Straße erst recht nicht für eine Selbstverständlichkeit nehmen und mit achtungsvollem Dank der Wegebauer denken, an die kein Standbild erinnert.

Etliche Kilometer abseits vom grauen Asphaltband liegt – verloren in der Einsamkeit, aber mit Moschee, Marktplatz und etwas Grünem versehen, die sozialistische Neusiedlung **M'guiden**, gegründet für Nachkommen der Sklavenbauern, der Harratin. Ihre etwa 1150 Hektar Fruchtland leben von Wasser, das aus mehreren hundert Meter Tiefe kommt.

Timimoun, die rote Oase

Timimoun gilt als die sehens- und bemerkenswerteste unter den Oasen am Rande des Tademaït-Plateaus, welche unter der Franzosenherrschaft mit ›sudanesischen‹ Bauten geschmückt wurden. Sie haben das natürliche Rot der Lehmhäuser, zwischen denen enge Gassen Kapillaren aussenden ins Grün der Oasengärten, ins fast Schrullige übersteigert. Etwas Kalkweiß dient dazu, dieses Rot erst recht zum Leuchten zu bringen. Das Stadttor, durch das wir aus der Wüste kommend in die weite Neustadt einfahren, zeigt diesen importierten Stil so beispiel- wie kulissenhaft mit den Pfeilern, zwischen denen sich die Bögen auftun. Sie sind mit herausragenden armdicken Stangen geschmückt, die hier ebensowenig eine Funktion haben wie die spitzbienenkorb-ähnlichen Gebilde, welche hinter der Durchfahrt die Straße flankieren. Sie sind reine Dekoration, sind keine Heiligengräber, sondern tun nur so ... Was die Balken sollen? An diesem Bauwerk: nur den Eindruck durch ihre dunklen Schattenbahnen beleben. Ich erinnere mich noch der Gegenfrage, mit der ein junger Mann im südmarokkanischen Tiznit meine Erkundigung parierte, was denn solche Balken am Minarett der dortigen Moschee sollten: »Wenn die Seelen der Toten wiederkehren, dann brauchen die doch eine Stelle, wo sie ausruhen können. Oder nicht?«

Dieser Stil prägt auch das alte Hotel Oasis, das nun leider etwas schadhaft geworden, aber bei Saharafahrern mit schmalem Geldbeutel immer noch recht beliebt ist – die Reliefs in einem eigenartig ›saharischen Stil‹ an den Innenwänden sind berühmt. Er prägt auch die ›Porte de Sahara‹ ein paar Schritte weiter. Rot mit etwas Weiß um die blauen Fensterläden kleiden sich die neuen Wohnhäuser, zeigen sich die Mauern und Zugänge der Kasernen, tragen sich auch die üblichen Vierkantminars. Rot und ›sudanesisch‹ ist selbst das Bild des neuen Hotels El Gourara (Architekt: Pouillon), eines Betonbaus, von dessen Swimming-Pool-Terrasse der Blick hinabfällt auf einen Teil der ausgedehnten Dattelpalmenwälder, darein sich Weinreben und Feigen-, Mandel- und Granatbäume mit den seltsamen Khouka-Sträuchern mischen und weiter hinaus auf die Sebkha, den jetzt ausgetrockneten einstigen See, der nach Größe und Gestalt oft mit dem Genfer See verglichen wurde. Erst seit ein paar hundert Jahren ist er ohne Wasser, aber doch noch nicht so vollständig, daß man nicht befürchten müßte, auf einer Rundfahrt oder gar einer Durchquerung ohne einheimischen Führer mit seinem Fahrzeug plötzlich irgendwo in die salzige Lehmdecke einzubrechen. Dann freilich ist guter Rat teuer. Ortsnamen wie Hadj Guelman (worin sich Aghelman, das Tuareg-Wort für ›See‹ verbirgt), wie El-Mers (arab. al-Marsa, die Hafenmole) reden noch heute vom einstigen, sich nach exzessiven Regenfällen nur noch andeutungsweise wiederherstellenden Zustand. Wenn der See nun auch keiner mehr ist, die Landschaft ist noch immer von einer großartig-formenreichen Gleichmütigkeit, das trockene Klima so wohltuend, daß man die Witwen einstiger Kolonialoffiziere, den altgewordenen, der Wüste verfallenen Sergeanten fast beneidet, daß sie – moderne Wüsteneremiten – hier zwischen goldenem Auf- und flammendem Untergang des Tagesgestirns gelassen ihrem Ende entgegenleben oder wenigstens den

Winter überdauern, fern dem öden Gedröhn und dem hektischen Geklingel unserer Zivilisation.

Das Hotel nennt sich nach der weiten und breiten Senke, auf die das Auge hinausschaut, bis sie sich in der Ferne endlich doch dem Blick entzieht. Den Gourara-Namen soll die Region einem steinreichen, so gerechten wie großherzigen alten Juden aus Timimoun verdanken, einer Patriarchengestalt, die ohne Worte, allein durch ihr Beispiel, ungezählte seinem Judentum gewann, bis endlich ein fanatischer Marabut aus Touat den frommen Juden als ›Proselytenmacher‹ vor Gericht und zum Tode brachte und seine ›irregeführten‹ Anhänger mit nicht gerade sanfter Gewalt dem Glauben Mohammeds zurückgewann. Aber der Gourar-/Gouraۧra-Name blieb den Leuten wie der Gegend.

An der Hotelrezeption kann der Gast eine Gourara-Rundfahrt buchen: nach Massine mit seinen schlichten Töpfern, über Badriane, wo jährlich das Lalla-Nebka-Fest gefeiert wird, über Tlalelt, von wo aus sich eine umfassende Sicht über die Sebkha und die weiten Palmenwälder auftut, über Ighzer mit seinem Heiligengrab hart an der Klippe, vorbei an einer in Ruinen liegenden einstigen Siedlung, deren Namen man gleich wieder vergißt ...

Und wer wird nicht einen langen Spaziergang unternehmen durch die Palmengärten der Oase mit ihrer vielfältigen Vegetation, die in mehreren Stockwerken Erträge bringt: zuunterst Gemüse und Getreide; Feigen, Quitten, Granaten aus den Kronen der höher hinaufragenden Obstbäume und schließlich die lebensnotwendigen Datteln aus den hoch hinaufsteigenden Wipfeln der schlanken Palmen. Das Wasser, das von oben her dem Fruchtgelände zuströmt, wird dort in ein Netz von schmalen, kaum mehr als spannenbreiten Bächen geleitet, in die wiederum steinerne ›Rechen‹ eingebaut sind, die es gestatten, das Wasser in eine Vielzahl von nur fußbreiten Rinnen aufzuteilen. Mit einem flachen Stein oder einem Brettchen lassen sich jene Rinnen trockenlegen, deren Eigentümer bereits die ihm zustehende Ration Wasser bekommen hat (denn das Herkommen regelt streng die Rechte auf täglich soundsoviele Stunden Bewässerung). Mit gleich einfachen Mitteln von Schleusen und Rinnen

Garten in Timimoun

kann der Eigentümer eines Grundstücks die Verteilung des Wassers auf seinen beetähnlichen Feldern regulieren. Die ganze Oase ist durchzogen von einem sich bis ins feinste verästelnden Netz von Rinnsalen, das ständiger Wartung bedarf. Stets – die allerheißesten Tagesstunden vielleicht ausgenommen – sind Leute an der Arbeit. Die Bilder ähneln einander, und doch sind sie immer wieder neu, man wird ihrer kaum satt.

Neue Bilder dann, wenn wir dem Pfade aufwärts folgen zur Oasensiedlung, der ›Altstadt‹ mit ihren engen staubigen Gassen zwischen den fensterlosen Außenmauern der rötlichen Lehmhäuser. Sie sind - jedes mit seinem Lichthof – so dicht aneinandergebaut, daß sich die Einzelhäuser zu einer kompakten Masse zusammenschließen. Das Obergeschoß des einen Hauses kann sich über die Gasse hinweg über das Untergeschoß des Nachbarhauses legen, die Besitzgrenzen in den Geschossen können wechseln und da sich in die Mauern aus Lehmziegeln ohne Schwierigkeit Durchgänge einbrechen genauso wie solche andererseits schließen las-

Timimoun, Alte Moschee

sen, so kann bei Bedarf ein Nachbar dem anderen einen Raum des Ober- oder Untergeschosses abkaufen, wenn der ihn entbehren kann. Die Besitzgrenzen sind also stets variabel, die Häuser gewissermaßen ineinander verwirkt und verzahnt, und die Gassen erscheinen uns wie Gänge in einem Termitenbau. Ein Fremder bekommt natürlich nichts vom Inneren eines Hauses zu sehen. Jeder Besitzer hält auch streng darauf, daß Innenhof und Dachterrasse nicht einsehbar sind. Die Dachterrassen, hinter hochgezogenen Mauern verborgen, sind der wichtigste Freiraum innerhalb der Siedlung. Die Mauern sind dick, damit sie die Deckenlasten tragen können, wirken dadurch zugleich isolierend. Die engen Gassen liegen fast ständig im Schatten. Die dadurch entstehenden Temperaturunterschiede führen zu einer Schlotwirkung und fördern die Durchlüftung. Um schädliche Feuchtigkeit vom Fuß der Lehmmauer fernzuhalten, sind die Gassen jeweils in der Mitte eingetieft und ragen die Rohre, die zur schnellen Ableitung des Regenwassers vom Dach dienen, weit über die Außenwände hinaus. Oft sind die Außenmauern an ihrem Fuß verstärkt, um diesen ihren empfindlichsten Teil zu schützen. Das ist alles mit der Hand geformt, ohne scharfe Kanten und harte Ecken, selbst die Gassen, die doch nur der Verbindung innerhalb der Siedlung dienen, haben etwas von der Umhegtheit eines Wohnraumes. Vor der alten Moschee mit ihrem sich nach oben verjüngenden Minarett – es ist wie die Moschee geweißelt, während die Häuser den charakteristischen Rotton aufweisen – ist ein kleiner Platz ausgespart, auf dem mehrere Gassen zusammenlaufen. Einmal blicken wir durch eine Mauerlücke in einen tieferliegenden Gartenhof mit ein paar Palmen, zwei Feigenbäumen. Durch ein paar Gassen und um ein paar Ecken, und wir treten aus der alten Siedlung wieder heraus, finden uns in der Nähe des Marktes und des alten Hotels Oasis Rouge. Und nun, nach dem Rundgang durch die Siedlung der Einheimischen, kommt uns das ›sudanesische‹ Stilkolorit wie aufgeschminkt vor.

Timimoun – obwohl man wenig über seine frühere Geschichte weiß, war kein bedeutender Posten an der Goldroute nach Schwarzafrika. Es zeigt sich noch heute eher vom islamischen Osten angehaucht. Noch immer gewinnt Timimoun sein Wasser durch unterirdische Kanalstollen, die auf einer Lage tonhaltigen Gesteins das Wasser der Berge vor zu starker Verdunstung geschützt, der Plantage zuführen. Foggaras oder Ghettaras heißen diese Anlagen hier, die man im Iran Qanate nennt. Aus dem persischen Osten sollen sie im frühen 11. Jahrhundert zur Zeit der tunesischen Chorassaniden in den Maghrib gekommen sein. Solche Anlagen zu schaffen, war ein arbeitsaufwändiges Unternehmen, mußten doch alle paar Meter Schächte in die Tiefe getrieben werden, von deren Sohle aus dann der Verbindungsstollen mit seinem sehr exakt gleichmäßigem Gefälle gegraben werden konnte. Seitdem man für diese Arbeiten keine schwarzen Sklaven mehr zur Verfügung hat, sind vielerorts diese Bewässerungsleitungen in Verfall geraten. In Timimoun aber sind sie noch in Betrieb und wenn wir bei der Ausfahrt bald hinter dem Ort auf einen kleinen Hügel hinaufsteigen, den die Reste einer kleinen, gänzlich verfallenen Festung krönen, dann können wir die Mündungen der Schächte als Öffnungen inmitten kleiner

Erdhügel – des Aushubs – in mehreren Ketten nebeneinander kilometerweit hinausziehen sehen zum schon in einiger Entfernung liegenden Palmenhain.

Von Timimoun nach Taghit

Für saharische Verhältnisse ist es nur ein Katzensprung – 150 km und noch dazu auf guter Straße – bis in die Saoura-Senke, den Rest eines 1200 km langen Urzeitflusses, der sich von der Oberfläche ins Grundwasser zurückgezogen hat, aber durch sein unterirdisches Dasein einer Kette von Oasen Lebensmöglichkeit gewährt, sie aber auch zeitweilig bedroht. Nach Wüstengewittern (wie im November 1967) kann sich die Senke wieder ins Bett eines reißenden Flusses verwandeln. Der Staudamm von Djorf Torba, der 1969 fertiggestellt wurde, soll solche Katastrophen künftighin verhindern. Etwa 90 km, nachdem wir Timimoun und seine Foggaras hinter uns gelassen haben – unterwegs haben wir nur den Töpfern des Oasendorfes **Charouïne** einen Besuch abgestattet – finden wir uns an einem Dreiweg. Die nach links, nach Süden abzweigende Straße führt nach etwa 120 km nach Adrar, (einst Timmi), dessen neue Bauten einen ähnlichen ›sudanesischen‹ Stil zeigen wie die von Timimoun. Bis dahin ist die Strecke gut ausgebaut, die weiteren etwa 190 km bis Reggane sind immer noch ganz gut zu befahren. Dort beginnt dann die berühmt-berüchtigte Tanezrouft-Piste, die – noch weitere 1300 km, davon etwa 650 bis zur Grenze nach Mali wasserlos – nach Gao am Niger führt. Eine Strecke, die einen die harte Weite des saharischen Südens nachdrücklich erleben läßt und daher in einem Landschaftsbuch wenigstens erwähnt werden muß. Aber wir sind diesmal in keiner Weise für dieses Unternehmen gerüstet, lassen uns nur – angesichts der Entfernungen und dessen, was einen erwarten würde – bei aller Tageswärme einen kleinen Schauder über den Rücken kriechen und schlagen ohne Zögern die nach rechts, in nordwestlicher Richtung führende Straße ein. Wir haben den südlichsten Punkt unseres diesmaligen Unternehmens erreicht.

Die großen Oasen sind uns auf dieser unserer Fahrt ihrer Unterkunfts- und Versorgungsmöglichkeiten wegen natürliche Etappenziele. Die kleineren dazwischen, oft nur wenig abseits der Hauptroute, läßt man zu oft nur einfach abseits liegen. Obwohl eine Fahrt gerade zu ihnen verlokken könnte. – Sie alle zu besuchen, kann sich keiner ernstlich einfallen lassen. Aber an allen nur so eilig vorbeizubrausen, das geht auch nicht an, bieten sie doch Einblicke in die ›Wirklichkeit‹ des Landes, in dem wir uns umschauen wollen. Auch wenn wir uns durchaus im klaren sind, daß der Fremde, und sei er nicht nur ein paar, sondern viele Wochen unterwegs, eben weil er ein Fremder ist, nur die pittoreske oder ärmliche Außenseite zu sehen bekommt. Schon die Neugier allein, einen Blick von dem zu erhaschen, was geflissentlich vor unbefugtem Blick verborgen wird, ist taktlos. Zudringliches Fragen eröffnet keinen Zugang zum Alltag der Menschen, sondern verbaut ihn eher. Es bleibt bei ›Bildern‹.

Als ›Bild‹ zunächst endecken wir – dem Wegweiser folgend – im Abseits die Siedlung **Ouled Khouder** hinter einem feingeriffelten Dünenkamm und vor sandgelben Dünenbergen. In der Senke dazwischen neben Palmen- und Sträuchergrün liegen eine halb verfallene alte und eine langweilig-genormte sozialistische neue Siedlung. Nicht weniger

Ouled Khouder

schlicht als die alten sind diese neuen Unterkünfte, sie entbehren nur jedes Charmes. Wo Grün die Nähe von Wasser anzeigt, finden wir die hageren Gestelle der traditionellen Ziehbrunnen, aus denen die Frauen mühsam Wasser schöpfen. Sie flüchten, wenn sich ein mit Fotoapparat bewaffneter Fremder blicken läßt. Er kann hier keine ›Rebekka am Brunnen‹ knipsen.

Beim Spaziergang auf die Dünen – ein mühseliges Aufwärts, das mit weiten, sahararötlichen Rundblicken und einem Überblick über den etwas schütteren Palmenhain lohnt, – schließen sich uns wuschelköpfige Buben mit lustigen Augen im dunklen Gesicht an, gehüllt in leuchtend blaue Gandoura-Hemden, die einen klingenden Kontrast zum rötlichen Gelb des Sandes bilden. Die bloßfüßige Rutschfahrt hinterher ins Tal macht ihnen so viel Spaß wie uns. Eine kleine Andenkengabe – ein Feuerzeug, ein Postkartenbild unseres Heimatortes – wird fast verlegen, aber mit zähnehellem Lächeln entgegengenommen. Freundliches Winken hinter den Fortfahrenden her.

Schwärzlich-grau sind die Berge geschichtet, goldgelb leuchten dahinter die Dünen des Westlichen Erg, während wir die Straße nach Nordwesten weiter verfolgen. Nach dem kleinen Abstecher glauben wir, auf einen Besuch der ›großen‹ Oase **Kerzaz** verzichten zu können. Aber wenn man schon Treibstoff einnehmen muß, kann man sich auch eine Teepause gönnen und dann verkneift man sich doch nicht den kurzen Weg hinüber nach Alt-Kerzaz, der bilderbuchschönen Dorf-Oase. In der Senke des Oued liegt ein grüner schilfumstandener Dorfteich, über der schmalen Talsohle stehen die charakteristischen Kettara-Ziehbrunnen in den Himmel, hinter den locker gesetzten Palmen baut sich aus kompakten Lehmmauern das Dorf auf, überragt vom Prisma des Minaretts. Dahinter in rosigem Gelb die hohen Sanddünen. Im Licht der hoch stehenden Sonne zeigen sie keinerlei Relief, stehen sie wie eine glatte Folie vor dem glatten Hellblau des hohen Himmels. Man versteht, warum Kerzaz so berühmt ist.

Algerien will keinen Massentourismus mit all seinen zweifelhaften Folgen, aber der Ruf, den dieses Oasendorf

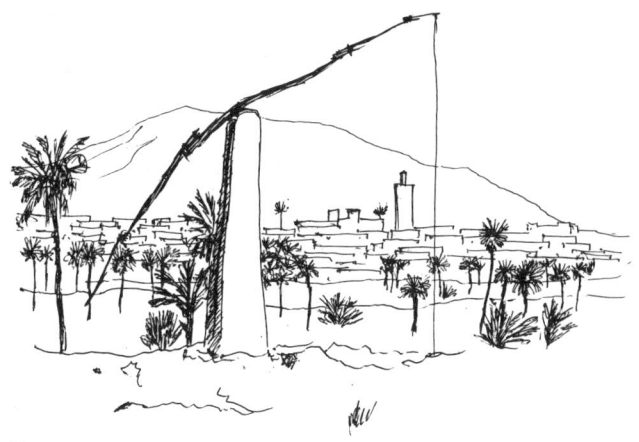

Kerzaz

besitzt, lockt doch so viele Fremde an, daß die Kinder schon zu einer zudringlich bettelnden Landplage verzogen sind. So lästig wie nirgendwo sonst in Algerien und fast so schlimm wir drüben in Marokko. Schuld sind die wohlmeinenden Tanten, die, vor jedem Kinderblick hinschmelzend, mit Bonbons und anderen Gaben um sich werfen. Obwohl die Leute hier in Lehmgehöften hausen, die ein Europäer als unzumutbar bezeichnen würde, leben sie nicht in Not und haben genug zu essen. Die Bettelei um Stylos und Zuckerln geschieht nicht aus Armut, sondern wird als Sport betrieben. Im Dorfladen kostet ein Kugelschreiber für die Schule einen Dinar – aber ihm fehlt eben der fremde Reklame-Aufdruck, mit denen ein Knirps dem anderen imponieren möchte. Es ist alles ganz harmlos, aber man fühlt sich belauert und belästigt beim Gang durchs Labyrinth der nur einen Schritt breiten Gassen des Dorfes, verzichtet bald auf weitere Umschau. Achselzuckend fahren wir zur Hauptstraße zurück. Wir hatten doch gewußt, was uns erwartet – nun sollten wirs mit guter Laune nehmen.

Unsere Fahrtstrecke bildet für die nächste Stunde gewissermaßen die Trennungslinie zwischen der grauschwarzen Hamada du Guir im Westen und dem rötlichen Sand des

Erg. **El Ouata**, rechts abseits unserer Route, gilt als die bedeutendste Oase des Saouragebietes, aber sie hält uns nicht lange auf. Ein anderes Ziel haben wir zunächst im Sinn und biegen darum eine reichliche halbe Stunde später rechts ab nach **Beni-Abbès**. Um das Zentrum dieser stattlichen Ortschaft zu erreichen, müssen wir das Saoura-Tal und den kleinen Oasenhain (nur 10000 Dattelpalmen, dazu mancherlei andere Obstbäume) durchqueren. Die Gegend ist mindestens seit dem Neolithikum bewohnt gewesen, Palmen aber, von deren Kultur die Bewohner heute leben, wurden hier erst im 9. Jahrhundert heimisch. Ein halbes Jahrtausend später entstanden im Oasenbereich zwei getrennte Ksour, befestigte Dörfer für zwei verschiedene, aus dem Westen zugewanderte Stämme. Beide wurden im frühen 19. Jahrhundert zugunsten einer zentralen Niederlassung aufgegeben – einige Jahrzehnte später entstanden neue Ksour, die sich seit der Ankunft der Franzosen in diesem Gebiet (1901) wieder entvölkerten. Seit 1957 wurden alle Bewohner aus ›militärischen Gründen‹, das heißt um sie besser überwachen zu können, in der Nähe des neuen Bordj angesiedelt, im Zentrum der heutigen Niederlassung. Hier, in der Nähe des Hotels, befindet sich außer einer Forschungsstelle für die saharische Trockenzone ein kleines Museum mit Fossilien, prähistorischen Artefakten, ein paar Beispielen der ›Volkskunst‹ und einem winzigen ›Wüstenzoo‹ mit ein paar ihrer Freiheit beraubten Tierlein. Bereitwillig weist man uns den Weg zu der Einsiedelei, die sich Pater de Foucauld mit eigener Hand erbaut hat und die er zwischen 1901 und 1904 und nochmals 1905 bewohnte, bevor er sich im Hoggar niederließ. Neben der ergreifenden schlichten Kirche duckt sich das Heim der ›Kleinen Brüder und Schwestern‹, die keine Almosen fordern, aber sich über jede Spende freuen, damit sie sie an die Ärmsten ihrer Mitmenschen weiterreichen können. Es sind Helden eines radikalen Christentums, deren Engagement die ›offizielle‹ Kirche leider mit einigem Vorbehalt gegenübersteht. Es gereicht ihr nicht zur Ehre.

Beni-Abbès gilt als einer der heißesten Orte Algeriens. Nach unserem Eindruck nicht zu Unrecht, denn unbarmherzig prasseln die Pfeile des Sonnenlichts vom weißen Himmel herab. Doch am Hang über dem Palmenhain haben die Männer der Legion einst ein Schwimmbad angelegt, von einem artesischen Brunnen gespeist. Es ist inzwischen erweitert, modernisiert. Im schwankenden Schatten der Palmwedel tummeln wir uns im Süßwasser, das Jahrtausende hindurch in unterirdischen Reservoiren geschlummert hat, rein und völlig keimfrei.

Einsiedelei des Père de Foucauld in Beni-Abbès

Nur schwer trennt man sich, um wieder ins Unwirtliche hinauszufahren; zur Hauptstraße zurück und dann, nach kaum 30 km von ihr wiederum nach rechts abbiegend, ins ›Tal der Toten‹. Das ist eine unbarmherzig harte Wüstensteppe, die ihren makabren Namen der Tatsache verdankt, daß sie wiederholt Schauplatz von Kämpfen war: zwischen Berbern und Arabern in wechselnden Konstellationen, zwischen Franzosen und Marokkanern. Das ›Tal‹ ist auch nicht ein Tal in unserem Sinne, sondern eine uralte Flußebene, durch die der Oued Saoura nach Regentagen noch heute seine Wasser über Basaltplatten schickt.

Igli, ist eine winzige Oase am Flußübergang, mit Lehmhäusern und einem Marabut, der Erinnerungen an ähnliche Bauten in Marokko wachruft. In der Tat unterstand das Gebiet hier bis ins 17. Jahrhundert den Herrschern des

›äußersten Maghrib‹, das heißt Marokkos. Seitdem die Franzosen Algerien, den ›Mittleren Maghrib‹ eroberten, haben sie die Grenzen ständig nach Westen verschoben. Verläßliche Berichte über den einstigen Grenzverlauf und kartographische Unterlagen geben den Marokkanern das Recht, von einer schrittweisen Amputation ihres Territoriums zu sprechen. Das ›amputierte‹ Marokko versuchte, seine Verluste anderweitig auszugleichen, durch Besetzung der phosphathaltigen Gebiete des spanischen Rio de Oro, auf die ihm der Internationale Gerichtshof in Haag ein historisches Recht zugesprochen hatte. Widerstand leistete die fremdgesteuerte ›Befreiungsbewegung des saharischen Volkes‹ (Polisario) – eines ›Volkes‹ so zahlreich wie die Bevölkerung einer mittleren Großstadt. Der Krieg hat niemandem Nutzen gebracht und allen Beteiligten nur Leid. Am schwersten betroffen waren und sind die Unbeteiligten. Die Nomaden, welche einst ihre Tiere bis in die Saoura-Senke trieben, wurden als ›Flüchtlinge‹ in Lager bei Tindouf gepfercht. Ihre Herden – so hört man in Algerien – sind Luftangriffen der Marokkaner zum Opfer gefallen. Jedenfalls sind die großen Warnschilder ›Achtung Kamel‹ – ein Kamel in seiner charakteristischen Haltung inmitten eines rotgerandeten Dreiecks – hier inzwischen überflüssig.

Wir werden in den nächsten Tagen im Gebiet eines nicht genau definierten Grenzverlaufes noch mehrfach an den algero-marokkanischen Gegensatz erinnert werden, der alte Stammesgegensätze und eingewurzelte Feindschaften zum Vorwand nimmt, um heutige Rivalitäten auszutragen. Mit Fotoverboten und Militärkontrollen hat man zu rechnen, Animositäten gegen die westlichen Nachbarn werden überall spürbar. Die Gerechtigkeit gebietet festzustellen, daß nicht der keineswegs liebenswert-sympathische König Hassan II. von Marokko allein und einzig an der Misere schuld ist. Algerien – damals noch ein verlängerter Arm Moskaus – stand hinter der Polisario, um durch sie die Phosphatlager in die Hand zu bekommen und damit einen direkten Zugang zum Atlantischen Ozean.

Neue Stau- und Bewässerungsanlagen machen inmitten der Dürre einiges Grün möglich. Unsere Ungeduld, die bildschöne Oase **Taghit** (auch Tarhit geschrieben, gesprochen jedenfalls mit einem ganz hinten in der Kehle sitzenden ›r‹, das fast wie ›ch‹ klingt) zu erreichen, zieht die neue Teerstraße in die Länge. Hat einen die Wüste noch immer nicht Gelassenheit gelehrt? Wir sind ja wie Kinder, die nicht erwarten können, bis das Christkind kommt, die hinter jeder Wegbiegung das Aaah- erwarten und die man mit allerlei Geschichten vertrösten muß. Und dann ist es auf einmal soweit. Im Scheinwerfer der sich senkenden Sonne steht das triumphale Bild, das den Fuß auf die Bremse zwingt. Voraus senkt sich die Straße abwärts ins Tal mit dem Palmenhain, jenseits dessen ein rötlich geschichteter Felssporn das heutige Dorf trägt, überragt vom alten Ksar. Als Goldgrund dahinter unterm kobaltfarbenen Himmel die Silhouette der ganz körperlos wirkenden mehr als 150 Meter hohen Düne.

Wir sichern uns nur gerade das Quartier im neuen Hotel, das mit seinen minarettartigen Turmatrappen etwas abseits der alten Siedlung liegt, dann stapfen wir los zu einer abendlichen Dünentour, die mit einem bedrängend-weiten Rundblick lohnt. Zu unseren Füßen streicht letztes Licht über die Palmen drunten im Tal. Es treibt die Sandweiten im Süden in ein sattes Relief mit goldenen säbelscharfen

Taghit

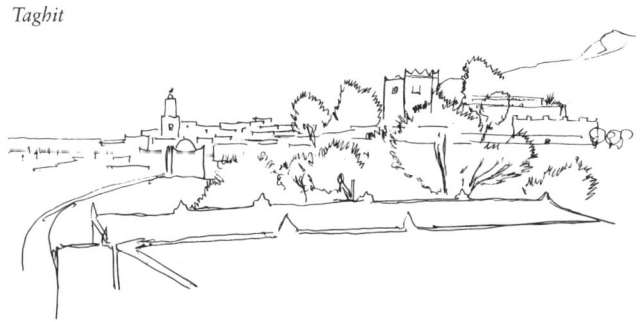

Dünenkämmen und veilchenbläulichen und schwervioletten Schattenhängen- und tälern. Gegen Osten zu breitet sich schon lichtlos-düster die Hamada, die Steinwüste.

Am Morgen schlagen wir die neue Teerstraße ein, die in einer guten Viertelstunde zunächst überm Ostufer des Oasentales, dann, dieses querend, zwischen Wipfelgrün und bizarren rötlichen Felswänden, an denen die spärlichen Reste des einstigen Oasendorfes kleben, bis zum Ende des schütteren Grüns führt, scharf nach Westen umbiegt, um etwa hundert Meter vor einer Felswand aus dunklen Blöcken zu enden, auf denen wir seltsam erschüttert uralte Gravuren entdecken: Umrißzeichnungen von Rindern, Straußenvögeln und befremdlichen Mischwesen.

Felsbilder der Sahara

Es war im Jahre 1847, als der Arzt und ein Offizier eines französischen Streiftrupps, der sich auf dem Weg nach Aflou befand, während einer Rast bei Moghrar-Tahtani südlich von Aïn-Sefra auf Felsgravierungen mit Antilopen und Gazellen, Rindern und Straußen, Löwen und Menschen stießen, Menschen mit Bogen bewaffnet, Menschen im Akt der Kopulation. Erstmals sahen europäische Augen prähistorische Kunstwerke der Sahara. Die Entdecker datierten sie zwischen das Ende Karthagos und die arabische Eroberung und vermuteten als ihre Schöpfer heidnische Tuareg. Freilich konnte damals sich niemand vorstellen, daß die Menschheit nicht nur ein paar Jahrtausende, sondern einige Jahrhunderttausende alt sein könnte. Also wußte man mit den Abbildern in der Wüste längst ausgestorbener Tiere, von Rindern, Elefanten, Rhinozerossen, Straußenvögeln gar nichts anzufangen. Ähnlich ging es ja auch bei der Entdeckung der franko-kantabrischen Höhlenmalerei (Lascaux, Altamira). Da sprach man zunächst von ›Fälschung‹. Aber wer hätte – und zu welchem Zweck? – Felsbilder tief in der Sahara ›fälschen‹ sollen? Und woher hätten die ›Fälscher‹ ihre Modelle bezogen, jene in der Wüste längst ausgestorbenen Tiere?

Wenige Jahre später (1850) fand der Reisende Heinrich Barth auf seiner Expedition nach Timbuktu im Fezzan (Libyen) Felsgravierungen von Rinderherden und tierköpfig maskierten Menschen, später auch solche mit alphabetischen Zeichen. Die hohe Qualität der Darstellungen frappierte ihn, er glaubte Verbindungen zur ägyptischen Kunst zu sehen und datierte die Bilder in die Zeit der karthagischen Herrschaft. Das war freilich ein Irrtum, aber höchst interessant und folgenreich war seine Erkenntnis, daß diese Bilder Zeugnis ablegten von einst völlig anderen klimatischen Bedingungen. Zehn Jahre später fand Henri Duveyrier im Tassili n'Ajjer Inschriften und erfuhr von Einheimischen, daß sich bei Anaï im Fezzan Gravierungen fänden, die von Ochsen gezogene Wagen darstellten. Dr. Nachtigal, der 1869 im Tibesti (Tschad) auf Darstellungen von Rindern stieß, hielt sie für neueren Datums. F. Fourreau entdeckte auf seinen in den 1890er Jahren unternommenen Expeditionen im Tassili und im Air (Niger) weitere Felsbilder, auch im Hoggar. Im Fezzan fanden sich Bildzeugnisse aus prähistorischer Zeit. Viele Namen großer Forscher ließen sich anführen, von Italienern und Spaniern, Deutschen und Briten, vor allem aber von Franzosen. Für sie alle mögen nur die von Leo Frobenius, Theodore Monnod und Henri Lhote stehen, die sich um Entdeckung, Erforschung und Sichtung der Felsbilder des saharischen Raumes bleibende Verdienste erworben haben.

Es stellte sich heraus, daß sämtliche Gebirgsregionen der Sahara Felsgravierungen oder Felsmalereien oder beides bargen und bergen. Die Bestandsaufnahme ist noch keineswegs abgeschlossen, und doch sind bereits mehr als 30 000 Gravierungen und im Tassili n'Ajjer allein über 15 000 Malereien bekannt. Die Sahara, die größte Wüste unseres Planeten, – hütet also einen unvergleichlichen Reichtum an Zeugnissen vorgeschichtlicher Kunst. Das Tassili kann man ruhig als das größte Freilichtmuseum der Erde bezeichnen. Ein Museum, in dem man allerdings eines einheimischen Führers nicht entraten kann. Wir wollen es seiner Malereien wegen, die sich auf algerischem Boden nur in dieser Region finden, auf einer später zu schildernden Fahrt besuchen, wollen uns aber schon hier, wo wir zum ersten Mal bedeutenden Felsgravuren gegenüberstehen, über den gesamten Komplex belehren lassen.

Es gelang gelehrtem Scharfsinn, in die Vielfalt und -gestalt Ordnung zu bringen und eine Chronologie aufzustellen, aufeinanderfolgende Stil- und Kulturepochen gegeneinander abzugrenzen. Die älteste Phase kennzeichnen große naturalistische Gravierungen, sorgfältig in den Fels geschliffen (oder – seltener – eingepickt und dann schleifend verbunden), von Elefanten, Giraffen, Nashörnern, Flußpferden, Straußen. Von Tieren also, die heute in der Sahara längst nicht mehr anzutreffen sind. Man hat diese bis etwa 6000 v. Chr. während Periode nach dem schon seit Jahrtausenden ausgestorbenen Bubalus (oder Homoiocerus) antiquus, einem großen Büffel, dessen Darstellung gewissermaßen ihr Leitmotiv bildet, die *Bubalusperiode* genannt. Andere sprechen von der Wildtier- oder – kulturgeschichtlich genauer – von der ›Jägerperiode‹. Mit ihr begann etwa im 9. Jahrtausend v. Chr. ganz unvermittelt und ohne sichtbare Vorstufen die saharische Felskunst und schafft mit ihren ersten auch einige der vollendetsten ihrer Werke: lebensgroße, in perfekter Technik tiefgeschliffene Darstellungen von detailgetreu dargestellten Großwildtieren von frappierender Lebendigkeit. Elefanten sind da zu sehen, Giraffen, das Nashorn, das Flußpferd, Bubalus-Großrinder, Antilopen, Strauße, selten Löwen. Menschen – mit Jagdmasken (?) oder beim Geschlechtsakt – treten nur gelegentlich auf. Rinder in reduziertem Maßstab kommen erst in einer späten Phase vor. Fundstellen der Jägerperiode finden sich im südlichen Oranais, im südlichen Algerois, im Tassili n'Ajjer, im Fezzan. In den erstgenannten Gebieten fand man Darstellungen eines Widders mit einer Art Scheibe auf dem Kopf. Man wollte darin eine religiöse Darstellung und eine Verwandtschaft mit dem ägyptischen Ammonskult sehen und meinte zunächst, Ägypten habe künstlerisch die Felskunst der Sahara angeregt. In den Gravierungen des Niltals aber fehlt der Bubalus, sie stammen alle aus einer späteren Periode, in der erstmals das Rind als Haustier auftritt. Man wird sich mit dem Gedanken

Tassili n'Ajjer

befreunden müssen, daß nicht das Niltal die Sahara, sondern diese das spätere ›frühe‹ Ägypten kulturell mitgeprägt hat.

Die auf den Gravierungen der Bubalus- oder Jägerperiode dargestellten Menschen dürften dem Profil nach zu schließen zu den Europiden gehört haben. Über ihre Lebensgewohnheiten kann man sowenig aussagen wie über die Motive, die sie veranlaßten, mit Fleiß und Kunstfertigkeit in Felsplatten Gestalten einzuschleifen. Das geistige Ambiente bezeichnen wir recht vage mit ›Magie‹ und dem Etikett ›Jagdzauber‹.

Nur über die Lebensbedingungen läßt sich einiges mit Sicherheit aussagen. Die dargestellte Fauna (neben den schon mehrfach genannten Tieren treten Gepard, Schakal, Pelikan, Flamingo, Krokodil auf) deutet auf eine Grassavanne mit Feuchtgebieten als Lebensraum für Wassertiere und setzt ein Klima voraus, in dem der Grundwasserhaushalt durch Regenfälle im Gleichgewicht gehalten wurde.

Im Tassili n'Ajjer finden sich neben den Gravierungen der Bubalusepoche auch Malereien. Eine Gruppe von ihnen weist als charakteristisches Merkmal Menschen mit Köpfen auf, die an Taucher- oder Astronautenhelme erinnern: ein Kreis, in dem ein Rund oder ein Rechteck summarisch die Sinnesorgane darstellt. Man weist diese Malereien (vergleichbare Gravierungen fand man nicht) der *Rundkopfperiode* zu, obwohl die Bilder stilistisch und farbig durchaus differenziert sind. Die Größe der Figuren schwankt von 20 bis bloßen 8 cm, die Farben reichen von bräunlicher Monochromie zur reicher Naturpalette. Die Proportionen der menschlichen Figuren mit ihren überlangen Oberkörpern auf kurzen Beinen fordert den Vergleich mit manchen Statuen neuzeitlicher Negerkunst heraus, weswegen man als Urheber dieser Malereien Angehörige negrider Völker vermutet. Die auf den ›Rundkopfbildern‹ dargestellte Fauna ist weitgehend identisch mit der Bubalusperiode, wird aber weniger naturalistisch dargestellt. Wie sich die Rundkopfzeit zu jener chronologisch und historisch verhält, ist nicht eindeutig klar, doch nehmen gewichtige Kenner heute teilweise Gleichzeitigkeit an (7000-6000 v. Chr.) an und erblicken in den Rundkopfbildern Zeugnisse für ein Vordringen negrider Völkerschaften nach Norden.

Nie werden in Bildern dieser Periode Menschen im Zusammenhang mit Tieren dagestellt, Menschen dagegen meist in Gruppen, die allerdings kein gemeinsames Tun verraten. Die Malereien der Rundköpfe erscheinen viel rätselhafter als die Gravuren der Jägerperiode, muten von denen und der hinter ihnen stehenden Kultur wie durch einen Abgrund getrennt an. Man kann auch nicht sagen, ob die Rundkopfleute die Ahnen der Träger der folgenden *Rinderperiode* waren (deren allererste Zeugnisse kurz nach 6000 datiert werden) oder ob sie von anderen ethnischen Gruppen verdrängt oder assimiliert wurden. Um 5000 v. Chr. etwa dürften die Rinderhalter im größten Teil der zentralen Sahara Fuß gefaßt zu haben. Es ging den auf den ostmittelmeerischen und nahöstlichen Bereich fixierten Forschern lange nicht ein, daß das historische Hausrind sich nicht vom vorderen Orient her verbreitet hat, sondern daß die heute so wüste Sahara ein bedeutendes Zentrum früher Rinderdomestikation gewesen sein soll.

Die biblischen Überlieferungen, der humanistische Klassizismus und die durch beide angeregten und spektakulären Forschungsergebnisse des 19. Jahrhunderts in Mesopotamien und Ägypten haben es vielen schwer gemacht, über diesen Raum hinauszudenken, in dem es sich so gut hausen ließ. Die Erlebnisse und Ergebnisse aus der Sahara zwingen zum Umdenken. Die Schaf-, Ziegen- und Rinderhirten dürften aus Ostafrika-Äthiopien eingewandert sein. Felsbilder – vor allem Malereien – in den vor Witterungseinflüssen geschützten ›Abris‹ bezeugen ihre Anwesenheit. Im Tassili finden sich – etwa zwischen 5000 und 2500 v. Chr. zu datieren – ihre Spuren zu Tausenden. Die Künstler haben manchmal ihre Mahlsteine zum Zerreiben der Mineralien – roter, gelber, brauner Ocker, graublauer und graugrüner Schiefer – zurückgelassen. Aus den verkohlten Resten ihrer Feuerstellen erbrachten C-14-Analysen Daten zwischen 4000 und 2500 v. Chr. Auf ausgedehnten Völkerwanderungen müssen diese Menschen negriden, dominierend äthiopischen, auch europiden Typs – die Hellhäutigen kamen zuletzt! – im Lauf zweier Jahrtausende eingewandert sein.

Die Malereien dieser Rinderperiode sind von höchstem künstlerischen Rang, aber bleiben als Motive aus dem tägli-

Tassili n'Ajjer

chen – oder dem gehobenen – Leben der frühen Menschheit uns Späten nur ganz vordergründig-genrehaft verständlich – oder eher: rätselfremd. Wenn ein Paar vor dem Feuer sitzt und daneben Kinder friedlich schlafen, wenn ein Dorf Jagd macht auf einen Löwen, der ein Stück aus der Herde gerissen hat, wenn Krieger im Laufschritt dahinstürmen, zwei Menschen bei der Begattung dargestellt werden, dann sind das doch nicht handgemalte ›Erinnerungsfotos‹, sondern ›Zeichen‹, die ein uns nicht mehr so unmittelbar erlebbares Daseinsgefühl ausdrücken. Unserem ›Verständnis‹ tun sich keine Türen auf. Wir geraten eher in die Gefahr, durch willkürliche Spekulation den rechten Weg gänzlich zu verfehlen. Mit ›Kunst‹ nach den Begriffen unserer Zeit jedenfalls hat das alles gar nichts zu tun (obwohl wir es als Kunst einstufen), genausowenig wie mit ›Dekoration‹. Ist es möglich, daß sich ihr Sinn magisch im Akt des Malers selbst erfüllt haben könnte? Sinn schöpferischen Tuns in seinem Vollzug – ist das eine nur moderne Deutung oder sind sich Vorzeit und Gegenwart über Jahrtausende hinweg so nahe?

Die in den Tassili-Malereien dargestellten Tiere gehören dem afrikanischen Steppenklima an. Entlang der Flußläufe gab es noch Feuchtgebiete, in denen sogar das Flußpferd Daseinsbedingungen fand. Vermutlich war das Leben in der Sahara der Rinderzeit noch relativ behaglich, begann sich aber die spätere Austrocknung schon bemerkbar zu machen. Die Vegetation verarmte – nicht zuletzt wohl als Folge der Überweidung durch zu vielköpfige Rinderherden. Schon damals also hat der Mensch durch unbedachten Raubbau an seiner ›Umwelt‹ die eigene Zukunft und die seiner Kinder unmöglich gemacht. Wir Heutigen sind nur Nachfahren mit gefährlicheren Mitteln. Die Mehrzahl der Hirten mußte mit ihren Herden nach Osten und nach Süden abwandern.

Sicherlich aber lebten in der Zentralsahara noch Viehnomaden, als ein Volk mit pferdegezogenen Streitwagen bis in diese Region vordrang. Um die Mitte des 2. Jahrtausends v. Chr. begann in der Sahara die *Pferdezeit*. Durch die Hyksos aus Vorderasien im 17. Jahrhundert in Ägypten

Tassili n'Ajjer

eingeführt, waren die zweirädrigen Kampfwagen eine schnelle und zugleich elitäre Waffe der vedischen wie der homerischen Heldenzeit. Die Könige der Assyrer wie die Pharaonen des Neuen Reiches ließen sich als bogenspannende Sieger auf ihren Streitwagen an den Tempelwänden abbilden. Von den Ägyptern dürften wohl deren Gegner diese neue schnelle Waffe übernommen haben: die ›Seevölker‹, die zeitweilige Geißel des Mittelmeeres.

Vielleicht waren es die hellhäutigen Libyer, die als erste mit Pferdegespannen erobernd bis in die innere Sahara vorstießen. Sie wohl gehören zu den Ahnen der Berber, der Tuareg, der Mauretanier, der Gramanten, die Herodot »ein gewaltiges und großes Volk« nennt. »Diese Garamanten machen Jagd auf die Äthioper, die da in Höhlen wohnen, zu Wagen mit vier Pferden. Denn diese Äthioper, die in Höhlen wohnen, sind die allerschnellsten Läufer von allen Menschen, von denen uns etwas zu Ohren gekommen ist. Es essen aber die Höhlenbewohner Schlangen und Eidechsen und dergleichen Gewürm mehr. Und ihre Sprache ist gar keiner anderen ähnlich, sondern sie schwirren wie Fledermäuse.«

Vom Fezzan aus drangen die Pferde-Leute wohl ins Tassili n'Ajjer und über den Hoggar in den Air und den Adrar des Iforas. Die zahlenmäßig vermutlich schwachen Invasoren mögen sich mit den vor der wachsenden Trockenheit nach Süden ausweichenden letzten Rinderhirten vermischt haben und setzten die Traditionen der Felsbildkunst fort, die schon in der Rinderzeit Verfallssymptome zeigte. Die kleinformatigen, meist monochromen Darstellungen reduzieren die Details, die anfangs noch eleganten Linien erstarren, das Menschenbild schnurrt zu einem Doppeldreieck mit Armen und Beinen und einem stäbchenförmigen Kopf ein. Auch die Tierbilder werden schematisiert, die Themenvielfalt noch der späten Rinderperiode weicht einander immer ähnlichen Kampfszenen, die dem »aggressiven und expansiven Charakter der Kultur der Pferde-Leute« (Karl Heinz Striedter) entsprechen. Es war wohl das Schwinden der natürlichen Hilfsquellen im saharischen Raum, das dessen einzelne Bevölkerungsgruppen zu immer häufigeren Konflikten trieb. Hauptthema der Maler und Graveure dieser Periode ist das in gestrecktem Galopp dahinrasende Pferdegespann, das einen zweirädrigen Wagen zieht. Leider sind diese Fahrzeuge so stilisiert wiedergegeben, daß ihre Konstruktion wie Funktion unklar bleibt. Welche Aufgaben konnte ein ohne Verwendung von Metall gefertigtes Gefährt in der Wüste erfüllen? Vermutlich eher repräsentative. Demgemäß wurde es in einer späteren Phase in der Zentralsahara wie im Maghrib aufgegeben. Die zunehmend schematisierten Felsgravuren zeigen schließlich nur noch Reiter. Sie gelten als die Vorfahren der Tuareg.

Seit etwa dem 1. Jahrhundert vor der Zeitwende wurde das einhöckrige Dromedar – seit der persischen Eroberung Ägyptens (518 v. Chr.) im Niltal bekannt – in der Sahara zum wichtigsten und bis ins 20. nachchristliche Jahrhundert unentbehrlichen Verkehrsmittel. Gleichzeitig begann hier die ›Metallzeit‹. Die *Kamelperiode*, die vor 2000 Jahren einsetzte, dauert bis in unsere Gegenwart, in der das Automobil das ›Wüstenschiff‹ verdrängt. Ältere Darstellungen – einigermaßen schematisch in den Felsen gepickt oder geritzt – zeigen die Kamelreiter mit einer Ausstattung und Bewaffnung, die jener der Tuareg von gestern entspricht. Das Eindringen der arabisch-islamischen Kamelreiternomaden hat in den Felsbildern keine Spuren hinterlassen, hat an den Lebensformen der Wüste wenig mehr geändert. Die jüngeren Kamelreiterritzungen – zum Teil noch fast zeitgenössische Produkte – sind ganz naiv-schematisch, und manchmal finden sich zwischen ihnen noch naivere Bilder von Autos. Es sind keineswegs Inkunabeln einer neuen Periode der Felsbildkunst, sondern nur ironische Kritzeleien wie die Schmierereien, durch welche die Massentouristen von heute überall Spuren ihres gleichgültigen Dagewesenseins kundtun müssen. Hinter ihnen birgt sich kein magischer Sinn mehr.

Beispiele solcher jung-kamelzeitlicher ›Felskunst‹ finden wir bei einem Spaziergang entlang der Felsmauer, welche das Palmental der Oase von Taghit westlich begrenzt.

Kohlenpott und Grenzprobleme

Wir verzichten gern auf alle möglich-unmöglichen Abstecher, halten stracks auf unser nächstes Etappenziel zu: **Béchar**, die Hauptstadt des algerischen ›Kohlenpotts‹. Dutzende Kilometer bevor man sie zu Gesicht bekommt, sind schon mit dem Wegwurf der – wählen wir bewußt das häßlich zischende Wort – Jetztzeit bedeckt. Hinter Sandschleiern, vom Vormittagswind aufgewirbelt, erscheinen die aufgetürmten Industrieanlagen wie surreale Monstren. Die einförmigen Sechs-Stockwerk-Wohnblocks kann kein beißender Staub gnädig verstecken.

Von Algier, dem politischen Zentrum des Landes in der Luftlinie mehr als 900 km entfernt (auf der Straße ist die Strecke um etwa 700 km länger), ist Béchar Zentrum eines grenznahen, fast schutzlos nachbarlichen Gelüsten offen liegenden Industriepotts, in dem Eisenerz und Kohle abgebaut und verarbeitet werden.

Einstens führte die Stadt, die heute nur nach den Kamelnomaden heißt, die hier ihre Tiere weiden ließen, auch noch den Vornamen ›Colomb‹, nach dem französischen Obersten, der die Siedlung auf hippodamischem Schachbrettplan anlegen ließ. Sie hat dem Landfahrer außer Proviant nicht viel zu bieten. Die Betongotik der einstigen Eglise, die aufgeblasene Banalität von Rond-Point, Brunnen, Supermarché und Marktplatz mit einer neuen Moschee – ihr Achteckminar schlägt den roten Ton der Wüste an –, das hat man bald gesehen. Hat dieses Beieinander aber schon etwas Unwirkliches, so verfolgen einen ein paar der eigentlich ganz trivialen Gassen noch im Traum. Sie erscheinen wie praktikabel-kubistische Dekorationen mit allen kräftigen Tönen zwischen Ochsenblut- und Terrakottrot, zwischen Pink- und Babyrosa, zwischen die sich fahles Stroh- und grelles Zitronengelb hineinschiebt. Türrahmen und Fensterflügel in ungebrochenem Blau schreiben sich hinein und da und dort explodiert ein kräftiges Orange unterm trockenen blauen Himmel. Man ist in dieser Szenerie auf alles gefaßt und würde sich nicht wundern, zwischen den robusten und zugleich seltsam anmutigen Gestalten in diesen Gassen die schmale Figur und die dunklen Augen Franz Kafkas zu treffen, der auf Godot wartet ... ›In der Strafkolonie‹ hat Kafka eine seiner Erzählungen überschrieben. Béchar, diese alptraumhafte Stadt, war einmal Strafkolonie der Légion. Eine Hölle, die nicht dantesker Phantasie entsprang, sondern die unter diesem heißen Himmel Menschen für ihnen ausgelieferte Mit-Menschen eingerichtet haben. Die wenigen, welche dieses Inferno – Mindeststrafe 9 Monate – überstanden, waren kaputt für die paar Jahre, die ihnen noch blieben. Heute ist Béchar Endstation der Eisenbahnlinie, die vielleicht einmal ins schwarze Westafrika weiterführen soll.

Die gut ausgebaute Straße nach Nordosten – links die Abbrüche des Dschebel Antar – führt durch das schon seit dem letzten Jahrhundert umstrittene Grenzgebiet gegen Marokko. Rechter Hand stehen fernbläuliche Bergketten, gezackt wie Sägezähne, von links rücken schroffe Höhen heran: sie stehen schon auf dem Boden des Nachbarlandes. Wir erinnern uns der Geduldsprobe, die es zu bestehen galt, als wir einstmals von Beni Ounif aus ins befeindete Marokko hinüberwechselten. Da hatten wir genügend Zeit, seitab der Straße die dürre und dornige Pflanzenwelt zu besehen: Geschöpfe, die es nicht leicht haben.

Leicht haben es hier auch die Menschen nicht. Stacheldrahtrollen – Relikte des Grenzkrieges von 1962/63, von dem bei uns zulande niemand Kenntnis nahm, begleiten die Straße und die Bahnlinie nach **Beni Ounif** – einer nach unseren Begriffen eher trostlosen Stadt. Wir nehmen uns doch die Zeit für den Gang zum Friedhof, wo das weiße Marabut des Sidi Sliman Bousmala, eines frommen Moslems, der mit einer Handvoll Getreuer den Franzosen jahrelangen Widerstand entgegensetzte, fünf grüne Kuppeln ins fahle Weiß des hohen Himmels hebt. Zwischen Stacheldraht links und Stacheldraht rechts verläuft unsere Route durch Eintöniges, das in der Ferne schönlinige Konturen begrenzen. Das gleißendhelle Licht tut selbst durch Sonnenbrillen hindurch den Augen noch weh. Kleine, verlassene Forts stehen alle 10 oder 15 Kilometer vor den rotgelb gebänderten Wüstenbergen. Die vereinzelten Dörfer mit ein paar kahlen, unter der Tageshitze wie toten Häusern bleiben uns namenlos – aber sie sind mit elektrischem Strom versorgt. Auch wenn die dahinstelzenden Leitungen die Einsamkeit der Landschaft zerstören: daß sie existieren ist eine auch dem oberflächlichen Beschauer in die Augen springende Leistung der jungen algerischen Republik.

Stacheldraht läuft entlang einer Grenze, die durch keinen Vertrag festgelegt ist, die in keiner Karte eingezeichnet sein darf. Einmal nahe, dann wieder ferner, dann wieder heranrückend die graugestreiften Höhenzüge beiderseits unserer Route, die sich auf einmal zur Schlucht von **Moghrar** zusammenziehen. An ihrem Ausgang liegt die bescheidene Ortschaft mit einem weißen Marabut über dem Bahndurchstich und einem Café für kurze Rast. Nur wenige hundert Meter weiter weist uns ein Straßenschild rechts ab nach **Moghrar-Tahtani** und zum Geburtshaus des Sidi Sliman Bousmala, der hier am 19. Mai 1881 seinen siebenjährigen Krieg gegen die französischen Invasoren begann. Der Emir Abd el-Kader ist in Algerien heute eine nationale Vaterfigur – der Fromme, dessen Grab wir unterwegs besucht haben, ist ein nur in seiner engeren Heimat unvergessener Held. Immerhin hat man hundert Jahre nach seinem Aufstand, den eben vertriebenen Franzosen zum Tort – ihm ein Denkmal gesetzt, ein billig-geschmackloses Ding. Der Hüter der Stätte schüttelt verwundert sein weißes Haupt, als wir ihm erklären, wir seien aus unserem fernen Land – die RFA ist ein fernes Land – gekommen, um dem Andenken des Sidi Sliman zu huldigen. Wir müssen ihm ja nicht auf die Nase binden, daß wir eigentlich unterwegs sind zu neolithischen Felsgravuren mit verschiedenen Tieren, auch einer rätselvollen Menschengestalt mit Federkrone (ein Fürst, ein Priester im Ornat, ein Zauberer?)

Die Hauptstraße, auf die wir zurückkehren, verläuft im Trockental der Oued Rouiba, durch Stein, staubgrauen Boden mit ein paar verquälten Akazien. Abseits Felsbrokken, und in der Ferne schatten violette Berge. Die arabische Sprache verfügt über einen Wortschatz, der die Vielfalt der Ocker-, Gelb- Sandrosatöne zu bezeichnen vermag. Wir müssen uns, um uns das Gesehene durch Benennung zu eigen zu machen, mit ungefähren Ausdrücken begnügen für die Farben, die eine immer gleiche Landschaft von faszinierender Weite zum schwer vergeßlichen Erlebnis machen. Am Dreiweg vor Aïn-Sefra biegen wir rechts ab in Richtung El Bayadh. Bis dorthin (230 km) mag uns eine spätere Reise führen. Doch ein Ortskundiger, den wir ein Stück mitnehmen, hat uns geraten, dieser Straße wenigstens ein paar Kilometer zu folgen. Jenseits des palmenbestandenen Oued-Laufes bei der Ortschaft **Tiout** leiten uns Trittfährten hinauf zu einer Felswand mit Darstellungen von Rindern, Straußen, einem besonders lebendig wiedergegebenen Elefanten, von jagenden, von festliche Riten zelebrierenden Menschen. Das Gitter, welches die Stätte – was hat ihr das über Jahrtausende währende Ansehen verschafft, das immer wieder neue Graveure anlockte? – schützen soll, hat Bubenhände nicht abgehalten, diese Zeugnisse saharischer Menschenfrühe zu verstümmeln. Schon 1839 hat ein Korse seinen Namen tief in den Stein geschnitten. Er sei so vergessen und verflucht wie die aller anderen Schänder und Vernichter dessen, was uns als zu bewahrendes Erbe überkommen, zu treuen Händen anvertraut ist.

Von Aïn-Sefra nach Tiaret

Aïn-Sefra, die ›gelbe Quelle‹, liegt über 1000 m hoch im Windschatten des Dschebel Mekter und im Angesicht langer prächtiger Sanddünen und ist im Grunde eine reizlose Garnisonsstadt mit öden Kasernen und niedrigen Wohngassen. Von hier aus brach 1903 General Lyautey zur ›Befriedung‹ des südlichen Oranais auf, die zugleich den ersten Schritt in der Richtung auf ein französisches Marokko darstellte. Dem plötzlichen Hochwasser, das am 21. Oktober 1904 das Dorf heimsuchte, fiel mit vielen anderen Isabelle Eberhardt zum Opfer. Der General hielt ihr die Grabrede auf dem moslemischen Friedhof.

Der Südwind treibt den rötlichen Sand bis in die Gassen, bis in die Behausungen der Stadt. Die Pflanzungen, die sein Vordringen hindern sollen, haben sich inzwischen zu einem kleinen Park mit Eukalyptus und Kiefern entwickelt.

Das weitläufig-behagliche ›saharische‹ Hotel bietet sich als Ausgangspunkt für eine Rundfahrt zu einigen bedeutenden Felsbilderstätten der Umgebung an. Es vermittelt auch – für viele Dinare freilich – den Führer, ohne dessen Begleitung keine Aussicht besteht, die oft recht unauffälligen Stellen zu finden. Man fände sie nicht, selbst wenn es genaue Karten gäbe, denn die Bezeichnungen variieren in der wissenschaftlichen und der Guide-Literatur wie im Volksmund. Eine ›Führungslinie‹ ließe sich auch auf vielen Seiten nicht beschreiben. Genug: die wichtigsten und eindrücklichsten Felsgravuren des Sahara-Atlas liegen etwas abseits der Straßenverbindung von Aïn-Sefra über El Bayadh und die Marktsiedlung Laghouat (kleiner Umweg in diese recht sehenswerte Oase – wiederum mit Hotel von F. Pouillon – mit dem üblichen schachbrettartigen Plan, mit schönem Palmenhain und Gärten) nach Djelfa (Hauptmarktort der Ouled Naïl). Von dort sind es noch etwa 370 km nach Algier zurück.

Auch ohne ständigen Begleiter kann man manches sehen: von Aïn-Sefra aus die Gravuren vom Djebel Mahisser: eine Elefantenherde, die im rosigen Stein von der hohen optischen Sensibilität der Steinzeitmenschen zeugt wie von der heutigen Unsitte der Wandbekritzler. Auch beim arabisch-berberischen Doppeldorf Chellala-Dahrania stehen in rötlichen Felswänden die Bilder längst in diesem Teil Afrikas ausgestorbener Tiere. Im Jahr 1967 wurden hier ganz alte Gravuren entdeckt, aus der Zeit, da die Wüste noch grün war, aber der Mensch sich schon Hund und Esel als Begleiter und Helfer gezähmt hatte.

Wir sind nicht als Entdecker und Fachleute unterwegs und erstreben keine ›Vollständigkeit‹, haben nur unsere ganz unverbindliche Freude an den Dingen, die vor aller geschriebenen Geschichte die Bewohner der Sahara mit rätselvoller Sicherheit in den Stein graviert haben. Es muß unendliche Mühe gekostet haben, die Bilder ins Gestein einzuschleifen oder Löchlein nach Löchlein zu bohren und die dann zu glatten Linien zu verbinden. »Zweifellos sind die Felsbilder des Sahara-Atlas die ältesten des Maghreb. Zu Beginn ihrer Erforschung vermutete man, daß die frühesten Gravierungen bereits im Capsien, einer Spätphase der Altsteinzeit, entstanden. Grabungen hatten aus den Fundhorizonten des Capsien zahlreiche mit geometrischen Mustern verzierte Straußeneierschalen zutage gefördert, und einige von ihnen sowie einige Steinplatten tragen sogar Gravierungen von Tieren. So schien ein Zusammenhang mit den Felsbildern naheliegend. Die Forschungen der letzten Jahrzehnte haben jedoch ergeben, daß mit dem Beginn der Felsbildtradition des Maghreb eher im Neolithikum zu rechnen ist. Die ersten Felsbilder dürften demnach zu Beginn des fünften vorchristlichen Jahrtausends, vielleicht auch etwas früher, entstanden sein.« (Karl Heinz Striedter)

Wir hätten von Aïn-Sefra geradewegs nach Norden, nach Tlemcen oder unter Umgehung von Oran über Mascara nach Algier fahren können. Aber da wir auf der Suche nach Felsgravuren weit über El Bayadh hinausgelangt sind, wollen wir die knappen 120 km entlang des Djebel Amour genannten Bergzuges weiterfahren bis **Aflou**, das kein Reiseziel ist, sondern nur ein Knotenpunkt. Von hier aus schlagen wir die Nordroute ein, die auf etwa 180 km durch die öde Langeweile der Hauts Plateaux nach **Tiaret** führt, über 1000 m hoch gelegen und ein bedeutender Marktort zwischen Tell und Steppe, der sich in den letzten Jahren stark entwickelt hat, aber statt mit Sichtbarkeiten aus der Vergangenheit mit der Nachricht aufwartet, hier etwa habe sich einst die römische Siedlung Tingartia befunden, die dann als Berberdorf Tehert Stützpunkt für Oqba ben Nafi war, den arabischen Eroberer des Maghrib, und 100 Jahre später für den Rostemiden Abd er-Rahman, den damaligen Führer der Kharidschiten. Aus dessen Zeit sollen die einige Kilometer westlich der heutigen, erst 1863 gegründeten Stadt noch ein paar belanglose Trümmer zu finden sein.

Wir folgen dem Straßenweiser nach Algier, wohl wissend, daß sich abseits der Straße nach Mascara mit viel Zeit und etwas Glück vor- und nachrömische Grabanlagen finden ließen. Etwas über 50 km sind es auf dieser Straße – in südwestlicher Richtung – nach **Frenda**, und von dort wären es noch ein paar Meilen weiter nach Taoughzout, wo Ibn Khaldun, der große Historiker und Geschichtsdenker des Maghrib vier Jahre lang – von 1374 bis 1378 – lebte und seine Muqaddima schrieb, die umfangreich-grundsätzliche ›Einführung‹ zu seiner fragmentarischen Geschichte der Berber. Allenthalben im Maghrib bietet sich Anlaß, dieses universalen Geistes zu gedenken, in seiner Geburtsstadt Tunis, wo man ihm ein plumpes Denkmal errichtet hat, wie im marokkanischen Fes, wo er eine etwas zwielichtige politische Rolle spielte, in Béjaïa, Biskra und Tlemcen, Stationen aus seinem Lebensweg, der ihn auch nach Granada, Kairo, Damaskus führte. Als Großkadi ist er in der Hauptstadt Ägyptens im Ramadan des Hedschrajahres 808, das heißt am 17. März 1406 christlicher Zeitrechnung gestorben. Einen Denker seinesgleichen ehrt man mehr, wenn man sein lang vergessenes Werk liest und studiert als durch sentimentale literarische Pilgerfahrten.

Ins Herz der Wüste

Texas im Östlichen Erg

Die Fahrt ins Zentrum der Sahara, nach Djanet und Tamanrasset ist kein bloßer Abstecher von der problemlosen, ja fast gemütlichen Route durch die Oasen, die wir auf einer ersten Sahara-Fahrt kennengelernt haben, sondern immer noch eine Expedition, die sorgsamer Vorbereitung bedarf, die man nur mit einem Geländefahrzeug mit großen Tanks für Trinkwasser und Treibstoff unternimmt.

Im Rahmen dieses, einer der größten und faszinierendsten Landschaften unseres Planeten gewidmeten Kapitels, in einem Buch der Erinnerung sowohl wie auch der Vorfreude, ist nicht der Raum für detaillierte Hinweise, wie sie die wertvoll-unentbehrlichen Handbücher enthalten. Dafür stehe hier die ernstliche Mahnung, daran zu denken, daß auch – und gerade – in wüsten Weiten Regeln gelten. Wer sie nicht beachtet, verdirbt sich das Spiel, verliert es – und damit zu oft leider auch das Leben. Ein vernunftbegabtes Wesen sollte vorsorgliche Vorschriften nicht mit einem Achselzucken abtun. Und noch eine – vielleicht schon verspätete – Warnung. Wer einmal die Weite und Öde, die Monotonie und die Farbenpracht der Sahara erlebt hat, ist in Gefahr, dieser strengen Herrin zu verfallen. Nicht nur für sieben Jahre, sondern für immer. Besser, man läßt sich gar nicht mit ihr ein, damit sie einen nicht fesselt und verschlingt. Sie dörrt den kecken Eindringling aus, läßt ihn dürsten und hungern und nachts bis ins Mark frieren – aber sie füttert ihn zugleich mit Bildern, die man so grandios weder im Rausch noch in Fieberschauern träumen kann. Nein, man sollte sich nicht mit ihr einlassen. Aber wir habens ja schon getan, haben auf den schnöden Komfort Europas verzichtet, auf Hotels mit fließendem Wasser, auf Supershops und Diskos, auf Bequemlichkeit und billiges Behagen und sind bereit, uns den Elementen zu stellen: Steinen und Sonnenglut, Wind, Sand und Sternen.

Wo wir bei unserer letzten Tour an der Straßengabel 80 km hinter Touggourt nach rechts, auf Ouargla zu hielten, da wählen wir diesmal die monotone linke Route, die durch eine kahle Sandebene – der Sand ist etwas gelblicher als im Souf – schnurgerade nach Süden zieht, in gehörigem Abstand zu der in der Karte verzeichneten Pipeline. Tröstlich unterwegs ein einsamer Markierungspfahl: nur noch 85 km nach Hassi-Messaoud. Aber **Hassi-Messaoud** ist keine Oase, keine Stadt, ist nur ein Konglomerat von Bohranlagen und Wohnsiedlungen, schmorend in dürrer Wüste, ein Knäuel von Röhren und Kabeln und wieder Röhren, verfinstert von den Rauchschwaden der fauchenden Abfackelungen. Flammen bis zu 20 m Höhe schießen aus den Schornsteinröhren. Das ist die Wüste als Industrielandschaft, die man durch ein paar kümmerliche Anpflanzungen und ein paar Topfblumen freundlicher zu machen versuchte, die aber dem zum Trotz etwas unendlich Tristes behält. Die hierher verpflichteten Fachleute verdienen Phantasiegehälter, werden – zu phantastischen Preisen freilich – mit allem versorgt, was es in der Wüste eben nicht gibt. Die Arbeiter erhalten nach jeweils vier Wochen mörderisch harter Arbeit zwei Wochen Urlaub, die sie in den Bergen, an der See, in Algier oder Paris verbringen können, um dann wieder zurückzukehren an ihr hartes Tagwerk. Lange, so heißt es, hält das hier keiner aus, in Hitze und Trockenheit – im Sommer nur 21% Luftfeuchtigkeit – Schwerarbeit zu leisten. Die Einsamkeit, die Trennung von ihren Familien, der Mangel an jeder Zerstreuung in einer reinen Männerwelt, das alles macht die Leute fertig. Wer hier geschuftet hat, ist hinterher nicht mehr derselbe.

Das Öl hat auch die Wüste verändert. Neue Siedlungen sind entstanden, verlangten nach Anbindung an den modernen Verkehr durch Pisten, Straßen und Flughäfen, und die Industrieanlagen verlangen nach Arbeitern. Die kommen von überall her, aus den Städten des Nordens, aus den Oasen, in denen nur die Frauen, die Kinder und Greise zurückbleiben, die also ›vergreisen‹ und die veröden, weil ihnen diejenigen entzogen sind, die ihnen die Pflege angedeihen lassen, die sie brauchen.

Die Teerstraße nach Süden verläuft weiter parallel zur Pipeline durch eine gelbe Sandebene mit eingestreuten schöngeformten Dünenbergen, führt uns quer durch den Großen Östlichen Erg. Wer sich eine Fahrt durch eine Bilderbuchwüste erhofft hatte, wird enttäuscht. Das Gassi Touil, ein eiszeitliches Flußtal, das den Erg von Süden nach Norden durchschneidet, ist so breit, daß von den Bergen kaum etwas zu sehen bekommt, wer nicht einen Querfeldein-Abstecher unternimmt. Punktuelle ›Sehenswürdigkeiten‹ erwartet man sich sowieso nicht, aber selbst die in der Karte eingezeichneten Siedlungen sind kaum bemerkbar. Fast hätten wir übersehen, daß wir Fort Lallemand (55 km nach Hassi-Messaoud) passieren. Abseits der Straße liegen Ölbohrbasen (120 km: Hassi Touareg), zu denen dem Touristen grundsätzlich der Zutritt verwehrt ist, wo er aber doch im Notfall Hilfe finden kann.

Wir erinnern uns, irgendwo gelesen zu haben, daß man etwa 15 km vor **Bel Guebbour** (ungefähr einen Kilometer links der Straße) versteinertes Holz finden kann, aber keine Wegmarke sagt uns, wann es nur noch 15 km zu dieser Ortschaft sind, die – ein paar Baracken eher als Häuser, eine Tankstelle mit rostenden Fässern und ein ›Café‹ im Sandigen – wir beinahe übersehen hätten. Wir lassen unseren Tank ganz voll machen und die Route nach Bordj Omar Driss – das ehemalige Fort Flatters (Flughafen) – rechts liegen. Die Pisten, die von dort ausgehend sich bald teilen, sind aus militärischen oder anderen Sicherheits-Gründen zum Teil verboten, zum Teil verbieten sie sich von selbst. Nur ein Wüsten-Snob wird sich ans innere Revers die Befriedigung heften, er habe die 320 km bis zum verlassenen Dorf Amguid befahren und die weiteren etwa 440 bis Fort Gardel (Zaouatallaz), von wo es immer noch 164 km nach Djanet sind.

Djanet ist unser Ziel, und wir begeben uns möglichst schnell auf die Reifen. Zu gierig sind die Augen der zur Enthaltsamkeit verurteilten Arbeiter im Café nicht nur auf weibliche Wesen gerichtet.

Die Straße – Teerbahn mit ausgefransten Rändern – zieht gegen Osten. Ein paar Kilometer links ab entdecken wir zwischen Sand und Staub ein schilfumstandenes Gewässer, unternehmen die Exkursion von ein paar Schritten zu einem Trog, der warmes, leicht schwefelhaltiges Quellwasser faßt, gönnen uns ein Abendbad, und dann – den Mücken entgangen – suchen wir uns abseits der Straße einen Rastplatz für die Nacht.

Kurs nach Djanet mit Umwegen

Mit der aufgehenden Sonne erhebt sich der Morgenwind und macht uns frösteln. Trotzdem gilt es, bei noch frühkaltem Himmel aus den Schlafsäcken zu schlüpfen, denn noch lange Strecken liegen vor uns. Bis In Aménas sind's reichliche 300 km, und von dort nach Djanet nochmals 650. Das ist nach unseren Begriffen nicht mehr als eineinhalbmal die Strecke zwischen München und Berlin, die sich notfalls in einem einzigen Tag schaffen läßt. Aber was sind unsere Begriffe in der Sahara! Hier gibt es keine Autobahnen, keine Raststätten, Hotels, Würstchenbuden. Die gerade Straße führt uns dem Morgenlicht entgegen, zieht durch Vegetationslosigkeit, die linker Hand ferne Sanddünen, dann niedrige Tafelberge begleiten. Nur wo der Weg ein Wadi überquert, zeigen sich einige stachelige Gewächse. Aber wo einmal eine Wolke gebrochen ist und ihr Wasser auf die dürre und rissige Erde geschüttet hat, da hat diese es gar nicht aufnehmen können, wurde der Himmelssegen zum Verhängnis, das alles mit sich fortriß, was sich ihm entgegenstellte: Brücken, Straßen ... An solchen Stellen führen Umleitungen durchs Bett des namenlosen Oued.

Namenlos sind auch die Bohrstellen, zu deren Einsamkeit Pisten abführen. Von **Ohanet** sehen wir nur von fern den kleinen grünen Hain und silbrig schimmernde Tanks. Schon im Fahren ließen sich nach rechts Fernblicke hinab in die Tiefe des Erg Issaouane erhaschen. Entlang einer neuen Pipeline in den tunesischen Süden zieht die Fahrbahn, da und dort wölkt sich dunkler Rauch von Abfackelungen in den hellen und immer heißer werdenden Himmel. Die Straße, die sich etwa 50 km hinter Ohanet nach Süden gewendet hat, stürzt wenige Minuten nach dieser Wendung über den ›Mufflonsprung‹ steil hinunter in eine wellige Ebene, in der mit schwarzem Wüstenlack überzogene Schottersteine den rötlichen Sand bedecken. Vereinzelte Zeugenberge, sandfarben am Fuß, lackschwarz an Haupt und Schultern, überragen eine Wüstenlandschaft, wie man sie sich nur wünschen kann – und die doch ganz anders ist als die Vorstellungen, die wir mitbrachten.

In Aménas besteht wie Hassi-Messaoud aus einer Mehrzahl von kleinen, durch Wüste, Sand, Staub, Erdgas- und Ölröhrung voneinander geschiedenen ›städtischen‹ Siedlungen aus Betonkuben mit etwas Grün innerhalb der kargen Mauern. Ein Schild weist den fremden Landfahrer zu dem Bereich, wo er zwar nicht Benzin, aber Trinkwasser tanken kann und vor allem das wichtige Papier erwirbt, das ihm erst die Weiterfahrt ermöglicht, denn sonst wird er bereits vom Polizeiposten bei der Ausfahrt festgehalten und zurückgeschickt. Die Daira, die Bezirksverwaltung, etwa unserem Landratsamt entsprechend, stellt es nur für Fahrzeuge aus, die ihre Eignung für Wüste und Piste nachweisen können, das heißt, es muß sich um einem geländegängigen Wagen handeln und er muß versehen sein mit entsprechenden zusätzlichen Treibstoff- und Wassertanks, mit Werkzeugen, Ersatzteilen, Proviant und Medikamenten. Die praktischen Reiseratgeber für die Sahara geben genauere Auskunft, auch eine Broschüre der ONAT, der staatlichen algerischen Touristikorganisation, die man uns schon am Flughafen in Algier in die Hand gedrückt hat.

Bis nach Djanet, der Oase des Südens, die sich gerne ›Perle der Sahara‹ nennen läßt, dem Ausgangspunkt für eine Tour durch den Nationalpark des Tassili n'Ajjer, sind es noch immer 650 km. Zunächst noch auf einer Teerstraße, die schnurgerade durch eine kahle graue Ebene mit einigen rötlichen Sanddünen zieht. Nach etwa einer halben Fahrstunde öffnet erneut ein Abbruch den Blick in eine weite Landschaft mit schwarzen Hügelzacken und hohen Dünenketten in der Ferne. Die kleine Militärstation **Tiguentourine** bleibt rechts liegen. Wir sind nun in dem Gebiet, in dem die ersten Erdölbohrungen Algeriens vorgenommen wurden und wiederholt sehen wir unterwegs ferne Bohrtürme oder Rauchwolken. Obwohl der Tag sich schon neigt, müssen wir weiter. Bis zur Erdölbasis **El Adeb Larache** ist Fremden das Campieren verboten. Im späten Licht zeigen sich die hohen Dünen des Erg Boucharet, an denen wir nun entlangfahren. Ihre sanften Rundungen und ihre scharfen Säbelschneiden werden durch indigioblaue Schatten ins mächtige Relief getrieben. Wir könnten dem Wind zusehen, wie er den Sand über die scharfen Grate treibt und diese ins Wandern bringt, wie er Mulden füllt und Wellen abträgt, um anderwärts welche entstehen zu lassen. Es sind immer die gleichen Formen in immer neuen Variationen und Verwandlungen: Gestaltung, Umgestaltung, des ewigen Sinnes ewige Unterhaltung. Immer wieder möchten wir einen Fotohalt einlegen, aber wir müssen ja weiter, bevor die Nacht einfällt. Auf holpriger Piste überqueren wir die Kette der Dünen, gelangen in eine graue, mit schwärzlichen Steinen übersäte Hammada-Ebene. Hinter der Ölbasis Larache sind Bauarbeiten im Gang. Eine Trasse ist vorbereitet, die wohl einmal als Teerstraße bis Djanet durchlaufen soll. Aber bis es soweit ist, kann es noch lange dauern. Der Nächtigungsplatz südlich von Larache, mit Bäumen und Thermalquelle, den uns der gedruckte Saharaführer empfiehlt, ist von Mücken so umschwirrt, daß wir gern auf ein abendliches Bad verzichten und – obwohl man's nicht tun sollte – in der ersten Dunkelheit noch etwas weiterrumpeln, um endlich abseits der Straße zu rasten.

Der Mond ist noch nicht aufgegangen, die Sterne stehen dicht in großen Bildern am dunklen Himmel, den das weiße Band der Milchstraße überquert. Der Nordstern, in dieser Bilderpracht nicht gleich gefunden, zeigt uns, aus welcher Himmelsrichtung wir kamen. Ein Stück hartes Brot, eine Wurstkonserve aus dem Vorrat, ein paar Oliven und ein langer Zug aus der Wasserflasche. Müde und zufrieden kriechen wir in unsere warmen Schlafsäcke. Wir frösteln, als wir sie am nächsten Morgen verlassen müssen. Heiß ist die Wüste nur, wenn die Sonne höher steht – sonst ist sie wider Erwarten kalt. Wir beschränken die Morgentoilette auf den unaufschiebbaren Gang hinter die nächste Bodenwelle, auf schnelles Zähneputzen und – mit dem restlichen

Wasser aus dem Becher – eine schnelle Hand- und Gesichtswäsche. Unseren Tee werden wir später bereiten, wenn die Sonne höher steht und es wärmer geworden ist. Ihr Erscheinen verwandelt den Himmel in ein Theater des Lichts. Innerhalb weniger Minuten verfärbt sich das branstige Pflaumenblau der ersten Frühe ins Rosige, das dann in Schwefelgelb übergeht, das silbrig verblaßt, wenn sich die große goldene Scheibe über den Horizont heraufschiebt.

> *»Bruder Sonne, der Tag bringt ...*
> *und schön ist im hellen Entbrennen«*
> *»Du erscheinst so schön im Lichtorte des Himmels ...*
> *Du bist aufgeleuchtet im östlichen Lichtorte*
> *und hast alle Lande mit deiner Schönheit erfüllt.*
> *Du bist schön und groß, glänzend*
> *und hoch über allen Landen.«*

Die Sonnengesänge des Franziskus und des Echnaton klingen im Ohr, während wir schon unterwegs sind weiter in Richtung Süden. Links abseits erkennen wir dort, wo einst die längst nicht mehr befahrene Piste nach Ghat und Serdeles in Libyen abzweigte, den niedrigen Kubus des einstigen Forts Issendjel. Der dortige Brunnen ist längst vertrocknet. So der Himmel will, werden wir in Illizi wieder Wasser aufnehmen. – Man sollte, wenn es geht, immer alle Kanister gefüllt haben.

Die Piste dahin mit ihren wellenförmigen Querrinnen im harten Untergrund ist ›Wellblech‹, das die Fahrerei zur Rüttelqual macht. Räderspuren nebenan beweisen, daß die meisten Fahrer dieser Tortur zu entgehen trachten, indem sie sich ihre eigene Fährte suchen. Die weitgefächerten Spuren finden sich erst kurz vor Illizi wieder zusammen. Auf den paar Kilometern eines Flaschenhalses kann man der Wellenrappelei nicht entgehen. Wenn der Fahrer ein gelindes Tempo wählt, dann kostet man vom Sitzfleisch bis in den Nacken jede Rille aus, schont aber den Wagen. Wenn er mit Tempo 80 frech darüberrast, dann wird man zwar gebeutelt, aber nicht so ausführlich. Dafür geht es dem Wagen an die Achsen. Aber nach einigen Tausend Kilometern Wüstenpiste ist sowieso jedes Fahrzeug nur noch ein Invalide.

ILLIZI

Illizi, das einstige Fort Polignac, ist wahrlich kein Touristenziel, aber hier hat sich der Wüstenfahrer wiederum bei der Polizei zu melden, damit Paß, Wagen und Devisen geprüft werden. Das ist, nur was die Devisen anlangt, bürokratische Schikane, im übrigen eine Vorkehrung, damit nicht jemand, der unterwegs liegenbleibt, an Leib und Leben zu Schaden kommt. Wer der Hilfe allerdings wirklich bedarf, dem kann sie sehr teuer zu stehen kommen. Einige Tausender muß er schon in Reserve haben. Manchmal

Wüste nördlich von Illizi

meint man, daß die Bewohner des algerischen Südens, seitdem ihnen die Rezzus, die Raubzüge verwehrt sind, sich mit räuberischen Rechnungen an den Fremden schadlos halten – und die Behörden spielen mit. Unterkunft gibt es in Illizi so wenig wie Einkaufsmöglichkeiten. Nur die Vorräte an Treibstoff und Wasser kann man ergänzen in diesem verlassenen Ort beinahe ohne Zivilbevölkerung. Militär (wegen der Grenznähe zum unberechenbaren Libyen), Polizei und Zöllner stellen das Gros der Bewohner, langweilen sich schändlich und bekommen Stielaugen, wenn dem fremden Fahrzeug ein weibliches Wesen entsteigt. Es gibt Leute, die meinen, das beste an Illizi sei sein Flugplatz.

Daß man an einem Posten so ausgesprochen militärisch-amtlicher Präsenz und ziviler Dürftigkeit besser den Fotoapparat in seiner staubsicheren Plastikhülle läßt, das versteht sich. Und dabei könnte Illizi Ausgangspunkt sein für eine mehrtägige Expedition auf Kamelrücken zu Felsgravuren des Oued Djerat, die aus der Bubalus- oder Jägerzeit stammen und außergewöhnlich groß (eine der berühmten Giraffen ist 8 Meter hoch!) und zugleich sehr sorgfältig ausgeführt sind. Die Forschung bringt sie in Zusammenhang mit den gleichzeitigen Gravierungen, die sich im libyschen Fezzan, vor allem im Mathendous zu Tausenden finden. Für jeden Tag darf man allerdings für Kamel, Kameltreiber und Führer zwei bis drei Hunderter hinblättern.

Durchs Fadnoun-Plateau und übers Tassili

Kurz nach Illizi verkündet ein Schild: nach Djanet – nur – oder immer noch? – 412 km. Wir ahnen nicht, was an Plage und an Herrlichkeit – und diese überwiegt – noch bevorsteht. Erst eine Sandebene, dann Wellblechpistengerappel und hinauf zieht sich die Fahrspur aufs **Fadnoun-Plateau,** das sich zunächst als eine Mondlandschaft darstellt, bedeckt von zerschollenem schwarzem Gestein. Grau und schwarz, so weit das Auge reicht. Wenn man aber genauer hinsieht, dann merkt man, daß das keine schwarzen Brocken sind, sondern helle Sandsteine, die Wüstenlack schwarz überzieht, jene Schicht aus Eisen, Wolfram und anderen Elementen, deren Spuren in Jahrtausenden der ins Gestein eindringende Tau gelöst, die brennende Sonne an die Oberfläche gelockt und dort oxydiert hat.

Eine Spur ist eingefahren, windet sich zwischen Hügel und Hügel, man braucht keine Wegmarken, aber kann grausamem Pistengerüttel nicht entgehen, wie man sich auch wendet. Soll das so weitergehen, noch hunderte Kilometer durchs Schwarze und Feindselige? Dieses vegetationslose Hochland durchschneidet ein großes vorzeitliches Flußtal, dem ungezählte kleine Täler und Cañons zulaufen. Wer sein Fahrzeug verläßt, um sich für sechzig Minuten (oder besser für zwei oder drei Stunden) Bewegung zu

Auf dem Fadnoun-Plateau

gönnen, kann vielerlei erleben, kann von einem der Hügelkämme einen Blick auf den großen fernen Cañon erhaschen oder in einem der Oueds, deren Felsboden glattgeschliffen ist, einer unter Strauch- und Steinschatten lauernden Hornviper begegnen – ihr Biß ist tödlich. Über den warmen Sand huscht eine sandfarbige Eidechse, die wir wohl aufgestört haben, und hinter der Borke eines toten Baumes hat sich ein Falter verpuppt. Kot von vielerlei Art zeugt davon, daß diese anscheinend so lebensfeindliche Landschaft vielen Tieren Lebensmöglichkeit bietet: Wüstenmäusen und Wüstenfüchsen, die meist in der Nacht aktiv werden, aber auch Schafen und Kamelen. Und wo die leben, müssen auch Menschen sein.

Als hätte unsere achselzuckende Folgerung ihn herbeigezaubert: auf einmal steht ein Mann in der Schlucht. Ein schwarzer Schech umhüllt ihm Haupt und Kinn, ein Haik aus schwarzer Wolle die Gestalt. Seine Haltung drückt Mißtrauen aus. Aber er ist unbewaffnet. Wir tun so, als sähen wir ihn nicht, bücken uns geflissentlich auf der Suche nach den schusserrunden Wüstenkugeln, die hier in den Sand hineingerollt sind: Launige Gebilde der Natur, die sich um einen kleinen organischen Kern gebildet haben. Wenn man eine solche Kugel auf den Boden wirft, dann springt sie meist elastisch wie ein Gummibällchen – wenn sie nicht entzweibricht. Unser Tun lockt den scheuen Targi neugierig heran. Die Hände finden einander. »Labès?« – »Al-Hamdulillah. Labès?« Lächeln geht über Sprachschwierigkeiten hinweg. Nur seine Augen verraten, daß ihn unser Interesse für seine aus Lederblättern und blauen Fäden bestehenden Sandalen belustigt.

Das Fadnoun-Plateau ist schon ein Teil des Tassili n'Ajer, eines der pittoreskesten Gebirge der Wüste. Unsere Weiterfahrt führt zunächst durch relativ flache Landschaft, dann über eine Paßhöhe auf ein Plateau mit erodierten Zeugenbergen. Die Kräfte von Wasser und Wind haben in Jahrtausenden diese schwarze Landschaft phantastisch zugeschliffen. Ein Abfall in ein einst ungeheures Wadi, dann wieder der Aufstieg ins Bizarre. Von der ›Höhe 1500‹ eröffnet sich ein grandioser Weitblick. Aber wo wäre die Sahara nicht grandios. Sie ist es selbst in ihren trostlosesten Teilen, den schwarzen, brettflachen Ebenen, die einem einen Begriff von Öde und Einsamkeit vermitteln, den man bei uns daheim nicht bei regster Vorstellungskraft gewinnen könnte. Aber hier im Tassili ist's einsam wohl, doch nicht eben. Die Abfahrt in engen holprigen Kehren ins Einzugsgebiet des Oued Agdaoudaoun kann einem das Fürchten lehren. Drunten dann ist's weniger fürchterlich. Am Rand des jetzt trockenen Flußbetts wächst sogar spärliches Grün, sitzen in Dornensträuchern grüngoldene Käfer. Tierspuren zeugen von nächtlichen Beutegängen. Aus der Talbreite rappeln wir uns über einen sachten Höhenrücken wieder hinauf in eine schwarze Geröllandschaft, in der harte Gesteinsschichten der Erosion getrotzt haben. Surreale Ruinenstädte, urzeitliche Tempel oder Königsmäler, gezackte wilde Saurier, furchterregende Echsen (einem besonders ausdrucksvollen Felsgebilde haben witzige Fahrer ein blutig bleckendes Maul aufgemalt) springen ins Blickfeld beim Auf und Ab – Ab und Auf durch dieses zerklüftete Hochland, in dem man wirr zu träumen meint, in das dann wieder eine Sandebene eingesprengt ist. Spuren der Blechdosenzivilisation führen uns auf den rechten Weg, zu einer Felsnische, in der sich unter modernen Kritzeleien Tifinagh-Inschriften erkennen lassen. In den anderen

›Abris‹ wenige Schritte weiter finden wir Spuren früher Malereien. Es sind die ersten, die wir auf unserer Fahrt treffen, und wir betrachten sie mit scheuem Respekt, diese Zeugnisse für eine Geschichte der Sahara vor den und außerhalb der antiken und nachantiken Zeitläufte. Wir erkennen weißkonturierte Bogenschützen mit ockerroter Haut, Tiere, die sich nicht mehr benennen lassen, weil nur noch ihre Hufe erhalten blieben. Später, auf einer Wanderung durch den Nationalpark mit den zum Teil viel besser erhaltenen Zeugnissen der prähistorischen Malerei würden wir solchen Resten nicht so viel Aufmerksamkeit schenken. Aber wir sind noch nicht so abgebrüht. Das ist die erste Begegnung, auf die man sich schon gefreut hatte, und sie ist darum ein besonderes Erlebnis.

Noch einmal geht es abwärts. Landroverspuren im schwärzlichen Kies zeigen uns den Weg. Später zweigt rechts eine Piste ab, die, am Fuß des Adrar-Massivs (2154 m) vorbeilaufend, eine Verbindung zur Piste Djanet – Zaouatallaz – Amguid herstellt. Wir halten uns links, in etwa südöstlicher Richtung. Nach 5000 Metern etwa entdecken wir wieder ein ›Abri‹, eine Felsnische mit Malereispuren. Nach 15 km – Fahrzeugspuren links ab dienen uns als Wegweiser – finden wir hinter Felsen eine schöne Guelta, ein Wasserloch. Nach 20 km – der Kilometerzähler des Autos ist das einzige Maß – links die Abzweigung einer Piste nach **Iherir**. Saharafreunde haben uns den Ausflug dahin empfohlen. Da fänden sich Gueltas und Felsmalereien auch, die man allerdings nur mit einem örtlichen Führer zu sehen bekommt. Daß wir dem Rat nicht gefolgt sind, weil wir uns von einem Zeitplan beherrschen ließen, das reut uns heut noch.

Nach etwa weiteren 19 oder 20 km, ungefähr 200 m vor einem der alle 10 km markierenden Pfähle, dem das entsprechende Schild (es müßte lauten ›Djanet 180 km‹) fehlt, führen Landroverspuren links ab. Etwa 10 km sind es von da bis zur Felsenplatte von **Tinterhert** mit Gravuren aus der Bubalus- oder Jägerzeit. Sie gehören zu den bekanntesten der Sahara. Wir erkennen Giraffen, Antilopen, Strauße, menschliche Gestalten. Berühmt ist die etwa 5 m lange ›gelockte Kuh‹, eine Rinderdarstellung mit seltsamen Spiralen verziert, die aussehen wie Löckchen, aber als Motiv auch für sich allein auftreten können. Ihre Bedeutung ist noch unklar. Die tiefen Rillen der Gravuren sind mit dem gleichen Wüstenlack bedeckt wie die Oberfläche der Felstafel, was auf ein hohes Alter der Bilder hinweist. Neben der Art der jeweils dargestellten Tiere dient diese ›Patina‹ den Vorgeschichtsforschern als Anhaltspunkt für die Datierung.

Leider haben fotogierige Touristen, die gedankenlos die Platte mit ihren Stiefeln betreten, schon so arge Schäden an den vorgeschichtlichen Kunstwerken angerichtet, daß neuerdings der Ausflug nur noch mit amtlicher Genehmigung und mit Führer unternommen werden darf. Aber wer kann einen zwingen, erst nach Fort Gardel zu fahren, um sich beides zu beschaffen – oder gar bis Djanet?

Auf der Rückkehr zur Hauptpiste lassen wir uns noch durch Reifenspuren zu drei malerisch übereinander in den Felsen liegenden Gueltas leiten. Es ist eine Stelle, die zur Rast verlockt. Fahrspuren weisen auch – etwa 5,5 km hinter der Wegmarkierung an der Djanet-Piste – links ab den Weg zu einer Felswand, in der sich ein paar Meter über dem Boden unter Überhängen Felsmalereien aus der Rinderzeit finden. Weil das unsere ersten Begegnungen mit dieser Kunst sind, nehmen wir jede Gelegenheit wahr, ihre Zeugnisse zu beschauen. Wir wissen – oder hoffen zumindest –, daß wir auf der Tassili-Wanderung von Djanet aus noch vielen ähnlichen, zum Teil besser erhaltenen Malereien werden begegnen können. Aber dann werden wir auf einzelne Stellen gar nicht mehr eingehen können, und es fehlt dann, bei der geführten Tour, auch die Entdeckerlust, die wir hier erproben.

Die Piste nach Djanet – oder vorerst nach Zaouatallaz, dem einstigen Fort Gardel – führt wieder durch eine ganz unglaubliche Landschaft. Geisterburgen und Schlösser mit Zinnen, Türmen und Pechnasen scheinen auf den Spitzen wilder Geröllhügel zu thronen, schwarze Dämonenfinger recken sich zum Himmel, Fratzengesichter dräuen, dunkle Drachenköpfe lugen aus Spalten. Alle paar hundert Meter möchte man anhalten, möchte weglos hineinwandern in diese Phantasiewelt, die Wasser, Winde, Gluthitze und Eiseskälte geformt haben. Es ist eine Landschaft, die für viele holpernde monotone Fahrkilometer entschädigt.

Und dann der 1200 m hoch gelegene Tin-Taradjeli-Paß: aus der Bergwelt stürzt die Straße hinunter in ein sandiges und steiniges Plateau, von ein paar Akazien bestanden, von fernen, nicht weniger pittoresken Bergen gesäumt. Durch diese sandige und kiesige Plaine erreichen wir – auf Fahrspuren abseits der Ratterpiste – Fort Gardel (535 km von In Amenas, 130 km bis Djanet), heute **Zaouatallaz** benannt. Eine trostlose Siedlung. Von dem kleinen französischen Fort stehen nur noch leere Mauern. Drum herum und weit verstreut haben Nachkommen einstiger schwarzer Sklaven der Tuareg (hier, in deren Bereich, Iklan genannt) ihre Zeribas, ihre Rohr- und Palmblatthütten errichtet. Ab und zu eine Akazie, neben einem Lehmhaus – zaungeschützt – ein trockener Garten. Halbnackte Kinder, die Augen voller Fliegen, unternehmen zaghafte Bettelversuche. Nur wenige Männer sind zu sehen, in staubig verblichenen himmelblauen Gewändern. Die Frauen, verhüllt, halten sich scheu im Umkreis ihrer Behausung. Nur wenn kein Mann dabei ist, dann tauen sie auf, winken sie die fremden Frauen neugierig heran, betasten ihre fremdartige Kleidung mit zaghaften Händen, lächeln scheu. Und wenn ihnen ein Lächeln antwortet, dann lachen sie, schwatzen, werden immer neugieriger.

Fort Gardel ist für den Touristen kein Stütz-, es ist nur ein Treffpunkt der Fährten und der Wüstenfahrer, die hier Erfahrungen austauschen, aber außer Wasser gar nichts auftreiben können. Nach Djanet führt von hier aus eine harte, aber zugleich auch landschaftlich hinreißende Piste. Sie zieht zunächst genau ostwarts – mit heimtückischen Sandstellen im Anfang, wir müssen unsere Schaufeln und Blechplanken mehrfach in Bewegung setzen –, nähert sich den auf hohen Geröllkegeln thronenden, steilgeschichteten Felskastellen, -pfeilern und -fingern des Tassili-Plateaus. Auf den sandigen Flächen liegen da und dort durch die Kräfte von Wind und Sand geschliffene, durch Sonnenglut

Im Fadnoun

und nächtliche Kälte zersägte Granitblöcke. Im Schutz einiger solcher Steine abseits des Weges suchen wir eine Bleibe für die Nacht. Die Sandstellen haben uns Zeit gekostet, der Tag geht zur Neige und wir wollen nicht bei Finsternis in Djanet einfahren. Lieber noch eine Nacht in der Wüste, wir sind ja nicht auf einer Rallye und werden dann Djanet eben erst am fünften Tag nach dem Aufbruch von Touggourt erreichen. Während wir unsern Abendimbiß verzehren, färbt das letzte Tageslicht die zernagten Berge blutrot, zeichnet violette und dunkelblaue Schatten in ihre Flanken, läßt sie dann verbleichen und ausglühen. Dann erscheinen die ersten Sterne am lapislazuliblauen Himmel, gewinnen im wachsenden Dunkel an Strahlkraft, schlingen sich zu mythischen Bildern. Selbst als des Mondes volle Pracht aufgehend hinterm Gebirgsrand Helle ringsum verbreitet, behaupten diese Konstellationen ihre Kraft.

Eine solche Nacht im Fahrzeug verbringen? Unmöglich! Ich packe meinen Schlafsack, suche mir eine weiche Sandmulde auf einer Granitplatte, überzeuge mich, daß da nicht Schädliches verborgen lauert und kuschle mich zurecht. Die weite und phantastische Landschaft im geisterklaren Mondlicht, die Erlebnisse des heute gewesenen Tages, das Gefühl der Einsamkeit – selbst von den schlafenden Freun-

Im Fadnoun

den einen Steinwurf weit getrennt –, das alles hält mich noch wach. Ich weiß, daß ich diese Stunden über Jahre nicht vergessen werde. Man ist dem ganz Fremden, der Feindlichkeit der Natur ausgesetzt und zugleich sich selbst, erlebt in solchen Stunden

> *Was, von Menschen nicht gewußt,*
> *Oder nicht bedacht,*
> *Durch das Labyrinth der Brust*
> *Wandelt in der Nacht.*

Sacht wie der Schlaf kommt das Erwachen in eine Welt morgengelblicher Helle. In eine kalte Welt. Wie immer verschieben wir das Frühstück auf später. Wir verstauen unsere Sachen, fahren bald durch ein vorgeschichtlich breites Tal, sparsam besetzt mit Akazien und auf Erdhügeln eingekrallten Tamarisken, mit schwarzen Felsplastiken, die aus rötlichem Sand hervorstechen, mit Wüstenlack und Sand unter einem Himmel, der nur in den Frühstunden das von ihm erwartete Blau zeigt, dann später nur noch weiß und heiß schweigt.

Die Fahrbahn – in der Karte als ›Straße‹ eingezeichnet – gestattet kein sehr zügiges Tempo, und wir vermindern es noch, damit uns nichts entgeht vom Wüstenpanorama. Es ist wie bei den Erg-Dünen: eine Handvoll landschaftlicher

Motive, immer wiederholt und zugleich zu immer neuen kaum glaublichen Formen variiert. Man wird's nicht müde. Aber wenn dann endlich die Militärbaracken und dahinter in perspektivischer Ferne der Flughafen von **Djanet** auftauchen, dann freut man sich doch auf einen kühlen Drink, auf Dusche und Waschgelegenheit. Das Zeriba-Hotel ist Treff aller Saharafahrer. Aber es ist, als habe sie die Begegnung mit dem Vorposten ihrer Zivilisation verwirrt. Wenn sie in der Wüste dem ungeschriebenen Gesetz der gegenseitigen Hilfeleistung folgten: hier fremdeln sie sich an wie in einer Großstadt und versuchen eine naive Hackordnung durchzusetzen. Im Hofgeviert stehen ihre Fahrzeuge blechnah aneinander, aber die Motorradfahrer schauen auf die Touristen im Geländewagen so abschätzig wie diese auf die ›dummen Brummer‹, beide sind sich einig in der Verachtung für jene, die mit dem Wüstenbus eines bekannten deutschen Reiseunternehmens nach Djanet gekommen sind, und alle zusammen belächeln jene, die mit dem Flugzeug kamen, noch gar nicht von der Wüste verbrannt und verschwitzt – und diese fühlen sich solchen Vagabunden haushoch überlegen. Sie alle aber finden sich abends an der Bar und harren hier dessen, was über sie verhängt ist.

Zu den Felsmalereien im Tassili

Djanet nennt sich selbst gern ›die Perle der Sahara‹. Aber bemerkt da nicht jemand sarkastisch: »Eine Perle vielleicht, aber eine, die man nur mit Fassung tragen kann.« Daß es Wasser gibt und Duschen, das genießt man nach Tagen im Schwärzlichen oder Rötlich-Fahlen, genießt das Grün der Palmhäupter und der Oasengärten im Fruchtland der Talbodens. Rings an den Hängen gruppieren sich die drei Ortschaften, aus denen die Oasensiedlung besteht. Man beschaut sie, aber fühlt sich als störender Eindringling. Das Tourismus- und Verwaltungszentrum hat man bald gesehen, ebenso das kleine Museum mit ein paar Gefäßen, Werkzeugen, Ledertaschen der Tuareg aus dem Tassili und dem Niger. Von der Aussichtsterrasse des Sonatro-Baues freut man sich an den Formen der die Oase umschließenden

Berge. Von Streifzügen aber durch den Palmenhain kehrt man bald enttäuscht zurück: Staub, Kinderfrechheit, Wegwurf aller Art verderben einem die Laune. Wer aus der Einsamkeit der Wüste kommt, ist wohl besonders empfindlich auch für das banale Touristentreiben.

Djanet ist eben eines der Hauptziele des Sahara-Tourismus. Nicht seiner Schönheit wegen – darin kann es sich mit den nördlichen Oasen nicht messen –, sondern weil es den Ausgangspunkt für den Besuch der Felsmalereien im **Tassili n'Ajjer** darstellt. Tassili nennen die Tuareg die Hochländer, welche etwa halbringförmig das Gebirgsmassiv des Hoggar (Ahaggar) umziehen. Die Ajjer oder Kel-Ajjer waren ein Unterstamm der Tuareg, der hier lebte. Der Name Tassili n'Ajjer bedeutet ›Hochland der Ajjer‹ – und gerade dieses meint, wer, in der Sahara unterwegs, einfach Tassili sagt.

Wir wissen's ja inzwischen, daß sich Felsgravuren an vielen Stellen der Sahara finden, Zeichnungen, die in den Fels eingeschliffen oder -geschlagen wurden. Farbige Darstellungen aber, echte Malereien also, finden sich einzig im Tassili n'Ajjer und – vereinzelt – in den benachbarten Gebirgen. Es ist unwahrscheinlich, daß dies bloß auf einem Zufall der Erhaltung beruht, bloß weil es anderswo nicht die ›abris‹ gab, die Felsnischen, welche die Malereien vor dem zerstörenden Einfluß der Witterung schützten. Selbst in der Tassiliregion sind die Felsmalereien nicht gleichmäßig verteilt, sondern weisen deutliche Schwerpunkte auf: im Tadrart Akakus (das schon auf libyschem Staatsgebiet liegt), im nordwestlichen Tassili (das wir durchquert haben) und – in höchster Konzentration der Fundstellen und der Bilderzahl – im südöstlichen Teil des Tassili nordöstlich der Oase Djanet.

Nachdem schon Zeugnisse vorgeschichtlicher Kunst weiter nördlich entdeckt worden waren, stieß Charles Brennens, Kommandant des Militärpostens Fort Charlet (= Djanet) im Verlauf eines Erkundungszuges übers Tassili mit seinen Kamelreitern auf ganze Galerien von Bildern und fertigte von ihnen einige Skizzen an. Unter denen, die sie sahen, war auch Henri Lhote, einer der großen

Erforscher der vorgeschichtlichen Bilder und ein Mann, der wider das Schicksal auf sein Ziel zuging. Obwohl früh verwaist – und damit gegen Mitbewerber benachteiligt – konnte er seinen Plan durchsetzen, Flugzeugführer in der Armee zu werden. Doch weil er auf einem Ohr ertaubte, mußte er sich nach einer anderen Laufbahn umsehen. Sein Wunsch, an einer Saharaexpedition teilzunehmen, ging nicht in Erfüllung. Also machte er sich allein in die Wüste auf, durchzog sie drei Jahre lang. Die Hälfte dieser Zeit widmete er der Erforschung des Tassili, sammelte dabei eine reiche Ernte. Doch ohne Examina und Titel war er ein Niemand, folglich blieben seine Erkenntnisse ohne Anerkennung durch die Fachleute. So holte er an der Sorbonne ein Studium nach, erwarb den akademischen Grad. Da entfesselte Hitler den Zweiten Weltkrieg. Eine Rückgratverletzung zwang Lhote zehn Jahre lang aufs Streckbett. Als er wieder gehen konnte, da galten seine Gedanken wieder den Bildern in der Sahara. Das Unwahrscheinliche wurde möglich. Im Februar 1956 unternahm er, begleitet von einer Dolmetscherin, einem Kameramann und vier jungen Malern die erste offizielle Expedition ins Tassili, und die Kopien, die das Team heimbrachte, waren nicht nur in Paris eine Sensation. Eine Welt begann aufzuhorchen.

Seitdem nach Befreiungs- und Bürgerkrieg, nach Entdeckung der Erdöl- und -gas-Vorkommen die Sahara auch der touristischen Neugier erschlossen wurde, ist der Besuch im Gebiet der Felsbilder zu einem ›Muß‹ auch für Leute geworden, die daheim nie den Fuß in ein Museum setzen würden. Und dabei darf man – sowohl seiner Ausdehnung wie der Zahl der Bildwerke nach das Tassili n'Ajjer sogar das größte Museum der Welt nennen. Es ist von der Regierung zum Nationalpark erklärt worden, in dem man sich nur unter Aufsicht und Geleit eines Führers bewegen darf. Obgleich die Behörden dem Touristenstrom eher Hindernisse in den Weg legen als ihn fördern, ist er noch so stark, daß er an den am häufigsten besuchten Fundstellen schon deutliche Schäden hinterlassen hat – abgesehen von den Abfällen, welche die Bergeinsamkeit des ›Museums‹ schäbig verfremden. Auch wer nicht im Sinn hätte, dieses

›Nationalmuseum‹ zu besuchen – aber wer kommt schon nach Djanet ohne diese Absicht –, auch für den beginnen nach der Freiheit der Wüstentage die Abenteuer in den Mühlen der Behörden. Er hat sich beim Zoll zu melden, um dort sein Geld vorzuzählen, er muß der Polizei den Paß vorweisen und bei der Daïra, dem Bezirksamt, die Fahrerlaubnis abstempeln und für die Rückreise validieren lassen – nur dann erhält er das nötige Quantum Treibstoff, mit dem er die nächste Tankstelle erreicht. Mehr gibt man ihm nicht, um ihn von ›wilden‹ Unternehmungen im ›Freilichtmuseum‹ abzuhalten. Solche sind verboten und bringen auch nicht die gewünschte Begegnung mit prähistorischer Felsbildkunst, da die Fundstellen nicht beschildert, sondern nur den ›Eingeweihten‹ bekannt sind. Das bewährte Mittel, den ausgetretenen Pfaden oder Spuren heimlich zu folgen, empfiehlt sich hier nicht, denn dann trifft man auf die Hüter des Gebietes, die Führer, die von ihrem Privileg leben und gar nicht freundlich mit den ›Unbefugten‹ umgehen.

Auch wer mit Genehmigung und dem vorgeschriebenen Geleit die Tour unternehmen möchte, hat einiges durchzustehen. Er braucht zunächst einmal die schriftliche Genehmigung und muß sie devot beantragen, damit der Herr Direktor nicht darauf verfällt, von ihm erst ein Gesundheitszeugnis zu verlangen, das zu bekommen hier mindestens einen weiteren Tag kostet (den Vorschriften nach ist der Herr dazu ermächtigt, ja verpflichtet). Wem das Placet erteilt ist (nach welchen Gesichtspunkten? – es kann einem heute schroff verweigert, am nächsten Morgen dann aber lächelnd angetragen werden), dann gilt es mit den Agenturen zu verhandeln. Das staatliche Altour-Büro liegt mit den privaten in stetem Clinch, einig sind sie sich nur darin, den Fremden möglichst viel Geld abzumelken. Da mischen sich orientalische Willkür, sozialistisch-zentrale Planung, Schlamperei und lokale Korruption mit dem eigentlich begrüßenswerten Streben, den Andrang bloß Schaulustiger einzudämmen.

Die Reiseagenturen bieten 2-Tage-Landrovertouren in die Umgebung und 3- bis 7-Tagesfahrten und Wanderungen auf dem Tassilli zu den Bildern und zu bedeutenden Landschaftseindrücken. Zuletzt stand der Preis für die Teilnahme an einem Ausflug für eine Gruppe von mindestens 7 Personen auf gut 120,– DM pro Tag und Nase. Wenn weniger Leute zusammenkommen, dann erhöht sich der Preis entsprechend. Ein Einzelreisender gar – aber so etwas gibt es ja hier wohl kaum – wird entweder einer Gruppe zugeschlagen oder muß eben so viel zahlen als hätte er 6 Gefährten dabei.

Es gehört auch zu den Sonderbarkeiten des ›Nationalparks Tassili‹, daß zwar Fotografen – mit einer schriftlichen Erlaubnis, die man in Djanet beantragen muß – sich betätigen dürfen (selbstverständlich ohne Blitzlicht, das den Farben schaden würde), daß aber die Verwendung von Filmapparaten strengstens untersagt ist. Es sei denn, man habe sich in Algier vom OPNT eine schriftliche Erlaubnis erwirkt. Aber warum sollte man die Felsbilder denn auch filmen? Selbst wenn sie Bewegung wiedergeben – und das gelingt ihnen oft in erstaunlicher Weise.

Wer es einzig auf die Begegnung mit der Felsmalerei abgesehen hat und die lange Fahrt durch die Wüste scheut, der kann eine von ONAT veranstaltete 7-Tage-Flugtour von Algier aus buchen (Abflug von Algier jeweils Sonntags). Da ist dann alles festgelegt, da gibt es keine unliebsamen Überraschungen mehr. Das Programm einer solchen Woche schaut dann etwa so aus: Am Sonntag Flug nach Djanet, am nächsten Tag mit Auto zum Fuß des Plateaus, Aufstieg. Am frühen Nachmittag erreicht man Tamrit – Felszeichnungen am ›Schwimmbecken‹ von Timenzouine, Tan Zoumaitin. Am folgenden Tag Wanderung von Tamrit aus zu den Gravuren von Itinen und über das Plateau zum Felskunstzentrum Sefar. Am Mittwoch steht der Besuch der Felsbilder von Tin Tazarift auf dem Programm, am Donnerstag geht es am Rand des Plateaus entlang – Aussicht auf Ghat und die libysche Ebene – zu den Gravierungen von Tin Abateka, von wo zwei Wanderstunden nach Tamrit zurückführen (Abstecher nach Oued Tamrit). Ein Tag ist dann für die Rückkehr nach Djanet vorgesehen, am letzten Tag erfolgt der Rückflug nach Algier.

Man ist also ziemlich festgelegt. Aber festgelegt sind die Touren zu den Felsmalereien sowieso, ob sie nun auf nur drei Tage oder eine ganze Woche berechnet sind. Man ist eben einer Führung und einer Führungslinie unterworfen, fühlt sich gegängelt und entbehrt die Freiheit des ›Entdeckens‹, der Eigen-Schau, die einem in jedem Museum fast so viel Freude macht wie die Dinge selbst.

Am frühen Morgen fährt uns also ein Landrover die etwa 15 km zum Fuß des Hochplateaus. Dort wird das schwere Gepäck (das vor allem einen warmen Schlafsack, Proviant und Trinkwasserkanister umfassen sollte) auf Tragtiere verladen, die es zum Basislager hinaufschaffen. Warum wir einen anderen Weg zu wählen haben als die Treiber, das bleibt Geheimnis. Jedenfalls haben wir Fotoausrüstung, die Flasche mit Trinkwasser und was man so bis zum Abend braucht, im kleinen Rucksack auf dem eigenen Rücken.

Auf schmalen Pfaden geht es aufwärts. Etwa 400 Höhenmeter sind zu überwinden – kein Problem, und dabei ist das eigentlich der ›beschwerlichste‹ Teil des Unternehmens. Immer wieder zwingen großartige Landschaftsbilder zu Verweil-Pausen. Endlich ist das von Cañons und Schluchten zerrissene Hochplateau erreicht und nach kurzer Wanderung die Basisstation **Tamrit**, wo Zelte mit Matratzen und Decken bereitstehen. Hier beginnt das ›Tal der Zypressen‹, der erschütternden immer noch lebenden Monumente einer einst mittelmeerischen Vegetation des Tassili, die – so schätzt man – auf ein Alter von 4000 Jahren zurückblicken. Als diese Bäume jung waren, da gab es Athen noch nicht und nicht Rom, da hatten die Pyramiden Ägyptens erst ein paar Jahrhunderte hinter sich, da formierte sich im Niltal das ›Mittlere Reich‹, regierte in Ur, der Heimat Abrahams, die 3. Dynastie.

Das Lager bleibt für die nächsten Tage unser Standquartier. Nur die große Tour, die zu den Fundstellen Jabbaren und Inauanhat, führt auf dem Rückweg nicht wieder in dieses Lager zurück. Die folgenden Tage sind gefüllt mit recht gemächlichen Wanderungen und langen Mittagspausen, welche die Führer einzulegen lieben. Ein Kontakt mit ihnen stellt sich kaum her. Sie halten sich lieber abseits der Fremden, nicht nur, weil Sprach-, auch weil Kulturschranken trennen. Diese überwindet höchstens ein freundliches Lächeln, das ein breiter Mund zahnblitzend erwidert.

»Die Bilderwände und -nischen des Tassili sind über ein Gebiet verstreut, das zum großen Teil aus unheildrohenden, in ihrer Monotonie an einsame Mondkraterlandschaften erinnernden Wüsteneien besteht. Ein Chaos roter, wetterzerfressener Sandsteinsäulen, dreißig bis sechzig Meter hoch, erstreckt sich bis zum Horizont wie ein in wilder Flucht erstarrtes Heer – Gestalten, die oft den grotesken oder grausigen Ausdruck aufgerissener Silos, gesprengter Befestigungstürme, monströser Haufen von alten Autoreifen, geköpfter Riesen in betender Haltung tragen. Zwischen alledem schlängeln sich labyrinthisch zahllose Felsschluchten, zuweilen von der Enge mittelalterlicher Gassen, deren Pflaster nur mittags das Sonnenlicht einmal trifft. Wie in einem Alptraum türmt sich hier eine Stadt aus Häusern ohne Fenster auf, aus namenlosen Straßen, deren jede ins Nichts führt. Und hier, am Fuße dieser verfallenen Pfeiler, unter den Felsvorsprüngen und in den Einbuchtungen, sind die Felsbilder.« (R. Littell)

Noch im Schlafsack träumt man von geisterhaften Kaminen, irrt durch eine Stadt, die gar keine ist, sondern eine exzentrische Laune der Natur und begegnet Menschen, die man nie gesehen hat: den Menschen aus der ›Rundkopfzeit‹, die rotbraun konturiert – weiß und nackt und nur ellenhoch auf dem sandsteinernen Untergrund stehen, mit seltsam blasenhaften Köpfen oder den fast lebensgroßen rotbraunen Rundköpflern mit merkwürdigen Antennen am Hinterkopf, mit Pfeil und Bogen bewaffnet, auf der Jagd nach Antilopen und flächig konturierten Bubalus-Rindern, sieht tätowierte dunkle Frauen, sieht Rinder in lebensechten Haltungen in hellem und bräunlichem Ocker an die Wände der Abris gemalt, dunkel nackte Gestalten in tänzerischer Anmut, so ausdrucksstark und mit so sparsamen Mitteln gestaltet, daß jeder moderne Grafiker neidisch werden könnte, Antilopen, Giraffen. Und immer wieder Rinder, kleinwüchsige und nicht sehr fette Tiere, die –

deutlich als Fleckvieh gekennzeichnet – gemächlich dahinschreiten, friedlich grasen; Rinderherden, die wie ein schönes Muster eine Wand bedecken; Rindergehörne, die sich zu einem Gebilde verschlingen, das nicht zufällig entstand. Hier waren große Künstler am Werk. Wir wissen nichts von ihnen, so wenig wie wir von den Völkern wissen, denen sie angehörten. Wir kennen nur die Bilder, die sie schufen, in denen sie die Menschen ihres Stammes festhielten: als Jäger und bei friedlichem Schwatz der Frauen um den Kochtopf, bei der Betreuung der Tiere, beim Geschlechtsakt und bei magischen (?) Riten. Wir wissen über diese Menschen nur, was uns die Bilder zeigen, erkennen jedoch, daß zumindest die Malereien der Rinderzeit verschiedene Stile aufweisen. »Sie sind auf unterschiedliche Kulturen und rassisch unterschiedliche Bevölkerungselemente zurückzuführen. Das Zentrum der negriden Rinderhirten scheint sich weitgehend mit dem Zentrum der Rundkopfleute zu decken, deren Nachfolger sie womöglich sind. Die dunkelhäutigen Rinderhirten bevorzugten eine flächige, monochrome und polychrome Darstellungsweise, die sie meisterhaft beherrschten. In auffallendem Gegensatz dazu stehen die rinderzeitlichen Malereien mit linearem Charakter, die man vor allem im Nordwest-Tassili findet. Sie sind Werke hellhäutiger Menschen, deren Kultur sich in viele Hinsicht von der ihrer dunkelhäutigen Nachbarn unterschied.« (Karl Heinz Striedter)

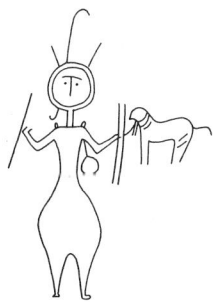

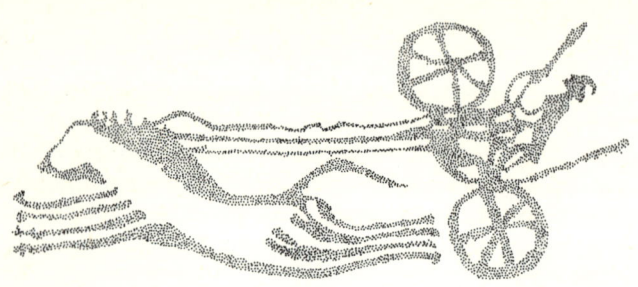

Tassili n'Ajjer

Aber wir finden auf unseren Wegen auch Bildzeugnisse aus der Pferdezeit mit zweirädrigen Streitwagen – die Figuren haben statt des Kopfes nur einen stiftartigen Fortsatz zwischen den Schultern. Gestaltungsprinzipen kündigen sich an, die später die Kunst Ägyptens kanonisch bestimmen werden. Die Gravuren, auf denen strichmännchenartige Wesen und Kamele auftreten, die zählen wir nur als müde Spätprodukte. Vor zwei Wochen noch hätten wir sie eifrig fotografiert.

Ein Teil unserer Reisegenossen hat während unserer mehrtägigen Tour auch einiges erlebt. Sie haben eine Tagestour nach Jabbaren unternommen und nach – so erzählen sie – beschwerlichem Anstieg dort eine Reihe von Felsbildern gesehen, haben die Guelta von Bey-Bey und in deren Umgebung weitere Bilder besucht, sind sogar bis Assakaó gefahren, zur ›Blutrinne‹, die von frühen Kulthandlungen zeugen soll, die aber von den Einheimischen von heute als eine Rutschbahn für Kinder gedeutet wird.

Und auch den Ausflug zu den Felsbildern in der Nähe des etwa 8 km vom Zentrum Djanets gelegenen Flughafens haben sie unternommen. Mit einem ortskundigen Führer natürlich. Alleine hätten sie weder die Rindergravuren auf der glatten Seite eines Felsblocks noch das ›Schlüssellochgrab‹ gefunden, ein vage in vorislamische Zeit datiertes Rundgrab – vielleicht ein Vorläufer der sich klassischer und ägyptischer Formen bedienenden Numidergräber im algerischen Norden.

Von Djanet nach Tamanrasset

Wer nicht durch die Luft nach Djanet gekommen ist und von dort nicht durch die Luft nach Tamanrasset springen kann, der muß nach Zaouatallaz zurückkehren und erlebt dabei die Landschaft, die ihn schon auf dem Hinweg so beeindruckt hat, noch einmal. Genügend Benzin sollte er in Reserve haben. Manchmal entsinnt sich der Polizeigewaltige in Djanet eines verjährten Erlasses, der es dem Fremden verbietet, die angeblich gefährliche Strecke Zaouatallaz – In Amguel – Tamanrasset ohne einen einheimischen Führer zu befahren. Der nützt einem zwar gar nichts, denn die Strecke ist ausreichend markiert, aber er beansprucht einen Sitzplatz im Wagen und kostet auf jeden Fall eine Stange Geld, weil er neben Anspruch auf Verpflegung und Entlohnung auch noch den hat, auf dem Luftweg zurückbefördert zu werden. Ein solch verordneter Klabautermann kann einem ein Loch von mehr als tausend Mark ins Reisebudget reißen. Dann also auf einen Schelmen anderthalben und in Djanet Antrag auf Genehmigung für Treibstoff zurück nach Illizi. Wenn man einen Kanister in stiller Reserve hat, kommt man gut auch bis Tam.

Von **Zaouatallaz** führt in südwestlicher Richtung eine Piste ab, die sich nach etwa 93 km teilt. Hier muß man aufpassen. Eine dreiseitige Pyramide aus Blech auf einem gemauerten Sockel deutet in drei verschiedene Richtungen, durch eiserne Pfähle markiert, die jeder etwa 200 m entfernt in den Boden gerammt sind. Der eine weist in die Richtung, aus der wir kommen, der andere nach Amguid, auf eine harte, landschaftlich alle Wüstenaspekte herzeigende Strecke, die auf 670 langsamen Kilometern nach Norden, nach Bordj Omar Driss und über Hassi Bel Guebbour nach Hassi-Messaoud führen würde. Das ist eine Strecke, die ein der Wüste Verfallener doch einmal befahren wird. Diesmal halten wir uns unbeirrt an die Piste, die an dem Pfahl mit der kaum lesbaren Markierung ›TAM‹ vorbeiführt. Auf den etwa 440 km von Zaouatallaz bis zur N 1 (Algier-Tamanrasset, und auf ihr sind es nochmals mehr als 120 km) muß man mindestens eine Nachtrast einlegen –

und wer erst am dritten Tage Tam erreicht, der hat unterwegs eben mehr Wüstenbilder seinem inneren Haushalt einverleibt als jemand, der es eilig hat. Wozu auch Eile? Auch der gewiegteste Wüstenchauffeur bleibt mehrmals in Sandrillen stecken. Er wäre verloren ohne die schaufelnden und Sandbleche schleppenden Freunde.

Im Norden steht zunächst grotesk zerrissen die zartblaue Silhouette des Tassili, aus dem wir kamen. Die in den einschlägigen Reisehandbüchern vermerkten Orientierungspunkte – das Simca-Gerippe, später dann die Ruine des einstigen Fort Serouenout – versichern uns, daß wir auf der richtigen Fährte sind. Kegel- und Tafelberge stehen da wie riesige Halden. Die Piste verläuft zwischen Geröllhügeln in einem sandgrauen und steinigen Tal und verwehrt Ausblicke ins Weite. Aber dann kommt, die bizarren Erosionmauern auf den ebenmäßigen Schuttkegeln vielzackig überragend, doch endlich die nördlichste Bastion des Hoggarmassivs in den Blick, der 2455 m hohe Djebel Thelertheba.

In einer Kies- und Geröllebene, durchzogen von breitflachen Flußtälern, in denen heute längst kein Wasser mehr läuft, nur ein paar dornige Sträucher Nahrung finden, verkündet alle zehn Kilometer eine Eisenstange: bis Tamanrasset nur noch 350, 340, 330 km. In Treibsandrinnen bleibt das Fahrzeug immer wieder stecken. Abseits des Pfahles, der sein ›220 km bis Tam‹ verschweigt, suchen wir uns im Sand eine Schlafmulde unter den Sternen.

Der scharfe Wind des Sonnenaufgangs läßt uns in den Schlafsäcken verweilen, bis die Sonne höher steht. Es sind ja nur noch ungefähr 100 km bis zur Einmündung in die N 1, die Nord-Süd-Achse von Algier nach Tam. Das wird sich doch in einem Tag schaffen lassen? Aber die von Regengüssen ausgespülten, vom Sand verwehten Bachbetten, die grausigen Wellblechpisten über schwarze Lavafelder, die über Kilometer hinwegrappeln, dämpfen bald unseren Optimismus. Wir kommen langsamer voran als bei uns daheim ein Radfahrer. Wo sich Sand zeigt, schimmert er weiß wie Schnee; die fernen Hügel zeigen warme und dunkle Töne.

Zwischen Zaouatallaz und Djanet im Tassili n'Ajjer

Wer sich in der Hoffnung auf Treibstoff oder Wasser in die kleine Oase **Idelès** hineinbegibt, wagt sich zugleich auch in die Hände der Polizei-Bürokratie. Wir lassen die paar fernen Palmen ferne bleiben. Links stehen die gezackten Berge des Hoggar. Zwischen Granitblöcken, die das Strahlgebläse des Wüstenwindes wohlgrund geschliffen hat, breitet sich Sand und Kies. Rosa Gehügel wechselt mit schwarzer Lava.

In einigen der Granitblöcke vor der mit grünen Flecken und Lehmhütten weitverstreuten Oase **Hirhafok** gibt es Felsgravuren zu sehen, aber man muß Glück haben, um sie zu finden. Der Boden hier ist hart und nimmt keine Radspuren auf, die uns den Weg zeigen könnten. Auch weiter westlich, in der Gegend von **In Haradjene** finden sich solche Gravuren: Strauße, Giraffen, sehr alte also – aber auch viel jüngere: Kamele und seltsame, vielleicht magische Zeichen.

Hirhafok könnte bereits die Pforte zur Tour durch den Hoggar, hinauf zum Djebel Assekrem darstellen. Bis zur Sommer- und Höhenklause des Père de Foucauld dort oben ist's von hier der Karte nach näher als bis zur Einmündung unserer Piste in die N 1. Wir erhoffen uns auf dieser Straße ein Ende der Pistenrüttelei und ein schnelleres Vorankommen, aber werden bitter enttäuscht. Diese Route Nationale wurde zwar 1978 – kostensparend – mit einer dünnen Teerdecke versehen, aber die schweren Lastwagen, welche Tag und Nacht darüberdonnern, um Tam mit den lebensnotwendigen Gütern zu versorgen, haben daraus eine Sammlung von achsenbrecherisch tiefen Schlaglöchern gemacht. Man kommt nicht schneller voran als auf der Piste, weicht womöglich auf die parallel zu der Straßenruine laufenden Fahrspuren aus. Allerdings: seit 1983 ist ein Bautrupp dabei, von Tamanrasset ausgehend die Straße solide auszubauen. Vielleicht wird sich eines nicht zu fernen Tages die Fahrt bis Algier zurück in drei oder gar in zwei Tagen schaffen lassen.

Tamanrasset und die Tuareg des Hoggar

Tamanrasset ist die Verwaltungshauptstadt der flächenmäßig größten Provinz (Wilaya) Algeriens, eines Gebietes beinahe von der Ausdehnung Frankreichs. Der Ort im geographischen Zentrum der Sahara zählte noch 1965 bloße 2000 Einwohner, war ein Lehmhüttendorf, eine romantische Karawanenstation, ein weniger idyllischer als ärmlicher Marktort der Tuareg. Flüchtlingsströme aus den von jahrelanger Dürre heimgesuchten Zonen des Sahel, aus Obervolta, Mali, Niger haben der Siedlung eine gewaltige Expansion beschert. Inzwischen schwanken die Bevölkerungszahlen – aufgrund der nomadischen Fluktuation – zwischen 25 000 und 65 000 und liegen zur Stunde vielleicht schon wieder viel höher. In nicht einmal zwanzig Jahren hat sich Tam, wie die Stadt kurz genannt wird, so verändert, daß jemand, der sie noch von früher kannte, sie heute nicht mehr wiedererkennt, Zwar gibt es immer noch ein kleines Viertel hinter der Moschee mit den traditionellen Lehmhäusern, stehen am Ortsrand Hütten aus rötlich ockerfarbenem Lehm, das Bild aber beherrschen die Neubauten aus Beton, die sich allerdings in Proportionen, Gestalt und Farbe dem örtlichen Stil anzupassen versuchen, aber auch Maßstäbe setzen für das, was künftig als ›Stil‹ von Tam gelten wird.

Eine breite schattige Tamariskenallee bildet die Schlagader der Stadt. Morgens und dann wiederum am späten Nachmittag, wenn das Leben erneut erwacht, dann pulsiert es auf ihr – aber ganz ohne Hektik. Kleine Läden säumen sie, Agenturen, Cafés, vor denen Einheimische wie Fremde ihren süßen Minzentee schlürfen, Imbißstuben und bescheidene Restaurants, die sich schon durch Hähnchengrill auf die Bedürfnisse der Touristen eingestellt haben. Selbst wer daheim von einem solchen Gummiadler gar nichts wissen mag: nach Tagen, an denen er nur altes Brot und Konserven zwischen die Zähne bekam, wässert ihm der Mund nach einem solchen Vogel. Und nachher gibt es noch etwas Besonderes. Der etwas abseits errichtete Supermarché zeigt zwar das gewohnt schmale Angebot, aber daneben bietet eine Bäckerei ofenfrische Croissants, Obstkuchen, Liebesknochen und Biskuitschnitten an. Nach tagelanger Enthaltsamkeit steht man gern eine Viertelstunde Schlange und läßt es sich dann schmecken, als kämen die Sachen aus der allerersten Confiserie. Die Wüstenreise lehrt einen Bescheidenheit. Auch in den Ansprüchen auf Unterkunft. Es muß für die Tage in Tam nicht gerade das Hotel ›Tin Hinan‹ oder das ›Tahat‹ sein. Auch der Campingplatz bietet Duschen und das hautnahe Glück, sich dann wieder einmal ›so nach dem Bad‹ zu fühlen. Ein Luxus – und wie jeder Luxus angenehm, aber eigentlich überflüssig. In der Wüste wird man zwar staubig, aber nicht schmutzig, weil jeder Schweiß sofort wegtrocknet. Den Tuareg erscheint jede Körperwäsche als eine Unheil nach sich ziehende Verschwendung des fürs Überleben von Mensch und Tier so bitter nötigen Wassers. In Tam kann die Wasserzufuhr nicht immer funktionieren. Und was nutzt das opulenteste Hotelbadezimmer, wenn es trocken bleibt?

Das macht Tam ja zum prekären Problem, daß fast alles und jedes auf Rädern oder durch die Luft herbeigebracht werden muß. Tamanrasset ist keine Oase – oder eine Oase ohne Palmen (wohl aber mit Tamarisken, Akazien, Eukalyptus) und liegt fast 1400 m über dem fernen Meeresniveau, auf einer Bodenwelle zwischen den breiten Betten des Oued Tamanrasset und des Oued Sersouf. In den Sommermonaten zwischen Mai und Anfang Oktober duckt es sich

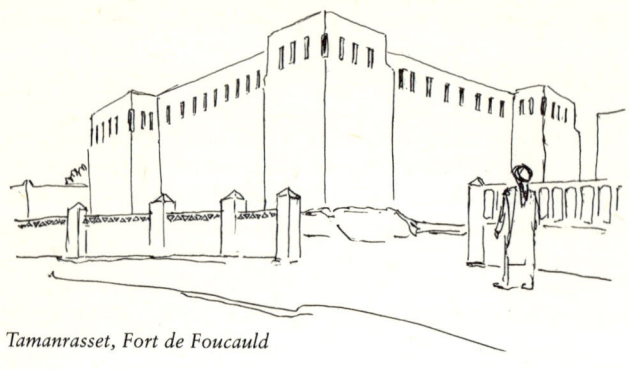

Tamanrasset, Fort de Foucauld

unter der Geißel der Hitze. Dann kann das Thermometer im Schatten über 50 Grad Celsius anzeigen (Werte über 45 Grad sind ganz normal), und auch die Nächte bringen keine Kühlung (zwischen 28-38 Grad), dafür sind in den Wintermonaten die Temperaturen tagsüber sehr angenehm und erquickend. Nachts – und vor allem kurz vor Sonnenaufgang – sind sie dann von beißender Kälte. Aber wer kann im Herzen der Sahara ein maritim-ausgeglichenes Klima erwarten?

Im breiten, vom Zivilisationsabfall bestreuten Kiesbett des Oued Tamanrasset spielt sich der tägliche Viehhandel ab. Da sind Lämmer und Ziegen feil, vor allem aber Kamele. Mit gefesselten Vorderbeinen stehen sie in kleinen Gruppen zusammen. Sie repräsentieren nicht das Proletariat unter den Dromedaren, sondern sind sich ihres Wertes bewußt: es sind zumeist hellblonde Meharis, hochwertige Reitkamele, die so unvergleichlich der Wüste angepaßt sind. Die Männer mit dem Gesichtsschleier sind keine professionellen Händler. Wenn einer sein Tier verkaufen muß, dann trennt er sich nicht leichten Herzens von ihm. Solche Tiere machen den Reichtum eines Mannes und seiner Familie aus, nicht Banknoten und Wertpapiere. Was sich hier abspielt, ist vielleicht eine Art saharischer Börse, jedenfalls kein Schau-Markt für den Fremden. Ein solcher setzt sich besser – ganz unbelästigt – abseits in den Sand und schaut zu, wie ein Handel verläuft. Der allenfallsige Kunde tritt wie ein zufälliger Spaziergänger zu den Männern, die anscheinend gleichgültig im Sand hocken. Das Gespräch dreht sich zunächst ums Wohlbefinden des Partners, um das seiner Herden. Wenn der fremde Beobachter meint, es passiere nun gar nichts mehr, springt einer der Männer auf, hobbelt ein Tier los, läßt es aufstehen, gehen, traben. Die Zähne, die Hufe, die Wolle, die Augen des Dromedars werden geprüft und nach etlichem Palaver – wenn der Außensitzende glaubt, gleich werde ein Kampf auf Leben und Tod ausbrechen –, endet die Veranstaltung mit Händeschütteln und Schulterklopfen. Der Handel ist perfekt, ohne Notar und Stempelgebühren. Das alles war ein Ritual, ein Ballett, ein Mimus, bei dem keine Miene etwas verriet. Die Gesichter der Protagonisten wie des im Kreis hockenden Chores bleiben bis auf einen schmalen Augenschlitz verhüllt. Die Männer sind Tuareg – oder fühlen sich als solche. Tuareg (Sing.: Targi) war der Name, den die erobernden Araber den Berbern der zentralen Sahara gaben, die sich selbst Tamaschek nennen. Mit dem gleichen Namen bezeichneten sie ihre Sprache, das heißt die verschiedenen Dialekte, die zusammen eben diese Sprache ausmachen.

Schätzungsweise eine halbe Million Tamaschek/Tuareg bewohnen immer noch die Gebirge der zentralen Sahara, das Hoggarmassiv, das Tassili n'Ajjer, den Aïr (Niger), das Bergland des Adrar n'Horfas oder Iforhas (Mali), westlich davon die Dünen des Timetrine und das Land ums Nigerknie. Hier lebten sie als Nomaden – bis südlich von Timbouktu, streiften bis ins südliche Marokko und in die Nähe des Atlantik, verloren sie sich in einem riesigen Gebiet. Um es etwas anschaulicher zu sagen: sie verloren sich – zahlenmäßig so stark wie die Bevölkerung einer Halbmillionenstadt – auf einem so gut wie vegetationslosen Bereich viermal so groß wie Frankreich. Vielleicht sind diese hellhäutig-hamitischen Berber aus dem Nordosten, aus dem libyschen Raum eingewandert. Jedenfalls besaßen und besitzen sie im Gegensatz zu den anderen Berbern eine Schrift:

das aus 25 Zeichen (aus Punkt- und Strichkombinationen, aus Quadraten, Kreuzen und Kreisen) bestehende Tifinagh, dem man auf Felswänden begegnet und im Museum von Tamanrasset auch in einem geschriebenen Buch. Wann die Tuareg hierherkamen, ist ungewiß. Fest steht nur, daß sie als ›Ritter der Wüste‹ jahrhundertelang unterwegs waren, ihre Sippen und Stämme für sich und ihre Tiere gegeneinander um Wasserstellen und Weideplätze kämpften. Ihre Rezzus, ihre Raubzüge, bedrohten nicht nur die paar Oasenbauern, auch die Handelskarawanen zwischen Schwarzafrika und den arabischen Mittelmeerküsten des Maghrib.

Ihre durch Jahrhunderte zäh bewahrte und bewährte Lebensform hat das 20. Jahrhundert ausgelöscht. Seit Menschengedenken war die Gesellschaftsstruktur der Tuareg starr gewesen. Die führende Klasse waren die Ilelan oder Imochar (Imajaren), die Vornehmen, die Adligen. Unter ihnen standen die Imrad, die Vasallen: Hirten und Bauern, die den Adligen Tribut zu leisten hatten. Die unterste Schicht bildeten die Iklan, die Sklaven, die bei Raubzügen und Überfällen erbeutet und als Arbeitstiere mißbraucht wurden, bis die Franzosen sie befreiten, indem sie die Sklaverei verboten. Damit zerbrach die herkömmliche Ordnung. Die Sklaven von einst sind in die Städte gezogen, tragen heute den blauen – aber nicht mehr mit echtem Indigo gefärbten – Schesch (Schech), der einst den Herren vorbehalten war, oder wickeln sich fünf oder mehr Meter weißen Baumwollstoffs kokett ausladend um den Kopf. Die einstigen ›Vasallen‹ können durchaus noch von ihren Herden leben, wenn ihnen nicht die zunehmende Vertrocknung die Existenzgrundlage endlich entzieht. Die ›Vornehmen‹ aber, die jahrhundertelang in elitärem Hochmut nichts anderes taten, als adlig zu faulenzen oder Karawanen zu überfallen, gleichen heute Unternehmern, denen alle Angestellten davongelaufen sind, die ihren Betrieb nur noch halten können, wenn alle Familienmitglieder zupakken und – ungewohnt – hart arbeiten. Die einst blauverschleierten ›Ritter der Wüste‹ sind heute – obwohl knochighochgewachsen – nur noch Hidalgos von der traurigen

Gestalt. Wenn sie die traditionelle Scheu vor irgendeiner Arbeit überwunden haben, sind sie jetzt Tankstellenwärter, Taxi- oder Fernfahrer, aber viele ziehen es immer noch vor, als bakschischlüsterne ›Freunde‹ ihrer einstigen Untergebenen in den viel zu vielen Amtsstuben herumzuhocken.

Profitiert haben von dem etwa 1920 einsetzenden Wandel vor allem die Nachkommen der befreiten Sklaven, die sich in den Oasendörfern als Kleinhändler niedergelassen, die als Fahrer und ›Führer‹ ein bescheidenes, aber meist hinlängliches Auskommen gefunden haben. Sie, die dunkelgesichtigen Nachkommen der einst verachteten untersten Kaste der Tuareg-Gesellschaft, bestimmen heute das Tuareg-Bild des zu einer schnellen Hoggar-Tour nach Tamanrasset eingeflogenen Foto-Europäers oder -Japaners. Ihnen vor allen begegnet man in den Straßen von Tam, auf dem Markt, zu dessen arkadenumsäumtem Geviert von der Hauptstraße ein so schmaler Durchgang hinführt, daß man ihn leicht übersehen könnte. In Säcken stehen hier Henna und Bohnen, Erbsen und Pfefferschoten, Gerste und Koriander, gepreßte Feigen, getrocknete Tomaten und allerlei farbige Pulver warten auf Käufer. Datteln, Karotten, feiste rosige Zwiebeln sind feil, Kartoffeln und bleicher Fenchel. Bunte Gewänder flattern für künftige Kunden und im Schatten eines Mäuerleins hocken zwei Blauverhüllte. Der eine hat ein paar Nägel und Werkzeuge vor sich hingebreitet, der andere Blech- und Plastikgeschirr. Ihre Hände sind schmalgliedriger und heller als die des Andenkenhandlers, der in einer Ecke des Markts ein paar Kelims, buntbestickte Ledertaschen, Nachahmungen von Tuaregschwertern, silberne Amulett-Anhänger, Sandalen und gewobene bunte Bänder anbietet.

Über der Tür des Syndicat d'Initiatives, des Fremdenverkehrsamts, teilt eine Tafel mit, wie weit es nach den ›nächsten‹ bedeutenderen Zielen ist: nach In-Guezzam, der Grenzstation nach Niger, nach Agadez, nach Niamey. Nach Algier zurück sind es 2060 km, bis zum Tschadsee nur 60 km mehr.

Das kleine **Museum** gleich daneben zeigt in einem für die Bauweise des saharischen Südens kennzeichnenden Raum charakteristische Pflanzen und Tiere dieser Region, Gesteinsproben, prähistorische Funde, dazu Gerätschaften der Tuareg aus Holz, aus Ton, aus Leder, ein paar bescheidene Schmuckstücke und ihre Waffen: Eisenspeer, Dolch, Schwert und diverse Flinten. Und das schon erwähnte Buch in Tifinagh-Zeichen.

Neben dem Museumseingang hat ein Silberschmied seine Zelt-Werkstatt aufgeschlagen. Ein weißer Schesch rahmt sein braunes Gesicht. Es ist von zartester Regelmäßigkeit. Die schmalrückige Nase und die nur eben andeutungsweise ›vollen‹ Lippen haben gar nichts Negroides, entsprechen eher hellenischem Ideal. Die Augen von makelloser Mandelform mit viel Weiß um den dunklen Augenstern blicken melancholisch und sind zugleich wie von geheimer Angst erfüllt. Sein blaugewandeter Helfer wirkt, obwohl heller von Haut, bei aller rassigen Rankheit doch gröber von Gliedern. Obwohl viele Schmiede in die Oasenorte gezogen sind, um dort ihre Produkte zu verkaufen, ja sich gar deren Geschmack anpassen, scheinen diese beiden – zwar an einer Stelle werkend, an der die meisten Fremden vorbeikommen – gar nicht daran interessiert, etwas von ihren Schöpfungen an Touristen zu verkaufen. Sie nehmen von ihnen kaum Notiz, nennen wie widerwillig völlig unrealistische Preise und lassen sich auf keinen Handel ein.

Als die Tuareg-Gesellschaft noch intakt war, nahmen die Schmiede (Ennaden = Handwerker) in ihr eine Sonderstellung ein. Als Beherrscher eines nicht allen zugänglichen technischen Wissens waren sie gefürchtet wie Zauberer, als Handarbeiter und Außenseiter zugleich auch verachtet. Sie führten ihre Herkunft auf einen anderen Ahnherren zurück als die Tuareg, vermieden es, außerhalb ihrer Klasse zu heiraten, bedienten sich einer den anderen unverständlichen Geheimsprache. Gleich den ›Rittern‹ waren sie frei und zahlten niemandem Abgaben, doch trugen sie keine Waffen und wurden im Krieg nicht gefangengenommen. Sie waren also die geeignetsten Friedensvermittler wenn es galt, Fehden zu beenden, und waren zugleich die traditionellen Heiratsvermittler, dabei Zeremonienmeister, Dichter und Bewahrer historischer Traditionen. Obwohl ihre eigenen Herren, schlossen sie sich gern an die Gemeinschaft eines Stammes oder Clans an, traten in ein – erbliches – Vertrauensverhältnis zu einem der führenden Chefs, der sich auf sie verlassen konnte. Anderen gegenüber jedoch rechtfertigten sie ihren Ruf von Gerissenheit und Habgier. Ihre Außenseiterrolle gestattete ihnen Verstöße gegen gesellschaftliche Tabus. Ein Privileg, das die Ennaden außerhalb der sittlichen Ordnung zu stellen schien und sie zu verächtlichen Randfiguren machte – beinahe so wie die ›Künstler‹ innerhalb der Bourgeoisie.

Ein paar Schritte nur weiter – neben der Polizeistation und schräg gegenüber dem militärischen Zingel eines Militärlagers – steht das Bordj, das Père de Foucauld sich in Tamanrasset erbauen ließ, vor dessen Tür er 1916 ermordet wurde. Als ich ein Bild des Bauwerks meinem Skizzenheft einverleibe, nähert sich der hier diensttuende Polizist. Er wird mich doch hoffentlich nicht als Spion verhaften, weil ich in der Nähe militärischen Geländes zeichne? Aber nein, der Mann ist bloß neugierig, lobt freundlich mein ›Werk‹ und aus dem üblichen Fragespiel nach Wohlbefinden, Woher und Wohin wird eine Bekanntschaft für die Tage in Tam, die sich in einem täglichen Schwätzchen bewährt. Das Bordj Foucauld, die viereckige Lehmfestung mit Schießschartenkranz um einen Brunnen-Innenhof trägt über dem von einer Schirmmauer verdeckten niedrigen Eingang ein einfaches Kreuz. Einziges Zeichen dafür, daß es noch immer von den ›Kleinen Brüdern‹ bewohnt ist. Ein Zettel an der Innenseite der Türe teilt mit, daß sie noch immer jeden Sonn- und Feiertag hier Gottesdienst halten.

Hinauf zum Assekrem

Wer sein Auto schonen möchte, ist – nicht anders als in Djanet – der staatlichen oder einer der privaten Agenturen ausgeliefert. Sie lassen kaum mit sich handeln. Aber es gibt wenigstens keinen ›Direktor‹, der einem den Besuch auf dem Djebel Assekrem, die Fahrt zu der noch heute von den ›Kleinen Brüdern‹ betreuten Einsiedlei des Charles de Foucauld verbieten könnte.

Falls man keinen einheimischen Fahrer und Führer findet: es geht auch ohne ihn, denn die Piste ist anfangs, solange man sich noch verfahren könnte, ausreichend beschildert. Und später gibt es keine Abzweigungen mehr, vor denen man sich hüten müßte. Einen ersten kurzen Halt legen wir am Fuß des Djebel Iharen ein, eines der ›Hausberge‹ von Tamanrasset, charakteristisch für die Basaltbergwelt des Hoggar.

Früher nahm man an, daß hier, wo die aus Erd-Urzeiten stammende Granit- und Gneisschicht der Sahara sich aufbuckelt und zutage tritt – während sie sonst unter mehreren hundert oder tausend Metern dicken Sedimentgesteinen begraben liegt – , einmal Vulkane die alte kristalline Decke durchbrochen hätten. Vulkane, die Jahrmillionen wegerodiert hätten bis auf das Gestein, das ihren Schlot füllte. Neuerdings vertreten Fachleute die Ansicht, diese Basaltkegel, -orgeln, -hüte seien durch unvorstellbar stürmische Kräfte an Schwachstellen der Erdkruste durch den Schild hindurchgedrückt worden – so etwa wie Zahncreme aus der Tube – als eine noch heiße Paste, die zu kristallinen Formen erstarrte. Wasser und Wind, Hitze und Eis tun seit langem ihr Erosionswerk, haben um die steilen Spitzen mächtige Schuttkegel gelegt. Erst wenn man ganz nahe an diese Berge herankommt – der Fernblick verniedlicht die Dimensionen – erahnt man die unsinnige Gewalt, die sie aus dem Erdinneren ins Licht hinaufquetschte.

Wenige Kilometer nach diesem Halt zweigen wir links ab zu den **Gueltas von Imlaoulène** (Reifenspuren weisen den Weg), fünf übereinandergestaffelten Wasserbecken in einer Felsschlucht, die sichtbarlich ein alter Wasserlauf und Wasserfall geschaffen hat, die heute noch bei einem plötzlichen Hochwasser eine Kaskade bilden.

Es dauert nicht lange, dann steht der ›Zuckerhut‹ des Adaouda vor einer bläulichen Bergkulisse. Ein Besuch der (späten) Felsgravuren in der Umgebung würde viel Zeit kosten. Nach etwa zehn rauhen Fahrkilometern kommt das Akar-Akar-Massiv (2132 m) in den Blick. Nur ein ortskundiger Führer macht den Fremden auf eine der neolithischen Grabanlagen aufmerksam, die sich mehrfach im

Blick vom Djebel Assekrem

Hoggar und seinem Umland finden. Und dann treffen wir bei einer Kniebeuge- und Gymnastikrast nur wenige Meter abseits des Fahrwegs ein paar späte, flache und sehr schematische Felsgravuren. Sie erscheinen uns wie Parodien der alten Bilder.

Nach weiteren 30 km auf der steinigen bergan-Piste zweigt rechts eine Spur (2 km) zu den **Gueltas von Afilal** ab. Zwischen Granitblöcken entspringt dort eine Quelle, ihr Wasser gleitet über glatte Platten, staut sich in Mulden, läßt sich von Oleander beschatten, bildet auf dem Grund eines niedlichen Cañons flache Becken, in denen es von Kaulquappen nur so wimmelt. Selbst Amphibien bietet also die so lebensfeindliche Wüste Daseinsraum. Hier hat der Mensch noch nicht in den Haushalt der Natur eingegriffen. Aber er wird nicht mehr lange zögern. Die Kamelkarawane, der wir auf dem Rückweg zur Hauptpiste begegnen, dient nicht mehr dem Handel. Es sind nach Wüstenromantik gierige Touristen auf einem ›circuit à dos de chameau‹.

Unsereiner wäre versucht, die Unebenheiten der Strecke möglichst langsam und sanft zu nehmen. Die dunklen Abkömmlinge der Sklaven von einst schonen ihre Toyotas so wenig wie die Wirbelsäulen ihrer Fahrgäste. Mit Schwung

– aber auch mit Überlegung und Fahrgefühl – überwinden sie alle Härten der Piste, die sich um die verwitterten Basaltriesen des ›Trident‹ (= Tigamain) und dem Tezaouai-Zwillingsberg in steilen Kehren hinaufwindet zum **Assekrem-Paß**. Ein Mauergeviert bietet Parkmöglichkeit, notfalls auch Schlafsack-Obdach. Von hier aus erreichen wir – 20 Minuten Aufstieg – das 2728 m hoch gelegene Plateau, auf dem sich Charles de Foucauld eine schlichte Klause aus Stein errichten ließ. Über der offenen Pforte kündet ein Inschriftstein die Daten. Der seltsame Heilige – aber sind nicht alle Heiligen nach unseren Alltagsbegriffen seltsame Wesen? – hat seine Zelle nur als Sommerretiro in den beiden letzten Jahren benutzt, die ihm beschieden waren, nicht als Eremitage im eisigen Winter. Der überstrenge Mönch war kein Francesco, sondern Franzose, Aristokrat, Intellektueller. An seine wissenschaftliche Leistungen – das Tamaschek-Dictionaire und die Sammlung von Tuareg-Dichtungen vor allem – erinnert die kleine Bibliothek in seiner winzigen Zelle. Wand an Wand daran die Kapelle. Nur eine Handvoll Beter fände Platz auf dem nackten Steinboden und den paar Ziegenfellen vor dem Altar aus drei dunklen Steinen und einer von ebenso dunklem Lack überzogenen Platte, einem Opfertisch, auf den die blanke Ölfunzel im roten Glas ihren Schein wirft. Dann und wann holt sie das armselige Bild des Gekreuzigten aus dem ungewissen Dunkel.

Der unauffällige Mann in der Herberge wenige Schritte unterhalb der Höhe betreut als ›Kleiner Bruder Jesu‹ das Erbe des so widersprüchlich-faszinierenden ›Heiligen der Sahara‹. Wenn der aus seiner Klause trat, stand ihm das Panorama vor Augen, das auch uns durch seine Weite, Seltsamkeit und düstere Größe so fesselt, daß wir nur widerwillig scheiden. Trieben uns nicht am fernen Horizont dräuende Termine (Ausreise und Rückfahrt) weiter; möchten wir hier oben im Angesicht eines unbeschreiblichen Rundblicks in uns hineinschauen. Uns Unentschlossenen aber sind Stunden gewährt, in denen wir hinübersehen zum Djebel Tahat, dem höchsten Berg des Hoggar, der die Dreitausendermarke beinahe erreicht.

Eine Piste führt von dem Parkplatz unterhalb des Assekrem-Plateaus nördlich-nordöstlicher Richtung über die vulkanischen Gueltas von Imazoudine nach Hirhafok, das uns von unserer Fahrt von Djanet her noch blaß in Erinnerung steht. Obwohl es auch einen anderen – ungeten – Weg nach Tam zurück gäbe, wählen wir die Spur, die uns herführte, für die Heimfahrt nach Tamanrasset. Am Ende einer solchen Tagestour schert man sich nicht mehr um allenfallsige Felsbilder im Abseits, ist nur froh, nach Auf- und Ab-Rüttelei – am Flughafen vorbei – endlich wieder die Bleibe in Tam zu erreichen. Nach einem tiefen Zug aus dem micropurierten Wasserkanister umfängt uns traumlostiefer Schlaf.

Von Tamanrasset nach El-Goléa

Es ist kein Zufall, daß nicht eine Verbindung zwischen den großen Städten und Häfen des mittelmeerischen Algerien die Nummer Eins unter den Straßen des Landes ist, sondern die transsaharische Route von Algier nach Tamanrasset und von dort weiter nach Niger, also die Nord-Süd-Achse. Sie scheidet nicht nur optisch Ost- von Westalgerien, sie verbindet vielmehr den Norden, die einst französischen Departements mit dem Süden, der einst ›Französische Westsahara‹ hieß und unter Militärverwaltung stand, mit einem Gebiet, das erst durch die Verträge von Evian zu Algerien kam.

Wir haben ja bereits erlebt, wie ungut zu befahren diese Sammlung von Schlaglöchern ist, wir nehmen's geduldig als symbolisch für die Schwierigkeiten, die noch zu überwinden sind, bis sich Küstenregion und innerste Sahara organisch verbunden und ihre Bewohner sich als ein einziges Volk zu betrachten gelernt haben werden. Immerhin ist ein verheißungsvoller Anfang gemacht. Schon über den Flugplatz, ja schon über Tit hinaus ist die neue Straße gebaut, glatt und makellos. Tit, die winzige Oase nur 40 km von Tam mit ein paar Dutzend vereinzelt stehender Palmen ist weniger sehens- als gedenkenswert. Hier siegten am 7. 5. 1902, ›Tag der Ungläubigen‹, die Franzosen und ihre

Chaamba-Kamelreiter über die Tuareg. Erste Friedensverhandlungen führten zu Gesprächen zwischen General Laperrine und dem Tuaregfürsten Mussa ag-Amastan, dem späteren Freund des Père de Foucauld, die endlich 1904 im Abkommen zwischen den Nomaden und den französischen Kolonialherren endeten.

Die blauzackigen Ketten und schwarzen Geröllberge des Hoggar bleiben uns zur Rechten, während nach links eine Piste nach Abalessa abzweigt, die dann – sich teilend – weiterführt in Richtung Mali. Aber mit diesen Strecken haben wir nichts im Sinn. Nur für **Abalessa** wollen wir uns die nötige Zeit nehmen. Es sind ja nur 80 km hin und her. In der Nähe dieses Ortes wurden alte Tumuli entdeckt und auf einem Hügel eine aus unbehauenen Blöcken geschichtete Festungsanlage, die man in die späte Römerzeit datiert. Hier hat man 1925 die ausgetrocknete Leiche der ›hinkenden Königin‹ Tin Hinan gefunden, mit Schmuck und Beigaben versehen. Und einige davon – wir haben sie im Bardo-Museum von Algier gesehen – bezeugen, daß es – wenn auch spärliche – Beziehungen zwischen Rom und der Sahara gab. Aber eine ›römische Sahara‹ hat es nie gegeben, auch wenn die Nachricht von einer römischen Strafexpedition unter Cornelius Balbus im Jahr 19 v. Chr. gegen die Garamanten in Libyen überliefert ist. Von diesen Garamanten mit ihren vierspännigen Pferdewagen erzählt schon Herodot. »Zehn Tagereisen von den Garamanten ... wohnen Menschen, die heißen Ataranen« (die nur einen Stammes-, aber keine Personennamen kennen) und »wieder nach zehn Tagereisen kommt ein Salzhügel und eine Quelle und wohnen Menschen darum her. Und an diesen Salzhügel stößt ein Berg mit Namen Atlas.« Kommentatoren haben in diesem ›Atlas‹ den Hoggar erkannt und in der Fürstin Tin Hinan, der Ahnherrin der Kel-, Rehla-Tuareg, eine der späten Königinnen der schon von dem Griechen des 5. Jhs. v. Chr. erwähnten Atlantiden.

Wir halten, auf die N 1 zurückgekehrt, unentwegt dem Norden zu. Nur alle 10 km verkündet uns ein tröstliches Schild, daß wir schon wieder – mit einem Stundenschnitt von 35 – ein Stück des Weges hinter uns gebracht haben.

Einst machte am Straßenrand ein Schild den Saharafahrer darauf aufmerksam, daß er nun wieder den Wendekreis des Krebses überschreitet. Es ist verschwunden, nicht Opfer der Wüste, sondern touristischer Souvenirgier. Klauen ist schick. Überall auch beschmieren Narrenhände die Wände, und wer in die Sahara fährt, muß, so scheint es, seine Leistung besonders dokumentieren. Die Wegmarkierungspyramide an der von rechts, von Zaouatallaz einmündenden Piste (wir kennen sie schon) ist frisch aufgemauert, aber zeigt schon wieder, daß einige Leute nur in die Wüste gefahren sind, um dort festzuhalten, daß es von dort etwa gleich weit ist nach Mannheim und Paris, daß es nach ›Kölle am Rhing‹ noch 3000 km sind. Nebbich.

538 km sind es vorerst noch bis In Salah. Das Bordj von **In Amguel** bleibt links unbeachtet liegen. Wir überqueren den gleichnamigen Oued auf einer Furt. Schon vor Jahren hat ein Hochwasser nach Gewitterregen die Brücke und die Straße weggespült.

Die pittoresken Zacken des Hoggar fallen zurück, das Teffedest-Gebirge – angeblich bei Jägern beliebt – begleitet nun fern unseren Weg. Wir begrüßen das Schild, dem wir entnehmen können, daß wir inzwischen tatsächlich schon über 20 km weiter nach Norden geschafft haben. Abwege von diesem Weg gibt es nicht, oder sie sind verboten. Eine nach rechts abzweigende Teerstraße ist strikt ›interdit aux civils‹ und führt nur zu einem riesigen Friedhof alter Blechtonnen: Relikte der ersten unterirdischen Atomversuche, welche die Franzosen hier Ende der 50er Jahre anstellten. Noch heute fürchtet man gefährliche Strahlen und so bleiben die Tonnen in der Wüste, wo alles sonst, was liegenbleibt, jedem anderen gehört, der es brauchen kann, einfach liegen, bis sie durchgerostet und zerfallen sein werden. Das Verbot, gerade hier zu nächtigen, nimmt der Landfahrer gerne hin. Daß ihm etwa zehn Kilometer weiter (rechts) die Basis der Staatlichen Bergbaubetriebe (SONATREB) eine Rast verwehrt, dünkt ihm unfreundlich. Hinter uns liegen die hellen Weiten mit einzelnen Bergstöcken. Jetzt quälen wir uns auf Sand und Kies mit spärlichen Akazien und Dornbüschen um die Schlaglöcher herum.

In **Ecker** ist einzig auf der Karte ein Orientierungspunkt. In der Wirklichkeit ist's nur ein öder Posten mit Tankstelle und Wassertank, ein paar niedrigen Hütten, und die später dann nach rechts abzweigende Piste nach Amguid und weiter über Hassi Bel Guebbour (385 km) und Ouargla (1100 km) ist eine einsame und harte Strecke ohne jedwede Versorgungsmöglichkeit, die von Anfang an abschreckt. Wir halten weiter nordwestwärts. Abseits der Straße eine Kamelherde mit schönen weißen Stuten und possierlich staksigen Jungtieren. Die barfüßigen Hirten, in helle Gewänder und dunkle Gesichtsschleier gehüllt, weisen uns ihre leeren Ziegenhäute vor und bitten um Wasser. Wir spenden ihnen aus einem unserer Kanister. Auch eine Frau tritt heran, schlank und hochgewachsen im dunklen Gewand. Ihr hellbräunliches Gesicht ist ebenmäßig, starkknochig, von der Härte des Wüstendaseins gekerbt.

Flüchtig sind die menschlichen Begegnungen, immer gleich und doch immer neu die Variationen der Landschaft. Die Straße hebt sich aufwärts, führt über eine braungelbsandige Ebene durch die **Mouydir-Berge**, die grauschwarz und von Wind und Sand zu originellen Plastiken zurechtgeschliffen, die Strecke säumen. Dann durchfahren wir ein hügeliges, von Akazien bestandenes Gelände. Höhere Erhebungen künden sich voraus an und dunkle Geröllhügel, durch die sich unser qualvolles Schlaglochband hindurchwindet. Während der Mann am Lenkrad einen reifen Slalom hinlegen muß, schaut der geschüttelte Beifahrer die kahle, aber form- und farbstarke Landschaft. Da steht links über einer sandigen Ebene ein rötlichgrauer Bergblock mit glattpolierten Granithängen, steilen fern schöne Zinnen – und neben der Straße liegen Bälle und Bollen aus Granit: durcheinandergeworfenes Spielzeug täppischer Riesen, die auf der Kante einer Hand balancieren, ein Skulpturenmuseum unbewußter Laune. Dann ziehen sich die Berge wieder zusammen, es scheint, als führe die Straße auf sie zu, um im letzten Augenblick doch den Zusammenstoß zu vermeiden. Wir schätzen, daß es von der Stelle, wo ein Schild links hinüber zum **Marabut Muley Lahcen** weist, nicht mehr weit sein kann zu dem Heiligtum, das einst, vor

Marabut Muley Lahcen

der Anlage der nicht-mehr-Teer-Straße unmittelbar an der Südpiste lag. Der heilige Muley el-Hassan (= L'ahcen) gilt als Schützer der Saharafahrer. Wer die Fahrt durch die Wüste glücklich vollenden will, umfährt das weiße, mit grünen Borten abgesetzte und grün-rot beflaggte Grabmal zu dreien Malen. Auch die schwersten Lastwagenfahrer lassen es sich nicht nehmen, in der ausgefahrenen Manege wenigstens eine Runde gegen den Uhrzeigersinn zu drehen. Aberglaube – mag sein. Aber auch ein geheiligter Brauch, der vielleicht jene innere Sicherheit verleiht, die man braucht, um vor den Härten und Drohungen der Wüste nicht zu verzagen. Die blankpolierten Granithänge ringsum schreien geradezu nach Nutzung als Reklameträger, die allerdings nur wenige zu Gesicht bekämen. Die unweit des Marabuts herumliegenden Blöcke sind vom Sandgebläse des Windes wohlig zurechtgeschliffen, durchlöchert wie Reste von Schweizerkäse. In einem oder dem anderen dieser ›Abris‹ finden wir schattenhafte Gravuren aus der ›Zeit der Kamele‹.

Eine andere Piste als die, welche uns hergeführt hat, leitet zurück auf die löcherige RN 1 (von Tam 268, nach In Salah noch 388 km). Weite, leicht wellige Ebene, Sand über Steingrund, vom Wind geschliffener und polierter Granit. Es gibt wenigstens Stellen in der Straße, die keine Löcher aufweisen, weil der ganze Teerbelag fehlt. Den Übergang über den Oued Mendif, der sich hart am Fuß von Steinbergen hinzieht, hat ein Hochwasser weggerissen. Man muß

Arak-Schlucht

halt schauen, wie man durchkommt. Dann wieder Schieferberge, Granitkugeln, durchlöcherte Hügel, breite Sandbetten von Oueds. Als wir mehr als die Hälfte der Strecke von Tam nach In Salah hinter uns haben, gönnen wir uns eine Rast, um die Schönheit der Wüstenlandschaft in Ruhe einzuatmen. Fern ziehen bläuliche Höhenzüge, rötlich und grau liegen vor ihnen granitübersäte Kieselfelder.

Dann fahren wir in die Arak-Schlucht ein. Sie ist an ihrem Anfang ein ganz unromantisches trockenes Flußtal zwischen grauen Geröllbergen. Im Flußbett stehen Akazien und flecken grüne Büschel den gelben Boden. Das Dorf **Arak** mit einem Café, mit Tank- und Wasserstelle berühren wir nur, um unsere Vorräte aufzufüllen. Auf einmal wird die Schlucht dramatisch, steilen sich die Wände zu horizontal geschichteten Türmen, verengt sich der Talboden, den Militärposten – bei dem das Fotografieren strengstens verboten ist – umsteht sogar ein Palmenwald. Und dann wird man plötzlich aus der Schlucht in eine Sandfläche entlassen, die bald mit gelbem Sand und schwarzem Stein, mit Dünen und Bergen eine Wüstenlandschaft wie aus dem Bilderbuch vorgaukelt, bald aber in flache Weiten übergeht.

Nach In Salah sind es immer noch 230 km auf einer Ebene ohne Horizont. Sand, Kies, Schotter: so stellen sich wohl viele die Wüste vor, gelbliche, gräuliche, schwärzliche ›Langeweile‹ unter einem hohen hellen leeren Himmel, auch flache Sandstellen mit Gipsausblühungen und einzelnen trockenen Kräuterbüscheln. Noch eine Nacht im Schlafsack unter den einleuchtenden Sternbildern.

Am Vormittag erreichen wir **In Salah**, was nichts anderes bedeutet als ›Salzige Quelle‹. Das klingt wenig einladend – und tatsächlich schmeckt das Wasser, das wir in den Reservekanister einfüllen, etwas salzig. Und da solche Salze in der Regel die Verdauungstätigkeit in unverhoffter Weise beschleunigen, beschließen wir, dieses Wasser nur im äußersten Notfall zu trinken. Von Süden kommend, haben wir ein im Aufbau befindliches modernes Industrieviertel durchquert mit Arbeiterbaracken, Tanks, Abfall, passieren dann das ganz neue große Luxushotel Tidikelt und dann Neubauten, lehmbraun-rötlich getüncht, mit weißen Rahmen um Fenster- und Türöffnungen und weißen Ornamenten: Gendarmeriestation, Hospital, PTT mit dem unvermeidlichen Parabolspiegel: alles Bauten im ›sudanesischen Stil‹, der nicht etwa ursprünglich ist, sondern wie in den Nachbaroasen Adrar und Timimoun, das wir ja schon kennen, auf die Initiative eines französischen Kolonialoffiziers zurückgeht. (Sudan, wir erinnern uns, meint hier natürlich nicht den heutigen Staat dieses Namens, sondern allgemein Schwarzafrika, Bled-es-Sudan, das Land der Schwarzen.) Tore im ›sudanesischen Stil‹ überspannen im Osten und Westen die Hauptstraße des Ortszentrums, an der sich Polizeiposten, Agentur der Air Algérie, Apotheke und Daira-Amt reihen, mit dem wir hier nichts mehr zu tun haben. Und von hier gelangt man auch auf den Markt, auf dem wir nach tagelanger Entbehrung ein paar Orangen und Karotten – zu stolzen Preisen allerdings – erstehen. Treffpunkt des Saharafahrer ist das Restaurant du Carrefour des Hadj Abderrahman, der für das leibliche Wohl seiner Gäste besorgt ist, ohne deren Beutel zu schröpfen. Der vitale Herr ist auch ein Pionier des Dünenschisports. Wenn sich der Sand auf der Straße benimmt wie Schnee, warum sollte man ihn nicht wie Schnee benützen?

Wir empfinden In Salah als einen Gruß der Zivilisation

– ganz ohne den bei uns zu Lande üblichen negativen Unterton. Wir hatten vermutlich Glück: die Luft war hell, der Himmel strahlend blau, die Sonne sparte ihre spitzesten Pfeile. Aber In Salah gilt als einer der heißesten Plätze der Sahara – Temperatur bis 56 Grad im Schatten – und genießt dazu das zweifelhafte Privileg, besonders oft (laut Statistik jeden zweiten Tag) von Sandstürmen heimgesucht zu werden. Und dazu ist es mit dem Makel behaftet, einstmals einer der größten Sklavenmärkte der Sahara gewesen zu sein – ähnlich wie Mourzouk im Fezzan (Libyen). Die kriegerischen Tuareg überfielen die Dörfer der südlichen Sahelzone, schleppten Männer, Weiber, Kinder gefesselt weg. Wer nicht unterwegs an Erschöpfung starb, wurde ›Iklan‹, Sklave der hellen Herren oder mußte – an arabische Sklavenhändler weitervertauscht – in den Oasen die unterirdischen Bewässerungskanäle, die Foggaras graben und instandhalten.

Auch die alte Legende ist nicht freundlich. Die Königin Tin-Hinan verwehrte, so heißt es, dem Marabut Salah ben Azzi, der eben die Tademaït-Ebene überquert hatte, an der einzigen Quelle seinen Durst zu stillen. »Sie ist versiegt und nicht einmal meine Kamele finden mehr etwas zu trinken ...« Daraufhin soll der fromme Salah wie weiland Moses mit seinem Stab eine Quelle geschlagen haben: Ain Salah. Ob sie nun nach ihm heißt oder nach dem Salzgehalt – jedenfalls bringt dieser Probleme mit sich, wenn es gilt, die Palmenhaine (170 000 Bäume zählte die Steuerbehörde) nicht nur zu bewässern, sondern sie auch zu entsalzen. Die Wanderdünen bilden eine zusätzliche Bedrohung. Sie schieben sich von Osten heran, so daß die Lehmhäuser der Bewohner immer weiter nach Westen zurückrücken mußten. Heute versucht man, dem Wind und Sand entgegenzuwirken, setzt Bulldozer ein, trotzdem: die Weiler der Oasenbauern sind rings von Dünen umzogen. Während wir auf ihren Kamm steigen, um einen Rundblick zu gewinnen, feilt das Sandgebläse um unsere Fußgelenke. Wir trödeln bewußt, genießen, In Salah ohne Sandstaub zu erleben und auch, weil uns ein wenig vor dem graust, was uns nun bevorsteht: der Überquerung des Tademaït-Plateaus.

Es wäre unsinnig, diese Strecke umgehen zu wollen, indem man die über 300 km lange Piste nach Westen – über die Tidikelt-Ebene – nach Reggane führe (versteinerte Bäume sind die Hauptattraktion dieser Route), um von dort aus auf der Tanezrouft-Piste über Adrar nach Norden zu fahren. Und gar die in der Karte nur als dünner Strich eingezeichnete Piste nach Osten, nach Bordj Omar Driss kommt für uns nicht in Frage. Sie zweigt ab, nachdem wir In Salah verlassen, an Flugplatz und vereinzelten grünen Palmengärten vorbei etwa 20 Kilometer nach Norden gefahren sind. Die ersten etwa 50 km – bis nach **Foggaret ez-Zoua** – sind problemlos und führen in ein Oasendorf wie aus einem Märchenbuch mit bedrohlich hohen Dünen; Lehmhäusern mit engen Gassen dazwischen, grünen Beeten unter den Wedeln des vom Sand bedrohten Palmenhaines, mit Foggaras und schmalen Bewässerungsrinnen. Und ein Führer zum ›versteinerten Wald‹ von Foggaret findet sich auch.

Es hilft nichts, wir müssen, wenn wir El-Goléa erreichen wollen, – das sind noch 400 km! – uns auf der RN 1 halten. Durch eine Sandebene fahren wir also den rötlich-braunen Zeugenbergen entgegen, die einen ersten Abbruch begleiten. Die Straße erklimmt diese erste Stufe. Wieder geht es durch eine grell und flach unter der Sonne liegende Ebene – Gipsausblühungen säumen die Straße – dem fernen Rand eines weiteren Plateaus entgegen: dem gefürchteten Abbruch des Tademaït. Schon jetzt steht kaum einmal ein dürres, bestenfalls graugrünes Büschel auf dem von Schotter bedeckten orangeroten Sand. Rötlich zeichnet sich an den stehengebliebenen Bergstümpfen die sedimentäre Schichtung ab. Und dann beginnt, etwa 100 km hinter In Salah, an Dutzenden von Autowracks vorbei, deren unselige Fahrer abseits der Löcherroute ihren Weg suchten und, da kein Schild sie warnte, über den Absturz hinausschossen, der Aufstieg zu einem Plateau das einen das Fürchten lehren kann und einen Begriff gibt von Öd und Einsamkeit.

Ein letzter Rückblick auf relativ Freundliches – und dann haben wir den ›Garten des Satans‹ zu durchqueren, eine von schwarzen Steinchen und schwarzen Kieseln bedeckte

Hochfläche ohne einen einzigen auch nur dürren Halm, ohne jeden anderen Anhalt als das entnervend durchlöcherte schmale Band der ›Straße‹. Selbst ein Horizont fehlt. Luftspiegelungen lösen ihn auf, die Fee Morgana gaukelt blaue Seen vor, zaubert aus Sandhäufchen ferne Inseln, verwandelt einen abseits liegengebliebenen Autoreifen in eine Barke oder ein geheimnisvoll fernes, nie erreichbares Schloß. Diese ›Wüste der Wüsten‹, ein non plus ultra an Lebensfeindlichkeit, bedeckt ein Gebiet größer als Sizilien, flächenmäßig etwa den Benelux-Ländern entsprechend. Eine menschenleere Welt ohne Kulissen und Perspektiven, verlassen wie nach dem Untergang. Aber es gibt doch einen Anhalt. Halbwegs passieren wir die Grenze zwischen den Wilayats von Tamanrasset und El-Goléa und die Hoffnung, der nackte Pfahl (das Schild hat längst ein Andenkenfetischist mitgenommen) möge auch eine Änderung des Straßenzustandes signalisieren, trügt nicht. Wir kommen nun zügiger voran. Die Straße senkt sich sacht, und während die Schatten länger werden, tauchen die Gipfel schöner Sanddünen auf. Nach Norden zu endet das teuflische Tademaït-Plateau fast sanft und schön und die spärlichen trokkenen Halme im Sand kommen uns fast schon wie ein Park vor.

Nach El-Goléa sind es immerhin noch 100 km. Um eine Nachtfahrt zu vermeiden, suchen wir – nach einem brandig-blutigen Sonnenuntergang – eine Stelle für eine überletzte Schlafsacknacht im Wüstensand.

Rückweg und Rückschau

Schon gut 60 km vor El-Goléa hat sich ein Kreis geschlossen, sind die Saharafahrer wieder auf die Oasenrundfahrtroute gestoßen. Hier könnte sich der Autor von seinen Lesern verabschieden. Aber wer wird seine Gefährten so schnöde mitten in der Wüste verlassen? Wir wollen gemeinsam nach Ghardaia zurückkehren, im Hotel ein Waschfest feiern und ein großes Glas mit irgendetwas Kühlem leeren, bevor wir ins weißbezogene Bett sinken.

Am nächsten Morgen brechen wir auf, um über Laghouat nach Algier zurückzufahren. Es sind noch mehr als 600 km bis dorthin.

Laghouat bedeutet für den, der von Norden her der Wüste entgegenfährt, die erste saharisch geprägte Stadt. Für uns, die wir aus dem Süden kommen, ist es die letzte. In den Sätteln zwischen rötlichen Hügeln und an deren nördlichen Hängen hat sich diese Siedlung zwischen Nord und Süd eingehorstet. Immer hat sie verschiedenen Stämmen Lebensraum geboten. Heute sind deren Quartiere nicht mehr durch Tore voneinander geschieden. Das Zentrum liegt zwischen dem Hügel, der einen offenbar militärisch genutzten Bau trägt und weiter unten eine Moschee mit ›gotischen‹ Fenstern, und dem Rücken, von dessen Höhe das bunte Marabut des Sidi Abd el-Kader ben Mohammed weiten Rundblick gewährt. Wenig erinnert heute noch daran, daß sein Nordhang einst vorzugsweise von Europäern bewohnt war. Selbst die einstige Kirche maskiert sich mit einer Zwei-Minarett-Fassade als Moschee. Weiter nach Norden zu erstreckt sich die moderne Wohnstadt mit Stadion und Neubauvierteln, welche einen Teil jener Gärten (el-aghouat) gefressen haben, denen die Stadt ihren Namen verdankt. Nach Süden zu und in weiterem Umkreis ziehen noch die Palmenhaine der Oase, eingefaßt von fahlen Felshügeln. Laghouat ist zweifellos ein Ort mit Charakter. Aber uns verhüllt er sich heute wie es viele Frauen hier nach allerstrengster Sitte auch tun.

Schon bei Tilrhemt, in der Gegend der Industriezone von Hassi R'Mel, die sich durch rauchende Abfackelungen weithin anzeigt, hat einsetzender Wind Sand- und Staubfahnen über die Fahrbahn geweht – und das Treiben wächst sich zum Sandsturm aus, der wild gegen das Fahrzeug anrennt und rötlich-fahle Sandwolken wie Nebelschwaden dahintreibt. Da heißt es die Scheinwerfer einschalten und versuchen, nicht von der Fahrbahn abzukommen. Aber dann beginnt der Sand massiv gegen die Scheiben zu schlagen, es ist kein Weiterkommen mehr. Mit Tüchern vor Mund und Nase, um den feinen, durch unsichtbare Ritzen eindringenden Staub abzuhalten, müssen wir bei abgestell-

In Laghouat

tem Motor in fahler Finsternis warten, bis das Unwesen nachläßt und sich endlich verzieht. Als wir Laghouat erreichen, ist alles schon überstanden. Wir hatten Glück, daß das uns erst hier, am Nordrand der Wüste überrascht hat und so schnell vorbeiging. Derartiges kann auch Tage dauern. Immer aber bleibt dann die Luft noch geschwängert von feinstem Staub, der als ein trockener Nebel alles in einen gelblichen Dunst hüllt, der alle Körperlichkeit verschluckt, nur Schattenhaftes ahnen läßt und doch alle Schatten verzehrt in einer diffusen Überhelligkeit, denn jedes Staubpartikel bricht und reflektiert das Licht. Kein Schutz durch dunkle Brillen oder feine Gewebe: Eine Weltuntergangsstimmung von gefährlich-körperlosem Reiz.

Das Naturereignis droht, unseren Zeitplan durcheinanderzubringen. Wir müssen stracks nach Norden halten. Ein Schild zuseiten der Hauptstraße macht etliche Kilometer hinter Laghouat auf den ›Rocher des Pigeons‹, den Taubenfelsen aufmerksam, aber keines weist darauf hin, daß auch bei Sidi Maklouf Felsgravuren zu finden wären, in den Wänden des Oued Herbaia. Wir können uns nicht Zeit nehmen, nach einem Führer zu fahnden. Auf ebener Strecke geht es zügig voran. Der immer noch in der Luft hängende

Staub verhindert einen Blick auf die fernen Ouled-Naïl-Berge. Wir merken auch nicht, daß sich die Straße hebt: zum ›Col des Caravanes – 1271 m‹.

Djelfa führt einen Schafskopf im Wappen, hat den Schafen, von deren Fleisch, Fell und fetter Wolle die ganze Gegend auskömmlich lebte, ein Denkmal errichtet, aber scheint uns, die wir hier Halt machen, um eilig ein paar Schaffleischwürstchen zu verzehren, keineswegs als beschauenswert. Eher trist und häßlich: ziegelgedeckte Hütten, eine monströse Moschee. Bei der Ausfahrt verkündet ein Straßenschild tröstlich, daß es bis Algier nur noch 300 km sind. Sie haben gar nichts Wüstenhaftes mehr. Jenseits der schon von mittelmeerischen Pflanzen bewachsenen Höhenrücken (nicht wenige sind aufgeforstet) verläuft die Straße zunächst schnurgerade über ein steriles Plateau, krümmt sich dann durch die grünen Ausläufer des Tell-Atlas, durch die unerquicklichen Vorstädte hinein nach Algier.

Wie alptraumhaft menschen- und autowimmelnd diese große Stadt überm blauseidenen Mittelmeer! Der letzte Vormittag auf dem Boden Nordafrikas vergeht mit Ausfüllerei von Fragebogen, mit Anstehen nach Stempeln und der üblichen Warterei. Der Fahrplan vergönnt uns keine erneute Umschau in der Hauptstadt. Aber die Frage begleitet uns noch lange: Welches ist nun das wahre Gesicht Algeriens? Ist es diese chaotische Moderne vor der weißen Stadtkulisse der Belle époque oder ist es die düster farbige Menschenleere der Wüste? Beide sind sie so wirklich wie das Grün der Weinhügel im Oranais und die Täler der Kabylei, wie die türkisblauen Badebuchten am Mittelmeer und die Palmenhaine zwischen rostroten Plateaus, die Felsbilder und Römerruinen, die weißen Marabuts und schattigen Moscheen und die Gassen zwischen verschlossenen Lehmhäusern. ›Agraffe des Maghrib‹ haben wir es genannt, und wie eine Spange schließt es alle Gegensätze, allen Reichtum und alle Armut des islamischen Nordafrika zusammen. Es gibt Leute, die Algerien – keineswegs das bequemste und billigste Reiseland – für das vielgesichtigste und faszinierendste des Maghrib halten. Mit Recht.

Zeittafel

9. oder 8. Jt. v. Chr.	Beginn der ›Bubalus-Periode‹ der prähistorischen Felskunst
7000-6000 v. Chr.	›Rundkopfzeit‹
6000-3. Jt. v. Chr.	Felsmalerei der ›Rinderzeit‹
Mitte 2. Jt. v. Chr.	Eroberung der Sahara durch Krieger mit pferdegezogenen Streitwagen
7. Jh. v. Chr.	Archäologische Spuren der Anwesenheit phönikischer Kaufleute
6. Jh. v. Chr.	Karthagische Handelsniederlassungen an der Küste
202 v. Chr.	Der Zweite Punische Krieg endet mit der Niederlage Karthagos
203-148 v. Chr.	Masinissa König von Numidien
149-148 v. Chr.	Dritter Punischer Krieg endet mit der Zerstörung Karthagos. Sein Gebiet wird röm. Provinz Africa. Etwa um diese Zeit wird das Kamel zum ›Wüstenschiff‹
112-105 v. Chr.	Roms Krieg gegen Jugurtha
46 v. Chr.	Caesars Sieg bei Thapsus. Numidien wird als Africa Nova römische Provinz
15 n. Chr.	Juba II. Rex Mauretaniae. Neue Residenz: Cherchell
40 n. Chr.	Caligula läßt den letzten mauretanischen König töten
193	Der Africaner Septimius Severus wird Kaiser, begünstigt seine Heimat
212	Caracallas ›Constitutio Antoniana‹ verleiht allen Freien das römische Bürgerrecht
308	Die Wahl des Caecilianus zum Bischof von Carthago führt zum donatistischen Schisma
313	Konstantins Toleranzedikt von Mailand
386	Augustinus wird Christ
410	Eroberung Roms durch Alarich wird der Anlaß für Augustinus' Schrift ›Vom Gottesstaat‹
430	Tod des Augustinus in Hippo, das von den Vandalern belagert und später eingenommen wird
533	Ende des Vandalerreiches durch Belisar
622	Hedschra des Propheten Mohammed (gest. 632)
681/82	Eroberung Nordafrikas durch Sidi Oqba
740	Aufstand der Kharidschiten, die von 761-909/10 in Tahert ihren Stützpunkt haben (später Sedrata und endlich in der Pentapolis des M'zab)
800-909	Dynastie der Aghlabiden beherrscht von Kairouan aus den östlichen Maghrib
1007	Gründung der Kalaa der Hammaditen
Ende 11. Jh.	Der Almoravide Yusuf ben Taschfin gründet Tlemcen, läßt die dortige Moschee errichten
1152	Zerstörung von Tlemcen durch die Almohaden, die den Maghrib bis ins 13. Jh. beherrschen

1286-1307	Der merinidische Sultan Abu Yaqub Yussuf von Fes führt Belagerungskrieg gegen Tlemcen, gründet die Festungsstadt Mansourah
1332-1406	Ibn Khaldun, der bedeutendste Geschichtsschreiber des Maghrib
1453	Eroberung Konstantinopels durch den Osmanensultan Mehmet II.
1492	Entdeckung Amerikas
1516	Horudsch Barbarossa wird Herr von Algier
1548	Tod des Chaireddin Barbarossa
1600	Die Janitscharen von Algier bekommen das Recht, einen Dey als Herrscher zu ernennen
1732	Letzte spanische Expedition gegen Algier endet erfolglos
1816	Beschießung Algiers durch ein englisch-niederländisches Geschwader
1830	Landung französischer Truppen, Eroberung von Algier
1832 1857	Emir Abd el-Kader (gest. 1882) führt bis den Kampf gegen die fremden Eroberer. Danach Einsetzen einer massiven Kolonisation
1847	Entdeckung der ersten Felsbilder in der Sahara
1883	Französisches Schulgesetz für Algerien
1924	Messali Hadj, Ferhat Abbas u. a. gründen in Paris die Zeitschrift ›Etoile nord-africaine‹, die für Gleichstellung von Franzosen und Algeriern eintritt
1940	Algerien wird von Vichy aus regiert
1942	Landung alliierter Truppen bei Sidi Fredj
1945	(8. 5.) Massaker von Sétif – Halbherzige Reformen
1954 1962	(1. Nov.) Beginn des Befreiungskrieges, der endlich durch die Verträge von Evian beendet wird Bürgerkriegsähnliche Zustände danach unter Ben Bella führen zu Massenexodus
1965	Houari Boumeddienne (gest. 1978) läßt Ben Bella verhaften, wird selbst 2. Staatspräsident
1979	(Feb.) Chadli Boujedid wird 3. Staatspräsident

Bibliographische Hinweise

Das ist nicht als annähernd vollständige Bibliographie gemeint, sondern ein Dank des Verfassers an jene Autoren, denen er sich dankbar verpflichtet weiß. In vielen dieser Werke finden sich weitere Literaturhinweise.

Agernon, Ch.-R.: Histoire de l'Algérie contemporaine, Paris 1980
Algérie (Guide Bleu). Paris 1982
Algerien (Nagel Reiseführer), Genf–Paris–München 1976
Algerien: Merian, 23. Jg. Heft 2, 1970
Ansperger, F.: Auflösung der Kolonialreiche, dtv-Weltgeschichte des 20. Jhs., 4. Aufl. München 1981
Assaf-Nowak, U. (Hrsg.): Arabische Märchen aus Nordafrika. Frankfurt/M. 1980
Bazin, R.: Charles de Foucauld, explorateur du Maroc, éremite au Sahara. Paris 1921
Bel Ochi, M.S.: La conversion des Berbères à l'Islam. Tunis 1981
Bradford, E.: König des Mittelmeers. Bern–München–Wien 1970
Bourouiba, M. u.a.: Les Mosquées en Algérie. Algier 1974
Courtois, Ch.: Timgad, antique Thamugadi. Algier 1951
Désert. Nomades-guerriers, chercheurs d'absolu. Paris 1983
Eberhardt, I.: Sandmeere, 4 Bde. Berlin u. Schlechterwegen 1981
Eckert, U. u. W.: Algerische Sahara. Köln 1981
Fushöller, D.: Tunesien und Ostalgerien in der Römerzeit. Bonn 1979
George, U.: Die Wüste. Vorstoß zu den Grenzen des Lebens. Hamburg 1981
Glubb Pascha, J.B.: Das Weltreich der Araber. Oldenburg–Hamburg 1964
Golvin, L.: Recherches archéologiques à la Qal'a des Banu Hammād. Paris 1965
Gsell, St.: Afrique. Monuments antiques de l'Algérie. Paris 1901
Hammoutène, A.: Reflexions sur la Guerre d'Algérie. Algier 1982
Hörnle, A. u. Henze, A.: Römische Amphitheater und Stadien. Zürich–Freiburg 1981
Horn, H.G. u. Rüger, Ch.B. (Hrsg.): Die Numider. Reiter und Könige nördlich der Sahara (Kat. d. Ausstellung). Köln–Bonn 1979
Ibn Khaldūn, Discours sur l'Histoire universelle (Al-Muqaddima), übers. u. hrsg. v. V. Monteil, 3 Bde. Paris–Beyroûth 1967/68
Kirsten, E.: Nordafrikanische Stadtbilder. Antike und Mittelalter in Libyen und Tunesien. Heidelberg 1966
Klein, K.: Tanz ins Abenteuer der Wüste. Das Leben des Charles de Foucauld. Freiburg–Basel–Wien 1980
Krautheimer, R.: Early Christian and Byzantine Architecture. Hammondsworth 1965
Lhote, H.: A la découverte des fresques du Tassili. Paris 1958
Lhote, H.: Die Felsbilder der Sahara. Entdeckung einer 8000jährigen Kultur. Würzburg–Wien 1958
Maazouzi, M.: L'Algérie et les étapes successives de l'amputation du territoire marocain. Casablanca 1976
Marçais, G. u. W.: Les monuments arabes de Tlemcen. Paris 1903

Mensching, H. u. Wirth, E.: Nordafrika und Vorderasien. Fischer-Länderkunde 4. Frankfurt 1973
O'Ballance, E.: The Story of the French Foreign Legion. London 1961
Renz, A.: Geschichte und Stätten des Islam. München 1977
Rosenthal, Ph.: Einmal Legionär. Hamburg 1981
Sahara. 10000 Jahre zwischen Weide und Wüste. Handbuch zu einer Ausstellung des Rautenstrauch-Joest-Museums für Völkerkunde. Köln, o. J.
Sahara: Merian, 38. Jg., Heft 9, 1985
Servan-Schreiber, J.-J.: La guerre d'Algérie. Paris 1982
Six, J.-F.: Vie de Charles de Foucauld. Paris 1962
Sourdel-Thomine, J. u. Spuler, B.: Die Kunst des Islam (Propyläen-Kunstgeschichte Bd. 4). Berlin 1978
Strelocke, H.: Algerien. Kunst, Kultur und Landschaft von den Stätten der Römer zu den Tuareg der zentralen Sahara. Köln 1974
Striedter, H.K.: Felsbilder der Sahara. München 1984
Swift, J.: Die Sahara. Amsterdam 1975
Talbi, M.: Ibn Haldun et l'Histoire. Tunis 1973
Wheele, M.: Roman Art and Architecture. London 1964
Vaes, B., de Marmol, G. u. d'Oltreppe, A.: Sahara. München 1981
Wimmer, H. u. Thielmann, J.H.: Algerien. Freiburg 1983
Yacine, K.: Abd el-Kader et l'Indépendence Algérienne. Algier 1983

Register

Die Schreibung der Ortsnamen folgt der Carte
Michelin, obwohl sie in der postkolonialen Zeit
zum Teil Abwandlungen erfahren hat.
Arabische Personennamen wurden sehr behutsam einer
deutschen Schreibweise angenähert.

Abalessa 414
Abbas, Ferhat 99-102, 159
Abbasiden 50, 313
Abdallah, Sohn des Abd
  el-Mumen 155
Abdallah ben Yasin 52
Abd el-Mumen, Sultan 52, 160,
  186
Abd el-Wadiden 124, 136
Abd el-Kader, Emir 76, 83, 84, 89,
  90, 110, 125, 151
Abdelmalek Ramdan 77
Abd er-Rahman 373
Abdi, Oued 268
Abiod-Bach 269
Abu Diaf 101
Abu el-Hassan 78, 125
Abu l'Qasim 152
Abu Yakub 52
Abu Yakub Yussuf 124
Acaudate, Conde de 23
Achmed Bey 197, 198
Adekar 182
Adherbal, Sohn des Micispa 63
Adrar 350
Adrar-Massiv 385
Afilale 411
Aflou 372
Aghlabiden 50, 51
Agouni-Goughrane, Col d' 178
Agrioun, Oued 188
Aïn Benian 56
Aïn El Hammam 180
Aïn el-Türck 115
Aïn Oulmene 159
Aïn-Sefra 371
Aïn Touta 267
Akfadou-Wald 183

Algier 10, **15-49**, 52, 53, 83
  Algerisches Nationaltheater 40
  Bardo-Villa 42
  Befreiungstempel 41
  Centre Ville 38-41
  Dar Aziza Bent el Bey 32
  Jardin d'Essai 41
  Kasbah 37, 38
  La Grande Poste 40
  Moscheen
    Ali Bitchinine 31
    Große M. 29
    Ketchaoua-M. 31, 32
    Neue M. 28
  Museen
    M. des Arts Populaires 49
    M. National des Antiquités
      classiques et musulmanes
      42, 47, 48
    M. National des Beaux-Arts
      41, 42
    Prähistorisch-geographisches
      M. 42, 46, 47
  Palais du Gouvernement 40
  Place des Martyrs 27
  Stadtgeschichte 18, 19-25
Aliden 50
Ali Ibn Ghaniya 186
al-Mansour 186
Almohaden 52, 53, 124, 136, 197
Almoraviden 52, 76, 122, 124, 186
al-Muizz, Kalif 51, 154
Amoucha 173
Amr ibn al-Az 49
Annaba 105, 212-216
an-Nasser 155, 186
Announa 209
Apuleius, Lucius 233, 234

Araber 49-53, 91 ff., 123-125, 152, 154, 155, 186, 197, 250, 312-314
Arak 418
Arzew 79, 105
Assekrem 412
Augustinus, Aurelius, Heiliger 72, 212, 213, 216-220, 229, 230, 232
Augustus, Octavian, röm. Kaiser 65, 66, 186, 190, 236
Aumale, Henri d'Orléans, Duc de 89
Aurès-Massiv 11, 198, 262, **265-270**
Azazga 182
Azeffoun 177

Baba Ali, Dey 22
Bab el-Kebir 150
Bab es-Seghir 151
Babor, Djebel 164
Badis 154
Barbarossa, Chizr/Chaireddin 19-21, 73, 78, 178, 190, 213
Barbarossa, Horudsch 19-21, 76, 125, 186, 190
Barth, Heinrich 359
Batna 265
Beaufort, François de Bourbon, Duc de 190
Béchar 367, 368
Beduinen 51, 52, 154, 155
Béjaia 53, 155, **184-187**
Bel Guebbour 376
Belisar, Feldherr Justinians I. 213, 240
Ben Bella, Ahmet 101, 103-105, 125, 132
Ben Djelloul 99
Beni-Abbès 354, 355
Beni Fouda 173
Beni Hillal 51, 154, 160, 186
Beni-Isguen 311, 314, **318-320**
Beni M'zab 312, 315
Beni Ounif 368
Beni Solaim 51
Beni Yenni 181
Ben Khedda 103

Berber 9, 10, 19, 50-52, 94, 97, 98, 124, 125, 152, 154, 164, 178, 179, 266, 269, 309, 313
Bichara 156
Bir El-Ater 44, **248**
Biskra 272, 273
Blake, Robert, engl. Admiral 23
Blida 80
Bocchus I., König der Mauri 64, 65
Bocchus II., König von Mauretanien 65
Bogud, König von Mauretanien 65
Bône (Annaba) 83
Bosquet, Pierre, franz. Oberst 184
Bou Afia 189
Bougie 53, 83, 184; siehe Béjaia
Bou Haroun 149
Bouira 150
Boujedid, Chadli 106
Boumedienne, Houari 90, 103-106, 125, 132, 210
Bou Noura 314, **320**, **323**
Bou-Saada 271
Brennens, Charles 391
Bugeaud, Thomas, Marquis de Piconnerie, Duc de 76, 89
Buluggin ibn Ziri 18, 51, 154
Byzantiner 10, 197, 231, 234, 240, 249, 313

Caesar, Gaius Julius 65, 212, 236
Calama 210
Camus, Albert 69-72, 107-111, 113, 114, 196, 229
Cappellen, van, holländ. Admiral 24
Caracalla, röm. Kaiser 214
Carbon, Cap 187
Cervantes Saavedra, Miguel de 21, 22
Chaamba 51, 328-330, 334, 414
Challe, Maurice 102
Charouïne 350
Chélif-Tal 10, 80, 81
Chellala-Dahrania 372
Cherchell 72-76
Chohaib ibn Hussein al-Andalusi 132

Cirta Regia 197, 207
Clémenceau, Georges 98
Collo 197
Constantine 25, 53, 60, 96, **196-206**
Cuicul (Djemila) **162-172**, 197

Dahra, Corniche de 76
Dahra-Berge 10
Decatur, amerikan. Commodore 24
Dellys 175
Dinet, franz. Maler 272
Djanet 340, **390**, 398
Djelfa 425
Djemaa, Oued 175
Djemila 162-172
Djurdjura-Berge 10, 150, 178-181
Donatus, Bischof von Casae Nigrae 220, 256
Don Pedro Navarro 19, 76, 109, 186
Dragut, türk. Korsar 21
Dréan 229
Droh 271
Duquesne, Abraham Marquis de, franz. Admiral 23
Duveyrier, Henri 359

Eberhardt, Isabelle 228-292, 297, 371
El Adeb Larache 379
El-Adjiba 150
El-Aouana 189
El Aouinet 235
El-Asnam 81
El-Ateuf 314, 324
el-Bekri, Geograph 19
El-Eubbad 131-134
El-Goléa 331, **332-335**, 341
el-Hadjar 106, 212
El Khroub 209
El Kseur 183
Elma el-Abiod 248
El-Malah 146
El-Medracen 264, 265
El Ouata 354
El-Oued 287-290
El-Ourit 134

Engländer 23, 24
Estrées, Jean Graf d', franz. Marschall 23
Exmouth, Lord, engl. Admiral 24

Fadnoun-Plateau 382-385
Fatimiden 18, 51, 154, 309, 314
Foggaret ez-Zoua 421
Fort Lallemand 376
Foucauld, Charles de 335-340, 409, 412
Fourreau, F. 359
Franzosen 9, 10, 15, 24, 25, 82-84, 89-103, 110, 125, 143, 160, 178, 184, 187, 190, 191, 197, 198, 213, 242, 265, 328, 413, 414
Frenda 373

Gabriel, Baldur 282
Gaetuli 60, 65
Gaia, Massylerkönig 60, 197
Gauda, Numiderfürst 64
Gaulle, Charles de 102
Geiserich, König der Vandaler 212, 240
Georgios von Antiochia, Admiral 190
Ghardaïa 311, 314, 315, 317, 321, 322
Gourara-Region 346
Grarem 191
Großer Östlicher Erg 289, 298, 376
Großer Westlicher Erg 331, 340-343
Gsell, Stéphane 42
Guelma 210, 211
Guémar 297
Gulussa, Sohn des Masinissa 63

Hafsiden 19, 53, 125, 152, 186, 197
Hammad, Ziride 152, 154
Hammada du Guir 358
Hammaditen 155, 186
Hammamet 248
Hammam-Meskoutine 210
Hammam Salahine 273
Hassi Fahl 331
Hassi-Messaoud 375
Hassi Touareg 376

REGISTER

Hiempsal, Sohn des Micispa 63
Hiempsal II., Numiderfürst 64
Hippo Regius 207, **212-216**, 240
Hirhafok 401
Hodna-Berge 11, **152**
Hoggar-Massiv 280, 365, 405, 410
Holländer 23
Honein 126
Hussein, Dey von Algier 24

Ibaditen 51, 313-315
Ibn Khaldun 51, 72, 120, 134, 152, 373
Ibn Rostem, Abderrhaman 309, 313
Ibn Tumart, Mahdi 52
Icosium 18
Idelès 401
Idris ibn Abdallah 50, 123, 124
Idris II. 124
Idrisiden 123, 124
Ighil Emda, Stausee von 173
Igli 356
Iharen, Djebel 410
Iherir 385
Illizi 381, 382
Imlaoulène 410
In Aménas 378
In Amiguel 415
In Ecker 416
In Haradjene 401
In Salah 419, 420
Iol 72

Jijel 19, **189-191**
Juba I., König der Numider 65, 212, 236
Juba II., König von Mauretanien 66, 72
Jugurtha, König von Numidien 63, 64
Justinian, oström. Kaiser 256

Kabyle, Corniche 188
Kabylei, Große 90, 97, 98, **178-187**
  Kleine 173, 174, **188-196**
Kahina Diya, berber. Prophetin 50, 266

Kalaa der Beni-Hammad 51, 152, **154-158**, 206
Karl V., röm.-deutscher Kaiser 20, 73, 186
Karthago 236, 237
Kebir, Oued 191
Kebouche 182
Kerzaz 352, 353
Kharidschiten, islamische Sekte 50, 51, 292, 309, 312, 313, 373
Khemis-Miliana 81
Khémissa 230, 231
Khenchela 248
Kherrata-Schlucht 173, 174
Kleopatra Selene 66
  Grabmal der 57-59
Konstantin der Große, röm. Kaiser 197, 257

Laghouat 423
Lakhdaria 148
Lambaesis 241, **261-263**
Lamoricière, Louis Juchault de 89
Laperrine, Henry, franz. Oberst 339, 414
L'Arbaa Naït Irathen 180
Lavigerie, Charles, Kardinal-Erzbischof von Algier und Karthago 32, 97, 98
Leo der Afrikaner 186
Les Andalouses, Centre Touristique 115
Lhote, Henri 359, 391, 392
Littell, R. 396
Ludwig XIV., König von Frankreich 23
Lyautey, Louis Hubert, franz. Marschall 99, 292, 297, 371

Maadid, Djebel 152
Macrinus, röm. Kaiser 72
Macula 248
Madaura 211, **232-234**
Maghnia 135
Mansourah 124-127
Marius, Gaius 64
Markouna 261
Marokko 105

Masaesyli 60, 62
Masinissa, Massylerfürst 60-62, 141, 197, 212, 236
Massyli 60-62
Mastanapal, Sohn des Masinissa 63
Mauri 60
Maxentius, röm. Kaiser 197
M'Chounèche 270, 271
M'guiden 343
Melika 311, 314, 322, 323
Melrhir, Schott 284, 285
Meriniden 19, 53, 73, 124, 125, 152, 186
Mérouane 191
Mers el-Kebir 23, 114, 115
Messali Hadj 99, 100
Metlili-Chaamba 328, 330, 331
Micispa, Sohn des Masinissa 63
Mila 191, 197
Mirouane, Schott 284
Moghrar-Tahtani 358, **369**
Mont Ouarsenis-Massiv 10
Moretti Plage 54, 56
Morsott 235
Mostaganem 77
Mouydir-Berge 416
Mozabiten 312, 315
M'Sila 152
Muley Lahcen, Marabut 416, 417
Mustapha Ben Yussef 109, 110
M'zab-Region 309, 311-325

Nachtigall, Gustav 359
Napoleon III., Kaiser der Franzosen 93
Nédroma 136
Négrine 248
Nementcha-Berge 11
Nerva, röm. Kaiser 160, 164
Niemeyer, Oscar 200
Normannen 190
Numider, Numidien 59, 60, 236, 241, 264, 265

Obeid Allah, Mahdi 51
Ohanet 377
Omar, Dey von Algier 24

Omayyaden 50, 124, 154, 313
Oran 21, 23, 25, 52, 53, 83, **107-114**
Osmanen 9, 10, 20-23, 110, 125, 187, 190, 197, 242
Ouargla **307-309**, 314, 331
Ouled Khouder 351, 352
Ouled Naïl 267

Phöniker 9, 18, 56, 67, 80, 175, 185, 190, 212
Polybios 62
Priscian, latein. Grammatiker 72
Ptolemäus, König von Mauretanien 67
Punier 67, 78, 178, 236, 265

Reggane 350
Reinhardt, Hanns H. 38, 101
Roger II., Normannenkönig 190
Römer 10, 60-67, 76, 78, 123, 141, 160, 164-172, 175, 176, 186, 190, 197, 210-212, 231, 234, 235, 236-239, 249-256, 258-263
Rusicadae 197

Sahara 11-14, 276 ff.
Sahara-Atlas 11
Sahara-Tell 265
Salah 197
Salan, Raoul 102
Salah Reis, türk. Korsar 21
Saldae 186
Sallust, G. S. Crispus 63, 65
Sebaou-Tal 180, 182
Sedrata 309, 314, 315
Senneca, Lucius Annaeus 259, 260
Senussi 340
Septimius Severus, röm. Kaiser 165
Sétif 100, **159-162**
Sidi Bel-Abbès 115, 116, 119
Sidi Fredj 54, 56
Sidi Lakhdar 77
Sidi-Okba 273, 274
Sidi Oqba ben Nafi 50, 266, 274, 373
Siga 126, **141**, 142
Sitifis 160

Skikda 105, 207
Solomon, Patricius, byzant. General 241, 242
Sophonisba, Punierin 60, 61
Souf 284 ff.
Souk-Ahras 229-232
Soummam, Oued 10, **183-184**
Spanier 9, 10, 19-21, 23, 53, 109, 110, 125, 186, 190, 213
Stidia 78
Still 303
Striedter, Karl Heinz 366, 372
Syphax, König der Numider 60, 61, 141, 197

Tademaït-Plateau 342, 344, 421, 422
Taghit 357
Tagma, Col de 182
Tahert 51, 314
Taksebt 176
Tamanrasset 338, 339, **402-405**
Tamelhat 304
Tamrit 395
Tanezrouft-Piste 350
Taoura 232
Taourirt 150
Tassili n'Ajjer 359, 365, 384 ff., 405
Tazoult-Lambèse 261, 262
Tébessa 235, **241-247**
Tell-Atlas 10
Temacine 303
Ténès 52, 76
Thagura 232
Thamugaddi (Timgad) 250
Theveste 235, 241-247
Tiaret 51, **372**, **373**
Tibesti 280
Tichi 174, 188
Tiddis 192-196, 197
Tidjaniya, Bruderschaft 292, 297
Tiguentourine 378
Tigzirt-sur-Mer 175, 176
Tiharet 309
Tiklat 183
Tilrhemt 423
Timgad 249-256, 258-261
Timimoun 344-349

Tinterhert 385, 386
Tiout 370
Tipasa 67-72
Tirourda, Col de 180
Tit 328, 338, **413**
Tizi N'Kouilal, Col de 180
Tizi-Ouzou 178, 180, 182
Tlemcen 51, 52, 96, **120-131**
 Agadir 123
 Mansourah 126-128
 Moscheen
  Große M. 122, 128-131
  Sidi Bel Hassen-M. 123
  Sidi-Brahim-M. 131
  Sidi Halaui-M. 131
 Museum 126
 Place de la Grande Mosquée 122
Tocqueville, Alexis de 90, 91
Touggourt 298-303
Trajan, röm. Kaiser 249
Tsaliba-Araber 19
Tuareg 329, 330, 338, 339, 405-409, 414
Türken siehe Osmanen

Uludsch Ali, türk. Korsar 21
USA 24

Valée, Sylvain Charles, Comte, franz. Marschall 151
Vandaler 10, 197, 240, 241, 249
Vermina, Sohn des Syphax 61, 142
Vespasian, röm. Kaiser 241

Yahia ibn el-Aziz 190
Yakub al-Mansur 132
Yakuren 182
Yussuf ibn Taschfin, Sultan 29, 52, 78, 124

Zaouatallaz 378, 399
Zarouria 232
Zelfana 310
Zenata-Berber 154
Zéralda 54, 56
Ziama Mansouria 189
Ziriden 154, 190
Ziyaniden 78, 124, 125

Abbildungsnachweis

Bilderberg, Hamburg (Klaus D. Francke): 1,12;
Alfred Renz, Rottach-Egern: 3, 4, 5, 6, 9, 14, 15, 17;
Transglobe, Hamburg: 2 (Peter Fischer), 7, 8, 13 (Koene),
10, 11 (Hans Schmied), 16 (Magnum-Barbey).
Die Vorlage zum Schutzumschlag stammt von Hed Wimmer, Karlsruhe,
die Kartographie von Astrid Fischer, München.
Die Zeichnungen zu den Felsbildern der Sahara wurden
dem gleichnamigen Band von Karl Heinz Striedter,
München 1984, entnommen.